五書五經讀本

懸吐完譯

周易傳義 利

責任飜譯 崔英辰
共同飜譯 金炳愛 崔廷準
懸吐 吳圭根

전통문화연구회

국역위원

책임번역　최영진
공동번역　김병애 최정준
현　　토　오규근
윤문교정　박승주
출　　판　강운숙 백준철

국역관리

관　　리　이화춘
보　　급　서원영

目 次

《周易傳義》元

《周易傳義》亨

《周易傳義》貞

刊行辭

經은 본래 책을 가리키는 말이다. 후대에 특별히 經을 높여 聖賢의 말씀을 담고 있는 책이라는 의미로 사용하였다. 儒學이 중국문화는 물론 동아시아 사상의 주류를 이루면서 經은 일반적으로 유학의 기본 典籍을 가리키는 용어가 되었다. 따라서 經을 읽지 않으면 유학을 이해할 수 없고, 유학을 이해하지 못하면 중국문화나 동아시아의 문화를 이해할 수 없다.

1960년대 民族文化振興과 民族中興이라는 기치를 내건 정부는 學·藝術界 指導者 50여 분을 모시고 가장 시급한 문화 사업으로 漢文古典飜譯事業에 착수하였다. 光復 후 20여 년이 지났지만 韓國學의 기본 資料이자 교과서인 四書五經의 우리말 註釋書 하나 없던 시절이었다. 그러나 한문고전번역사업에서 東洋古典(中國古典篇)은 우리 古典이 아니라 하여 번역대상에서 제외되었고, 2000년대에 들어와서야 정부에서 얼마간의 보조금을 주기 시작하였다.

본회에서는 1990년대에 이미 四書三經을 비롯한 유학의 기본 古典을 선별하여 번역하였다. 당시 逐字譯의 실력이 없이는 현대어로의 완전한 번역이 불가능하다는 생각을 바탕으로, 동양학 전공 여부를 막론하고 유학을 넘어 동양학의 기본서를 머리맡에 사전처럼 두고 볼 수 있는 번역서를 목표로 東洋古典國譯叢書를 기획·간행하였다. 우리나라 漢文讀法의 전통을 계승하고자 懸吐 방식으로 원문을 정리하고 주석까지 完譯하여, 학계에 기여함은 물론 교육과 일반교양의 필독서로도 널리 인정을 받았다.

당시 오역 없는 번역에 力點을 두었음에도 불구하고 시간이 지남에 따라 쌓인 국내외 연구 성과로 인하여 번역서의 수정도 불가피하게 되었다. 그리하여 2005년 改訂增補版 四書를 발간하기에 이르렀다. 그러나 개정증보판 사서를 발간하면서 과거 先賢들의 註釋書와 국내외의 연구 성과, 시대에 따라 변화하는 언어를 오롯이 담아내지 못한 점을 아쉬워하였다. 이후 사서 이외의 개정증보판 발간을 미루고 고민한 결과, 동양고전국역총서가 20세기 버전으로 그 생명력을 다하였으니 21세기 번역의 표준을 제시할 수 있는 고전번역서를 새롭게 만들어보자는 쪽으로 의견이 모아졌다.

본 '五書五經讀本'은 바로 그 고민을 해결하기 위해 기획하였으며, 傳統과 現代를 아우르면서 역대 국내외 연구 성과를 망라하고 연구자는 물론 동양학 열풍으로 수준이 높아진 일반 독자의 눈높이에 맞춰, 독자의 기호에 따라 연구의 기본자료 또는 교재, 입문서 등으로 다양하게 활용할 수 있는 21세기 標準飜譯書 제공을 목적으로 하였다. 따라서 국내외의 역대 註釋書를 비롯하여 동양고전국역총서 발간 이후 축적된 연구 성과를 종합하였다. 이를 위해 몇 분 안 되는 元老漢學者 또는 전공교수와 일정 수준의 소양을 갖춘 신진학자의 協同硏究飜譯을 지향하였다.

본회에서 처음 추진한 협동연구번역은 후속연구자 양성이라는 측면에서도 큰 의미를 갖는다. 번역을 통해 徒弟式 교육을 받은 신진학자는 앞으로 학계를 이끌어나갈 주역으로서 단단히 자리매김하여 우리나라 학계의 큰 자산이 될 것이다.

또 번역뿐만 아니라 古典籍 정리사업에 따라 각종 校勘·潤文·校訂 등에도 번역수준의 전공자로 구성하는 등 기획부터 출간 단계까지 심혈을 기울였다. 이는 誤謬를 최소화한 표준번역서를 목표로 어느 곳에 내놔도 그 가치를 인정받을 수 있는 名品을 만들기 위한 하나의 노력이었다.

또한 과거에는 상상할 수 없던 모바일 器機의 등장과 대중화는 출판환경과 독서형태를 변화시켰다. 이러한 변화에 발 빠르게 對應하고 시대를 先導하기 위해 '오서오경독본'을 스마트 정보화하였다. 연구자, 교수자, 초학자, 原典을 통해 고전을 읽기 원하는 독자 등 누구나 쉽고 부담 없이 접근하여 동양고전의 참맛을 느낄 수 있을 것이다.

'오서오경독본'은 오류를 최소화하고 스마트화로 접근성을 높인 최상의 표준번역서로서 동양고전 교육의 훌륭한 밑거름이 되어 학계의 수준을 一新하리라 굳게 확신한다. 또한 지식의 국경을 허물고 있는 인터넷 환경은 그 어느 때보다도 동양고전 情報化의 필요성을 切感(例 : 八佾舞)하게 한다. 따라서 시대의 흐름에 맞춰 '오서오경독본'을 정보화하여 그 활용 가치를 극대화할 계획이다. 이는 본회를 넘어 대한민국이 동북아시아뿐만 아니라 전 세계 동양고전 情報와 教育의 허브로서 중추적 역할을 담당할 것이다.

飜譯은 단순히 다른 言語를 옮기는 행위가 아닌, 한 언어를 사용하는 민족의 사상과 문화 전체를 옮기는 행위인 만큼 고전번역은 과거 聖賢의 사상은 물론 그 당시의 문화와 疏通하는 행위이며, 이는 현재 자신의 문화를 이해하는 尺度라 할 수 있다. '오서오경독본'은 21세기 번역의 표준으로서 우리 한국 고전번역의 수준을 가늠할 수 있는 척도가 되리라 스스로 자부해본다.

'오서오경독본' 시리즈의 첫 출간 시점이 우연히도 전통문화연구회 창립 30주년이 되는 해이다. 30년 동안 동양고전 번역에 무던히 매진하면서 고전의 중요성을 늘 강조하였다. 이제 다시금 내놓는 오서오경독본을 보면서 고전의 맛이 늘 새롭고 無窮함을 새삼 깨달았다. 고전과 씨름하며 지낸 30년 세월을 넘어 '오서오경독본'이 앞으로 30년, 50년을 이어갈 고전번역의 새로운 이정표가 되기를 기대하며, 정부에서도 21세기 東北亞 시대를 인식하여 東洋古典飜譯은 물론 東洋古典情報化에도 特段의 관심을 갖기를 고대한다.

나아가 2000여 년간 한자문화를 기반으로 찬란한 문화를 꽃피운 대한민국이 21세기 東北亞 漢字文化圈에서 다시 눈부신 문화의 융성을 목표로 본회와 관련단체에서 추진하는 先進文化韓國 VISION 2030-2050을 '五書五經讀本'과 '漢文讀解捷徑' 및 '東洋古典情報化'가 앞장서 이끌어 동북아 韓·中·日 三國鼎立과 世界平和에 기여하길 바란다.

2018年 10月 日

社團法人 傳統文化硏究會 會長 李啓晃

凡 例

1. 본서는 五書五經讀本의 한 책이다.
2. 본서의 底本은 庚辰新刊 內閣藏板《周易大全》(純祖 20년, 규장각 소장본 奎中18, 大田：學民文化社 影印本)으로 하였으며, 국립중앙도서관 소장본《周易傳義大全》(刊年未詳, 한古朝03-5-1)을 참조하였다.
3. 全4冊의 순서는 古典籍의 書誌에서 사용되어 온 분책 방식인 '元·亨·利·貞'을 차용하였다. '元·亨·利·貞'은《周易》乾卦에 나오는 개념으로, 하늘이 갖춘 네 가지 德이자 사물의 존재양식을 설명하는 용어이다.
4. 原文에는 우리나라 전통 방식으로 懸吐하였다. 經文의 현토는 宣祖 年刊의 內閣版 覆刻初刊本《周易諺解》를 따랐으며, 程頤(北宋)의《程傳》과 朱熹(南宋)의《本義》는 硏靑 吳虎泳 先生의 연구를 참조하여 譯註者가 현토하였다.
5. 譯註는 저본의 原註 및《韓國經學資料集成：易經》(대동문화연구원, 성균관대학교출판부, 1995~1997)을 중심으로 작성하였으며, 일정 부분을《한국주역대전》(한국주역대전편찬실 저, 學古房, 2017)에서 선별하여 수록하였다. 64괘의 도입부에서는 각 괘의 간략한 의미와 관련하여 리하르트 빌헬름(Richard Wilhelm)의 영문판 주역인《The I Ching》(Princeton University Press, 1977)을 활용하였다. 이밖에 校勘, 인용문의 出典, 故事, 역사사건, 전문용어, 難解語, 制度 등에 관한 사항을 밝혔다.
6. 異音, 僻字의 경우는 원문의 해당 글자 뒤에 한글로 音을 달아주었으며, 難解字는 각 단락의 아래에 字義를 실었다.
7. 飜譯은 原義에 충실하게 하되, 이해가 어려운 부분은 意譯 또는 補充譯을 하였다.

8. 飜譯文은 한글과 漢字를 混用하였으며, 맞춤법과 띄어쓰기는 한글 맞춤법과 표준어 규정을 따르는 것을 원칙으로 하였다.
9. 校勘은 원문의 誤字, 脫字, 衍字, 倒文 등을 대상으로 하였다.
10. 본서에 사용한 주요 符號는 다음과 같다.
    “ ” : 對話, 각종 引用
    ‘ ’ : “ ” 안에서 再引用, 强調
    「 」 : ‘ ’ 안에서 再引用, 强調
    ( ) : 원문에서는 讀音이 다른 글자나 僻字의 音
    번역문에서는 간단한 譯註
    〔 〕 : 번역문의 이해를 돕기 위한 原文의 漢字나 句節
    譯註에서 인용한 原文
    《 》 : 書名
    〈 〉 : 篇章名, 作品名, 補充譯
    ○ : 저본에 사용된 단락 구분 표시 遵用
    字義 : 字義 표시
11. 본서의 校勘에 사용된 부호는 다음과 같다.
    ( )〔 〕 : (저본의 誤字)[교감한 正字]
    〔 〕 : 저본의 脫字 보충
    ( ) : 저본의 衍字 삭제

周易傳義

利

周易傳義 卷第十二

周易下經

31. 咸

䷞ 艮下兌上

下卦는 艮卦☶이고 上卦는 兌卦☱이다.

【傳】咸은 序卦에 有天地然後有萬物하고 有萬物然後有男女하고 有男女然後有夫婦하고 有夫婦然後有父子하고 有父子然後有君臣하고 有君臣然後有上下하고 有上下然後禮義有所錯(조)라하니라 天地는 萬物之本이요 夫婦는 人倫之始라 所以上經은 首乾坤하고 下經은 首咸繼以恒也라 天地二物이라 故二卦分爲天地之道요 男女交合而成夫婦라 故咸與恒이 皆二體合爲夫婦之義라 咸은 感也니 以說(열)爲主하고 恒은 常也니 以正爲本이요 而說之道自有正也라 正之道는 固有說焉이니 巽而動하고 剛柔皆應은 說也라 咸之爲卦 兌上艮下하니 少女少男也니 男女相感之深이 莫如少者라 故二少爲咸也라 艮體篤實하고 止爲誠慤之義하니 男志篤實以下交하면 女心說而上應하니 男은 感之先也라 男先以誠感이면 則女說而應也라

咸卦는 〈序卦傳〉에 "天地가 있은 뒤에 만물이 있고, 萬物이 있은 뒤에 남녀가 있고, 男女가 있은 뒤에 부부가 있고, 夫婦가 있은 뒤에 부자가 있고, 父子가 있은 뒤에 군신이 있고, 君臣이 있은 뒤에 상하가 있고, 上下가 있은 뒤에 禮義를 둘 곳이 있다." 하였다. 天地는 만물의 근본이고 夫婦는 인륜의 시작이다. 이 때문에 上經은 乾卦와 坤卦를 맨 앞에 두었고, 下經은 咸卦를 맨 앞에 두고 恒卦로 이었다. 天地는 두 가지 물건이므로 〈乾卦와 坤卦〉 두 卦가 나뉘어 천지의 道가 되고, 男女는 교합하여 부부를 이루므로 咸卦와 恒卦는 모두 두 卦體가 합하여 부부의 의리가 된다. 咸卦는 느낌이니 기뻐함을 위주로 하고, 恒卦는 항상함이니 바름을 근본으로 삼고, 기뻐하는 道는 본래 바름이 있다. 바른 道에는 진실로 기쁨이 있으니, 공손하

면서 움직이는 것과 剛과 柔가 모두 호응하는 것이 기뻐함이다.

卦의 구성이 上卦는 兌卦☱이고 下卦는 艮卦☶이니, 少女와 少男이다. 남녀가 서로 깊이 감응함은 젊은 사람 만한 것이 없다. 그러므로 少女와 少男이 咸卦가 되었다. 艮의 卦體는 독실하고 그침은 정성스럽고 참된 뜻이 된다. 남자의 뜻이 독실하여 아래로 사귀면 여자의 마음은 기뻐하여 위로 호응하니, 남자가 감동시키기를 먼저 하는 것이다. 남자가 먼저 정성으로써 감동시키면 여자가 기뻐하면서 호응하는 것이다.

字義 錯 : 둘 조 慤 : 성실할 각

咸[1]은 亨하니 利貞[2]하니 取女면 吉하리라

咸卦는 형통하니 바르게 함이 이로우니, 여자를 취하면 길할 것이다.

【傳】咸은 感也니 不曰感者는 咸有皆義하여 男女交相感也일새라 物之相感이 莫如男女而少復甚焉이라 凡君臣上下以至萬物히 皆有相感之道하니 物之相感則有亨通之理라 君臣能相感則君臣之道通하고 上下能相感則上下之志通하며 以至父子夫婦親戚朋友에 皆情意相感則和順而亨通하니 事物皆然이라 故咸有亨之理也라 利貞은 相感之道利在於正也니 不以正則入於惡矣라 如夫婦之以淫姣와 君臣之以媚說과 上下之以邪僻은 皆相感之不以正也라 取女吉은 以卦才言也라 卦有柔上剛下하여 二氣感應相與하여 止而說, 男下女之義하니 以此義取女면 則得正而吉也라

咸은 느낌이니 '感'이라 하지 않은 것은 咸에 '모두'라는 뜻이 있어서 남녀가 서로 감응하기 때문이다. 물건이 서로 감응함은 男女 만한 것이 없고 젊을수록 더욱 심하다. 君臣과 上下로부터 萬物에 이르기까지 모두 서로 감응하는 道가 있으니, 물건이 서로 감응하면 형통하는 이치가 있다. 君臣이 서로 감응하면 君臣의 道가 통하고, 上下가 서로 감응하면 上下의 뜻이 통하며, 부자와 부부와 친척과 친구에 이르기까지 모두 情意가 서로 감응하면 和順하여 亨通

---

1 咸 : 빌헬름 영문판 주역인 《The I Ching》에서는 咸卦를 "Hsien / Influence (Wooing)"라고 하였다. 함괘는 四爻가 심장에 해당하고 심장은 감응을 주관하기에 '감응'이나 남녀간의 '구애'라고 정의하면서 함괘의 주효를 사효로 보았다.

2 利貞 : 沈大允(朝鮮)은 《周易象義占法》에서 "바르지 못함으로 서로 감응하는 경우는 동일한 욕심으로 잠시 합한 것일 뿐으로 진실한 마음으로 느껴 기뻐한 경우가 아니어서, 오래되면 반드시 떠나게 되니 모두 그쳐서 기뻐하는 뜻이 아니기 때문에 '바름이 이롭다'고 한 것이다." 하였다.

하니, 事物이 모두 그렇기 때문에 咸卦에는 형통한 이치가 있다.

'바르게 함이 이로움'은 서로 감응하는 道는 이로움이 바르게 하는데 있으므로 바르게 하지 않으면 惡에 들어간다. 예컨대 부부간에 음란하게 사랑함과 군신간에 아첨하여 기뻐함과 上下간에 사특하고 편벽됨은 모두 서로 감응함을 바름으로써 하지 않은 것이다.

'여자를 취하면 吉함'은 卦의 재질로 말한 것이다. 卦에 '柔가 위에 있고 剛이 아래에 있어 두 氣가 感應하여 서로 함께하여, 그쳐서 기뻐하고 남자가 여자에게 낮추는' 뜻이 있으니, 이러한 뜻을 가지고 여자를 취하면 바름을 얻어 길하다.

【本義】咸은 交感也라 兌柔在上하고 艮剛在下하여 而交相感應하며 又艮止則感之專이요 兌說則應之至라 又艮以少男으로 下於兌之少女하니 男先於女는 得男女之正婚姻之時라 故其卦爲咸이요 其占이 亨而利貞하니 取女則吉이라 蓋感有必通之理나 然不以貞이면 則失其亨而所爲皆凶矣리라

咸은 서로 감응함이다. 兌卦☱의 柔가 위에 있고 艮卦☶의 剛이 아래에 있어 서로 감응하며, 또 艮卦는 그침이니 그치면 감응함이 전일하고, 兌卦는 기뻐함이니 기뻐하면 호응함이 지극하다. 또 艮卦는 少男으로 兌卦의 젊은 여자에게 낮추니, 남자가 여자에게 먼저함은 남녀의 바름과 혼인의 때를 얻은 것이다. 그러므로 그 卦가 咸卦가 되고, 그 占이 형통하고 바르게 함이 이로우니, 여자를 취하면 吉하다. 감응하면 반드시 통하는 이치가 있으나 바름으로써 하지 않으면 그 형통함을 잃어 하는 바가 모두 凶하게 될 것이다.

字義 淫 : 음란할 음　姣 : 사랑할 교　媚 : 아첨할 미　僻 : 편벽될 벽

彖曰 咸은 感也[3]니

〈彖傳〉에 말하였다. "咸은 느낌이니,

【本義】釋卦名義라

卦의 명칭과 뜻을 해석하였다.

---

3 咸 感也 : 金相岳(朝鮮)은 《山天易說》에서 "마음이 없는 자는 느낄 수 없고 마음이 있는 자는 다 느낄 수 없으니, 오직 그 사이에 마음을 개입하지 않아야만 감응하지 못할 것이 없기 때문에 咸으로 괘명을 삼고, 〈彖傳〉에서는 感으로 단사를 풀이하였다." 하였다.

柔上而剛下하여 二氣感應[4]以相與하여 止而說(열)[5]하고 男下女라 是以亨利貞取女吉也니라

柔가 위에 있고 剛이 아래에 있어서 두 氣가 감응하여 서로 함께하여서, 그치고 기뻐하며 남자가 여자에게 낮춘다. 이 때문에 '형통하니 바르게 함이 이로우니 여자를 취하면 길한 것'이다.

【傳】咸之義는 感也라 在卦則柔爻上而剛爻下하며 柔上變剛而成兌하고 剛下變柔而成艮하여 陰陽相交하니 爲男女交感之義요 又兌女在上하고 艮男居下하니 亦柔上剛下也라 陰陽二氣相感相應而和合이면 是相與也라 止而說은 止於說이니 爲堅慤之意라 艮止於下는 篤誠相下也요 兌說於上은 和說相應也요 以男下女는 和之至也라 相感之道如此라 是以能亨通而得正하니 取女如是則吉也라 卦才如此하니 大率感道利於正也라

咸의 뜻은 느낌이다. 卦에 있어서는 유순한 爻가 올라가고 강건한 爻가 내려오며, 柔가 올라가 剛을 변화시켜 兌卦☱를 이루고, 剛이 내려와 柔를 변화시켜 艮卦☶를 이루어 陰陽이 서로 사귀니 男女가 서로 감응하는 뜻이 되고, 또 兌卦의 여자가 위에 있고 艮卦의 남자가 아래에 있으니 또한 柔가 위에 있고 剛이 아래에 있는 것이다. 陰陽의 두 기운이 서로 느끼고 서로 호응하여 화합하면, 이것이 서로 함께하는 것이다.

'그치고 기뻐함'은 기뻐하는데 그치는 것이니, 견고하고 성실한 뜻이 된다. 艮卦가 아래에서 그침은 독실하고 성실하게 서로 낮추는 것이고, 兌卦가 위에서 기뻐함은 화합하고 기뻐하여 서로 호응하는 것이고, 남자가 여자에게 낮춤은 화합함이 지극한 것이다. 서로 감응하는 道가 이와 같기 때문에 형통하여 바름을 얻으니, 여자를 취함이 이와 같으면 吉하다. 卦의 재질이 이와 같으니, 대체로 감응하는 道는 바름이 이롭다.

【本義】以卦體卦德卦象으로 釋卦辭라 或以卦變言柔上剛下之義曰 咸自旅來하여 柔上居六하고 剛下居五也라하니 亦通이라

---

4 二氣感應 : 胡炳文(南宋)은 《大全》의 소주에서 "上經의 첫 괘인 乾卦는 氣化의 시작이기 때문에 '品物이 형체를 갖춘다'고 했고, 下經의 첫 괘인 咸卦는 形化의 시작이기 때문에 '두 氣가 감응한다'고 했다." 하였다.

5 止而說(열) : 楊時(北宋)는 《大全》의 소주에서 "부부의 도는 그치기만 하고 기뻐하지 않으면 이별하게 되고, 기뻐하기만 하고 그치지 않으면 어지럽게 된다." 하였다.

卦體와 卦德과 卦象으로 卦辭를 해석하였다. 어떤 이가 卦變을 가지고 "柔가 위에 있고 剛이 아래에 있다."는 뜻에 대해 말하기를 "咸卦䷞는 旅卦䷷로부터 와서 柔(六五)가 올라가 上爻 자리에 있고 剛(上九)이 내려와 五爻 자리에 있다." 하니, 역시 통한다.

天地感而萬物化生하고 聖人이 感人心而天下和平하나니 觀其所感而天地萬物之情을 可見矣리라

天地가 감응하여 만물이 化生하고 聖人이 사람의 마음을 감동시켜서 천하가 화평해지니, 감응하는 바를 보면 천지 만물의 실정을 알 수 있을 것이다."

【傳】旣言男女相感之義하고 復推極感道하여 以盡天地之理聖人之用이라 天地二氣 交感而化生萬物하고 聖人 至誠以感億兆之心而天下和平하니 天下之心所以和平은 由聖人感之也라 觀天地交感化生萬物之理와 與聖人感人心致和平之道면 則天地萬物之情을 可見矣리라 感通之理는 知道者默而觀之可也니라

이미 남녀가 서로 감응하는 뜻을 말하였고, 다시 감응하는 道를 지극히 미루어 天地의 이치와 聖人의 씀을 다하였다. 천지의 두 기운은 交感하여 만물을 化生하고 성인은 至誠으로 천하의 마음을 감동시켜 천하가 화평해지니, 천하 사람의 마음이 화평해짐은 聖人이 그들을 감동시켰기 때문이다. 天地가 交感하여 만물을 化生하는 이치와 聖人이 사람의 마음을 감동시켜 和平함을 이루는 道를 보면 天地와 萬物의 실정을 알 수 있을 것이다. 느껴서 통하는 이치는 道를 아는 자만이 묵묵히 볼 수 있다.

【本義】極言感通之理라

느껴서 통하는 이치를 지극히 말하였다.

字義 默 : 묵묵할 묵

象曰 山上有澤이 咸[6]이니 君子以하여 虛受人하나니라

---

6 山上有澤 咸 : 沈潮(朝鮮)는 《易象箚論》에서, "艮卦는 손이고 兌卦는 입인데, 손과 입은 모두 사물을 받아들이는 것들이기 때문에, '마음을 비워서 받아들인다'라고 했다." 하였다.

〈象傳〉에 말하였다. "산 위에 못이 있는 것이 咸이니, 君子가 이것을 본받아 마음을 비워 사람을 받아들인다."

【傳】 澤性潤下하고 土性受潤하니 澤在山上而其漸潤通徹은 是二物之氣相感通也라 君子觀山澤通氣之象하여 而虛其中하여 以受於人하나니 夫人中虛則能受요 實則不能入矣라 虛中者는 无我也니 中无私主則无感不通이라 以量而容之하고 擇合[7]而受之는 非聖人有感必通之道也라

못의 성질은 적셔 내려가고 흙의 성질은 적셔줌을 받아들이니, 못이 산 위에 있어서 적셔줌이 막힘없이 통함은 두 물건의 기운이 서로 느껴 통하는 것이다. 君子가 산과 못의 기운이 통하는 상을 보고서 마음을 비워 남에게서 받아들이니, 사람이 마음을 비우면 받아들일 수 있고, 채우면 받아들이지 못한다. 마음을 비운다는 것은 아집을 없애는 것이니, 마음에 사사로운 주장이 없으면 느껴 통하지 않음이 없다. 헤아려서 수용하고 합당한 상대를 가려 받아들임은 성인이 느낌이 있으면 반드시 통하는 道가 아니다.

【本義】 山上有澤하니 以虛而通也라

산 위에 못이 있으니, 비움으로써 통한다.

[字義] 徹 : 통할 철　量 : 헤아릴 량　擇 : 가릴 택

初六은 咸其拇[8]라

初六은 느낌이 그 엄지발가락이다.

【傳】 初六이 在下卦之下하여 與四相感이나 以微處初하여 其感未深하니 豈能動於人이리오 故如人拇之動하여 未足以進也라 拇는 足大指라 人之相感은 有淺深輕重之異하니 識其時勢면 則所處不失其宜矣리라

初六은 下卦의 맨 아래에 있어서 九四와 서로 감응하지만 미천함으로 初爻에 있어서 그 느

---

7 合 : 《大全》의 간주에 "어떤 판본에는 交자로 되어 있다." 하였다.

8 咸其拇 : 朴齊家(朝鮮)는 《周易》에서 "拇자는 마땅히 足자를 부수로 한 무(踇)자가 되어야 한다." 하였다.

낌이 깊지 않으니, 어떻게 다른 사람을 감동시키겠는가. 그러므로 사람의 엄지발가락이 움직이는 것과 같아 나아가기에 충분하지 않다. '拇'는 발의 엄지발가락이다. 사람이 서로 느낌은 얕고 깊음과 가볍고 무거움의 차이가 있으니, 때의 형세를 알면 처신하는 바가 마땅함을 잃지 않을 것이다.

【本義】 拇는 足大指也라 咸은 以人身取象하니 感於最下는 咸拇之象也라 感之尙淺하여 欲進未能이라 故不言吉凶이라 此卦雖主於感이나 然六爻 皆宜靜而不宜動也라

'拇'는 발의 엄지발가락이다. 咸卦는 사람의 몸을 가지고 象을 취하였으니, 가장 아래에서 느낌은 엄지발가락에서 느끼는 象이다. 느낌이 아직 얕아서 나아가고자 하지만 할 수가 없기 때문에 吉凶을 말하지 않았다. 이 卦는 비록 느낌을 위주로 했지만, 여섯 爻가 모두 고요함이 마땅하고 움직임은 마땅하지 않다.

字義 拇 : 엄지발가락 무

象曰 咸其拇는 志在外也라

〈象傳〉에 말하였다. "'느낌이 그 엄지발가락이다.'는 뜻이 밖에 있는 것이다."

【傳】 初志之動은 感於四也라 故曰在外라 志雖動而感未深하니 如拇之動하여 未足以進也라

初六의 뜻이 움직임은 九四를 느끼는 것이기 때문에 '밖에 있다.'고 한 것이다. 뜻은 비록 움직이지만 느낌이 깊지 못하니, 엄지발가락이 움직이는 것과 같아 나아가기에 충분하지 않다.

六二는 咸其腓면 凶하니 居하면 吉[9]하리라

9 居 吉 : 李震相(朝鮮)은 《易學管窺》에서 "장딴지가 넓적다리에 붙어서 움직이는 것을 二爻가 三爻에 붙어서 가는 것에 비유했다. 二爻는 五爻와 정응이 되니 마땅히 중정함으로 스스로 지켜야 하는데, 도리어 三爻에 붙어서 움직인다면 바름을 잃기 때문에, 움직이면 흉하고 그대로 있으면 길하다." 하였다.

【本義】咸其腓니

六二는 느낌이 그 장딴지이면 凶하니, 그대로 있으면 길할 것이다.

【본의】느낌이 그 장딴지이니,

【傳】二以陰在下하여 與五爲應이라 故設咸腓之戒라 腓는 足肚니 行則先動이요 足乃擧之하니 非如腓之自動也라 二若不守道하여 待上之求하고 而如腓之動이면 則躁妄自失이니 所以凶也요 安其居而不動하여 以待上之求면 則得進退之道而吉也라 二는 中正之人이로되 以其在咸而應五라 故爲此戒하고 復云居吉이라하니 若安其分하여 不自動則吉也라

六二는 陰으로 아래에 있어서 九五와 호응하기 때문에 "느낌이 그 장딴지이다."라는 경계를 세웠다. '腓'는 장딴지이니, 가려면 먼저 움직이고 발은 따라서 들리니, 장딴지가 스스로 움직이는 것과는 같지 않다. 六二가 만약 道를 지켜 윗사람의 구함을 기다리지 않고 장딴지가 움직이는 것과 같이 한다면 조급하고 망령되어 스스로를 잃을 것이니 이 때문에 흉하고, 그 거처를 편안히 여기고 움직이지 않아 윗사람의 구함을 기다린다면 나아가고 물러나는 道를 얻어 길하다. 六二는 中正한 사람이지만, 咸卦에 있으면서 九五와 호응하기 때문에 이러한 경계를 하였고, 다시 "그대로 있으면 길하다."고 말하였으니, 만약 그 분수를 편안하게 여겨 스스로 움직이지 않는다면 吉할 것이다.

【本義】腓는 足肚也니 欲行則先自動하니 躁妄而不能固守者也라 二當其處요 又以陰柔不能固守라 故取其象이라 然有中正之德하여 能居其所라 故其占이 動凶而靜吉也라

腓는 장딴지이니, 가려고 하면 먼저 스스로 움직이니 조급하고 망령되어 굳게 지킬 수 없는 자이다. 六二가 그러한 처지에 해당하고, 또 유약한 陰으로 굳게 지킬 수 없기 때문에 그러한 象을 취하였다. 그러나 中正한 德이 있어서 제자리에 머물러 있을 수 있기 때문에 그 占이 움직이면 흉하고 고요하면 길한 것이다.

字義 腓 : 장딴지 비　肚 : 배 두, 종아리의 불룩한 부분 두

象曰 雖凶居吉은 順하면 不害[10]也라

---

10 順 不害 : 朴文健(朝鮮)은 《周易衍義》에서 "順자가 옛날에는 愼자와 통용되었으니, 머물러 있는 곳

〈象傳〉에 말하였다. "'비록 흉하나 그대로 있으면 길한 것'은 순리대로 하면 해롭지 않은 것이다."

【傳】二居中得正하고 所應이 又中正이니 其才本善이로되 以其在咸之時하여 質柔而上應이라 故戒以先動求君則凶이요 居以自守則吉이라 象復明之云 非戒之不得相感이요 唯順理則不害니 謂守道不先動也라

六二는 가운데 자리에 있으면서 바름을 얻었고 호응하는 爻도 中正하니 그 재질이 본래 좋지만, 咸卦의 때에 있어서 재질이 유순하면서 위와 호응하기 때문에 먼저 움직여 임금에게 구하면 凶하고, 그대로 있으면서 스스로를 지키면 吉하다고 경계하였다. 〈象傳〉에서 이것을 다시 밝혀 말하기를 "서로 느껴서는 안 된다고 경계한 것이 아니라, 오직 이치를 따르면 해롭지 않다."고 하였으니, 道를 지키고 먼저 움직이지 않음을 말한 것이다.

九三은 咸其股[11]라 執其隨[12]니 往하면 吝하리라

九三은 느낌이 그 넓적다리이다. 잡아 지킴이 그 대상을 따름에 있으니, 가면 부끄러울 것이다.

【傳】九三은 以陽居剛하니 有剛陽之才而爲主於內하고 居下之上하니 是宜自得於正道어늘 以感於物하여 而乃應於上六하니 陽好上而說陰하고 上居感說之極이라 故三感而從之라 股者는 在身之下足之上하여 不能自由하고 隨身而動者也라 故以爲象이라 言九三不能自主하여 隨物而動을 如股然하여 其所執守者隨於物也라 剛陽之才로 感於所說而隨之하니 如此而往이면 可羞吝也라

九三은 陽으로 剛한 자리에 있으니 剛한 陽의 재질을 가지고 있으면서 內卦의 주체가 되

을 신중하게 한다면 해가 없다." 하였다.

11 咸其股 : 李恒老(朝鮮)는 《周易傳義同異釋義》에서 "〈〈象傳〉에서의〉 亦자에 근거해보면, 이것은 아래의 두 陰爻를 이어서 한 말이기 때문에, 넓적다리에서 느낌이 발을 따라서 움직이는 것임을 알 수 있다." 하였다.

12 執其隨 : 沈大允(朝鮮)은 《周易象義占法》에서 "아래의 두 음을 잡고 사효와 오효를 따르기 때문에 '잡고 따른다'고 했다." 하였다.

고 下卦의 맨 위에 있으니, 마땅히 스스로 正道에 맞게 해야 하는데 물건(대상)에게 감동되어 上六과 호응하고 있으니, 陽은 올라가는 것을 좋아하며 陰을 기뻐하고, 上六은 느끼고 기뻐함의 끝에 있다. 그러므로 九三이 감응하여 上六을 좇는다. '넓적다리'는 몸통의 아래와 발의 위에 있어서 자유로울 수 없고, 몸을 따라서 움직이기 때문에 이로써 象을 삼았다. 九三은 스스로 주장할 수 없어서 대상을 따라 움직임을 마치 넓적다리 같이 하여 그 잡아 지키는 바가 대상을 따름에 있다는 것을 말하였다. 剛한 陽의 재질로 기뻐하는 바에 감응하여 따라가니, 이와 같이 하여 가면 부끄러울 만하다.

【本義】股는 隨足而動하여 不能自專者也라 執者는 主當持守之意라 下二爻皆欲動者요 三亦不能自守而隨之하니 往則吝矣라 故其象占如此하니라

넓적다리는 발을 따라 움직여서 자기 마음대로 할 수 없다. '執'은 주장하여 잡아 지킨다는 뜻이다. 아래에 있는 두 爻는 모두 움직이고자 하고, 九三도 스스로 지킬 수 없어서 따라가니, 가면 부끄럽다. 그러므로 그 象과 占이 이와 같다.

字義 股 : 넓적다리 고

象曰 咸其股는 亦不處也니 志在隨人하니 所執이 下也라

〈象傳〉에 말하였다. "'느낌이 그 넓적다리이다.'는 또한 그대로 머물러 있지 않음이니, 뜻이 다른 사람을 따르는 데에 있으니 잡아 지키는 수준이 낮다."

【傳】云亦者는 蓋象辭[13]本不與易相比하고 自作一處라 故諸爻之象辭 意有相續者라 此言亦者는 承上爻辭也니 上云咸其拇는 志在外也요 雖凶居吉은 順하면 不害也라하니라 咸其股亦不處也는 前二陰爻 皆有感而動하고 三雖陽爻나 亦然이라 故云亦不處也라하니 不處는 謂動也라 有剛陽之質而不能自主하여 志反在於隨人이면 是所操執者 卑下之甚也라

'또한'이라 말한 것은 〈象傳〉이 본래 《周易》의 본문과 서로 나란히 있지 않고 따로 한 곳에 있었다. 그러므로 모든 爻의 象辭(卦象과 爻象을 해석한 말)가 뜻이 서로 이어짐이 있었다. 여

13 辭 : 《大全》의 간주에 "어떤 판본에는 體자로 되어 있다." 하였다.

기서 '또한'이라 말한 것은 앞의 爻辭를 이어받은 것이다. 앞에서 〈初六의 〈象傳〉에〉 "'느낌이 그 엄지발가락이다.'는 뜻이 바깥에 있는 것이다." 하였고, 〈六二의 〈象傳〉에〉 "비록 흉하나 그대로 있으면 길함은 순리대로 하면 해롭지 않은 것이다." 하였다. "'느낌이 그 넓적다리이다.'는 또한 그대로 머물러 있지 않음이다."는 앞의 두 陰爻는 모두 느낌이 있어서 움직였고, 九三은 비록 陽爻이지만 또한 그러하기(움직이기) 때문에 "또한 그대로 머물러 있지 않는다."고 한 것이다. '머물러 있지 않음'은 움직인다는 말이다. 剛한 陽의 재질을 가지고 있으면서도 스스로 주장하지 못하여 뜻이 도리어 다른 사람을 따르는 데에 있으면, 이는 잡아 지키는 바가 〈수준이〉 심하게 낮은 것이다.

【本義】 言亦者는 因前二爻皆欲動而云也라 二爻陰躁하니 其動也宜어니와 九三은 陽剛으로 居止之極하니 宜靜而動은 可吝之甚也라

'또한'이라 말한 것은 앞의 두 爻(初六과 六二)가 모두 움직이고자 하기 때문에 그렇게 말한 것이다. 앞의 두 爻는 陰으로 조급하니 그 움직임이 마땅하지만, 九三은 剛한 陽으로 그침의 極에 있으니 마땅히 고요해야 하는데도 움직이는 것은 심하게 부끄러울 만하다.

字義 比 : 나란할 비　操 : 잡을 조

九四는 貞이면 吉하여 悔亡하리니 憧憧往來[14]면 朋從爾思[15]리라

九四는 바르게 하면 길하여 후회가 없을 것이니, 자주 가고 오면 벗만 네 생각을 따를 것이다.

【傳】 感者는 人之動也라 故皆就人身取象이라 拇는 取在下而動之微요 腓는 取先動이요 股는 取其隨라 九四는 无所取하여 直言感之道하고 不言咸其心하니 感乃心也라 四在中

---

14 憧憧往來 : 朱熹(南宋)는 《大全》의 소주 문답에서 "오고 감은 본래 무방합니다. 천지 사이에는 본래 왕래가 끊어지지 않습니다. 다만 '자주 자주' 해서는 안 되니, 이는 곧 사사로운 뜻이 되기 때문입니다." 하였다.

15 朋從爾思 : 金奎五(朝鮮)는 《讀易記疑》에서 "벗은 초육을 가리키며 〈상전〉의 《정전》에서 '사사롭게 응한다'고 한 말에 해당한다. 四爻는 함괘의 주인이므로 마땅히 여섯 자리에 두루 펼쳐야 하는데 초효의 호응에 얽매인다. 자주하여 그치지 않기 때문에 후회한다. 또 벗을 풀이하는 말이 일치하지 않으니 농류로써 말을 하는 경우도 있고, 서로 호응하는 것으로써 말을 하는 경우도 있다." 하였다.

而居上하여 當心之位라 故爲感之主而言感之道하니 貞正則吉而悔亡이요 感不以正則有悔也라 又四說體居陰而應初라 故戒於貞하니 感之道는 无所不通이로되 有所私係則害於感通하니 乃有悔也라 聖人感天下之心이 如寒暑雨暘하여 无不通无不應者는 亦貞而已矣니 貞者는 虛中无我之謂也라 憧憧往來朋從爾思는 夫貞一則所感无不通이요 若往來憧憧然하여 用其私心以感物이면 則思之所及者는 有能感而動이로되 所不及者는 不能感也니 是其朋類則從其思也라 以有係之私心으로 旣主於一隅一事면 豈能廓然无所不通乎아 繫辭曰 天下何思何慮리오 天下同歸而殊塗하며 一致而百慮하나니 天下何思何慮리오하니 夫子因咸하여 極論感通之道라 夫以思慮之私心으로 感物이면 所感狹矣라 天下之理一也니 塗雖殊而其歸則同이요 慮雖百而其致[16]則一이니 雖物有萬殊하고 事有萬變이나 統之以一則无能違也라 故貞其意則窮天下无不感通焉이라 故曰天下何思何慮리오하니 用其思慮之私心이면 豈能无所不感也리오 日往則月來하고 月往則日來하여 日月相推而明生焉하며 寒往則暑來하고 暑往則寒來하여 寒暑相推而歲成焉하며 往者는 屈也요 來者는 信也니 屈信相感而利生焉이라하니 此는 以往來屈信으로 明感應之理라 屈則有信하고 信則有屈은 所謂感應也라 故日月相推而明生하고 寒暑相推而歲成하니 功用由是而成이라 故曰屈信相感而利生焉이라하니라 感은 動也니 有感必有應이라 凡有動은 皆爲感이니 感則必有應이요 所應이 復爲感하고 感復有應하니 所以不已也라 尺蠖之屈은 以求信也요 龍蛇之蟄은 以存身也요 精義入神은 以致用也요 利用安身은 以崇德也니 過此以往은 未之或知也라하니 前云屈信之理矣요 復取物以明之라 尺蠖之行은 先屈而後信하나니 蓋不屈則无信이요 信而後有屈이니 觀尺蠖則知感應之理矣라 龍蛇之藏은 所以存息其身이니 而後能奮迅也요 不蟄則不能奮矣니 動息相感은 乃屈信也라 君子潛心精微之義하여 入於神妙는 所以致其用也니 潛心精微는 積也요 致用은 施也니 積與施는 乃屈信也라 利用安身以崇德也는 承上文致用而言이니 利其施用하고 安處其身은 所以崇大其德業也라 所爲合理則事正而身安이니 聖人能事 盡於此矣라 故云 過此以往은 未之或知也라하니라 窮神知化는 德之盛也라하니 旣云過此以往은 未之或知라하고 更以此語終之하여 云窮極至神之妙하여 知化育之道는 德之至盛也 无加於此矣라하니라

느낌이란 사람이 움직이는 것이므로 모두 사람의 신체에서 象을 취하였다. 엄지발가락은

16 致 : 《大全》의 간주에 "어떤 판본에는 極자로 되어 있고, 어떤 판본에는 極致로 되어 있다." 하였다.

맨 아래에 있으면서 움직임이 미미함을 취하였고, 장딴지는 먼저 움직임을 취하였고, 넓적다리는 따라서 움직임을 취하였다. 九四는 취한 바가 없어 다만 느끼는 道를 말하고 '느낌이 그 마음이다.'라고 말하지 않았으니, 느끼는 것은 바로 마음이다. 九四는 卦 전체의 가운데에 있으면서 上卦에 있어서 마음의 자리에 해당한다. 그러므로 느낌의 주체가 되어 느끼는 道를 말하였으니, 바르게 하면 吉하여 후회가 없을 것이고 바름으로 느끼지 않으면 후회가 있다. 또 九四는 기뻐하는 卦體로 陰의 자리에 있으면서 初六과 호응하기 때문에 바름에 대하여 경계하였으니, 느끼는 道는 통하지 않는 곳이 없으나 사사롭게 매이는 바가 있으면 느껴 통하는 데에 해로우니 이는 곧 후회가 있는 것이다. 성인이 천하의 마음을 감동시킴은 춥고 더우며 비가 오고 햇볕이 남과 같아서 통하지 않음이 없고 호응하지 않음이 없는 것은 또한 바르기 때문일 뿐이니, 바름은 마음을 비워 아집이 없음을 말한다.

'자주 가고 오면 벗만 네 생각을 따름'은 바르고 한결같으면 느낌에 통하지 않음이 없고, 만약 가고 오기를 자주 자주하여 사사로운 마음을 써서 다른 사람을 감동시킨다면 생각이 미치는 자는 느껴서 움직일 수 있지만 생각이 미치지 못하는 자는 느낄 수가 없으니, 이것이 그 벗들만 그 생각을 따르는 것이다. 이미 매임이 있는 사사로운 마음으로써 한 귀퉁이와 한 가지 일을 주장한다면 어찌 확연하게 통하지 않는 곳이 없을 수 있겠는가.

〈繫辭傳〉에 "천하가 무엇을 생각하고 무엇을 근심하겠는가? 천하가 돌아감은 똑같지만 길을 달리하며, 이루어짐은 한 가지이지만 생각은 백 가지이니, 천하가 무엇을 생각하고 무엇을 근심하겠는가?" 하였으니, 孔子가 咸卦를 가지고 느껴서 통하는 道를 지극히 논한 것이다. 생각하고 근심하는 사사로운 마음으로 다른 사람을 감동시키면 느끼는 바가 좁다. 세상의 이치는 한 가지이니, 길은 비록 다르더라도 돌아감은 똑같고, 생각은 비록 백 가지라도 이룸은 한 가지이니, 비록 물건이 만 가지로 다름이 있고 일이 만 가지로 변함이 있더라도 하나로써 통솔하면 어긋날 수가 없다. 그러므로 그 뜻을 바르게 하면 천하를 다하여 느껴서 통하지 않음이 없다. 그러므로 "천하가 무엇을 생각하고 무엇을 근심하겠는가?" 하였으니, 생각하고 근심하는 사사로운 마음을 쓴다면 어찌 감동하지 않음이 없을 수 있겠는가?

〈계사전〉에 "해가 가면 달이 오고 달이 가면 해가 와서 해와 달이 서로 밀어내어 밝음이 생기며, 추위가 가면 더위가 오고 더위가 가면 추위가 와서 추위와 더위가 서로 밀어내어 해가 이루어진다. 가는 것은 굽힘이고 오는 것은 폄이니, 굽힘과 폄이 서로 감응하여 이로움이 생겨난다." 하였으니, 이것은 가고 옴과 굽히고 폄을 가지고서 感應하는 이치를 밝힌 것이다. 굽히면 폄이 있고 펴면 굽힘이 있음은 이른바 '感應'이다. 그러므로 해와 달이 서로 밀어내어 밝음이 생겨나고, 추위와 더위가 서로 밀어내어 해가 이루어지니, 功用이 이로 말미암아 이루어지기 때문에 "굽히고 폄이 서로 감응하여 이로움이 생겨난다." 하였다. 느낌은 움직이는 것이니, 느낌이 있으면 반드시 호응이 있다. 움직임이 있으면 모두 느끼게 되니, 느끼면 반드시 호응이 있고, 호응하는 바가 다시 느끼게 되고, 느끼면 다시 호응이 있게 되므로 그치지 않는 것이다.

〈계사전〉에 "자벌레가 굽히는 것은 폄을 구하기 위한 것이고, 용과 뱀이 숨는 것은 자신을 보존하기 위한 것이고, 의로움을 정밀하게 하여 神의 경지로 들어가는 것은 씀을 지극히 하기 위한 것이고, 씀을 이롭게 하여 몸을 편안히 하는 것은 德을 높이기 위한 것이니, 이 밖의 것은 혹 알지 못한다." 하였으니, 앞에서는 굽히고 펴는 이치를 말하였고 다시 물건을 취하여 그 이치를 밝혔다. 자벌레가 가는 것은 먼저 굽힌 후에 펴니 굽히지 않으면 폄이 없고, 편 후에 굽힘이 있으니 자벌레를 보면 感應하는 이치를 알게 된다. 용과 뱀이 숨는 것은 자신을 보존하고 쉬게 함이니 그런 뒤에야 분발하여 빠르게 할 수 있고, 숨지 않는다면 분발할 수가 없으니 움직임과 쉼이 서로 감응하는 것이 바로 굽힘과 폄이다. 군자가 精微한 뜻에 마음을 잠겨두어 신묘한 경지에 들어감은 그 씀을 지극히 하는 것이니, 마음을 정미한 것에 잠겨 둠은 쌓는 것이고 씀을 지극히 함은 베푸는 것이니, 쌓음과 베풂이 곧 굽히고 폄이다.

〈계사전〉에 "씀을 이롭게 하여 몸을 편안히 하는 것은 德을 높이려고 하기 때문이다."라고 한 것은 윗 문장의 '씀을 지극히 함'을 이어서 말한 것이니, 그 베풂과 씀을 이롭게 하고 그 자신을 편안하게 함은 덕업을 높고 크게 하기 위한 것이다. 하는 바가 이치에 부합되면 일이 바르게 되어 자신이 편안하게 되니, 성인의 능한 일이 여기서 지극하다. 그러므로 "이 밖의 것은 혹 알지 못한다." 하였다.

〈계사전〉에 "신묘한 이치를 궁구하여 조화를 앎은 德의 성함이다." 하였으니, 이미 "이 밖의 것은 혹 알지 못한다." 하고, 다시 이 말을 가지고 끝을 맺으면서 지극한 신묘한 이치를 극도로 궁구하여 化育하는 道를 앎은 德이 지극히 성함이 이보다 더할 수 없다고 말한 것이다.

【本義】九四居股之上, 脢之下하고 又當三陽之中하니 心之象이요 咸之主也라 心之感物은 當正而固라야 乃得其理어늘 今九四乃以陽居陰하니 爲失其正而不能固라 故因占設戒하여 以爲能正而固면 則吉而悔亡이요 若憧憧往來하여 不能正固而累於私感이면 則但其朋類從之요 不復能及遠矣라하니라

九四는 넓적다리의 위와 등살의 아래에 있고, 또 세 陽의 가운데에 해당하니, 마음의 象이고 느낌의 주체이다. 마음이 대상을 느낌은 마땅히 바르고 견고해야 그 이치를 얻을 수 있는데, 이제 九四는 陽으로 陰의 자리에 있으니 바름을 잃어 견고할 수가 없다. 그러므로 占을 근거로 경계를 세워 바르고 견고하게 할 수 있다면 길하여 후회가 없고, 만약 자주 자주 오고

가서 정고하게 하지 못하고 사사로운 느낌에 얽매이면, 단지 그 벗들만이 따르고 다시 멀리까지 미칠 수 없다고 한 것이다.

字義 廓 : 확연할(넓고 텅 빈) 확 塗 : 길 도 信 : 펼 신 蟄 : 숨을 칩 奮 : 분발할 분
迅 : 빠를 신 累 : 얽매일 루

象曰 貞吉悔亡은 未感害[17]也요 憧憧往來는 未光大[18]也라

〈象傳〉에 말하였다. "'바르게 하면 길하여 후회가 없음'은 느낌에 해를 당하지 않은 것이고, '자주 자주 가고 옴'은 빛나고 크지 못한 것이다."

【傳】 貞則吉而悔亡은 未爲私感所害也니 係私應則害於感矣라 憧憧往來는 以私心相感이니 感之道狹矣라 故云未光大也라

'바르게 하면 길하여 후회가 없음'은 사사로운 느낌에 해를 당하지 않은 것이니, 사사롭게 응함에 얽매이면 느끼는 데에 해가 된다. '자주 자주 가고 옴'은 사사로운 마음으로 서로 느낌이니, 느끼는 道가 협소하기 때문에 '아직 빛나고 크지 못하다.' 하였다.

【本義】 感害는 言不正而感則有害也라

'느낌에 해를 당함'은 바르지 못하면서 느끼면 해로움이 있음을 말한다.

九五는 咸其脢니 无悔리라

九五는 느낌이 그 등살이니, 후회가 없을 것이다.

【傳】 九居尊位하니 當以至誠感天下어늘 而應二比上하니 若係二而說上이면 則偏私淺狹하여 非人君之道니 豈能感天下乎아 脢는 背肉也니 與心相背而所不見也라 言能背

---

17 未感害 : 沈大允(朝鮮)은 《周易象義占法》에서 "다른 부류를 느낄 수 없기 때문에 느끼기를 구해 스스로 해를 입지 않는다." 하였다.

18 未光大 : 沈大允(朝鮮)은 《周易象義占法》에서 "느끼는 대상이 같은 부류에만 그치기 때문에 빛나고 크지 못한 것이다." 하였다.

其私心하여 感非其所見而說者면 則得人君感天下之正而无悔也라

九五가 높은 자리에 있으니 마땅히 지성으로 천하를 감동시켜야 하는데도 六二와 호응하고 上六과 가까우니, 만약 六二에 얽매이고 上六을 기뻐한다면 사사로운 데에 치우치고 얕고 좁아서 임금의 道가 아니니, 어찌 세상을 감동시킬 수 있겠는가. '脢'는 등의 살이니, 심장과 서로 등져서 보이지 않는 곳이다. 그 사사로운 마음을 등져서 보고서 기뻐하지 않는 자까지도 감동시킬 수 있다면, 임금이 천하를 감동시키는 바름을 얻어 후회가 없게 됨을 말한 것이다.

【本義】 脢는 背肉이니 在心而相背하여 不能感物而无私係하니 九五適當其處라 故取其象而戒占者以能如是면 則雖不能感物이나 而亦可以无悔也라

'脢'는 등의 살이니, 심장의 위치에 있지만 서로 등져서 상대를 느낄 수가 없어 사사롭게 얽매임이 없으니, 九五가 마침 그곳에 해당하므로 그 象을 취하여 점치는 자가 이와 같이 할 수 있다면 비록 상대를 감동시킬 수는 없어도 또한 후회는 없을 수 있다고 경계한 것이다.

字義 脢 : 등살 매

象曰 咸其脢는 志末[19]也일새라

【本義】 志末也라

〈象傳〉에 말하였다. "'느낌이 그 등살이다'는 뜻이 지엽적이기 때문이다."

【본의】 "'느낌이 그 등살이다'는 뜻이 지엽적이다."

【傳】 戒使背其心而咸脢者는 爲其存心[20]淺末하여 係二而說上하여 感於私欲也일새라

심장을 등져서 등살에서 느끼도록 경계한 것은 〈九五가〉 마음을 보존함이 얕고 지엽적이어서 六二에 얽매이고 上六을 기뻐하여 사사로운 욕심을 느끼기 때문이다.

---

19 志末 : 宋時烈(朝鮮)은 《易說》에서 "오효는 임금의 자리에 있어서 가서 육이를 따를 수 없으니, 이것은 볼 수 없는 것에 느끼는 것이고 볼 수 없어서 뒤에 있는 것은 상육이다. 초효는 本이고 상효는 末인데, 오효의 뜻은 末에 있고 육이에 있지 않다." 하였다.

20 心 : 《大全》의 간주에 "어떤 판본에는 志자로 되어 있다." 하였다.

【本義】志末은 謂不能感物이라

'뜻이 지엽적임'은 상대를 감동시킬 수 없음을 말한다.

上六은 咸其輔頰舌이라

上六은 느낌이 그 볼과 뺨과 혀이다.

【傳】上은 陰柔而說體로 爲說之主하고 又居感之極하니 是其欲感物之極也라 故不能以至誠感物而發見(현)於口舌之間하니 小人女子之常態也라 豈能動於人乎아 不直云口而云輔頰舌은 亦猶今人謂口過曰唇(脣)吻, 曰頰舌也라 輔頰舌은 皆所用以言也라

上六은 陰柔하고 기뻐하는 卦體로 기쁨의 주체가 되고, 또 咸卦의 끝에 있으니 상대를 감동시키고자 함이 지극하다. 그러므로 至誠으로 상대를 감동시키지 못하고 입과 혀 사이에 나타났으니, 小人과 여자의 일상적인 태도이다. 어찌 다른 사람을 감동시킬 수 있겠는가. 곧바로 '입'이라고 하지 않고, 볼과 뺨과 혀라고 말한 것은 또한 오늘날 사람들이 말실수를 '唇吻'이라 하고 '頰舌'이라 하는 것과 같다. 볼과 뺨과 혀는 모두 말을 하는 데에 쓰는 것이다.

【本義】輔頰舌은 皆所以言者而在身之上하니 上六이 以陰居說之終하고 處咸之極하여 感人以言而无其實이요 又兌爲口舌이라 故其象如此하니 凶咎可知라

볼과 뺨과 혀는 모두 말하는 데에 쓰는 것이고 몸의 위에 있다. 上六이 陰으로 기뻐함☱의 끝에 있고, 咸卦의 끝에 있어서 사람들을 말로 감동시키려고 하지만 그 실상이 없고, 또 兌卦☱는 입과 혀가 된다. 그러므로 그 象이 이와 같으니 흉함과 허물을 알 만하다.

字義 輔 : 볼 보　頰 : 뺨 협　舌 : 혀 설　唇 : 입술 순　吻 : 입술 문

象曰 咸其輔頰舌은 滕(騰)口說[21]也라

---

21 滕(騰)口說 : 金相岳(朝鮮)은 《山天易說》에서 "상육은 함괘의 끝에 있어서 기쁨의 주인이 되니, 비록 호응하는 사귐을 받들고 있지만 지극한 진실됨으로 서로 느낄 수 없어서 입과 혀 사이로 드러나니, 어떻게 남을 느낄 수 있겠는가?" 하였다.

〈象傳〉에 말하였다. "'느낌이 그 볼과 뺨과 혀이다.'는 입과 말로만 치켜올려주는 것이다.

【傳】唯至誠이라야 爲能感人이어늘 乃以柔說로 騰揚於口舌言說하니 豈能感於人乎아

오직 지성스러워야 다른 사람을 감동시킬 수 있는데, 부드러움과 기뻐함으로 입과 말로만 치켜올려주니, 어떻게 다른 사람을 감동시킬 수 있겠는가.

【本義】滕騰通用이라

'滕'은 '騰'과 통용된다.

字義 滕 : 말떠벌릴 등 騰 : 오를 등

32. 恒

䷟ 巽下震上

下卦는 巽卦☴이고 上卦는 震卦☳이다.

【傳】恒은 序卦에 夫婦之道는 不可以不久也라 故受之以恒하니 恒은 久也라하니라 咸은 夫婦之道니 夫婦[1]는 終身不[2]變者也라 故咸之後에 受之以恒也라 咸은 少男이 在少女之下하니 以男下女는 是男女交感之義요 恒은 長男이 在長女之上하니 男尊女卑는 夫婦居室之常道也라 論交感之情이면 則少爲親切이요 論尊卑之序면 則長當謹正이라 故兌艮爲咸而震巽爲恒也라 男在女上하여 男動于外하고 女順于內는 人理之常이라 故爲恒也라 又剛上柔下하고 雷風相與하며 巽而動하고 剛柔相應이 皆恒之義也라

恒卦는 〈序卦傳〉에 "夫婦의 道는 오래하지 않을 수 없기 때문에 恒卦로 받았다." 하였으니, 恒은 오래함이다. 咸卦는 夫婦의 도리이니, 부부는 종신토록 변하지 않으므로 咸卦 뒤에 恒卦로 받았다. 咸卦는 少男이 少女 아래에 있으니 남자가 여자에게 낮춤은 남녀가 서로 감응하는 뜻이고, 恒卦는 長男이 長女 위에 있으니 남자가 높고 여자가 낮음은 부부가 집에 함께 사는 떳떳한 도리이다. 서로 감응하는 실정을 논하면 나이가 어린 것은 친절함이 되고, 尊卑의 차례를 논하면 나이가 많은 쪽이 조심하고 바르게 해야 한다. 그러므로 兌卦와 艮卦는 咸卦가 되고, 震卦와 巽卦는 恒卦가 된다. 남자가 여자 위에 있어서 남자가 밖에서 활동하고 여자가 안에서 유순함은 인륜의 떳떳함이므로 恒卦가 된 것이고, 또 剛이 위에 있고 柔가 아래에 있고 우레와 바람이 서루 함께 하며 공손하면서 움직이고 剛柔가 서로 호응하는 것이니, 이것이 모두 恒卦의 뜻이다.

字義 謹 : 조심할 근

---

1 婦 : 《大全》의 간주에 "어떤 판본에는 '婦'자 뒤에 '之道'자가 있다." 하였다.

2 不 : 《大全》의 간주에 "어떤 판본에는 '不'자 뒤에 '可'자가 있다." 하였다.

恒[3]은 亨하여 无咎하니 利貞하니 利有攸往하니라

【本義】无咎하나

恒卦는 형통하여 허물이 없으니, 바름이 이로우니, 갈 곳을 둠이 이롭다.

【본의】허물이 없으나

【傳】恒者는 常久也니 恒之道는 可以亨通이라 恒而能亨이면 乃无咎也요 恒而不可以亨이면 非可恒之道也니 爲有咎矣라 如君子之恒於善은 可恒之道也요 小人恒於惡은 失可恒之道也라 恒所以能亨은 由貞正也라 故云利貞이라 夫所謂恒은 謂可恒久之道요 非守一隅而不知變也라 故利於有往이니 唯其有往이라 故能恒也니 一定則不能常矣라 又常久之道 何往不利리오

恒은 항구함이니, 항구한 道는 형통할 수 있다. 항구하면서 형통할 수 있으면 허물이 없고, 항구해도 형통할 수 없으면 항구할 수 있는 道가 아니니 허물이 있게 된다. 예를 들어 군자가 善에 항구한 것은 항구할 수 있는 道이고, 小人이 惡에 항구한 것은 항구할 수 있는 道를 잃은 것이다. 恒卦가 형통할 수 있는 까닭은 바르기 때문이다. 그러므로 '바름이 이롭다.' 하였다. 이른바 恒이란 항구할 수 있는 道를 말하고, 한 쪽 귀퉁이만을 지켜 변통할 줄 모르는 것이 아니다. 그러므로 갈 곳을 둠이 이롭다. 오직 갈 곳을 두기 때문에 항구할 수 있으니, 하나로 고정되어 있으면 항구할 수 없다. 또 항구한 道가 어디를 간들 이롭지 않겠는가.

【本義】恒은 常久也라 爲卦震剛在上하고 巽柔在下하며 震雷巽風이 二物相與하고 巽順震動이 爲巽而動이며 二體六爻가 陰陽相應하니 四者는 皆理之常이라 故爲恒이라 其占이 爲能久於其道則亨而无咎라 然又必利於守貞이니 則乃爲得所常久之道而利有所往也라

恒은 항구함이다. 卦의 구성이 震卦☳의 剛은 위에 있고 巽卦☴의 柔는 아래에 있으며, 震卦의 우레와 巽卦의 바람은 두 가지 물건이 서로 함께하고, 巽卦의 유순함과 震卦의 움직임은 공손하면서 움직이며, 두 卦體의 여섯 爻가 陰陽이 서로 호응하니, 이 네 가지는 모두 떳떳한(변치 않는) 이치이기 때문에 恒卦가 된 것이다. 그 占이 그 道에서 오래할 수 있으면 형

3 恒 : 빌헬름 영문판 주역인《The I Ching》에서는 恒卦를 "H^eng / Duration"이라고 하였다. 항괘는 언제나 있는 '항상성'이라고 정의하였다. 괘에서는 가운데 자리가 항상성을 지킬 수 있기 때문에 항괘의 二爻를 주효로 보았다.

통하여 허물이 없다. 그러나 또 반드시 바름을 지키는 것이 이로우니, 항구할 바의 道를 얻어 갈 곳을 둠이 이롭다.

彖曰 恒은 久也니

〈彖傳〉에 말하였다. "恒은 오래함이니,

【傳】 恒者는 長久之義也라

'恒'은 長久하다는 뜻이다.

剛上而柔下하고 雷風이 相與하고 巽而動하고 剛柔皆應이 恒이니

剛이 위에 있으며 柔가 아래에 있고, 우레와 바람이 서로 함께하고, 공손하면서 움직이며, 剛과 柔가 모두 호응함이 恒이니,

【傳】 卦才有此四者하니 成恒之義也라 剛上而柔下는 謂乾之初上居於四하고 坤之初下居於初하여 剛爻上而柔爻下也라 二爻易處則成震巽하니 震上巽下는 亦剛上而柔下也니 剛處上而柔居下는 乃恒道也라 雷風相與는 雷震則風發하니 二者相須하여 交助其勢라 故云相與하니 乃其常也라 巽而動은 下巽順하고 上震動하니 爲以巽而動이라 天地造化恒久不已者는 順動而已니 巽而動은 常久之道也라 動而不順이면 豈能常也리오 剛柔皆應은 一卦剛柔之爻 皆相應하니 剛柔相應은 理之常也라 此四者는 恒之道也니 卦所以爲恒也라

卦의 재질에 이 네 가지가 있으니 恒卦를 이루는 뜻이다. '剛이 위에 있고 柔가 아래에 있음'은 乾卦의 初爻가 올라가 네 번째 자리에 있고, 坤卦의 初爻가 내려와 첫 번째 자리에 있어서, 剛爻가 올라가고 柔爻가 내려옴을 말한다. 두 爻가 자리를 바꾸면 震卦☳와 巽卦☴를 이루니, 震卦가 위에 있고 巽卦가 아래에 있음은 또한 剛이 위에 있고 柔가 아래에 있는 것이니, 剛이 위에 있고 柔가 아래에 있음은 항구한 道이다.

'우뢰와 바람이 서로 함께함'은 우레가 진동하면 바람이 부니, 이 둘은 서로 따라서 형세를 서로 돕기 때문에 '서로 함께 한다.' 하였으니, 이는 바로 떳떳함이다.

'공손하면서 움직임'은 아래는 巽卦로 유순하고 위는 震卦로 움직이니, 공손하면서 움직임이 된다. 天地의 造化가 항구하여 그치지 않음은 유순하게 움직이기 때문일 따름이니, 공손하면서 움직임은 항구한 道이다. 움직이면서 공손하지 않다면 어찌 항구할 수 있겠는가.

'剛과 柔가 모두 호응함'은 한 卦에서 剛柔의 爻가 모두 相應함이니, 剛과 柔가 서로 호응함은 떳떳한 이치이다.

이 네 가지는 恒久한 道이니, 卦가 이 때문에 恒卦가 된 것이다.

【本義】以卦體卦象卦德으로 釋卦名義라 或以卦變으로 言剛上柔下之義曰 恒自豐來하여 剛上居二하고 柔下居初也라하니 亦通이라

卦體와 卦象과 卦德으로 卦의 명칭과 뜻을 해석하였다. 어떤 이가 卦變으로 '剛이 올라가고 柔가 내려온다.'는 뜻에 대해 말하기를, "恒卦䷟는 豐卦䷶로부터 와서 剛이 올라가 二爻 자리에 있고 柔가 내려와 初爻 자리에 있다." 하였으니, 이 또한 통한다.

恒亨无咎利貞은 久於其道[4]也니

'恒은 형통하여 허물이 없으니, 바름이 이로움'은 그 道를 오래함이니,

【傳】恒之道可致亨而无過咎로되 但所恒이 宜得其正이니 失正則非可恒之道也라 故曰久於其道라하니 其道는 可恒之正道也라 不恒其德과 與恒於不正은 皆不能亨而有咎也라

항구한 道는 형통함을 이루어 허물이 없을 수 있으나, 다만 항구한 바가 그 바름을 얻어야 하니, 바름을 잃으면 항구할 수 있는 道가 아니다. 그러므로 '그 道를 오래한다.' 하였으니, '그 道'는 항구할 수 있는 바른 道이다. 그 德을 항구하게 하지 못하는 것과 바르지 못함을 항구하게 하는 것은 모두 형통할 수 없어서 허물이 있다.

天地之道는 恒久而不已也니라

4 久於其道 : 李震相(朝鮮)은 《易學管窺》에서 "해와 달은 형체가 있으니 본체를 먼저 말하고 작용을 나중에 말했으며, 四時는 기운이기 때문에 작용을 먼저 말하고 본체를 나중에 말했다." 하였다.

天地의 道는 항구하여 그치지 않는다.

【傳】天地之所以不已는 蓋有恒久之道하니 人能恒於可恒之道면 則合天地之理也라

天地가 그치지 않는 까닭은 恒久한 道가 있기 때문이니, 사람이 항구한 道를 항구하게 할 수 있다면 天地의 이치에 부합한다.

【本義】恒은 固能亨이요 且无咎矣라 然必利於正은 乃爲久於其道니 不正則久非其道矣라 天地之道所以長久는 亦以正而已矣니라

恒은 진실로 형통할 수 있고 또 허물이 없다. 그렇지만 반드시 바름이 이로움은 그 道를 오래하기 위해서이니 바르지 않으면 道가 아닌 것에 오래하는 것이다. 天地의 道가 長久한 까닭은 바름으로써 하기 때문일 뿐이다.

利有攸往은 終則有始也일새니라

'갈 곳을 둠이 이로움'은 마치면 시작이 있기 때문이다.

【傳】天下之理 未有不動而能恒者也라 動則終而復始하니 所以恒而不窮이라 凡天地所生之物은 雖山嶽之堅厚라도 未有能不變者也라 故恒은 非一定之謂也니 一定則不能恒矣라 唯隨時變易이 乃常道也라 故云利有攸往이라하여 明理之如是하니 懼人之泥於常也라

천하의 이치가 움직이지 않고 항구할 수 있는 것은 없다. 움직이면 끝났다가 다시 시작하니 이 때문에 항구하여 다하지 않는 것이다. 天地가 낸 물건은 비록 山嶽처럼 견고하고 두터운 것이라 하더라도 변치 않을 수 있는 것이 없다. 그러므로 恒이란 하나로 고정되어 있음을 말하는 것이 아니니, 하나로 고정되어 있으면 항구할 수 없다. 오직 때에 따라 變易함이 떳떳한 道이므로 '갈 곳을 둠이 이롭다.' 하여 이치가 이와 같음을 밝혔으니, 사람들이 항상함(하나로 고정되어 변치 않음)에 빠질까 두려워한 것이다.

【本義】久於其道는 終也요 利有攸往은 始也라 動靜相生은 循環之理나 然必靜爲主也라

'그 道를 오래함'은 마침이고 '갈 곳을 둠이 이로움'은 시작이다. 動과 靜이 서로 낳음은 순환하는 이치이지만, 반드시 靜이 주체가 된다.

日月이 得天而能久照하며 四時變化而能久成하며 聖人이 久於其道而天下化成하나니 觀其所恒而天地萬物之情을 可見矣리라

해와 달이 天理에 순종하여 오래 비출 수 있으며, 四時가 변화하여 오랜 시간을 두고 이룰 수 있으며, 聖人이 그 道를 오래해서 세상이 敎化되어 이루어지니, 그 항구한 바를 보면 天地萬物의 실정을 알 수 있을 것이다."

【傳】此는 極言常理라 日月은 陰陽之精氣耳니 唯其順天之道하여 往來盈縮이라 故能久照而不已니 得天은 順天理也라 四時는 陰陽之氣耳니 往來變化하여 生成萬物은 亦以得天이라 故常久不已라 聖人은 以常久之道로 行之有常而天下化之하여 以成美俗也라 觀其所恒은 謂觀日月之久照와 四時之久成과 聖人之道의 所以能常久之理니 觀此則天地萬物之情理를 可見矣라 天地常久之道와 天下常久之理를 非知道者면 孰能識之리오

이는 떳떳한 이치를 지극히 말한 것이다. 해와 달은 陰陽의 精氣일 뿐이니, 오직 하늘의 道에 순종하여 가고 오고 차고 기운다. 그러므로 오랫동안 비추면서 그치지 않을 수 있으니, '得天'은 하늘의 이치를 따르는 것이다. 四時는 陰陽의 기운일 뿐이니, 가고 오고 변화하여 만물을 낳고 이룸은 또한 天理를 따르기 때문이다. 그러므로 항구하여 멈추지 않는다. 聖人은 항구한 道로 행함에 항상함이 있어서 세상이 敎化되어 아름다운 풍속을 이룬다. '그 항구한 바를 봄'은 해와 달이 오래 비추는 것과 四時가 오랜 시간을 두고 이루는 것과 聖人의 道가 항구한 이치를 봄을 말하니, 이것을 보면 天地萬物의 실정과 이치를 알 수가 있다. 天地의 항구한 道와 천하의 항구한 이치는 道를 아는 자가 아니면 누가 알 수 있겠는가.

【本義】極言恒久之道라

恒久한 도를 지극히 말하였다.

字義 泥 : 빠질 니 盈 : 가득찰 영 縮 : 기울(줄어들) 축

象曰 雷風이 恒이니 君子以하여 立不易方[5]하나니라

---

5 立不易方 : 沈大允(朝鮮)은 《周易象義占法》에서 "바람은 사계절 내내 있지만 불어옴에 반드시 방향이 있고, 우레는 숨고 나오며 옮겨가고 움직이는 변화가 있다. 항괘는 손괘를 본체로 삼고 진괘

〈象傳〉에 말하였다. "우레와 바람이 恒이니, 君子가 그것을 본받아 〈항구한 道에〉 서서 方所를 바꾸지 않는다."

【傳】 君子觀雷風相與成恒之象하여 以常久其德하여 自立於大中常久之道하여 不變易其方所也라

君子는 우레와 바람이 서로 함께 恒卦를 이루는 象을 보고서 그 德을 항구하게 하여, 크게 알맞아서 항구한 道에 스스로 서서 그 방소를 바꾸지 않는다.

初六은 浚恒이라 貞하여 凶[6]하니 无攸利하니라

【本義】 貞이라도 凶하여

初六은 항구함을 구함이 깊다. 고집하여 흉하니, 이로운 바가 없다.

【본의】 바르더라도 흉하여

【傳】 初居下而四爲正應하니 柔暗之人이 能守常而不能度勢하며 四는 震體而陽性이라 以剛居高하여 志上而不下하며 又爲二三所隔하여 應初之志 異乎常矣어늘 而初乃求望之深하니 是知常而不知變也라 浚은 深之也니 浚恒은 謂求恒之深也라 守常而不度(탁)勢하고 求望於上之深하여 堅固守此면 凶之道也니 泥常如此면 无所往而利矣라 世之責望故素而致悔咎者는 皆浚恒者也라 志旣上求之深이면 是不能恒安其處者也요 柔微而不恒安其處는 亦致凶之道라 凡卦之初終은 淺與深 微與盛之地也니 在下而求深은 亦不知時矣라

初六은 맨 아래에 있어 九四와 正應이 되니, 유약하고 어두운 사람이 항상함을 지킬 수는 있어도 형세를 헤아릴 수는 없으며, 九四는 震의 卦體이고 陽의 성질이므로 剛함으로 높은 자리에 있어 뜻이 올라가려 하고 내려오지 않으며, 또 九二와 九三에 막혀서 初六과 호응하

를 쓰임으로 삼으며, 군자는 정도를 본체로 삼고 권도를 쓰임으로 삼는다." 하였다.

6 浚恒 貞 凶 : 沈大允(朝鮮)은 《周易象義占法》에서 "항괘의 효 중 그 자리가 굳센 陽에 있는 것은 바름을 지키지만 권도를 모르는 자이고, 부드러운 陰에 있는 것은 바름에 거하지만 권도만 좋아하는 자이다. 그렇기 때문에 초효·삼효·오효에서는 모두 바름을 언급하고, 이효·사효·육효에서는 모두 바름을 언급하지 않았다." 하였다.

는 뜻이 일반적인 경우와는 다른데, 初六이 구하고 바라기를 깊게 하니, 이는 항상함만 알고 변화를 모르는 것이다.

浚은 깊게 함이니, 浚恒은 항구함을 구함이 깊음을 말한다. 항상함만 지키면서 형세를 헤아리지 않고 윗사람에게 구하고 바라기를 깊게 하여 이것을 堅固하게 지키면 凶한 道이니, 항상함(하나로 고정되어 변치 않음)에 빠짐이 이와 같다면 가는 곳마다 이로움이 없다. 세상에 오래 사귄 친구〔故素〕에게 지나치게 요구하고 기대〔責望〕하여 후회와 허물을 이룬 자는 모두 항구함을 구함이 깊은 자이다. 뜻이 이미 윗사람에게 구하기를 깊게 하면 이는 그 거처를 항구하고 편안하게 하지 못한 것이고, 유약하고 미미하여 그 거처를 항구하고 편안하게 하지 못함은 凶함을 이루는 道이다. 卦의 처음과 끝은 얕음과 깊음, 미세함과 성대함의 자리이니, 맨 아래에 있으면서 깊이 구함은 또한 때를 알지 못하는 것이다.

【本義】初與四爲正應하니 理之常也라 然初居下而在初하여 未可以深有所求요 四震體而陽性이라 上而不下하며 又爲二三所隔하여 應初之意 異乎常矣어늘 初之柔暗이 不能度(탁)勢하고 又以陰居巽下하여 爲巽之主하여 其性務入이라 故深以常理求之하니 浚恒之象也라 占者如此면 則雖貞이라도 亦凶而无所利矣리라

初六과 九四는 正應이 되니 떳떳한 이치이다. 初六은 下卦에 있고 初爻 자리에 있어서 깊게 구하는 바가 있어서는 안 되고, 九四는 震의 卦體이고 陽의 성질이므로 올라가서 내려오지 않으며, 또 九二와 九三에 막혀서 初六과 호응하려는 뜻이 일반적인 경우와 다르다. 그런데도 初六의 유약하고 어두움이 형세를 헤아리지 못하고 또 陰으로 巽卦의 맨 아래에 있어서 巽卦의 주체가 되어, 그 성질이 들어가는데 힘쓴다. 그러므로 떳떳한 이치로써 깊게 구하니, 항구함을 구함이 깊은 象이다. 점치는 사람이 이와 같이 하면 비록 바르더라도 凶하여 이로운 바가 없을 것이다.

字義 浚 : 깊게 할 준 度 : 헤아릴 탁

象曰 浚恒之凶은 始에 求深也일새라

〈象傳〉에 말하였다. "'항구함을 구함이 깊어 凶함'은 처음에 구하기를 깊게 하기 때문이다."

【傳】居恒之始而求望於上之深하니 是知常而不知度(탁)勢之甚也라 所以凶이니 陰

暗하여 不得恒之宜也라

恒卦의 처음에 있으면서 윗사람에게 요구하고 바라기를 깊게 하니, 이는 항상함만 알고 형세를 헤아릴 줄 모름이 심한 것이다. 이 때문에 흉하니, 陰으로 어두워서 항구함의 마땅함을 얻지 못한 것이다.

九二는 悔亡하리라

九二는 후회가 없어질 것이다.

【傳】在恒之義에 居得其正則常道也라 九는 陽爻居陰位하니 非常理也니 處非其常이면 本當有悔로되 而九二以中德而應於五하고 五復居中하여 以中而應中하니 其處與動이 皆得中也라 是能恒久於中也니 能恒久於中이면 則不失正矣라 中은 重於正하니 中則正矣어니와 正은 不必中也라 九二以剛中之德而應於中하니 德之勝也니 足以亡其悔矣라 人能識重輕之勢하면 則可以言易矣리라

恒卦의 뜻에서 거처함이 바름을 얻으면 떳떳한 道이다. 九二는 陽爻가 陰의 자리에 있으니 떳떳한 이치가 아니다. 거처함이 떳떳함이 아니면 본래 마땅히 후회가 있지만, 九二는 中德으로써 六五와 호응하고, 六五는 다시 가운데 자리에 있어서 中德으로써 中德에 호응하니, 그 거처와 움직임이 모두 中德을 얻은 것이다. 이것은 中德에 항구한 것이니, 中德에 항구할 수 있으면 바름을 잃지 않는다. '中'은 '正'보다 중요하니 中을 얻으면 正이 되지만, 正이 반드시 中이 되지는 않는다. 九二는 剛中한 德으로 中과 호응하니, 德이 우세한 것이니 후회를 충분히 없앨 수 있다. 사람이 무겁고 가벼운 형세를 알 수 있으면《周易》을 말할 수 있다.

【本義】以陽居陰은 本當有悔로되 以其久中이라 故得亡也라

陽으로 陰의 자리에 있음은 본래 마땅히 후회가 있지만, 中道에 오래하기 때문에 후회가 없어지는 것이다.

象曰 九二悔亡은 能久中也일새라

〈象傳〉에 말하였다. "'九二가 후회가 없어짐'은 中道에 오래할 수 있기 때문이다."

【傳】 所以得悔亡者는 由其能恒久於中也니 人能恒久於中이면 豈止亡其悔리오 德之善也라

후회가 없어질 수 있는 까닭은 中道에 항구할 수 있기 때문이니, 사람이 中道에 항구할 수 있으면 어찌 후회만 없겠는가. 德 중에 훌륭한 것이다.

九三은 不恒其德이라 或承之羞[7]니 貞이면 吝하리라

【本義】 或承之羞니 貞이라도 吝이리라

九三은 그 德을 항구하게 하지 않는다. 혹 부끄러움이 이를 것이니, 고집하면 부끄러울 것이다.

【본의】 혹자가 부끄러움을 받듦이니, 바르게 하더라도 부끄러울 것이다.

【傳】 三은 陽爻居陽位하여 處得其位하니 是其常處也어늘 乃志從於上六하니 不唯陰陽相應이라 風復從雷하여 於恒處而不處하니 不恒之人也라 其德不恒이면 則羞辱或承之矣라 或承之는 謂有時而至也라 貞吝은 固守不恒以爲恒이니 豈不可羞吝乎아

九三은 陽爻가 陽의 자리에 있어서 처함에 제자리를 얻었으니 이는 떳떳한 처소인데, 뜻이 上六을 따르니 陰과 陽이 서로 호응할 뿐만 아니라, 바람이 다시 우레를 따라 항구한 곳에 있지 못하니 항구하지 못한 사람이다. 그 德이 항구하지 못하면 부끄러움과 욕됨이 혹 이를 것이다. '혹 이름'은 때로 이름을 말한다. '고집하면 부끄러움'은 항구하지 않음을 견고하게 지켜 항구함으로 여김이니, 어찌 부끄럽지 않을 수 있겠는가.

【本義】 位雖得正이나 然過剛不中하고 志從於上하여 不能久於其所라 故爲不恒其德或承之羞之象이라 或者는 不知其何人之辭요 承은 奉也니 言人皆得奉而進之나 不知其所自來也라 貞吝者는 正而不恒은 爲可羞吝이니 申戒占者之辭라

---

7 或承之羞 : 朴齊家(朝鮮)는 《周易》에서 "《程傳》에서는 '혹 부끄러움이 이를 것이란 때로 이름을 말한다.'라고 했으니, 그 자체로 평이한 풀이이다." 하였고, "《本義》에서는 '或이란 어떤 사람인지 알지 못함을 말한다. 承은 받듦이니, 사람들이 모두 받들어 나아가면서도 어디로부터 온지를 알지 못하는 것이다.'라고 했다. 애를 써서 해석을 했겠지만 또한 《程傳》의 뜻과 같다." 하였다.

자리가 비록 바름을 얻었지만 지나치게 剛하며 中을 얻지 못했고, 뜻이 上六을 따라 그 자리에 오래할 수가 없다. 그러므로 그 德을 항구하게 하지 못하여 혹자가 부끄러움을 받드는 象이 된다. '或'은 어떤 사람인지 알지 못하는 말이다. '承'은 받듦이니, 사람들이 모두 받들어 나아가지만 어디에서 온 것인지를 알지 못하는 것이다. '바르게 하더라도 부끄러움'은 바르지만 항구하게 하지 못함을 부끄러울 만함이 되는 것이니, 점치는 자를 거듭 경계한 말이다.

字義 承 : 이을 승(받들 승) 羞 : 부끄러울 수 辱 : 욕될 욕

象曰 不恒其德하니 无所容[8]也로다

〈象傳〉에 말하였다. "그 德을 항구하게 하지 않으니 용납할 바가 없다."

【傳】人旣无恒이면 何所容處리오 當處之地에 旣不能恒하여 處非其據면 豈能恒哉아 是不恒之人이 无所容處其身也라

사람이 이미 항구함이 없다면 어느 곳인들 용납되어 처하겠는가. 마땅히 거처해야 할 곳에 이미 항구할 수 없어서, 그 의지할 곳이 아닌데 거처한다면 어찌 항구할 수 있겠는가. 이것이 항구하지 못한 사람은 그 몸을 용납하여 거처할 곳이 없는 것이다.

字義 據 : 의지할 거

九四는 田无禽이라

九四는 사냥을 함에 〈잡은〉 짐승이 없다.

【傳】以陽居陰하여 處非其位하니 處非其所면 雖常何益이리오 人之所爲 得其道則久而成功이어니와 不得其道則雖久何益이리오 故以田爲喩라 言九之居四는 雖使恒久라도 如田獵而无禽獸之獲이니 謂徒用力而无功也라

---

8 无所容 : 張淸子(元)는 《大全》의 소주에서 "항상함이 없는 사람을 두고 공자는 무당이나 의원도 될 수 없다고 하였으니, 하물며 그 외에 있어서랴. 하늘과 땅 사이에 자신을 용납할 곳이 없는 것이 마땅하다." 하였다.

陽으로 陰의 자리에 있어서 거처함이 마땅한 자리가 아니니, 거처함이 마땅한 곳이 아니면 비록 항상함이 있더라도 무슨 유익함이 있겠는가. 사람이 하는 일이 道를 얻으면 오래하여 성공할 수 있지만, 道를 얻지 못하면 비록 오래하더라도 무슨 유익함이 있겠는가. 그러므로 사냥으로 비유하였다. 陽이 四爻 자리에 있음은 비록 恒久하게 하더라도 사냥하는데 잡은 짐승이 없는 것과 같다는 말이니, 한갓 힘만 쓰고 功이 없음을 말한다.

【本義】以陽居陰하여 久非其位라 故爲此象이라 占者田无所獲이요 而凡事亦不得其所求也라

陽으로 陰의 자리에 있어서 마땅한 자리가 아닌 곳에 오래하기 때문에 이러한 象이 된 것이다. 점치는 사람이 사냥을 해도 잡은 짐승이 없고, 모든 일 또한 구하는 바를 얻지 못한다.

字義 田 : 사냥할 전　禽 : 날짐승 금

象曰 久非其位어니 安得禽也리오

〈象傳〉에 말하였다. "마땅한 자리가 아닌 데에 오래하니, 어찌 짐승을 잡겠는가."

【傳】處非其位하니 雖久나 何所得乎아 以田爲喩라 故云安得禽也리오하니라

마땅한 자리가 아닌 데에 있으니, 비록 오래하더라도 무엇을 얻겠는가. 사냥으로 비유하였기 때문에 "어찌 짐승을 잡겠는가." 하였다.

字義 喩 : 비유할 유

六五는 恒其德이면 貞하니 婦人은 吉하고 夫子는 凶[9]하니라

【本義】恒其德이니 貞하나

六五는 그 德을 항구하게 하면 바르니, 婦人은 吉하고 남자는 凶하다.

---

9 婦人吉 夫子凶 : 丘富國(南宋)은 《大全》의 소주에서 "항괘에서 九四의 재질은 九二와 같지만 자리가 다르기 때문에 九四의 항구함이 九二의 항구함만 못하고, 六五의 자리는 九二와 같지만 재질이 다르기 때문에 六五의 柔中은 九二의 剛中만 못하다." 하였다.

【본의】 그 德을 항구하게 함이니 바르지만

【傳】 五應於二하니 以陰柔而應陽剛하고 居中而所應又中하니 陰柔之正也라 故恒久其德則爲貞也라 夫以順從爲恒者는 婦人之道니 在婦人則爲貞이라 故吉이어니와 若丈夫而以順從於人爲恒이면 則失其剛陽之正이니 乃凶也라 五君位而不以君道言者는 如六五之義는 在丈夫猶凶이어든 況人君之道乎아 在他卦엔 六居君位而應剛이 未爲失也로되 在恒故로 不可耳라 君道豈可以柔順爲恒也리오

六五는 九二와 호응하니 유순한 陰으로서 강건한 陽과 호응하고, 가운데 자리에 있으면서 호응하는 바가 또한 中이니, 유순한 陰의 바름이다. 그러므로 그 德을 항구하게 하면 바르게 된다. 대개 順從함으로 항구함을 삼는 것은 婦人의 道이니, 부인에게는 바름이 되므로 吉하지만, 만약 丈夫이면서 다른 사람에게 順從함을 항구함으로 삼는다면 강건한 陽의 바름을 잃으니 凶하다. 五爻는 임금의 자리인데도 임금의 道로써 말하지 않은 것은, 六五와 같은 뜻은 장부에게 있어서도 오히려 凶한 것인데, 하물며 임금의 道에 있어서이겠는가. 다른 卦에서는 陰이 임금의 자리에 있으면서 剛과 호응함이 잘못이 되지 않지만, 恒卦에 있으므로 안 될 뿐이다. 임금의 道가 어찌 柔順함으로 항구함을 삼을 수 있겠는가.

【本義】 以柔中而應剛中하여 常久不易하니 正而固矣라 然乃婦人之道요 非夫子之宜也라 故其象占如此하니라

柔中함으로 剛中에 호응하여 항구하게 하고 바꾸지 않으니 바르고 견고하다. 그러나 이는 婦人의 道이지 남자의 마땅함은 아니다. 그러므로 그 象과 占이 이와 같다.

象曰 婦人은 貞吉하니 從一而終也일새요 夫子는 制義어늘 從婦하면 凶也라

〈象傳〉에 말하였다. "婦人은 바르게 하여 길하니 하나를 따라 마치기 때문이고, 남자는 義로 제재하는 자인데 부인의 道를 따르면 凶하다."

【傳】 如五之從二는 在婦人則爲正而吉이라 婦人은 以從爲正하고 以順爲德하니 當終守於從一이어니와 夫子則以義制者也어늘 從婦人之道면 則爲凶也라

六五가 九二를 따르는 경우는 부인에게 있어서는 바르게 하여 吉함이 된다. 부인은 따름을

바름으로 삼고 유순함을 德으로 삼으니 끝내 하나만 따름을 지켜야 하지만, 남자는 義로써 制裁하는 자인데 부인의 道를 따르면 凶함이 된다.

上六은 振恒이니 凶하니라

上六은 진동하는 恒이니, 凶하다.

【傳】六은 居恒之極하고 在震之終하니 恒極則不常이요 震終則動極이라 以陰居上하여 非其安處요 又陰柔不能堅固其守하니 皆不常之義也라 故爲振恒이니 以振爲恒也라 振者는 動之速也니 如振衣, 如振書하니 抖擻運動之意라 在上而其動无節하여 以此爲恒이면 其凶宜矣라

上六은 恒卦의 끝에 있고 震卦☳의 마지막에 있으니, 恒卦의 끝에 있으면 항구하지 못하고 震卦의 마지막에 있으면 움직임이 지극하다. 陰으로 맨 윗자리에 있어서 편안한 거처가 아니고, 또 유약한 陰은 그 지킴을 견고히 하지 못하니, 모두 항구하게 하지 못하는 뜻이다. 그러므로 '진동하는 恒'이니, 진동함으로써 항구함을 삼는 것이다. '振'이란 움직임이 빠른 것이니, '옷의 먼지를 털어냄'과 '책의 먼지를 털어냄'과 같으니, 흔들어 털어내고 運動한다는 뜻이다. 맨 위에 있으면서 절제가 없어, 이로써 항구함을 삼는다면 凶함이 마땅하다.

【本義】振者는 動之速也라 上六이 居恒之極하고 處震之終하니 恒極則不常이요 震終則過動이며 又陰柔不能固守하니 居上은 非其所安이라 故有振恒之象이요 而其占則凶也라

'振'이란 움직임이 빠른 것이다. 上六은 恒卦의 끝에 있고 震卦☳의 마지막에 있으니, 恒卦의 끝에 있으면 항구하지 못하고 震卦의 마지막에 있으면 지나치게 움직이며, 또 유약한 陰은 그 지킴을 견고히 하지 못하니, 맨 위에 있음은 그 편안한 곳이 아니므로 '진동하는 恒'의 象이 있고 그 占이 凶하다.

字義 振 : 진동할 진 抖 : 흔들 두 擻 : 떨 수

象曰 振恒在上[10]하니 大无功也로다

10 振恒在上 : 丘富國(南宋)은 《大全》의 소주에서 "恒은 中道이니, 알맞으면〔中〕 항구할 수 있고 알맞

〈象傳〉에 말하였다. "'진동하는 恒'으로 맨 위에 있으니, 크게 功이 없다."

【傳】居上之道는 必有恒德이라야 乃能有功이어늘 若躁動不常이면 豈能有所成乎아 居上而不恒이면 其凶甚矣라 象又言其不能有所成立이라 故曰大无功也라하니라

맨 위에 있는 道는 반드시 항구한 德이 있어야 功이 있을 수 있는데, 만약 조급하게 움직여서 항구하지 못하면 어찌 이루는 바가 있겠는가. 맨 위에 있으면서 항구하지 못하면 凶함이 심하다. 爻의 〈象傳〉에서도 또 이루어서 세우는 바가 있을 수 없음을 말했기 때문에 '크게 功이 없다.' 하였다.

지 않으면 항구하지 못한다. 항괘의 여섯 효에는 상하가 서로 호응하는 뜻이 없어 오직 두 괘체로써 알맞음을 취한다면 항괘의 뜻을 볼 수 있다." 하였다.

33. 遯

䷠ 艮下乾上

下卦는 艮卦☶이고 上卦는 乾卦☰이다.

【傳】 遯(돈)은 序卦에 恒者는 久也니 物不可以久居其所라 故受之以遯하니 遯者는 退也라하니라 夫久則有去는 相須之理也니 遯所以繼恒也라 遯은 退也요 避也니 去之之謂也라 爲卦 天下有山하니 天은 在上之物이요 陽性上進이며 山은 高起之物이요 形雖高起나 體乃止物이라 有上陵之象而止不進하고 天乃上進而去之하여 下陵而上去하니 是相違遯이라 故爲遯去之義라 二陰生於下하여 陰長將盛하고 陽消而退하니 小人漸盛에 君子退而避之라 故爲遯也라

遯卦는 〈序卦傳〉에 "恒卦는 오래함이니 물건은 한 곳에 오랫동안 머물 수 없다. 그러므로 遯卦로 받았으니, 遯이란 물러남이다." 하였다. 오래되면 떠나감이 있음은 서로 따르는 이치이니, 遯卦가 恒卦를 이은 까닭이다. '遯'은 물러남이고 피함이니, 떠나감을 말한다.

卦의 구성이 하늘 아래에 산이 있으니 하늘은 위에 있는 물건이고 陽의 성질은 위로 올라가며, 山은 높이 솟은 물건으로 형체는 비록 높이 솟았으나 몸체는 그치는 물건이다. 〈산은〉 위로 능멸하는 象이 있으나 그쳐서 나아가지 않고 하늘은 위로 올라가 떠나가서, 아래에서는 능멸하고 위에서는 떠나가니, 이는 서로 어긋나 물러가는 것이므로 물러나는 뜻이 있다. 두 陰이 아래에서 생겨 陰은 자라나 장차 성대해지고 陽은 사라져 물러나니, 小人이 점차 성대하게 됨에 君子가 물러나 피하기 때문에 遯卦가 된 것이다.

字義 遯 : 물러날 돈　陵 : 능멸할 릉

遯[1]은 亨하니 小利貞하니라

【本義】小는 利貞하니라

遯은 형통하니, 조금 바르게 함이 이롭다.

【본의】小人은 바르게 함이 이롭다.

【傳】遯者는 陰長陽消하니 君子遯藏之時也라 君子退藏하여 以伸其道하니 道不屈則爲亨이라 故遯所以有亨也라 在事에 亦有由遯避而亨者라 雖小人道長之時에 君子知幾退避 固善也나 然事有不齊하여 與時消息하니 无必同也라 陰柔方長而未至於甚盛하여 君子尙有遲遲致力之道하니 不可大貞而尙利小貞也라

遯은 陰이 자라나고 陽이 사라지니, 君子가 물러나 숨는 때이다. 군자가 물러나 숨어서 그 道를 펴니, 道를 굽히지 않으면 형통하게 된다. 그러므로 遯卦에 형통함이 있는 것이다. 일에 있어서도 물러나 피함으로 말미암아 형통하는 경우가 있다. 小人의 道가 자라날 때에 君子가 幾微를 알아 물러나 피함이 진실로 좋지만, 일이 똑같지 않음이 있어서 때에 따라 변화하니 반드시 같게 할 필요는 없다. 유약한 陰이 한창 자라지만 아직 심히 성대한 데까지 이르지는 않아서 君子가 오히려 천천히 힘을 다해야 할 道가 있으니, 크게 바르게 할 수는 없으나 오히려 조금 바르게 함이 이롭다.

【本義】遯은 退避也라 爲卦二陰浸長하니 陽當退避라 故爲遯하니 六月之卦也라 陽雖當遯이나 然九五當位而下有六二之應하여 若猶可以有爲로되 但二陰이 浸長於下면 則其勢不可以不遯이라 故其占爲君子能遯則身雖退而道亨이요 小人則利於守正이니 不可以浸長之故而遂侵迫於陽也라 小는 謂陰柔小人也라 此卦之占은 與否之初二兩爻로 相類라

遯은 물러나 피함이다. 卦의 구성이 두 陰이 점점 자라나니 陽이 마땅히 물러나 피해야 한다. 그러므로 遯卦가 되었으니, 6月의 卦이다. 陽이 비록 마땅히 물러나야 하나, 九五가 마땅한 자리에 있고 아래로 六二의 호응이 있어서 오히려 일을 할 수 있을 듯하지만 단지 두 陰이 아래에서 점점 자라나면, 그 형세가 물러나지 않을 수 없다. 그러므로 그 占이 君子는 물러나면 몸은 비록 물러나더라도 道는 형통하고, 小人은 바름을 지킴이 이로움이 되니, 〈陰이〉 점

---

1 遯 : 빌헬름 영문판 주역인 《The I Ching》에서는 遯卦를 "Tun / Retreat"라고 하였다. 어둠의 힘이 자라나는 때에 밝음이 안전을 지키기 위해 물러나는 때로 보아 '물러남'이라고 정의하였다. 이 때의 물러남은 인간의 의지가 아닌 자연의 법칙에 의한 것이라고 하였다.

점 자랄 때라고 하여 마침내 陽을 침해하고 핍박해서는 안 된다. '小'는 陰柔한 小人을 말한다. 이 卦의 占은 否卦䷋의 初六과 六二 두 爻와 서로 비슷하다.

字義 遲 : 느릴 지

彖曰 遯亨은 遯而亨也나

【本義】遯而亨也니

〈彖傳〉에 말하였다. "'遯은 형통함'은 물러나서 형통한 것이나,

【본의】물러나 형통함이니,

【傳】小人道長之時에 君子遯退는 乃其道之亨也니 君子遯藏은 所以伸道也라 此는 言處遯之道요 自剛當位而應以下는 則論時與卦才하니 尙有可爲之理也라

小人의 道가 자라날 때에 君子가 물러남은 군자의 道가 형통한 것이니, 군자가 물러나 숨음은 道를 펴려는 것이다. 이는 遯〈의 때〉에 대처하는 道를 말한 것이고, '강이 마땅한 자리에서 호응함'부터는 때와 卦才를 논하였으니, 오히려 일을 할 수 있는 이치가 있다.

剛當位而應이라 與時行也니라

【本義】與時行也요

剛이 마땅한 자리에서 호응하므로 때에 따라 행한다.

【본의】때에 따라 행함이고,

【傳】雖遯之時라도 君子處之면 未有必遯之義라 五以剛陽之德으로 處中正之位하고 又下與六二로 以中正相應하니 雖陰長之時라도 如卦之才면 尙當隨時消息이니 苟可以致其力이면 无不至誠自盡하여 以扶持其道요 未必於遯藏而不爲라 故曰與時行也라하니라

비록 遯卦의 때라도 君子가 대처할 때면 반드시 물러나는 뜻만 있는 것은 아니다. 九五가 剛한 陽의 德으로 中正한 자리에 있고 또 아래로 六二의 中正과 서로 호응하니, 비록 陰이 자

라나는 때라도 卦의 재질과 같으면 오히려 때에 따라 변화해야 하니, 만약 그 힘을 다할 수 있으면 지성으로 스스로 극진하게 하여 그 道를 붙들어 잡지 않음이 없어야 하고, 반드시 물러나 숨어서 〈아무 일도〉 하지 않는 것은 아니다. 그러므로 '때에 따라 행한다.' 하였다.

【本義】以九五一爻로 釋亨義라

九五의 한 爻로 '형통함'의 뜻을 해석하였다.

小利貞은 浸而長也일새니

'조금 바르게 함이 이로움'은 점점 자라나기 때문이니

【本義】以下二陰으로 釋小利貞이라

아래의 두 陰으로 '조금 바르게 함이 이로움'의 뜻을 해석하였다.

遯之時義[2] 大矣哉라

遯의 때와 뜻이 크도다."

【傳】當陰長之時하여 不可大貞而尙小利貞者는 蓋陰長이 必以浸漸이요 未能遽盛하여 君子尙可小貞其道니 所謂小利貞은 扶持하여 使未遂亡也라 遯者는 陰之始長이니 君子는 知微라 故當深戒나 而聖人之意는 未便遽已也라 故有與時行小利貞之敎라 聖賢之於天下에 雖知道之將廢나 豈肯坐視其亂而不救리오 必區區致力於未極之間하여 强此之衰하고 艱彼之進하여 圖其暫安하여 苟得爲之면 孔孟之所屑爲也니 王允謝安之於漢晉[3]이 是也라 若有可變之道, 可亨之理면 更(갱)不假言也니 此는 處遯時之道也라 故로

---

2 遯之時義 : 徐有臣(朝鮮)은 《易義擬言》에서 "姤卦䷫의 때는 이르고 否卦䷋의 때는 늦는다. 돈괘의 때만이 형통하고 바른 뜻이 있다." 하였다.

3 王允謝安之於漢晉 : 후한 말의 司徒였던 왕윤이 여포와 결탁하여 그 당시 정권을 장악하였던 포악한 동탁을 죽인 일(《後漢書》〈獻帝紀〉)과 東晉 때에 吏部尙書였던 謝安이 제위를 찬탈하려는 大司馬 桓溫을 저지하였던 일을 말한다.(《晉書》〈謝安列傳〉)

聖人이 贊其時義大矣哉하시니 或久或速이 其義皆大也라

陰이 자라는 때를 당하여 크게 바르게 할 수는 없으나 오히려 조금 바르게 함이 이로움은 陰의 자람이 반드시 점진적이고 갑자기 성대해질 수 없어서 君子가 오히려 그 道를 조금 바르게 할 수 있기 때문이니, 이른바 '조금 바르게 함이 이로움'은 보존하여 유지해서 마침내 망하지 않게 하는 것이다. '遯'은 陰이 처음 자라는 것이니, 君子는 기미를 알기 때문에 마땅히 깊이 경계해야 하지만, 聖人의 뜻은 단번에 그만두지 않으므로 때에 따라 행하고, 조금 바르게 함이 이롭다는 가르침을 둔 것이다.

聖賢들은 천하에 비록 道가 장차 폐해질 것을 알지만 어찌 그 혼란한 것을 앉아서 보기만 할 뿐 구제하려 하지 않겠는가. 아직 혼란함이 극성하지 않을 때에 반드시 부지런히 힘을 다하여 君子의 쇠함을 강하게 하고 小人의 나아감을 어렵게 해서 잠깐의 편안함을 만약 도모할 수만 있다면 孔子와 孟子도 기꺼이 하였던 바이니, 王允과 謝安이 漢나라와 東晉에서 했던 일이 이것이다. 만약 변할 수 있는 道와 형통할 수 있는 이치가 있다면 다시 말할 필요가 없으니, 이는 遯卦의 때에 대처하는 道이다. 그러므로 성인이 "때와 義가 크도다!" 찬미하셨으니, 혹 오래 머물기도 하고 혹 빨리 떠나기도 함은 그 뜻이 모두 크다.

【本義】陰方浸長하여 處之爲難이라 故其時義爲尤大也라

陰이 한창 점점 자라나 처신하기 어렵다. 그러므로 그 때와 뜻이 더욱 크다.

字義 浸 : 점점 침 遽 : 갑자기 거 區 : 자세할 구

象曰 天下有山이 遯이니 君子以하여 遠小人호되 不惡(악)而嚴하나니라

〈象傳〉에 말하였다. "하늘 아래에 산이 있는 것이 遯이니, 君子가 이것을 본받아 小人을 멀리하되 나쁜 소리 하지 않고 위엄 있게 한다."

【傳】天下有山하니 山下起而乃止하고 天上進而相違하니 是遯避之象也라 君子觀其象하여 以避遠乎小人하나니 遠小人之道는 若以惡聲厲色이면 適足以致其怨忿이니 唯在乎矜莊威嚴하여 使知敬畏면 則自然遠矣리라

하늘 아래에 산이 있으니 산은 아래에서 일어나 멈추고 하늘은 위로 올라가 서로 어긋나니, 물러나 피하는 象이다. 君子가 그 象을 보고서 小人을 피해 멀리해야 한다. 소인을 멀리

하는 道를 행하되 만약 나쁜 소리와 화난 얼굴로 한다면 다만 원망과 분노를 일으킬 뿐이니, 오직 조심하며 장엄하고 위엄이 있어서 小人들이 공경하고 두려워할 줄 알게 하면 자연스럽게 멀어질 것이다.

【本義】天體无窮하고 山高有限하니 遯之象也라 嚴者는 君子自守之常而小人自不能近이라

하늘의 몸체는 끝이 없고 산의 높음은 한계가 있으니, 遯卦의 象이다. '嚴'은 君子가 스스로를 지키는 떳떳함이니, 小人이 스스로 가까이 할 수가 없다.

字義 厲 : 성낼 려 適 : 다만 적 矜 : 조심할 긍 莊 : 장엄할 장

初六은 遯尾라 厲하니 勿用有攸往[4]이니라

初六은 물러남의 꼬리라서 위태로우니, 갈 곳을 두지 말아야 한다.

【傳】他卦는 以下爲初로되 遯者는 往遯也니 在前者先進이라 故初乃爲尾니 尾는 在後之物也라 遯而在後면 不及者也니 是以危也라 初以柔處微하여 旣已後矣면 不可往也니 往則危矣라 微者는 易於晦藏하니 往旣有危면 不若不往之无災也라

다른 卦는 맨 아랫자리를 처음으로 삼지만 遯卦는 물러가는 것이니, 앞에 있는 것이 먼저 나아가므로 初爻가 '꼬리'가 되니, 꼬리는 뒤에 있는 물건이다. 물러날 때 뒤에 〈처져〉 있음은 미치지 못한 것이니, 이 때문에 위태롭다. 初六이 柔로서 미약한데 처하여 이미 뒤에 처졌다면 갈 수 없으니, 가면 위태롭다. 미약한 자는 감추고 숨기 쉬우니, 가서 이미 위태로움이 있다면 가지 않아서 재앙이 없는 것만 못하다.

【本義】遯而在後는 尾之象이니 危之道也라 占者不可以有所往이요 但晦處靜俟라야 可免災耳라

물러나는데 뒤에 〈처져〉 있음은 꼬리의 象이니 위태로운 道이다. 점치는 자는 갈 곳을 두

4 勿用有攸往 : 李恒老(朝鮮)는 《周易傳義同異釋義》에서 "초육의 위태로움은 물러남의 선두에 있지 않은데 있는데, 《정전》에서는 간다는 것을 위태로움으로 삼았으니, 아마도 본래의 뜻은 아닌 것 같다. '물러남의 꼬리라서 위태롭다'는 말은 象으로 한 말이고, '갈 곳을 두지 말아야 한다'는 말은 占으로 한 말이니, '攸'자를 통해서 알 수 있다." 하였다.

어선 안 되고, 다만 숨어서 조용하게 기다려야 재앙을 면할 수 있을 뿐이다.

字義 晦 : 어두울 회　俟 : 기다릴 사

象曰 遯尾之厲는 不往이면 何災也리오

〈象傳〉에 말하였다. "'물러남의 꼬리라서 위태로움'은 가지 않으면 무슨 재앙이 있겠는가."

【傳】見幾先遯이면 固爲善也어늘 遯而爲尾는 危之道也라 往旣有危면 不若不往而晦藏하여 可免於災니 處微故也라 古人處微下하여 隱亂世而不去者多矣니라

기미를 보고 먼저 물러남은 진실로 좋지만, 물러나는데 꼬리가 됨은 위태로운 道이다. 가서 이미 위태로움이 있다면 가지 않고 〈자신의 재주를〉 숨기고 감추어 재앙을 면할 수 있는 것만 못하니, 〈재앙을 면하는 것은〉 미미한 곳에 있기 때문이다. 옛 사람 중에는 미미한 아랫자리에 있으면서 어지러운 세상에 자신을 숨기고 떠나지 않은 자가 많았다.

六二는 執之用黃牛之革이라 莫之勝說[5]이니라

【本義】莫之勝說(탈)이니라

六二는 황소의 가죽으로써 잡는다. 사귐의 견고함을 이루 다 말할 수가 없다.

【본의】〈도피하려는 뜻을〉 풀 수가 없다.

【傳】二與五爲正應하니 雖在相違遯之時나 二以中正으로 順應於五하고 五以中正으로 親合於二하여 其交自固라 黃은 中色이요 牛는 順物이요 革은 堅固之物이라 二五以中正順道로 相與하니 其固如執係之以牛革也라 莫之勝說은 謂其交之固하여 不可勝言也라

5 莫之勝說 : 李恒老(朝鮮)는 《周易傳義同異釋義》에서 《程傳》에서는 사귐이 견고하여 이루 다 말할 수 없다는 의미로 보았고, 《本義》에서는 도피하려는 뜻을 풀 수가 없다는 의미로 본 것에 대해 小畜卦䷈와 大畜卦䷙의 '수레의 바퀴통이 빠졌다'는 말에 대해서는 《程傳》에서도 脫자로 풀이를 했으니, 아마도 이곳에서는 우연히 해석을 잘못한 것 같으므로 검토해보아야 한다." 하였다.

在遯之時라 故極言之하니라

六二는 九五와 正應이 되니 비록 서로 어겨 물러나는 때에 있으나, 六二가 中正함으로 九五에게 유순하게 호응하고, 九五는 中正함으로 六二와 친하게 합하여 그 사귐이 저절로 견고하다. '黃'은 中央의 색이고 '소'는 유순한 동물이고 '가죽'은 견고한 물건이다. 六二와 九五가 中正하고 유순한 道로 서로 함께하니 그 견고함이 마치 소가죽으로 잡아 맨 것과 같다. '이루 다 말할 수가 없음'은 그 사귐의 견고함이 이루 다 말할 수 없음을 말한다. 遯卦의 때에 있으므로 지극히 말하였다.

【本義】 以中順自守하여 人莫能解必遯之志也라 占者固守를 亦當如是니라

中順함으로 자신을 지켜서 반드시 도피하려는 뜻을 남들이 풀 수가 없다. 점치는 자는 견고하게 지키기를 또한 마땅히 이와 같이 하여야 한다.

字義 說 : 말씀 설, 벗을 탈

象曰 執用黃牛는 固志也라

〈象傳〉에 말하였다. "'황소 가죽으로써 잡음'은 뜻을 견고하게 하는 것이다."

【傳】 上下以中順之道相固結하여 其心志甚堅하니 如執之以牛革也라

위와 아래가 중정하고 유순한 道로 서로를 견고하게 맺어서 그 마음과 뜻이 매우 견고하니, 마치 소가죽으로 잡아 맨 것과 같다.

九三은 係遯이라 有疾하여 厲하니 畜(휵)臣妾[6]에는 吉하니라

九三은 매여 있는 물러남이다. 병이 있어서 위태로우니, 臣妾을 기름에는 吉하다.

【傳】 陽志說陰하니 三與二切比하여 係乎二者也라 遯은 貴速而遠이니 有所係累면 則安

6 畜(휵)臣妾 : 金相岳(朝鮮)은 《山天易說》에서 "효로써 말을 하면 이효는 신하가 되고 초효는 첩이 된다. 신첩을 기름이 길하다는 말은 剝卦䷖의 오효에서 '궁인이 총애 받듯이 한다'와 그 뜻이 서로 유사하니, 姤卦䷫는 여자가 건장한데 돈괘에 이르게 되면 자라나기 때문에 이처럼 상을 취했다." 하였다.

能速且遠也리오 害於遯矣라 故爲有疾也요 遯而不速이라 是以危也라 臣妾은 小人女子이니 懷恩而不知義하여 親愛之則忠其上하나니 係戀之私恩은 懷小人女子之道也라 故以畜養臣妾이면 則得其心爲吉也라 然君子之待小人은 亦不如是也라 三與二非正應이어늘 以暱比相親이면 非待君子之道라 若以正則雖係나 不得爲有疾이니 蜀先主之不忍棄士民[7]이 是也니 雖危나 爲无咎矣라

陽의 뜻은 陰을 기뻐하니, 九三은 六二와 매우 가까워서 六二에 매여 있다. 물러남은 빠르고 멀리함을 귀하게 여기니, 매인 바가 있다면 어찌 빠르고 멀리갈 수 있겠는가. 물러나는데 해롭기 때문에 병이 있음이 되고, 물러나도 멀리 가지 못하니, 이 때문에 위태롭다. '臣妾'은 소인과 여자이니, 은혜를 생각하고 의리를 알지 못하여 그들을 親愛하면 윗사람에게 충성하니, 사사로운 은혜에 매여 사랑함은 小人과 여자를 회유하는 道이다. 그러므로 〈이러한 道로써〉 臣妾을 기르면 그 마음을 얻어 吉함이 된다. 그러나 君子가 小人을 대함은 또한 이와 같지 않다. 九三은 六二와 正應이 아닌데 가까이 있다고 해서 서로 친하면 君子를 대하는 道가 아니다. 만약 바름으로써 한다면 비록 매여 있더라도 병이 있음이 되지 않으니, 蜀나라 先主가 차마 선비와 백성을 버리지 못한 것이 이것이니, 비록 위태롭더라도 허물이 없게 된다.

【本義】 下比二陰하여 當遯而有所係之象이니 有疾而危之道也라 然以畜臣妾則吉이라 蓋君子之於小人에 惟臣妾則不必其賢而可畜耳라 故其占如此하니라

아래로 두 陰을 가까이 하여 마땅히 물러나야 하는데도 매인 바가 있는 象이니, 병이 있어서 위태로운 道이다. 그러나 臣妾을 기르는데는 吉하다. 君子가 小人에 대해서 오직 臣妾만은 반드시 賢人이어야만 기를 수 있는 것은 아니다. 그러므로 그 占이 이와 같다.

字義 畜 : 기를 휵 暱 : 친할 닐 比 : 가까울 비

象曰 係遯之厲는 有疾하여 憊也요 畜臣妾吉은 不可大事也니라

〈象傳〉에 말하였다. "'매여 있는 물러남이라 위태로움'은 병이 있어서 고달픈 것이고,

---

7 蜀先主之不忍棄士民 : 유비가 촉나라를 세우기 전 조조군에 쫓기면서도 '큰일을 하려는 사람은 사람을 근간으로 삼아야 한다. 나를 따르는 백성들을 어떻게 버리고 간단 말인가'라고 하며 따르는 백성을 버리지 않은 내용을 말한다.

'신첩을 기르는데는 길함'은 큰 일을 할 수 없는 것이다."

【傳】遯而有係累면 必以困憊致危하리니 其有疾은 乃憊也니 蓋力亦不足矣라 以此暱愛之心으로 畜養臣妾則吉이어니와 豈可以當大事乎아

물러나면서도 매임이 있으면 반드시 곤궁하고 고달파서 위태로움을 이룰 것이니 '병이 있음'이 바로 고달픈 것이니 힘 또한 부족하다. 이렇게 친애하는 마음으로 臣妾을 기르면 吉하겠지만 어찌 큰일을 감당할 수 있겠는가.

字義 憊 : 고달플 비

九四는 好遯이니 君子는 吉하고 小人은 否(비)[8]하니라

【本義】否(부)하리라

九四는 좋아하면서도 물러나는 것이니, 君子는 길하고 小人은 비색하다.

【본의】君了는 吉하고 소인은 그렇시 못할 것이다.

【傳】四與初爲正應하니 是所好愛者也라 君子雖有所好愛나 義苟當遯이면 則去而不疑하니 所謂克己復禮,[9] 以道制欲[10]이니 是以吉也라 小人則不能以義處하여 暱於所好하고 牽於所私하여 至於陷辱其身而不能已라 故在小人則否也니 否는 不善也라 四는 乾體이니 能剛斷者로되 聖人以其處陰而有係라 故設小人之戒하시니 恐其失於正也라

九四는 初六과 正應이 되니, 이는 좋아하고 사랑하는 바이다. 君子는 비록 좋아하고 사랑

8 否(비) : 李恒老(朝鮮)는 《周易傳義同異釋義》에서 《정전》에서는 否자를 '不善'의 뜻으로 풀었고 《本義》에서는 '그렇지 않다'는 뜻으로 푼 것에 대해, "'군자는 길하고 소인은 否하다.'는 말은 점사인데, 또한 〈象傳〉의 말로 추론을 해보면, '否'자는 그렇지 않다는 뜻의 말이지 불선함을 가리키는 말이 아니다." 하였다.

9 克己復禮 : 《論語》 〈顔淵〉에 "안연이 인에 대해 물었는데 공자가 말씀하셨다. 사욕을 이기고 예로 돌아가는 것이 인이다. 어느 날 사욕을 이기고 예로 돌아가게 되면 온 천하가 인에 귀착할 것이다. 인을 행함이 자기 자신에게 달려 있지 남에게 달려 있겠느냐?〔顔淵問仁 子曰 克己復禮爲仁 一日克己復禮 天下歸仁焉 爲仁由己而由人乎哉〕" 하였다.

10 以道制欲 : 《禮記》 〈樂記〉에 "군자는 도를 얻는 것을 즐거워하고 소인은 욕망을 얻는 것을 즐거워한다. 道로 욕망을 제어하면 즐거우면서도 어지럽지 아니하며, 욕망 때문에 道를 잊으면 의혹되고 즐겁지 못하다.〔君子樂得其道 小人樂得其欲 以道制欲 則樂而不亂 以欲忘道 則惑而不樂〕" 하였다.

하는 바가 있더라도 의리상 진실로 물러나야 하면 떠나가서 의심하지 않으니, 이른바 '사욕을 이겨 禮로 돌아오고', '道로써 욕심을 제어하는 것'이니 吉하다. 小人은 義로써 처신하지 못하여 좋아하는 바를 가까이하고 사사로운 바에 이끌려서 자신을 욕보이는데 이르러도 멈추지 않기 때문에 小人은 비색하니, '비색함'은 善하지 않음이다. 九四는 乾의 卦體이니 剛하게 결단할 수 있지만 聖人이 〈九四가〉 陰의 자리에 있고 매임이 있으므로 小人에 대한 경계를 두셨으니, 바름을 잃을까 두려워해서이다.

【本義】下應初六而乾體剛健하니 有所好而能絶之以遯之象也라 惟自克之君子能之요 而小人不能이라 故로 占者君子則吉而小人否也라

아래로 初六과 호응하나 乾의 卦體로 剛健하니 좋아하는 바가 있어도 끊어내고 물러날 수 있는 象이다. 오직 스스로를 이기는 君子여야만 할 수가 있고, 小人은 스스로 이기지 못하기 때문에 점치는 자가 君子면 길하고 小人이면 그렇지 않은 것이다.

字義 否 : 아닐 부, 막힐 비

象曰 君子는 好遯하고 小人은 否也리라

【本義】否也리라

〈象傳〉에 말하였다. "君子는 좋아하면서도 도피하고 小人은 비색할 것이다."

【본의】소인은 그렇지 못할 것이다.

【傳】君子는 雖有好而能遯하여 不失於義요 小人則不能勝其私意而至於不善也라

君子는 비록 좋아함이 있어도 물러날 수 있어서 義를 잃지 않고, 小人은 사사로운 뜻을 이기지 못하여 善하지 못한 데에 이른다.

九五는 嘉遯[11]이니 貞하여 吉하니라

---

11 嘉遯 : 柳正源(朝鮮)은 《易解參攷》에서, 厚齋馮氏의 말을 인용하여 "《주역》에서 아름다움〔嘉〕·기쁨〔喜〕·경사〔慶〕라고 한 말은 모두 임금과 신하 및 음양의 정감이 두터운 것을 뜻으로 삼는데, 喜는 최초로 서로를 얻었다는 뜻이며, 慶은 사귀어 서로 얻었다는 뜻이며, 嘉는 임금이 신하를 아름답

【本義】貞하면 吉하리라

九五는 아름답게 물러남이니 바르게 하여 吉하다.

【본의】 바르게 하면 길할 것이다.

【傳】九五는 中正이니 遯之嘉美者也라 處得中正之道하여 時止時行하니 乃所謂嘉美也라 故爲貞正而吉이라 九五非无係應이나 然與二皆以中正自處하니 是其心志及乎動止 莫非中正而无私係之失하니 所以爲嘉也라 在彖則槪言遯時라 故云與時行小利貞이라하니 尙有濟遯之意요 於爻에 至五면 遯將極矣라 故唯以中正處遯言之라 遯은 非人君之事라 故不主君位言이라 然人君之所避遠은 乃遯也니 亦在中正而已라

九五는 中正하니 물러나기를 아름답게 하는 자이다. 처함이 中正의 道를 얻어 때에 따라 그치고 때에 따라 행하니, 이른바 '아름답다'는 것이다. 그러므로 바르고 곧아서 吉함이 된다. 九五가 매이고 호응함이 없는 것은 아니지만 六二와 함께 다 中正으로 자처하니, 이는 심지로부터 행동거지에 이르기까지 中正하지 않음이 없고 사사롭게 매이는 잘못이 없는 것이니, 이 때문에 아름다움이 된다. 〈彖傳〉에서는 遯卦의 때를 개략적으로 말하였기 때문에 "때에 따라 행하고, 조금 바르게 함이 이롭다." 하였으니, 오히려 물러남을 구제할 뜻이 있고, 爻辭에서는 九五에 이르면 물러남이 장차 지극해지므로 오직 中正함으로 물러남에 처신함을 말하였다. 물러남은 임금의 일이 아니므로 임금의 자리를 위주로 말하지 않았으나 임금이 〈소인을〉 피하여 멀리하는 것도 遯이니, 또한 中正함에 달려 있을 뿐이다.

【本義】剛陽中正하고 下應六二도 亦柔順而中正하여 遯之嘉美者也라 占者如是而正則吉矣리라

〈九五는〉 강건한 陽이 中正하고 아래로 호응하는 六二 또한 柔順하면서도 中正하니, 물러나기를 아름답게 하는 자이다. 점치는 사람이 이와 같이 하여 바르게 하면 吉할 것이다.

象曰 嘉遯貞吉은 以正志[12]也라

게 여긴다는 뜻이다." 하였다.

12 正志 : 金相岳(朝鮮)은《山天易說》에서 "사적으로 얽매이는 실수가 없어 그 뜻을 올바르게 하는 것

〈象傳〉에 말하였다. "'아름답게 물러남이니 바르게 하여 길함'은 뜻을 바르게 하기 때문이다."

【傳】 志正則動必由正이니 所以爲遯之嘉也라 居中得正而應中正하니 是其志正也니 所以爲吉이라 人之遯也止也는 唯在正其志而已矣니라

뜻이 바르면 행동도 반드시 바름을 따르니, 이 때문에 아름답게 물러남이 된다. 가운데 자리에 있고 바름을 얻어 中正함에 호응하니, 이것은 그 뜻이 바른 것이니, 이 때문에 길함이 된다. 사람이 물러나고 그침은 오직 그 뜻을 바르게 하는 데에 있을 뿐이다.

上九는 肥[13]遯이니 无不利하니라

上九는 여유롭게 물러남이니, 이롭지 않음이 없다.

【傳】 肥者는 充大寬裕之意니 遯者唯飄然遠逝하여 无所係滯之爲善이라 上九乾體剛斷으로 在卦之外矣요 又下无所係하니 是遯之遠而无累니 可謂寬綽有餘裕也라 遯者는 窮困之時也니 善處則爲肥矣라 其遯如此면 何所不利리오

'肥'는 충만하고 크며 너그럽고 여유롭다는 뜻이니, 물러나는 자는 오직 여유롭게 멀리 떠나가서 매이고 지체하는 바가 없음이 善함이 된다. 上九는 乾의 卦體로 剛하게 결단함으로 卦의 밖에 있고 또 아래로 매인 바가 없으니, 이는 멀리 물러나서 매임이 없는 것이니, 너그럽고 여유가 있다고 할 만하다. 遯卦는 困窮한 때이니, 잘 처신한다면 여유로움이 된다. 물러남이 이와 같다면 무엇인들 이롭지 않겠는가.

【本義】 以剛陽居卦外하고 下无係應하니 遯之遠而處之裕者也라 故其象占如此하니라 肥者는 寬裕自得之意라

剛한 陽으로 卦의 밖에 있고 아래로 매이고 호응함이 없으니, 멀리 물러나 여유롭게 처신

이다. 이효에서 '뜻을 견고하게 함'은 이를 통해 물러남을 이루려는 뜻을 견고하게 함이라면, 오효에서 '뜻을 바르게 함'은 이를 통해 도피를 시행하려는 뜻을 바르게 함이다." 하였다.

13 肥 : 宋時烈(朝鮮)은 《易說》에서 "'肥'는 몸이 펴진 것으로 三爻의 '병이 있어서 고달픔'과는 반대의 말이다." 하였다.

하는 자이므로 그 占과 象이 이와 같다. '肥'는 너그럽고 여유가 있어 스스로 만족해한다는 뜻이다.

字義 肥 : 넉넉할 비 飄 : 흩날릴 표 綽 : 너그러울 작

象曰 肥遯无不利는 无所疑也라

〈象傳〉에 말하였다. "'여유롭게 물러남이니, 이롭지 않음이 없음'은 의심할 바가 없는 것이다."

【傳】 其遯之遠은 无所疑滯也니 蓋在外則已遠이요 无應則无累라 故爲剛決无疑也라

멀리 물러남은 의심하여 지체하는 바가 없는 것이니, 밖에 있으면 이미 멀리 있고, 호응함이 없으면 매임도 없으므로 剛하게 결단하여 의심할 바가 없게 된다.

周易傳義 卷第十三

34. 大壯

䷡ 乾下震上

下卦는 乾卦☰이고 上卦는 震卦☳이다.

【傳】大壯은 序卦에 遯(돈)者는 退也니 物不可以終遯이라 故受之以大壯이라하니라 遯爲違去之義요 壯爲進盛之義니 遯者는 陰長而陽遯也요 大壯은 陽之壯盛也라 衰則必盛하여 消息相須라 故旣遯則必壯하니 大壯所以次遯也라 爲卦 震上乾下하니 乾剛而震動하여 以剛而動이 大壯之義也라 剛陽은 大也니 陽長已過中矣니 大者壯盛也요 又雷之威震而在天上하니 亦大壯之義也라

大壯卦는 〈序卦傳〉에 "遯은 물러남이니, 물건은 끝내 물러날 수만은 없으므로 大壯卦로 받았다." 하였다. 遯은 떠나가는 뜻이고 壯은 나아가 장성하는 뜻이니, 遯卦는 陰이 자라서 陽이 물러나는 것이고, 大壯卦는 陽이 壯盛한 것이다. 쇠하면 반드시 성하여 消息(盛衰)이 서로 따른다. 그러므로 이미 물러났으면 반드시 장성하니, 大壯卦가 遯卦의 다음이 된 까닭이다.

卦의 구성이 震卦가 위에 있고 乾卦가 아래에 있으니, 乾卦는 강건하고 震卦는 움직여서 강건함으로 움직임이 大壯의 뜻이다. 剛한 陽은 큰 것이니 陽이 자라서 이미 〈卦의〉 가운데를 지났으니, 큰 것이 壯盛한 것이고, 또 우레의 위엄과 진동으로 하늘 위에 있으니 또한 大壯의 뜻이다.

大壯[1]은 利貞[2]하니라

---

1 大壯 : 빌헬름 영문판 주역인 《The I Ching》에서는 大壯卦를 "Ta Chuang / The Power of the Great"라고 하였다. 대장은 진괘의 운동과 건괘의 강함이 결합한 괘로 '위대한 것의 힘'을 의미한다고 보았다. 양효가 괘의 절반을 지났기에 자칫 힘만 믿고 정의를 잊을 위험이 있음을 경계한 것이라 하였다.

2 利貞 : 丘富國(南宋)은 《大全》의 소주에서 "遯卦䷠의 '小利貞'은 소인이 바르게 함이 이롭다는 것

大壯은 바르게 함이 이롭다.

【傳】大壯之道는 利於貞正也라 大壯而不得其正이면 强猛之爲耳요 非君子之道壯盛也라

大壯의 道는 바르게 함이 이롭다. 크게 장성하면서 바름을 얻지 못하면 사나운 짓을 할 따름이고 君子의 道가 장성한 것은 아니다.

【本義】大는 謂陽也니 四陽盛長이라 故爲大壯하니 二月之卦也라 陽壯則占者吉亨을 不假言이나 但利在正固而已라

大는 陽을 이르니, 네 陽이 장성하게 자라므로 大壯이 되니, 2月의 卦이다. 陽이 장성하면 점치는 자가 吉하고 형통함을 말할 필요가 없지만 다만 이로움이 바르고 견고함에 있을 뿐이다.

彖曰 大壯은 大者壯也니 剛以動이라 故로 壯하니

〈彖傳〉에 말하였다. "大壯은 큰 것이 장성하니, 剛함으로 움직이기 때문에 장성하니

【傳】所以名大壯者는 爲大者壯也라 陰爲小요 陽爲大하니 陽長以盛은 是大者壯也라 下剛而上動하니 以乾之至剛而動이라 故爲大壯이니 爲大者壯과 與壯之大也라

大壯이라 이름한 까닭은 큰 것이 장성하기 때문이다. 陰은 작은 것이고 陽은 큰 것이니, 陽이 자라서 장성함은 큰 것이 장성함이다. 下卦는 剛하고 上卦는 움직이니, 乾卦의 지극한 剛함으로 움직이기 때문에 大壯이 되니, '큰 것이 장성함'과 '장성함이 큰 것'이 된다.

【本義】釋卦名義라 以卦體言則陽長過中하니 大者壯也요 以卦德言則乾剛震動하니 所以壯也라

이니 두 개의 음을 가리켜서 한 말이고, 대장괘의 '利貞'은 바르게 함이 이롭다는 것이니 네 개의 양을 가리켜서 한 말이다. 음이 나아감에 바르지 못하면, 소인이 군자를 능멸할 수 있고, 양이 나아감에 바르지 못하면, 군자가 소인을 이길 수 없으니, 이 모두는 양을 돕고 음을 억누르는 뜻이다." 하였다.

卦의 명칭과 뜻을 해석하였다. 卦體로 말하면 陽이 자라서 (卦의) 가운데를 지났으니 큰 것이 장성함이고, 卦德으로 말하면 乾卦는 剛하고 震卦는 움직이니, 이 때문에 장성하다.

大壯利貞은 大者正也니 正大而天地之情[3]을 可見矣리라

'大壯은 바르게 함이 이로움'은 큰 것이 바른 것이니, 바르고 큼에 天地의 실정을 볼 수 있을 것이다."

【傳】大者旣壯則利於貞正하니 正而大者는 道也라 極正大之理면 則天地之情을 可見矣라 天地之道 常久而不已者는 至大至正也니 正大之理를 學者默識心通이 可也라 不云大正而云正大는 恐疑爲一事也[4]라

큰 것이 이미 장성하면 바르게 함이 이로우니, 바르고 큰 것은 道이다. 바르고 큰 이치를 지극히 하면 天地의 실정을 볼 수 있다. 天地의 道가 항구하여 그치지 않음은 지극히 크고 바르기 때문이니, 바르고 큰 이치를 배우는 자들이 묵묵히 알고 마음으로 통달해야 한다. '大正'이라 하지 않고, '正大'라 한 것은 한 가지 일이라고 의심할까 두려워해서이다.

【本義】釋利貞之義而極言之라

'바르게 함이 이롭다.'는 뜻을 해석하여 지극히 말하였다.

象曰 雷在天上이 大壯이니 君子以하여 非禮弗履[5]하나니라

---

3 天地之情 : 丘富國(南宋)은 《大全》의 소주에서 "마음은 움직이는 것이고, 정은 마음이 움직여서 밖으로 드러나는 것이다. 復卦䷗는 진괘가 아래에 있고 곤괘가 위에 있으니, 고요한 가운데 움직이는 것이다. 그러므로 '천지의 마음을 본다.'고 말했다. 대장괘는 건괘가 아래에 있고 진괘가 위에 있으니, 움직임이 이미 밖으로 나타났기 때문에, '천지의 정을 본다'고 말했다." 하였다.

4 不云大正而云正大 恐疑爲一事也 : 朱熹(南宋)는 《大全》의 소주에서 어떤 이가 "'큰 것이 바른 것이다〔大者正〕'와 '바르고 크다〔正大〕'는 다른데, 앞의 큰 것〔大〕은 陽을 가리키고, 뒤의 正大는 이치를 설명한 말입니까?"라고 묻자 그렇다고 답하였다.

5 非禮弗履 : 沈潮(朝鮮)는 《易象箚論》에서 "震卦는 발이 되기 때문에 '실천한다.'라고 말했으며 震卦가 乾卦 위에 있으니, 밟는 것은 天理이다." 하였다.

〈象傳〉에 말하였다. "우레가 하늘 위에 있는 것이 大壯이니, 君子가 이것을 본받아 禮가 아니면 실천하지 않는다."

【傳】雷震於天上하니 大而壯也라 君子觀大壯之象하여 以行其壯하니 君子之大壯者는 莫若克己復禮라 古人云 自勝之謂强[6]이라하고 中庸에 於和而不流와 中立而不倚에 皆曰 强哉矯[7]라하니 赴湯火, 蹈白刃은 武夫之勇可能也어니와 至於克己復禮하여는 則非君子之大壯이면 不可能也라 故云君子以非禮弗履라하니라

우레가 하늘 위에서 진동하니 크고 장성하다. 君子가 크게 장성한 象을 보고서 그 장성함을 행하니, 君子가 크게 장성함은 자신의 사욕을 이겨 禮로 돌아가는 것만한 것이 없다. 옛 사람은 "스스로 이겨냄을 강함이라 한다." 하였고, 《中庸》에 화합하면서도 휩쓸리지 않고, 中道에 서서 기울지 않음에 내해 보누 "강하구나. 꿋꿋함이여!" 하였으니, 끓는 물과 불에 뛰어들고, 시퍼런 칼날을 밟음은 용맹한 자의 용기로도 가능하나, 자신의 사욕을 이겨 禮로 돌아감에 이르러서는 君子의 크게 장성함이 아니면 불가능하다. 그러므로 "君子가 이것을 본받아 禮가 아니면 실천하지 않는다." 하였다.

【本義】自勝者强이라

스스로 이겨내는 자가 강하다.

字義 矯 : 굳셀 교　赴 : 달려들 부　湯 : 끓는 물 탕　蹈 : 밟을 도

初九는 壯于趾[8]니 征하면 凶이 有孚리라

初九는 발에 장성함이니, 가면 흉함이 틀림없을 것이다.

---

6 自勝之謂强 : 《韓非子》〈喩老〉에 "뜻을 이루기가 어렵다는 것은 다른 사람을 이기는 데 있는 것이 아니라 스스로를 이기는 데 있기 때문에 '스스로 이겨냄을 강함이라 한다'.〔是以志之難也 不在勝人 在自勝也 故曰自勝之謂强〕" 하였다.

7 强哉矯 : 《中庸》에 "그러므로 군자는 화합하면서도 휩쓸리지 않으니 강하구나. 꿋꿋함이여. 中道에 서서 기울지 않으니 강하구나. 꿋꿋함이여!〔故君子和而不流 强哉矯 中立而不倚 强哉矯〕" 하였다.

8 壯于趾 : 李瀷(朝鮮)은 《易經疾書》에서 "兌卦가 羊이 됨은 뿔을 상징하기 때문이다. 互卦의 몸체는 상괘가 태괘이고 하괘가 건괘이니, 위의 六은 그 뿔의 길이를 더하고 아래의 네 양은 굳세게 나아감을 도와서 전체의 모습이 양을 상징한다. 그렇다면 초구 또한 양의 발이 함부로 움직이는 것이다." 하였다.

【傳】初는 陽剛乾體而處下하여 壯于進者也니 在下而用壯은 壯于趾也라 趾는 在下而進動之物이라 九在下用壯而不得其中하니 夫以剛處壯은 雖居上이라도 猶不可行이온 況在下乎아 故征則其凶有孚라 孚는 信也니 謂以壯往則得凶可必也라

初九는 陽으로 剛하고 乾의 卦體로서 맨 아래에 있어서 나아감을 장성하게 하는 자이니, 맨 아래에 있으면서 장성함을 씀은 '발에 장성함'이다. '趾'는 맨 아래에 있으면서 나아가고 움직이는 부위이다. 陽이 맨 아래에 있으면서 장성함을 쓰지만 中을 얻지 못하였으니, 剛으로 장성하게 처신하면 비록 윗자리에 있더라도 오히려 행할 수 없는데, 하물며 맨 아래에 있어서는 어떠하겠는가. 그러므로 가면 흉함이 틀림없다. '孚'는 믿음이니, 장성함으로 가면 凶함을 얻을 것이 틀림없음을 말한다.

【本義】趾는 在下而進動之物也라 剛陽處下而當壯時하니 壯于進者也라 故有此象이요 居下而壯于進이면 其凶必矣라 故其占又如此하니라

'발'은 맨 아래에 있으면서 나아가고 움직이는 물건이다. 剛한 陽이 맨 아래에 있어 장성할 때에 해당하니, 나아감에 장성한 자이므로 이러한 象이 있고, 맨 아래에 있으면서 나아감에 장성하면 凶할 것이 틀림없기 때문에 그 占이 또한 이와 같다.

象曰 壯于趾하니 其孚窮也로다

〈象傳〉에 말하였다. "'발에 장성함'이니 그 곤궁할 것이 틀림없다."

【傳】在最下而用壯以行이면 可必信其窮困而凶也라

가장 아래에 있는데 장성함을 써서 가면 틀림없이 곤궁하여 흉할 것이다.

【本義】言必窮困이라

반드시 곤궁함을 말한다.

字義 趾 : 발꿈치 지

九二는 貞하여 吉[9]하니라

【本義】貞하여야 吉하리라

九二는 바르게 하여 吉하다.

【본의】바르게 해야 길할 것이다.

【傳】二雖以陽剛으로 當大壯之時나 然居柔而處中하니 是剛柔得中하여 不過於壯하여 得貞正而吉也라 或曰 貞은 非以九居二爲戒乎아 曰 易取所勝爲義하니 以陽剛健體로 當大壯之時하여 處得中道하니 无不正也요 在四則有不正之戒하니 人能識時義之輕重이면 則可以學易矣리라

九二가 비록 剛한 陽으로 크게 장성한 때에 해당하나, 柔한 자리에 있고 가운데에 있으니, 이는 剛柔가 中道를 얻어 장성함이 지나치지 않아서 바름을 얻어 吉하다. 어떤 이가 묻기를, "'바름'은 陽이 二爻 자리에 있는 것을 경계한 것이 아닙니까?" 하기에 대답하기를 "易에서는 우세한 바를 취하여 뜻으로 삼는다. 剛한 陽의 굳센 卦體로서 크게 장성한 때에 해당하여 처함이 中道를 얻었으니 바르지 않음이 없고, 네 번째 자리에 있으면 바르지 못함에 대한 경계가 있으니, 사람이 그 때와 뜻의 輕重을 알면 易을 배울 수 있습니다." 하였다.

【本義】以陽居陰하여 已不得其正矣나 然所處得中하니 則猶可因以不失其正이라 故戒占者使因中以求正然後에 可以得吉也라

陽으로 陰의 자리에 있어서 이미 그 바름을 얻지 못하였으나 처한 바가 中道를 얻었으니 오히려 이로 인해 바름을 잃지 않을 수 있다. 그러므로 점치는 자가 中道를 따라서 바름을 구한 뒤에야 吉할 수 있다고 경계하였다.

象曰 九二貞吉은 以中也라

〈象傳〉에 말하였다. "'九二가 바르게 하여 길함'은 中道로 하기 때문이다."

---

9 貞 吉 : 李瀷(朝鮮)은 《易經疾書》에서 "九二에서는 상을 언급하지 않았으니 마땅히 彖辭에 따라 보아야 하며, 卦를 해석하는 용례가 대체로 이와 같다." 하였다.

【傳】所以貞正而吉者는 以其得中道也라 中則不失正이니 況陽剛而乾體乎아

바르게 하여 吉한 까닭은 中道를 얻었기 때문이다. 中道를 얻으면 바름을 잃지 않으니 하물며 剛한 陽으로 乾의 卦體임에 있어서랴.

九三은 小人은 用壯이요 君子는 用罔[10]이니 貞이면 厲하니 羝羊이 觸藩[11]하여 羸其角이로다

【本義】貞이라도

九三은 小人은 장성함을 쓰고, 君子는 멸시함을 쓰니, 고집하면 위태로우니, 숫양이 울타리를 받아서 그 뿔이 곤궁하다.

【본의】바르더라도

【傳】九三은 以剛居陽而處壯하고 又當乾體之終하니 壯之極者也라 極壯如此하니 在小人則爲用壯이요 在君子則爲用罔이라 小人尙力이라 故用其壯勇이요 君子志剛이라 故用罔하니 罔은 无也니 猶云蔑也니 以其至剛하여 蔑視於事而无所忌憚也라 君子小人은 以地言이니 如君子有勇而无義爲亂[12]이라 剛柔得中이면 則不折不屈하여 施於天下而无不宜요 苟剛之太過면 則无和順之德하여 多傷莫與하니 貞固守此則危道也라 凡物이

---

10 小人用壯 君子用罔 : 朴齊家(朝鮮)는 《周易》에서, “罔은 마땅히 그물질이라는 의미의 罔이 되기 때문에 ‘고집하면 위태롭다’고 했으니 ‘貞’은 군자를 말한다. 또 숫양이 울타리를 받는 것으로 형상을 했으니, 이 또한 걸려드는 것이다. 이를테면 ‘배우고도 생각하지 않음을 어둡다〔罔〕고 한다’고 하거나 ‘의복을 입고도 그 명칭을 알지 못하면 어둡다〔罔〕고 한다’고 하는 것은 모두 혼미하여 분별할 줄 모른다는 의미이다. 그러므로 ‘속인다〔欺罔〕’는 속임〔罔〕이 되지만, 또 ‘이치 있는 말로 속인다〔欺〕’는 것과도 구별되니, ‘이치 있는 말로 속일 수 있지만 터무니없는 말로 속일 수 없다’는 말이 바로 그 용례이다. 그런데 여기의 내용은 오직 군자이므로 소인이 장성함을 사용하기 때문에 잘못되어 속임을 당한다는 것이다. 그러므로 〈象傳〉에서 ‘소인은 장성함을 사용하고 군자는 멸시한다’고 한 것이다.” 하였다.

11 羝羊觸藩 : 李瀷(朝鮮)은 《易經疾書》에서 “九三에 이미 이러한 象이 있는 것이 아니고, 三爻는 上爻와 正應이 되기 때문에 上爻의 재앙이 三爻에 이미 나타나서 그 환란이 앞으로 이르게 될 것을 미리 보고서 경계한 것이다.”

12 君子有勇而无義爲亂 : 《論語》 〈陽貨〉에 “군자는 의로움을 숭상한다. 군자가 용감하기만 하고 의로움이 없으면 난을 일으키고 소인이 용감하기만 하고 의로움이 없으면 도둑이 된다.〔君子義以爲上 君子有勇而無義爲亂 小人有勇而無義爲盜〕”라고 보인다.

莫不用其壯하니 齒者齧하고 角者觸하고 蹄者踶라 羊壯於首하고 羝爲喜觸이라 故取爲象하니라 羊은 喜觸藩籬하니 以藩籬當其前也라 蓋所當必觸하니 喜用壯如此면 必羸困其角矣라 猶人尙剛壯하여 所當必用이면 必至摧困也라 三이 壯甚如此而不至凶은 何也오 曰 如三之爲는 其往이 足以致凶이로되 而方言其危라 故未及於凶也라 凡可以致凶而未至者는 則曰厲也라

九三은 剛으로 陽의 자리에 있으면서 장성함에 처했고, 또 乾의 卦體의 끝에 해당하니, 장성함이 지극한 자이다. 지극히 장성함이 이와 같으니, 小人에게는 장성함을 씀이 되고, 君子에게는 멸시함을 씀이 된다. 小人은 힘을 숭상하므로 용맹함을 쓰고, 君子는 뜻이 剛하므로 멸시함을 쓰는 것이다. '罔'은 무시함이니 이는 멸시라는 말과 같으니, 지극히 剛해서 일을 멸시하여 거리끼는 바가 없다. 君子와 小人은 그 지위로 말한 것이니, "군자가 용맹만 있고 道義가 없으면 난을 일으킨다."는 말과 같다. 剛柔가 中道를 얻으면 꺾이거나 굽히지 않아 天下에 베풂에 합당하지 않음이 없고, 만약 剛함이 너무 지나치면 和順한 德이 없어서 상함이 많아서 더불지 않으니, 貞固하게 이것을 지키면 위태로운 길이다.

모든 사물은 장성함을 쓰지 않음이 없으니, 이빨이 있는 것은 물고, 뿔이 있는 것은 들이받으며, 발굽이 있는 것은 찬다. 羊은 머리가 장성하고, 숫양은 들이받기를 좋아하기 때문에 취하여 象으로 삼았다. 양은 울타리를 들이받길 좋아하는데 울타리가 그 앞을 막고 있기 때문에 막고 있는 것을 반드시 들이받으니, 장성함을 씀을 기뻐함이 이와 같으면 반드시 그 뿔이 곤궁하게 된다. 마치 사람이 剛함과 장성함만을 숭상하여 마주치는 일마다 반드시 〈강장함을〉 쓰면 반드시 꺾이고 곤궁함에 이르는 것과 같다. 〈어떤 이가 묻기를〉 "九三은 이처럼 장성함이 심한데도 흉함에 이르지 않음은 무엇 때문입니까?" 하였다. 대답하기를 "九三과 같은 행위는 그 감이 흉함을 이루기에 충분하지만, 이제 막 위태롭다고 말했으므로 아직 凶함에는 이르지 않았습니다. 흉함을 이룰 수 있으나 아직 이르지 않은 것을 '위태롭다'고 말합니다." 하였다.

【本義】 過剛不中하여 當壯之時하니 是小人用壯而君子則用罔也라 罔은 无也니 視有如无니 君子之過於勇者也라 如此則雖正亦危矣라 羝羊은 剛壯喜觸之物이라 藩은 籬也요 羸는 困也니 貞厲之占이 其象如此하니라

지나치게 剛하고 中이 아니어서 장성한 때에 해당하니, 小人은 장성함을 쓰지만, 君子는 멸시를 쓴다. '罔'은 무시한다는 뜻으로 있는 것 보기를 없는 것처럼 여김이니, 君子 중에서도 용맹함이 지나친 자이다. 이와 같이 하면 비록 바르더라도 위태롭다. '숫양'은 剛하고 장

성하여 들이받기를 좋아하는 동물이다. '藩'은 울타리이고, '羸'는 곤궁함이니, '고집하면 위태롭다.'는 占이 그 象이 이와 같다.

字義 罔 : 멸시할 망 羝 : 숫양 저 觸 : 들이받을 촉 藩 : 울타리 번 羸 : 곤궁할 리 齧 : 물 설
蹄 : 발굽 제 踶 : 찰 제 籬 : 울타리 리 摧 : 꺾일 최

象曰 小人은 用壯이요 君子는 罔也라

〈象傳〉에 말하였다. "小人은 힘을 쓰고 君子는 멸시한다."

【傳】在小人則爲用其强壯之力이요 在君子則爲用罔이니 志氣剛强하여 蔑視於事하여 靡所顧憚也라

小人에게는 강하고 장성한 힘을 씀이 되고, 君子에게는 멸시함을 씀이 되니, 뜻과 기운이 굳세고 강하여 일을 멸시해서 돌아보고 꺼리는 바가 없다.

【本義】小人은 以壯敗하고 君子는 以罔困이라

小人은 힘으로 패하고, 君子는 멸시함으로 곤궁해진다.

字義 靡 : 없을 미

九四는 貞이면 吉하여 悔亡하리니 藩決不羸하며 壯于大輿之輹이로다

九四는 바르게 하면 길하여 후회가 없을 것이니, 울타리가 터져서 곤궁하지 않으며, 큰 수레의 바퀴살이 장성하다.

【傳】四는 陽剛長盛하여 壯已過中하니 壯之甚也라 然居四하여 爲不正하니 方君子道長之時하여 豈可有不正也리오 故戒以貞則吉而悔亡이라 蓋方道長之時하여 小失則害亨進之勢하니 是有悔也라 若在他卦엔 重剛而居柔 未必不爲善也니 大過是也라 藩은 所以限隔也니 藩籬決開면 不復羸困其壯也라 高大之車는 輪輹强壯하니 其行之利를 可知라 故云壯于大輿之輹이니 輹은 輪之要處也라 車之敗는 常在折輹하니 輹壯則車强矣라 云壯于輹은 謂壯于進也니 輹은 與輻同이라

九四는 剛한 陽이 장성하여 장성함이 이미 〈卦의〉 가운데를 지났으니, 장성함이 심하다. 그러나 四爻 자리에 있음은 바르지 못함이 되니, 君子의 道가 자랄 때를 당하여 어찌 바르지 않음이 있겠는가. 그러므로 '바르게 하면 吉하여 후회가 없을 것이다.'라고 경계하였다. 道가 자랄 때를 당하여 조금이라도 실수하면 형통하여 나아가는 기세를 해치니, 이는 후회가 있는 것이다. 만약 다른 卦에 있어서는 거듭 剛하면서 柔한 자리에 있는 것이 반드시 좋지 않은 것은 아니니, 大過卦䷛가 이런 경우이다. '울타리'는 제한하고 막는 것인데 울타리가 터져서 열리면, 다시는 그 장성함이 걸려서 곤궁하지 않다. 높고 큰 수레는 바퀴와 바퀴살이 강하고 장성하니, 가는 것이 이로움을 알 만하다. 그러므로 큰 수레의 바퀴살이 장성하다고 하였으니, 바퀴살은 바퀴의 중요한 부분이다. 수레가 부서짐은 항상 바퀴살이 꺾임에 〈달려〉 있으니, 바퀴살이 장성하면 수레가 튼튼하다. '바퀴살이 장성하다.'고 말한 것은 나아감에 장성하다는 것이니, 輹은 輻과 같다.

【本義】 貞吉悔亡은 與咸九四同占이라 藩決不羸는 承上文而言也니 決은 開也라 三前有四하니 猶有藩焉이요 四前二陰은 則藩決矣라 壯于大輿之輹은 亦可進之象也니 以陽居陰하여 不極其剛이라 故其象占如此하니라

'바르게 하면 길하여 후회가 없음'은 咸卦 九四와 占辭가 같다. '울타리가 터져서 곤궁하지 않음'은 앞 문장을 이어 말한 것이니, 決은 열림이다. 九三 앞에 九四가 있음은 울타리가 있는 것과 같고, 九四 앞의 두 陰은 울타리가 열린 것이다. '큰 수레의 바퀴살이 장성함'은 또한 나아갈 수 있는 象이니, 陽으로 陰의 자리에 있어서 그 剛함을 지극히 하지 않기 때문에 그 象과 占이 이와 같다.

字義 輹 : 바퀴살 복

象曰 藩決不羸는 尙往[13]也일새라

〈象傳〉에 말하였다. "'울타리가 터져서 곤궁하지 않음'은 여전히 나아가기 때문이다."

【傳】 剛陽之長이 必至於極하니 四雖已盛이나 然其往未止也라 以至盛之陽으로 用壯而

---

13 尙往 : 朴文鎬(朝鮮)는 《經說-周易》에서 "'尙往'에 대한 언해의 해석〔오히려 往〕은 잘못된 것 같다. 소주에 나온 蔡淵(南宋)의 주장을 정론으로 삼아야 한다." 하였는데, 蔡淵(南宋)은 《大全》의 소주에서 '尙往'을 '위로 나감'의 뜻으로 풀이하였다.

進이라 故莫有當之하여 藩決開而不羸困其力也라 尙往은 其進不已也라

剛한 陽의 자람이 반드시 지극함에 이르니, 九四가 비록 이미 장성했으나 나아감이 아직 그치지 않는다. 지극히 성대한 陽으로 장성함을 써서 나아가기 때문에 막는 것이 없어 울타리가 열려서 그 힘을 곤궁하게 하지 않는다. '여전히 나아감'은 나아감이 그치지 않는 것이다.

六五는 喪羊于易(이)[14]면 无悔리라

【本義】喪羊于易나

六五는 羊의 장성함을 온화함과 상냥함으로 잃게 하면, 후회가 없을 것이다.

【본의】양을 쉽게 잃지만

【傳】羊은 群行而喜觸하니 以象諸陽竝進이라 四陽이 方長而竝進하니 五以柔居上하여 若以力制면 則難勝而有悔요 唯和易以待之면 則群陽이 无所用其剛하니 是喪其壯于和易也니 如此則可以无悔라 五以位言則正이요 以德言則中이라 故能用和易之道하여 使群陽雖壯이나 无所用也라

羊은 무리를 지어 다니면서 들이받기를 좋아하니, 여러 陽이 함께 나아감을 상징한다. 네 陽이 막 자라서 함께 나아가니, 六五가 유약함으로 윗자리에 거처하여 만약 힘으로 제어한다면 이기기 어려워 후회가 있을 것이고, 오직 온화함과 상냥함으로 대하면 여러 陽들이 剛함을 쓸 곳이 없으니, 이것이 陽의 장성함을 온화함과 상냥함으로 잃게 하는 것이니, 이와 같이 하면 후회가 없을 수 있다. 六五는 자리로 말하면 바르고, 德으로 말하면 中이 된다. 그러므로 온화함과 상냥함의 道를 써서, 여러 陽이 비록 장성하지만 힘을 쓸 곳이 없게 할 수 있다.

【本義】卦體似兌하여 有羊象焉하니 外柔而內剛者也라 獨六五以柔居中하여 不能抵

---

14 喪羊于易(이) : 蔡鍾植(朝鮮)은 《周易傳義同歸解》에서 "《程傳》에서는 '온화함과 상냥함에 장성함을 잃는다'고 했으니, 아마도 羊은 아래의 네 양을 가리키는 것 같다. 《本義》에서는 '스스로 장성함을 잃는다'고 했으니, 아마도 羊은 오효를 가리키니, 태괘의 상이 있기 때문이다. 그러나 육오는 부드러운 음으로 가운데 자리에 있기 때문에, 들이받지 못하고 스스로 장성함을 잃는다. 스스로 장성함을 잃었기 때문에 온화하고 상냥한 도를 사용할 수 있어서 아래에 있는 여러 양들이 장성함을 사용하지 못하게 한다. 두 주장은 함께 살펴야 한다." 하였다.

觸하여 雖失其壯이나 然亦无所悔矣라 故其象如此而占亦與咸九五同이라 易는 容易之易니 言忽然不覺其亡也라 或作疆埸之埸하니 亦通이라 漢食貨志에 埸作易하니라

卦體☳가 兌卦☱와 유사하여 羊의 象이 있으니, 밖은 부드러우나 안은 剛한 자이다. 六五만이 유순함으로 가운데 자리에 있어 들이받을 수가 없어서 비록 장성함을 잃었지만 또한 후회할 바도 없다. 그러므로 그 象이 이와 같고, 占 또한 咸卦의 九五와 같다. '易'는 容易의 易이니, '羊'이 없어짐을 홀연히 깨닫지 못함을 말한다. 어떤 이는 易를 '疆埸'의 埸이라 하였으니, 또한 통한다. 《漢書》〈食貨志〉에 '埸'이 '易'으로 되어 있다.

字義 易 : 화평할 이, 쉬울 이　抵 : 부딪힐 저　疆 : 지경 강　埸 : 경계 역

象曰 喪羊于易는 位不當也일새라

【本義】喪羊于易는

〈象傳〉에 말하였다. "'羊의 장성함을 온화함과 상냥함으로 잃게 함'은 자리가 합당하지 않기 때문이다."

【본의】'羊을 쉽게 잃음'은

【傳】所以必用柔和者는 以陰柔居尊位故也라 若以陽剛中正으로 得[15]尊位則下无壯矣로되 以六五位不當也라 故設喪羊于易之義라 然大率治壯은 不可用剛이라 夫君臣上下之勢 不相侔也니 苟君之權이 足以制乎下면 則雖有强壯跋扈之人이나 不足謂之壯也요 必人君之勢有所不足然後에 謂之治壯이라 故治壯之道 不可以剛也라

반드시 유순함과 온화함을 사용해야 하는 까닭은 유순한 陰이 존귀한 자리에 있기 때문이다. 만약 강건한 양의 中正함으로 존귀한 자리를 얻었다면 아래에 장성한 자가 없었을 것이나, 六五의 자리가 합당하지 않으므로 羊의 장성함을 온화함과 상냥함으로 잃게 하는 뜻을 베풀었다. 그러나 대체로 장성함을 다스리는 것은 剛함을 쓸 수 없다. 君臣 및 上下의 기세가 서로 대등하지 않으니, 임금의 권세가 아랫사람을 제어하기에 충분하다면, 비록 강성하여 제멋대로 행동하는 사람이 있더라도 장성하다고 이르기에 부족하고, 반드시 임금의 권세가 부

15 得 : 《大全》의 간주에 "어떤 판본에는 居자로 되어 있다." 하였다.

족함이 있은 뒤에야 장성함을 다스린다고 이른다. 그러므로 장성함을 다스리는 道는 剛함으로 할 수 없다.

字義 侔 : 대등할 모 跋 : 날뛸 발 扈 : 뒤따를 호

上六은 羝羊이 觸藩하여 不能退하며 不能遂[16]하여 无攸利니 艱則吉하리라

【本義】艱則吉하리라

上六은 숫양이 울타리를 들이받아서 물러가지도 못하고 나아가지도 못하여 이로운 바가 없으니 어려우면 길할 것이다.

【본의】어렵게 여기면 길할 것이다.

【傳】羝羊은 但取其用[17]壯이라 故陰爻亦稱之라 六은 以陰處震終而當壯極하니 其過可知니 如羝羊之觸藩籬하여 進則礙身하고 退則妨角하여 進退皆不可也라 才本陰柔라 故不能勝己以就義하니 是不能退也요 陰柔之人은 雖極用壯之心이나 然必不能終其壯하여 有摧必縮하니 是不能遂也라 其所爲如此하니 无所往而利也라 陰柔處壯하여 不能固其守하니 若遇艱困이면 必失其壯이요 失其壯則反得柔弱之分矣니 是艱則得吉也라 用壯則不利요 知艱而處柔則吉也니 居壯之終하여 有變之義也라

'숫양'은 그 장성함을 쓰는 것을 취했으므로 陰爻에서도 이를 칭하였다. 上六은 陰으로 震卦☳의 끝에 있고 장성함의 끝에 해당하니 그 지나침을 알 만하다. 마치 숫양이 울타리를 들이받아서 나아가자니 몸이 걸리고 물러가자니 뿔이 방해되어, 나아감과 물러남이 다 불가능한 것과 같다. 재질이 본래 음으로 유약하므로 자신을 이겨서 義로 나아갈 수 없으니 이는 물러가지 못하는 것이고, 陰으로 유약한 사람은 비록 장성함을 쓰려는 마음을 극도로 하더라도 반드시 그 장성함을 끝까지 할 수 없어 꺾이면 반드시 위축되니 이는 나아가지 못하는 것이다. 그 하는 바가 이와 같으니 가서 이로운 바가 없다. 유약한 陰이 장성함에 처해서 그 지킴을 견고히 할 수 없으니, 만약 어려움과 곤궁함을 만나면 반드시 그 장성함을 잃고, 장성함을

---

16 不能退 不能遂 : 金相岳(朝鮮)은 《周山天易說》에서 "물러나지도 못하는 것은 호응함에 따라 움직이기 때문이고, 나아가지도 못하는 것은 부드러운 陰이기 때문이다." 하였다.

17 用 : 《大全》의 간주에 "어떤 판본에는 用자가 없다." 하였다.

잃으면 반대로 柔弱한 본분을 얻게 되니, 이것이 어려우면 吉함을 얻는 것이다. 장성함을 쓰면 이롭지 않고, 어려움을 알아서 유순하게 대처하면 吉하니, 장성함의 끝에 있어서 변하는 뜻이 있다.

【本義】 壯終動極이라 故觸藩而不能退라 然其質本柔라 故又不能遂其進也라 其象如此하니 其占可知나 然猶幸其不剛이라 故能艱以處則尚可以得吉也라

장성함의 마침이고 움직임의 끝이므로 울타리를 들이받고 물러나지 못한다. 그러나 그 재질이 본래 유약하기 때문에 또한 나아감을 이루지도 못한다. 그 象이 이와 같으니 그 占을 알 만하다. 그러나 다행히 剛하지 않기 때문에 어렵게 여겨서 대처할 수 있으면 오히려 吉함을 얻을 수 있다.

象曰 不能退, 不能遂는 不詳也요 艱則吉은 咎不長也일새라

〈象傳〉에 말하였다. "'물러가지도 못하고, 나아가지도 못함'은 살피지 않았기 때문이며, '어려우면 길하게 됨'은 허물이 크지 않기 때문이다."

【傳】 非其處而處라 故進退不能이니 是其自處之不詳愼也라 艱則吉은 柔遇艱難하고 又居壯終하니 自當變矣라 變則得其分하여 過咎不長하리니 乃吉也라

있을 곳이 아닌데도 있으므로 나아갈 수도 없고 물러날 수도 없으니, 이는 스스로 있을 곳을 자세히 살피고 삼가지 못한 것이다. '어려우면 吉함'은 柔가 어려움을 만났고 또 장성함의 끝에 있으니 스스로 변해야 한다. 변하면 본분을 얻어서 허물이 커지지 않을 것이니 吉하다.

字義 詳 : 살필 상

35. 晉

䷢ 坤下離上

下卦는 坤卦☷이고 上卦는 離卦☲이다.

【傳】晉은 序卦에 物不可以終壯이라 故受之以晉하니 晉者는 進也라하니라 物无壯而終止之理하니 旣盛壯則必進이니 晉所以繼大壯也라 爲卦 離在坤上하니 明出地上也라 日出於地하여 升而益明이라 故爲晉하니 晉은 進而光明盛大之意也라 凡物漸盛爲進이라 故彖云 晉은 進也라하니라 卦有有德者하고 有无德者하니 隨其宜也라 乾坤之外에 云元亨者는 固有也요 云利貞者는 所不足而可以有功也라 有不同者는 革漸이 是也니 隨卦可見이라 晉之盛而无德者는 无用有也니 晉之明盛이라 故更不言亨이요 順乎大明하니 无用戒正也라

晉卦는 〈序卦傳〉에 "물건은 끝까지 장성할 수 없기 때문에 晉卦로 받았으니 晉은 나아감이다." 하였다. 물건은 장성해서 끝내 멈추는 이치가 없으니 이미 성대하고 장성하면 반드시 나아가니 晉卦가 이 때문에 大壯卦의 다음이 되었다. 卦의 구성이 離卦가 坤卦 위에 있으니, 밝음이 땅 위로 나온 것이다. 해가 땅에서 나와 올라가 더욱 밝아지기 때문에 晉卦가 되니, 晉은 나아가서 光明하고 盛大한 뜻이다. 모든 물건이 점차 성대해짐이 나아감이 되기 때문에 〈彖傳〉에 "晉은 나아감이다." 하였다. 卦에 卦德이 있는 것도 있고 卦德이 없는 것도 있으니 그 마땅함을 따른 것이다. 乾卦䷀와 坤卦䷁ 이외에 元亨을 말한 것은 본래 지닌 것이고 利貞을 말한 것은 부족하지만 功이 있을 수 있는 것이다. 이와 같지 않은 경우는 革卦䷰와 漸卦䷴가 이런 것이니, 卦에 따라 볼 수 있다. 晉卦가 성대하나 卦德이 없는 것은 갖출 필요가 없어서이니, 晉卦가 밝고 성대하므로 다시 형통함을 말하지 않은 것이고, 큰 밝음에 순종하니 바름을 경계할 필요가 없다.

字義 晉 : 나아갈 진, 밝을 진

晉[1]은 康侯[2]를 用錫馬蕃庶하고 晝日三接[3]이로다

晉은 나라를 편안하게 다스리는 제후에게 말을 많이 하사하고 낮에 세 차례 접견한다.

【傳】晉爲進盛之時하니 大明在上而下體順附는 諸侯承王之象也라 故爲康侯하니 康侯者는 治安之侯也라 上之大明而能同德以順附는 治安之侯也라 故受其寵數하여 錫之馬衆多也라 車馬는 重賜也요 蕃庶는 衆多也라 不唯錫與之厚라 又見親禮하여 晝日之中에 至於三接하니 言寵遇之至也라 晉은 進盛之時니 上明下順하여 君臣相得이라 在上而言則進於明盛이요 在臣而言則進升高顯하여 受其光寵也라

晉은 나아가서 성대한 때이니, 큰 밝음(☲)이 위에 있고 下體(☷)가 순종하여 따름은 諸侯가 天子를 받드는 象이다. 그러므로 康侯가 되니, 康侯는 편안하게 다스리는 제후이다. 윗사람이 크게 밝고 德을 함께 해서 순종하여 따를 수 있는 것은 편안하게 다스리는 제후이므로 寵愛와 禮數를 받아 말을 많이 하사받는다. '수레와 말'은 귀중한 하사품이고 '蕃庶'는 많다는 뜻이다. 하사함이 후할 뿐만 아니라 또 친애함과 예우를 받아 낮 동안 세 차례 접견하는데 이르니, 총애와 예우가 지극함을 말한다. 晉은 나아가서 성대한 때이니 윗사람이 밝고 아랫사람이 순종하여 임금과 신하가 서로 얻는다. 임금〔上〕으로 말하면 밝음이 성대한 곳에 나아가고, 신하로 말하면 높은 자리에 올라서 영광과 총애를 받는다.

【本義】晉은 進也요 康侯는 安國之侯也라 錫馬蕃庶 晝日三接은 言多受大賜而顯被親禮也라 蓋其爲卦 上離下坤하니 有日出地上之象과 順而麗乎大明之德이며 又其變이 自觀而來하여 爲六四之柔 進而上行하여 以至于五하니 占者有是三者면 則亦當有是寵也라

---

1 晉 : 빌헬름 영문판 주역인 《The I Ching》에서는 晉卦를 "Chin / Progress"라고 하였다. 진괘는 상하의 두 괘로 보면 해가 땅 위로 솟아나오는 상이다. 또한 육오효를 주효로 보아 '유가 나아가 위로 간다.'는 구절에 근거하여 '나아감'의 의미로 보았다. 그리고 '나아감'의 의미를 공통적으로 지닌 升卦나 漸卦와 비교할 때 晉卦가 가장 낫다고 하였다.

2 康侯 : 金相岳(朝鮮)은 《山天易說》에서 "康侯는 나라를 편안하게 다스리는 제후이니, 《禮記》에서 康周公이라고 한 것과 같다." 하였다.

3 晝日三接 : 沈大允(朝鮮)은 《周易象義占法》에서 姚小彭(南宋)의 말을 인용하여 "제후가 천자를 뵙는 예〔覲禮〕에서는 제후를 인도하여 나아가게 하니 이것이 첫 번째 접견이고, 만나 뵙는 정식 절차가 끝나면 향연을 베풀어 나아가게 하여 명령을 전달하니 이것이 두 번째 접견이며, 연회가 끝나면 천자가 노고를 치하하여 나아가게 해서 설을 하니 이것이 세 번째 접견이다." 하였다.

晉은 나아감이고, 康侯는 나라를 편안하게 다스리는 諸侯이다. '말을 많이 하사하고, 낮에 세 차례 접견함'은 큰 하사품을 많이 받고, 친애와 예우를 현저하게 받음을 말한다. 卦의 구성이 上卦는 離卦☲이고 下卦는 坤卦☷이니, 해가 땅 위로 솟아나오는 象이 있고, 순종하여 큰 밝음에 붙는 德이 있으며, 또 卦變은 觀卦䷓로부터 와서 六四의 柔가 나아가 위로 올라가 五爻 자리에 이르니, 점치는 자가 이 세 가지를 갖추면 또한 이러한 총애를 받는다.

字義 錫 : 줄 석 蕃 : 많을 번

彖曰 晉은 進也니

〈彖傳〉에 말하였다. "晉은 나아감이니,

【本義】釋卦名義라

卦名의 뜻을 해석하였다.

明出地上하여 順而麗(리)乎大明[4]하고 柔進而上行이라 是以康侯用錫馬蕃庶晝日三接也라

밝음이 땅 위로 솟아나서 순종하여 큰 밝음에 붙고, 柔가 나아가 위로 올라간다. 이 때문에 '나라를 편안하게 다스리는 제후에게 말을 많이 하사하고 낮에 세 차례 접견한다.' 하였다."

【傳】晉進也는 明進而盛也라 明出於地하여 益進而盛이라 故爲晉하니 所以不謂之進者는 進爲前進이요 不能包明盛之義일새라 明出地上은 離在坤上也라 坤麗(리)於離하여 以順麗於大明하니 順德之臣이 上附於大明之君也라 柔進而上行은 凡卦離在上者는 柔居君位하여 多云柔進而上行하니 噬嗑睽鼎이 是也라 六五以柔居君位하여 明而順麗하니

---

4 大明 : 李瀷은《易經疾書》에서 "離卦는 그 상이 불이 되고 해가 되며 그 덕은 밝음이 되고 붙음이 된다. 큰 밝음은 해이니,《禮記》에서 '큰 밝음〔해〕은 동쪽에서 생긴다'고 한 것이 이것이다." 하였다.《禮記》〈禮器〉에 "해는 동방에서 나오고 달은 서방에서 나온다. 이는 음양의 분수이고 부부의 자리이다.〔大明生於東 月生於西 此陰陽之分 夫婦之位也〕" 하였다.

爲能待下寵遇親密之義라 是以爲康侯用錫馬蕃庶, 晝日三接也라 大明之君은 安天下者也라 諸侯能順附天子之明德하니 是康民安國之侯也라 故謂之康侯라 是以享寵錫而見親禮하여 晝日之間에 三接見於天子也라 不曰公卿而曰侯는 天子는 治於上者也요 諸侯는 治於下者也니 在下而順附於大明之君은 諸侯之象也라

'晉이 나아감'은 밝음이 나아가서 성대함이다. 밝음이 땅 위로 솟아나서 더욱 나아가 성대하므로 '晉'이 된다. '進'이라 하지 말하지 않은 까닭은, 進은 앞으로 나아가는 뜻만 있고, 밝음이 성대하다는 뜻을 포함하지 않기 때문이다. '밝음이 땅 위로 솟아남'은 離卦가 坤卦 위에 있는 것이다. 坤卦가 離卦에 붙어서 순종함으로 큰 밝음에 붙은 것이니, 순종의 德을 갖춘 신하가 위로 올라가 크게 밝은 임금을 따름이다. '柔進而上行'은 여러 卦에 離卦☲가 위에 있는 것은 柔가 임금의 자리에 있어서 대부분 "柔가 나아가서 위로 올라간다." 말하였으니, 噬嗑卦䷔·睽卦䷥·鼎卦䷱가 이것이다. 六五가 柔로서 임금의 자리에 있어서 밝고 순종하여 붙으니, 총애와 친밀함으로 아랫사람을 대우한다는 뜻이다. 이 때문에 康侯에게 말을 많이 하사하고 낮 동안 세 차례 접견한다. 크게 밝은 임금은 세상을 편안하게 다스리는 자이다. 諸侯가 天子의 밝은 德에 순종하여 따르니, 이는 백성과 나라를 편안하게 만드는 제후이므로 '康侯'라 한 것이며, 이 때문에 은혜로운 하사품과 친밀한 예우를 받아서 낮 동안 세 차례 天子를 접견하는 것이다. '公'이나 '卿'이라 하지 않고, '侯'라 한 것은, 天子는 위에서 다스리는 자이고 諸侯는 아래에서 다스리는 자이니, 아래에 있으면서 크게 밝은 임금에게 순종하여 따름은 諸侯의 象이다.

【本義】 以卦象卦德卦變으로 釋卦辭라

卦象과 卦德과 卦變으로 卦辭를 해석하였다.

字義 麗 : 붙을 리 噬 : 깨물 서 嗑 : 다물 합 睽 : 어그러질 규 鼎 : 솥 정

象曰 明出地上이 晉이니 君子以하여 自昭明德[5]하나니라

〈象傳〉에 말하였다. "밝음이 땅 위로 솟아나옴이 晉이니, 군자가 이것을 본받아 밝은

5 自昭明德 : 丘富國(南宋)은 《大全》의 소주에서 乾卦와 晉卦의 〈大象傳〉에만 '自'자가 있음에 대해 이 둘을 앎과 실천의 공부로 비교하여 보면서 "진괘에서 '明德을 스스로 밝힘'은 君子가 앎을 지극히 하는 학문에 해당하며 乾卦에서 '스스로 힘써 쉬지 않음'은 군자가 힘써 실천하는 학문에 해당한다." 하였다.

德을 스스로 밝힌다.”

【傳】昭는 明之也라 傳曰 昭德塞(색)違라하고 昭其度也[6]라하니라 君子觀明出地上而益明盛之象하여 而以自昭其明德하니 去蔽致知는 昭明德於己也요 明明德於天下는 昭明德於外也라 明明德은 在己라 故云自昭라

昭는 밝힘이다. 傳(《春秋左氏傳》)에 “덕을 밝히고 그릇됨을 막는다.” 하고 “법도를 밝힌다.” 하였다. 君子가 밝음이 땅 위로 솟아서 더욱 밝음이 성대해지는 象을 보고 스스로 자신의 明德을 밝히니, 가려짐을 제거하고 앎을 이룸은 자신에게서 明德을 밝히는 것이고, 세상에 明德을 밝힘은 밖에서 明德을 밝히는 일이다. 明德을 밝힘은 자신에게 달려 있으므로 ‘스스로 밝힌다.’ 하였다.

【本義】昭는 明之也라

‘昭’는 밝히는 것이다.

字義 違 : 그릇될 위 度 : 법도 도

初六은 晉如摧如[7]에 貞이면 吉하고 罔孚라도 裕면 无咎리라

【本義】晉如摧如니

初六은 나아가거나 물러남에 바르게 하면 吉하고, 믿어주지 않더라도 여유로우면 허물이 없을 것이다.

---

6 傳曰……昭其度也 : 《春秋左氏傳》 桓公 2年에 “임금이 된 자는 장차 덕을 밝히고 그릇됨을 막아 백관에게 군림하더라도 오히려 백관이 잘못될까 두렵기 때문에 아름다운 덕을 밝혀 자손에게 모범을 보이는 것입니다. 이 때문에 맑은 淸廟의 지붕은 띠풀로 엮고 大路는 부들로 엮어 만들고 大羹은 양념을 하지 않으며 주식을 도정하지 않은 것은 검약의 덕을 보이는 것입니다. 예복, 면류관, 폐슬, 홀, 띠, 바지와 대님, 신발, 비녀, 줄, 면류관의 굉, 연은 법도를 밝히는 것입니다.〔君人者 將昭德塞違 以臨照百官 猶懼或失之 故昭令德以示子孫 是以淸廟茅屋 大路越席 大羹不致 粢食不鑿 昭其儉也 袞冕黻珽 帶裳幅舃 衡紞紘綖 昭其度也〕”라고 보인다.

7 晉如摧如 : 沈大允(朝鮮)은 《周易象義占法》에서 “晉卦의 爻 자리는 陽의 자리에 있으면 나아가 그 가려짐을 제거하여 밝음이 멀리까지 비춤을 구하고, 陰의 자리에 있으면 스스로 밝아서 빛이 닿는 곳까지 비춘다.” 하였다.

【본의】 나아가다가 꺾임이니

【傳】 初居晉之下하니 進之始也라 晉如는 升進也요 摧如는 抑退也니 於始進而言하되 遂其進, 不遂其進에 唯得正則吉也라하니라 罔孚者는 在下而始進하니 豈遽能深見信於上이리오 苟上未見信이면 則當安中自守하고 雍容寬裕하여 无急於求上之信也라 苟欲信之心切인댄 非汲汲以失其守면 則悻悻以傷於義矣니 皆有咎也라 故裕則无咎하니 君子處進退之道也라

初六은 晉卦의 맨 아래에 있으니 나아감의 처음이다. 晉如는 올라간다는 뜻이고 摧如는 물러간다는 뜻이니, 처음으로 나아감에 대해 말하되 나아감을 이루거나 나아감을 이루지 못하거나 오직 바름을 얻으면 길하다고 하였다. '믿어주지 않음'은 맨 아래에 있으면서 처음으로 나아가니, 어떻게 갑자기 윗사람으로부터 깊은 신임을 받겠는가? 진실로 윗사람이 믿어주지 않으면 마땅히 中道를 편안히 여겨 스스로를 지키고, 온화하고 관대하게 행동하여 윗사람의 신임을 얻는데 급급함이 없어야 한다. 진실로 믿어주기를 바라는 마음이 간절할 경우, 급급하여 그 지킴을 잃지 않으면 원망하여 義를 해치게 되니, 모두 허물이 있는 것이다. 그러므로 여유로우면 허물이 없는 것이니 君子가 나아가거나 물러남에 대처하는 道이다.

【本義】 以陰居下하여 應不中正하니 有欲進見摧之象이라 占者如是而能守正則吉이요 設不爲人所信이라도 亦當處以寬裕則无咎也리라

陰으로 맨 아래에 있어 호응함이 中正하지 못하니, 나아가고자 하나 꺾이는 象이 있다. 점치는 자가 이와 같더라도 바름을 지킬 수 있으면 吉하고, 설령 남에게 신임을 받지 못하더라도 마땅히 관대하고 여유롭게 대처한다면 허물이 없을 것이다.

字義 摧 : 물러날 최 裕 : 넉넉할 유 抑 : 물러날 억 雍 : 온화할 옹 汲 : 급할 급 悻 : 원망할 행

象曰 晉如摧如는 獨行正也요 裕无咎는 未受命[8]也일새라

〈象傳〉에 말하였다. "'나아가거나 물러남'은 홀로 바름을 행하는 것이고 '여유로우면

---

8 未受命 : 沈大允(朝鮮)은 《周易象義占法》에서 "아직 윗사람에게 알려지지 않았음을 말하는 것이다." 하였다.

허물이 없음'은 아직 명령을 받지 않았기 때문이다."

【傳】无進无抑이요 唯獨行正道也라 寬裕則无咎者는 始欲進而未當位故也라 君子之於進退에 或遲或速이 唯義所當이니 未嘗不裕也라 聖人이 恐後之人不達寬裕之義하여 居位者廢職失守以爲裕라 故特云 初六裕則无咎者는 始進에 未受命當職任故也라 若有官守에 不信於上而失其職이면 一日不可居也라 然事非一槪니 久速唯時요 亦容有爲之兆者[9]라

나아감과 물러남을 막론하고 오직 홀로 正道를 행해야 한다. 관대하고 여유로우면 허물이 없음은 처음에 나아가고자 하였으나 합당한 자리가 아니기 때문이다. 君子는 나아가거나 물러날 때 혹 더디게 하고 혹 신속히 함을 오직 의리에 마땅하게 하여 일찍이 여유롭지 않은 적이 없다. 聖人은 후세 사람들이 관대하고 여유롭게 하라는 뜻을 깨닫지 못하여 지위에 있는 자가 직책을 폐하고 지킴을 잃는 것을 여유라고 여길까 염려하였다. 그러므로 특별히 이르길 "'初六은 여유로우면 허물이 없다.' 한 것은 처음 나아감에 아직 명령을 받아 직무를 담당하지 않았기 때문이다."라고 하였다. 만약 관부의 직무가 있는데 윗사람에게 신임받지 못하여 직분을 잃는다면 하루라도 머물러서는 안 된다. 그러나 일이 모두 똑같지는 않으니 오래 머물 만하면 오래 머물고 속히 떠날 만하면 속히 떠남을 오직 때에 맞게 해야 하고, 또한 혹시라도 道를 행할 수 있는 조짐을 시험해 봄이 있어야 한다.

【本義】初居下位하여 未有官守之命이라

初六이 맨 아랫자리에 있어서 아직 관부의 직무에 대한 명령이 있지 않다.

六二는 晉如愁如나 貞이면 吉하리니 受玆介福[10]于其王母리라

六二는 나아감이 근심스럽지만 바르게 하면 吉할 것이니, 큰 복을 王母(祖母)에게서

---

9 久速唯時 亦容有爲之兆者 : 李玄逸(朝鮮)은 《葛庵集》에서 '容有爲之兆'에 대해서 "《맹자》의 〈만장하편〉에 대한 朱子의 集註에 '조짐이란 일의 단서이다. 공자가 떠나지 않음은 도를 행할 수 있는 단서를 조금이라도 시험하여 사람들에게 우리 도가 행할 수 있는 것임을 알게 한 것이다.' 하였다. 《程傳》에서 뜻을 취해 '직무가 있는 자는 윗사람에게 신임을 받지 못하면 하루라도 머물러서는 안 되지만, 또한 혹시라도 도를 행할 수 있는 조짐을 시험해 봄이 있어야 한다.'고 한 것이다." 하였다.

10 受玆介福 : 朴文健(朝鮮)은 《周易衍義》에서 '큰 복을 받음'은 무슨 뜻이냐는 學人의 질문에 "井卦 九三의 '함께 복을 받는다.'는 문장과 같으니 '福'은 제사를 누리는 복입니다." 하였다.

받을 것이다.

【傳】六二在下하고 上无應援하여 以中正柔和之德하니 非强於進者也라 故於進에 爲可憂愁하니 謂其進之難也라 然守其貞正則當得吉이라 故云晉如愁如貞吉이라 王母는 祖母也니 謂陰之至尊者니 指六五也라 二以中正之道로 自守하니 雖上无應援하여 不能自進이나 然其中正之德이 久而必彰하여 上之人이 自當求之리니 蓋六五大明之君이 與之同德하니 必當求之하여 加之寵祿하리니 受介福於王母也라 介는 大也라

六二는 아래에 있고 위에 호응하여 끌어줌이 없어 中正하고 柔和한 德을 쓰니 나아감에 강한 자가 아니다. 그러므로 나아감에 근심스러울 만하니 나아감이 어려움을 말하였다. 그러나 바름을 지키면 길함을 얻을 수 있으므로 '나아감이 근심스럽지만 바르게 하면 길하다.' 하였다. 王母는 祖母이니 陰으로 지극히 높은 자를 말하니 六五를 가리킨다. 六二가 中正의 道로서 스스로를 지키니, 비록 위에 호응하여 끌어줌이 없어서 스스로 나아가지 못하지만, 中正한 德이 오래되면 반드시 드러나서 윗사람이 스스로 마땅히 구할 것이다. 六五의 크게 밝은 임금이 六二와 德이 같으니 반드시 그를 구하여 은총과 복록을 내릴 것이니, 王母로부터 큰 복을 받음이다. 介는 큼이다.

【本義】六二中正이요 上无應援이라 故欲進而愁하니 占者如是而能守正이면 則吉而受福于王母也라 王母는 指六五니 蓋享先妣之吉占이요 而凡以陰居尊者 皆其類也라

六二는 中正하고 위에 호응하여 끌어줌이 없으므로 나아가고자 하나 근심하니, 점치는 자가 이와 같더라도 바름을 지킬 수 있다면, 吉하여 王母로부터 복을 받을 것이다. 王母는 六五를 가리키니, 先妣에게 제사를 지내는데 吉한 占이고, 陰으로 존귀한 자리에 있는 자가 모두 그 부류이다.

字義 介 : 클 개 援 : 당길 원 彰 : 드러날 창 妣 : 할머니 비

象曰 受茲介福은 以中正也라

〈象傳〉에 말하였다. "'큰 복을 받음'은 中正하기 때문이다."

【傳】受茲介福은 以中正之道也라 人能守中正之道면 久而必亨이온 況大明在上而同

德이리오 必受大福也라

'큰 복을 받음'은 中正의 道를 행하기 때문이다. 사람이 中正의 道를 지키면 오래되면 반드시 형통할 텐데, 하물며 큰 밝음이 위에 있고 德이 같음에랴. 반드시 큰 복을 받는다.

六三은 衆允[11]이라 悔亡하니라

六三은 무리가 믿어주니, 후회가 없다.

【傳】以六居三하여 不得中正하니 宜有悔咎로되 而三在順體之上하니 順之極者也요 三陰이 皆順上者也니 是三之順上은 與衆同志하여 衆所允從이니 其悔所以亡也라 有順上向明之志而衆允從之면 何所不利리오 或曰 不由中正而與衆同이 得爲善乎아 曰 衆所允者는 必至當也라 況順上之大明하니 豈有不善也리오 是以悔亡이니 蓋亡其不中正之失矣라 古人曰 謀從衆則合天心이라하니라

陰으로 三爻 자리에 있어서 中正함을 얻지 못하니 마땅히 후회와 허물이 있으나, 六三이 順한 卦體(☷)의 맨 위에 있으니 순종함이 지극한 자이고, 세 陰은 모두 위에 순종하는 자들이다. 六三이 위에 순종함은 무리와 뜻을 같이 하여 무리가 믿고 따르는 바이니, 이 때문에 후회가 없다. 위에 순종하여 밝음을 향하는 뜻이 있고, 무리가 믿고 따르면 어찌 이롭지 않겠는가. 어떤 이가 묻기를, "中正을 따르지 않고 무리와 함께 함이 善이 될 수 있습니까?" 하였다. 이에 대답하기를, "무리가 믿는 바는 반드시 지당한 것입니다. 하물며 위의 큰 밝음을 따르는데 어찌 不善함이 있겠습니까. 이 때문에 후회가 없으니, 中正하지 못한 잘못이 없는 것입니다. 옛 사람이 말하기를 '도모함에 衆議를 따르면 天心에 부합한다.' 하였습니다." 하였다.

【本義】三不中正하여 宜有悔者로되 以其與下二陰으로 皆欲上進이라 是以로 爲衆所信而悔亡也라

六三이 中正하지 못하여 마땅히 후회가 있을 것이나, 아래 두 陰과 함께 모두 위로 나아가고자 한다. 이 때문에 무리에게 신임을 받아 후회가 없게 된다.

---

11 衆允 : 李瀷(朝鮮)은 《易經疾書》에서 "六三은 세 陰이 함께 나아가는 것인데 升卦䷭의 初六에서는 한 개의 陰이기 때문에 '允升'이라고 했고, 여기에서는 세 개의 陰이기 때문에 '衆'이라는 글자를 더하여 윗문장의 初爻와 二爻에서의 晉자를 이었다." 하였다.

字義 允 : 믿을 윤　謀 : 도모할 모

象曰 衆允之志는 上行也라

〈象傳〉에 말하였다. "무리가 믿어주는 뜻은 위로 올라감이다."

【傳】 上行은 上順麗(리)於大明也라 上從大明之君은 衆志之所同也라

上行은 위로 큰 밝음에 순종하여 붙는 것이다. 위로 크게 밝은 임금을 따름은 무리의 뜻이 같은 것이다.

九四는 晉如鼫鼠[12]니 貞이면 厲하리라

【本義】 貞하나

九四는 나아감이 쥐이니, 고집하면 위태로울 것이다.

【본의】 바르더라도

【傳】 以九居四는 非其位也니 非其位而居之는 貪據其位者也라 貪處高位는 旣非所安이요 而又與上同德하여 順麗於上하고 三陰이 皆在己下하여 勢必上進이라 故其心畏忌之하니 貪而畏人者는 鼫鼠也라 故云晉如鼫鼠라하니 貪於非據而存畏忌之心이니 貞固守此면 其危可知라 言貞厲者는 開有改之道也라

陽이 四爻 자리에 있음은 제자리가 아니니 제자리가 아닌데 거처함은 그 자리를 탐해 차지한 것이다. 높은 자리를 탐해 차지함은 이미 편안한 곳이 아니고, 또한 上九와 德이 같아서 위에 순종하여 붙고 세 陰이 모두 자기의 아래에 있어, 그 형세가 반드시 위로 나아갈 것이

---

12 鼫鼠 : 《荀子》에 나오는 鼫鼠의 다섯 가지 재주에 대해 蔡邕의 《獨斷》〈勸學篇〉에서 "鼫鼠는 다섯 가지 능력이 있으나 한 가지 재주도 완성하지 못한다. 다섯 가지 능력이란 날 수는 있으나 지붕에 오르지 못하고, 나무를 탈 수는 있으나 끝까지 오르지 못하고, 헤엄칠 수는 있으나 도랑을 건너지 못하고, 달릴 수는 있으나 사람보다 뛰어나지 못하고, 땅을 팔 수는 있으나 제 몸을 숨기지는 못함이 이것이다.〔五能者 能飛不能上屋 能緣不能窮木 能游不能渡谷 能走不能先人 能穴不能掩身 是也〕" 하였다.

다. 그러므로 그 마음이 두려워하고 꺼리게 된다. 탐하되 사람을 두려워하는 동물은 쥐이다. 그러므로 '나아감이 쥐이다' 하였으니, 차지할 곳이 아닌 자리를 탐하여 두렵고 꺼리는 마음이 있는데, 이것을 고집하여 고수한다면 그 위태함을 알 만하다. '고집하면 위태로움'을 말한 것은 고칠 수 있는 길을 열어놓은 것이다.

【本義】不中不正하여 以竊高位하고 貪而畏人은 蓋危道也라 故爲鼫鼠之象이니 占者如是면 雖正亦危라

中正하지 못하면서 높은 자리를 훔치고, 탐하면서 사람을 두려워함은 위태로운 道이다. 그러므로 쥐의 象이 되니, 점치는 자가 이와 같으면 비록 바르더라도 위태롭게 된다.

字義 鼫 : 쥐 석 鼠 : 쥐 서

象曰 鼫鼠貞厲는 位不當也일새라

〈象傳〉에 말하였다. "'쥐이니 고집하면 위태로움'은 자리가 합당하지 않기 때문이다."

【傳】賢者는 以正德하니 宜在高位어니와 不正而處高位則爲非據라 貪而懼失則畏人이니 固處其地면 危可知也라

현명한 사람은 바른 德을 쓰니 마땅히 높은 자리에 있어야 하나, 바르지 않은데 높은 자리에 있다면 차지할 곳이 아니다. 탐하되 잃을 것을 두려워하면 사람을 두려워하니, 그 자리를 고집하여 차지하면 위태로움을 알 만하다.

六五는 悔亡하란대 失得[13]을 勿恤이니 往吉하여 无不利리라

【本義】悔亡하니 失得을 勿恤하면 往吉하여

六五는 후회가 없으면 잃고 얻음을 근심하지 말 것이니, 가는 것이 吉하여 이롭지 않

---

13 失得 : 李瀷(朝鮮)은 《易經疾書》에서 "잃고 얻음이란, 말을 하사받음을 말한다. 총애와 하사함이 이렇듯 여러 차례가 되면, 어찌 말을 잃고 얻음에 대하여 근심하겠는가? 관계할 바가 없음을 말한다." 하였다.

음이 없을 것이다.

【본의】 후회가 없으니, 잃고 얻음을 근심하지 않으면 가는 것이 吉하여

【傳】 六以柔居尊位하여 本當有悔로되 以大明而下皆順附라 故其悔得亡也라 下旣同德順附면 當推誠委任하여 盡衆人之才하고 通天下之志요 勿復自任其明하여 恤其失得이니 如此而往이면 則吉而无不利也라 六五는 大明之主니 不患其不能明照요 患其用明之過하여 至於察察하여 失委任之道라 故戒以失得勿恤也라 夫私意偏任하여 不察則有蔽어니와 盡天下之公이면 豈當復用私察也리오

六五는 柔로서 尊位에 있어서 본래는 후회가 있어야 하는데, 크게 밝아서 아래가 모두 순종하여 따르기 때문에 후회가 없다. 아래가 이미 같은 德으로 순종하여 따르면 마땅히 정성을 미루어 위임하여 사람들의 재주를 다하게 하고 세상의 뜻을 통하게 할 것이고 다시는 자신의 밝음을 믿어 잃고 얻음을 근심하지 말아야 하니, 이와 같이 하여 가면 吉하여 이롭지 않음이 없을 것이다. 六五는 크게 밝은 임금이니, 밝게 비추지 못함을 근심하지 않고, 그 밝음을 씀이 지나쳐서 너무 자세히 살핌에 이르러 위임하는 道를 잃을 것을 염려해야 한다. 그러므로 잃고 얻음을 근심하지 말라고 경계하였다. 사사로운 뜻으로 치우치게 맡겨서 살피지 않으면 가려짐이 있으나, 천하의 공정함을 다한다면 어찌 다시 사사로이 살핌을 쓰겠는가.

【本義】 以陰居陽하여 宜有悔矣로되 以大明在上而下皆順從이라 故占者得之則其悔亡이라 又一切去其計功謀利之心이면 則往吉而无不利也라 然亦必有其德이라야 乃應其占耳라

六五는 陰으로 陽의 자리에 있어서 마땅히 후회가 있을 것이나, 큰 밝음으로 윗자리에 있고 아래가 모두 順從하므로 점치는 자가 이 爻를 얻으면 후회가 없다. 또 功을 계산하고 이익을 도모하려는 마음을 일절 없앤다면 가는 것이 吉하여 이롭지 않음이 없다. 그러나 또한 반드시 이러한 德이 있어야만 이러한 占에 호응할 뿐이다.

字義 偏 : 치우칠 편

象曰 失得勿恤은 往有慶也리라

〈象傳〉에 말하였다. "'잃고 얻음을 근심하지 않음'은 가는 데에 경사가 있을 것이다."

【傳】以大明之德으로 得下之附하여 推誠委任이면 則可以成天下之大功이니 是往而有福慶也라

大明의 德으로 아래의 따름을 얻어 정성을 미루어 위임하면 천하의 큰 功을 이룰 수 있으니, 이것이 가는 데에 복과 경사가 있는 것이다.

上九는 晉其角이니 維用伐邑[14]이면 厲하나 吉하고 无咎어니와 貞엔 吝하니라

【本義】維用伐邑이면 厲하나 吉하고 无咎어니와 貞이라도 吝하리라

上九는 뿔에 나아감이니 오직 邑을 정벌하는 데 쓰면 사납지만 길하고 허물이 없으나 바름에 대해서는 부끄럽다.

【본의】오직 邑을 정벌하는 데 쓰면 위태롭지만 길하고 허물이 없으나 바르더라도 부끄럽다.

【傳】角은 剛而居上之物이라 上九以剛居卦之極이라 故取角爲象하니 以陽居上은 剛之極也요 在晉之上은 進之極也니 剛極則有强猛之過하고 進極則有躁急之失이라 以剛而極於進이면 失中之甚也니 无所用而可요 維獨用於伐邑이면 則雖厲而吉且无咎也라 伐四方者는 治外也요 伐其居邑者는 治內也니 言伐邑은 謂內自治也라 人之自治 剛極則守道愈固요 進極則遷善愈速이니 如上九者 以之自治면 則雖傷於厲而吉且无咎也라 嚴厲는 非安和之道로되 而於自治則有功也라 復云貞吝하여 以盡其義하니 極於剛進이면 雖自治有功이나 然非中和之德이라 故於貞正之道에 爲可吝也라 不失中正이 爲貞이라

뿔은 剛하고 맨 위에 있는 물건이다. 上九는 剛으로 卦의 끝에 있기 때문에 뿔을 취해 象으로 삼았으니, 陽으로 맨 위에 있음은 剛함이 지극한 것이고, 晉卦의 맨 위에 있음은 나아감이 지극한 것이니, 剛함이 지극하면 강하고 사나운 잘못이 있고, 나아감이 지극하면 조급해지는 실수가 있다. 剛함으로서 나아감에 지극하면 中道를 잃음이 심하니 쓸 수 있는 곳이 없고, 오직 邑을 정벌하는데 쓰면 비록 사납지만 吉하고 또 허물이 없다. 四方을 정벌함은 밖을 다스

---

14 維用伐邑 : 沈大允(朝鮮)은 《周易象義占法》에서 之卦에 착안하여 풀이하길 "진괘가 豫卦☳☷로 바뀌었으니 편안함이다. 상구가 굳세고 밝은데 부드러운 자리에 있다. 해가 이미 하늘에 걸려 다시 나아가 멀리까지 구하지 못하고 단지 빛이 미치는 곳을 비추며 편안히 있다는 뜻이다." 하였다.

림이고, 거처하는 읍을 정벌함은 안을 다스림이니, 邑을 정벌한다고 말함은 안으로 스스로 다스림을 이른다. 사람이 스스로를 다스림에 剛함이 지극하면 道를 지킴이 더욱 견고해지고, 나아감이 지극하면 善으로 옮겨감이 더욱 빨라지니, 上九같은 자가 이로써 스스로를 다스린다면 비록 사나움에 해를 입지만 吉하고 또 허물이 없다. 엄격함과 사나움은 안정되고 조화로운 道는 아니나 스스로를 다스리는 데에는 功이 있다. 다시 '바름에 대해서는 부끄럽다' 하여 그 뜻을 다하였으니, 剛하게 나아감에 지극하면 비록 자기 스스로를 다스림에는 功이 있으나, 中和의 德이 아니므로 바른 道에 대해서는 부끄러울 만하다. 中正을 잃지 않음이 바름이 된다.

【本義】角은 剛而居上하니 上九剛進之極하여 有其象矣라 占者得之而以伐其私邑이면 則雖危而吉且无咎라 然以極剛治小邑하니 雖得其正이라도 亦可吝矣라

뿔은 剛하고 맨 위에 있으니 上九가 剛하게 나아감이 지극하여 이러한 象이 있다. 점치는 자가 이 爻를 얻어서 사사로운 邑을 정벌한다면 비록 위태롭지만 길하고 또 허물이 없다. 그러나 지극히 剛함으로 작은 邑을 다스린다면 비록 바름을 얻더라도 또한 부끄러울 만하다.

字義 厲 : 사나울 려

象曰 維用伐邑은 道未光也일새라

〈象傳〉에 말하였다. "'오직 읍을 정벌하는 데 씀'은 道가 아직 빛나지 않기 때문이다."

【傳】維用伐邑이면 旣得吉而无咎어늘 復云貞吝者는 貞道未光大也니 以正理言之하면 尤可吝也라 夫道旣光大則无不中正이니 安有過也리오 今以過剛自治면 雖有功矣나 然其道未光大라 故亦可吝이니 聖人言盡善之道라

오직 邑을 정벌하는 데 쓰면 이미 吉하여 허물이 없는데, 다시 '바름에 대해서는 부끄럽다.' 한 것은 바른 道가 光大하지 못하기 때문이니, 바른 이치로 말하면 더욱 부끄러울 만하다. 道가 이미 光大하다면 中正하지 않음이 없으니 어찌 허물이 있겠는가? 이제 지나친 剛함으로 스스로를 다스린다면 비록 功이 있더라도 그 道가 光大하지 않으므로 또한 부끄러울 만하니, 聖人이 더할 나위 없이 좋은 道를 말한 것이다.

36. 明夷

䷣ 離下坤上

下卦는 離卦☲이고 上卦는 坤卦☷이다.

【傳】明夷는 序卦에 晉者는 進也니 進必有所傷이라 故受之以明夷하니 夷者는 傷也라하니라 夫進之不已면 必有所傷은 理自然也니 明夷所以次晉也라 爲卦 坤上離下하니 明入地中也라 反晉이면 成明夷라 故義與晉正相反하니 晉者는 明盛之卦니 明君在上하여 群賢竝進之時也요 明夷는 昏暗之卦니 暗君在上하여 明者見傷之時也라 日入於地中이면 明傷而昏暗也라 故爲明夷라

明夷卦는 〈序卦傳〉에 "晉은 나아감이다. 나아가면 반드시 상하는 바가 있기 때문에 明夷卦로 받았으니, 夷는 상함이다." 하였다. 나아감을 멈추지 않으면 반드시 상하게 됨은 이치상 당연하니, 이 때문에 明夷卦가 晉卦의 다음이 되었다. 卦의 구성이 上卦는 坤卦☷이고 下卦는 離卦☲이니 밝음이 땅속으로 들어감이다. 晉卦를 뒤집으면 明夷卦을 이루므로 그 뜻이 晉卦와는 정반대가 된다. 晉卦는 밝음이 성대한 卦이니 밝은 임금이 위에 있어서 여러 賢人이 나란히 나아가는 때이고, 明夷卦는 어두운 卦이니 어두운 임금이 위에 있어서 밝은 자가 해를 입는 때이다. 해가 땅속으로 들어가면 밝음이 상하여 어둡기 때문에 明夷卦가 된다.

明夷는 利艱貞하니라

【本義】艱하여 貞함이 利하니라

明夷는 어려울 때에 바름이 이롭다.

【본의】어렵게 여겨서 바르게 함이 이롭다.

【傳】君子當明夷之時하여 利在知艱難而不失其貞正也라 在昏暗艱難之時하여 而能不

失其正은 所以爲明이니 君子也라

君子가 明夷의 때를 당하여 어려움을 알아서 그 바름을 잃지 않는 데 이로움이 있다. 어둡고 어려운 때에 있으면서 바름을 잃지 않을 수 있음은 밝음이 되는 까닭이니 君子이다.

【本義】 夷는 傷也라 爲卦下離上坤하니 日入地中하여 明而見傷之象이라 故爲明夷요 又其上六이 爲暗之主어늘 六五近之라 故占者利於艱難以守正하여 而自晦其明也라

'夷'는 상함이다. 卦의 구성이 下卦가 離卦☲이고 上卦가 坤卦☷이니 해가 땅속으로 들어가서 밝음이 해를 입는 象이므로 明夷가 되고, 또 上六이 어둠의 주체인데 六五가 가까이 있으므로 점치는 자는 어렵게 여기고 바름을 지켜 자신의 밝음을 감춤이 이롭다.

字義 夷 : 상할 이 晦 : 감출 회

象曰 明入地中이 明夷니

〈象傳〉에 말하였다. "밝음이 땅속으로 들어간 것이 明夷이니,

【本義】 以卦象으로 釋卦名이라

卦象으로 卦名을 해석하였다.

內文明而外柔順하여 以蒙大難이니 文王이 以之하니라

안은 文明하고 밖은 柔順하여 큰 어려움을 무릅썼으니, 文王이 이것을 사용하였다.

【傳】 明入於地는 其明滅也라 故爲明夷라 內卦離니 離者는 文明之象이요 外卦坤이니 坤者는 柔順之象이니 爲人內有文明之德而外能柔順也라 昔者文王如是라 故曰文王以之라하니라 當紂之昏暗하니 乃明夷之時어늘 而文王內有文明之德하고 外柔順以事紂하여 蒙犯大難而內不失其明聖하고 而外足以遠禍患하니 此文王所用之道也라 故曰文王以之라하니라

밝음이 땅으로 들어감은 밝음이 소멸된 것이므로 明夷가 된다. 內卦는 離卦☲니 離는 文明한 象이고, 外卦는 坤卦☷니 坤은 柔順한 象이니, 사람이 안으로는 文明한 德이 있고 밖으로

는 柔順할 수 있음이 된다. 옛날에 文王이 이와 같았으므로 '文王이 이것을 사용하였다.' 하였다. 紂의 혼암한 시대에 해당하니 明夷의 때인데, 文王이 안으로는 文明한 德을 지니고 밖으로는 柔順하게 紂를 섬겼기에, 큰 어려움을 당하였지만 안으로는 밝고 성스러움을 잃지 않았고 밖으로는 우환과 재앙을 멀리 하였다. 이것이 文王이 사용한 道이다. 그러므로 '文王이 이것을 사용하였다.' 하였다.

【本義】以卦德으로 釋卦義라 蒙大難은 謂遭紂之亂而見囚也라

卦德으로 卦義를 해석하였다. '큰 어려움을 무릅씀'은 紂의 혼란한 시기를 만나서 감옥에 갇혔음을 말한다.

字義 蒙 : 무릅쓸 몽 遭 : 만날 조

利艱貞은 晦其明也라 內難[1]而能正其志하니 箕子以之하니라

'어려울 때에 바름이 이로움'은 밝음을 감춘 것이다. 안이 어렵지만 그 뜻을 바르게 할 수 있으니, 箕子가 이것을 사용하였다."

【傳】明夷之時엔 利於處艱厄而不失其貞正이니 謂能晦藏其明也라 不晦其明이면 則被禍患이요 不守其正이면 則非賢明이라 箕子當紂之時하여 身處其國內하여 切近其難이라 故云內難이라 然箕子能藏晦其明而自守其正志하니 箕子所用之道也라 故曰箕子以之라하니라

明夷의 때에는 곤액에 처하더라도 바름을 잃지 않음이 이로우니, 밝음을 감출 수 있음을 말한다. 밝음을 감추지 않으면 화를 당하고, 바름을 지키지 못하면 賢明한 사람이 아니다. 箕子가 紂의 때를 당하여 몸이 나라 안에 있어서 환란과 매우 가까웠기 때문에 '안이 어렵다' 하였다. 그러나 箕子가 자신의 밝음을 감추고 스스로 바른 뜻을 지켰으니, 箕子가 사용한 道이다. 그러므로 '箕子가 이것을 사용하였다' 하였다.

【本義】以六五一爻之義로 釋卦辭라 內難은 謂爲紂近親하여 在其國內니 如六五之近於上六也라

---

1 內難 : 沈大允(朝鮮)은 《周易象義占法》에서 "'안의 어려움'은 집안과 국가의 안이 어렵다는 것이다." 하였다.

六五 한 爻의 뜻으로 卦辭를 해석하였다. '안이 어려움'은 紂와 가까운 친척이 되어 나라 안에 있음을 말하니, 六五가 上六과 가까이 있음과 같다.

象曰 明入地中이 明夷니 君子以하여 莅衆에 用晦而明하나니라

〈象傳〉에 말하였다. "밝음이 땅속으로 들어간 것이 明夷이니, 君子가 이것을 본받아 군중에게 임할 때에 어둠을 써서 밝게 한다."

【傳】明은 所以照니 君子无所不照나 然用明之過則傷於察이요 太察則盡事而无含弘之度라 故君子觀明入地中之象하여 於莅衆也에 不極其明察而用晦니 然後에 能容物和衆하여 衆親而安하나니 是用晦乃所以爲明也라 若自任其明하여 无所不察이면 則已不勝其忿疾而无寬厚含容之德하여 人情睽疑而不安하여 失莅衆之道니 適所以爲不明也라 古之聖人이 設前旒屛樹[2]者는 不欲明之盡乎隱也니라

明은 비추는 것이니, 君子는 비추지 않음이 없지만 밝음을 씀이 지나치면 살핌에 손상을 주고, 지나치게 살피면 일을 다 파헤쳐 포용하고 관대한 도량이 없게 된다. 그러므로 君子는 밝음이 땅속으로 들어가는 象을 보고서 군중에게 임할 때에 밝게 살핌을 극도로 하지 않고 어둠을 사용한다. 그런 뒤에야 남을 용납하고 군중과 화합할 수 있어서 군중이 친애하고 편히 여기니, 이것이 어둠을 씀이 바로 밝음이 되는 까닭이다. 만약 스스로 밝음을 자임하여 살피지 않음이 없으면, 자기가 그 분하고 미워하는 마음을 이기지 못하여 관대하고 포용하는 德이 없게 되며, 사람들의 정이 반목하고 불안해하여 군중에게 임하는 道를 잃게 되니, 이것이 바로 밝지 못함이 되는 이유이다. 옛날의 聖人이 면류관 앞에 깃술을 달고 문에 가리개를 세운 것은 은밀한 곳까지 다 밝게 하려 하지 않는 것이다.

字義 莅 : 대할 리 睽 : 어그러질 규 旒 : 면류관술 류 屛 : 가리개 병

初九는 明夷于飛에 垂其翼이니 君子于行에 三日不食[3]하여 有攸往에 主人이

---

2 屛樹 : 曺好益(朝鮮)은 《易象說》에서 "屛은 가리개를 말한다. 천자는 外屛으로, 제후는 內簾으로, 士는 帷로써 가려 안과 밖을 구별하였으니 담장 안(집안, 내부)을 삼가는 뜻이다." 하였다.

3 君子于行 三日不食 : 胡炳文(南宋)은 "내가 생각하기에 떠남에 음식을 먹지 않는다는 것은 伯夷가

有言이로다

初九는 明夷의 날 때에 날개를 늘어뜨림이니, 君子가 떠남에 삼일 동안 먹지 못하여 갈 곳을 둠에 주인이 나무라는 말을 한다.

【傳】初九는 明體而居明夷之初하니 見傷之始也라 九는 陽明上升者也라 故取飛象이라 昏暗在上하여 傷陽之明하여 使不得上進하니 是于飛而傷其翼也라 翼見傷이라 故垂朶하니 凡小人之害君子는 害其所以行者라 君子于行三日不食은 君子明照하여 見事之微하니 雖始有見傷之端하여 未顯也나 君子則能見之矣라 故行去避之라 君子于行은 謂去其祿位而退藏也요 三日不食은 言困窮之極也라 事未顯而處甚艱하니 非見幾之明이면 不能也라 夫知幾者는 君子之獨見이요 非衆人所能識也라 故明夷之始에 其見傷未顯而去之면 則世俗孰不疑怪리오 故有所往適則主人有言也라 然君子不以世俗之見怪而遲疑其行也라 若俟衆人盡識이면 則傷已及而不能去矣니 此는 薛方所以爲明而揚雄所以不獲其去也[4]라 或曰 傷至於垂翼이면 傷已明矣니 何得衆人猶未識也리오 曰 初는 傷之始也라 云垂其翼은 謂傷其所以飛爾니 其事則未顯也라 君子見幾라 故亟去之요 世俗之人은 未能見也라 故異而非之라 如穆生之去楚에 申公白公도 且非之[5]어든 況世俗之人乎아 但議其責小禮而不知穆生之去 避胥靡之禍[6]也니 當其言曰 不去면

周王을 피한 象이다." 하였다.

4 薛方所以爲明而揚雄所以不獲其去也 : 薛方은 전한 말기의 학자이자 관료이다. 王莽이 임금의 자리를 찬탈하고 부르자 설방이 "위에 요순 같은 성군이 계시면 아래에 巢父나 許由같은 은사가 있습니다."라고 하며 거절하니, 왕망이 그의 말에 기뻐하며 강요하지 않았다. 揚雄은 당시의 유명한 학자로 《太玄經》을 지었으나 왕망이 세운 新나라를 찬양한 〈劇新論〉을 지어 세인들의 비난을 받았으므로 이를 언급한 것이다.

5 穆生之去楚……且非之 : 穆生과 申公과 白公은 모두 전한 초기 사람이다. 이들은 모두 浮丘白에서 詩를 배웠는데 특히 申公은 申公培로 詩學에 통달하여 《魯詩》를 지었다. 楚의 元王은 이들을 중대부로 삼고 예우하였는데, 목생은 술을 좋아하지 않았으므로 술자리를 베풀 때마다 특별히 목생을 위해서 단술을 내놓았다. 그러다가 王戊가 왕위를 계승한 뒤로는 종종 단술을 준비하지 않자, 목생이 떠나가려 하니 신공과 백공은 "우리들은 선왕에게 극진한 예우를 받았는데 조금 결례했다 하여 당장 떠나가는 것은 너무 지나치다."하고 만류하였다. 이에 목생은 "내가 떠나가지 않으면 초나라 사람들은 나를 죄인으로 만들어 부역을 시킬 것이다." 하고는 떠나갔다. 그후 왕무는 신공을 감금하여 죄인으로 만들었으며, 오나라와 내통하여 반란을 도모하다 패하여 죽었다.

6 胥靡之禍 : 한 고조의 조카인 劉戊가 사부인 申公을 강제노역 부류인 胥靡로 만든 일을 말한다. 申公은 魯나라 사람으로 高祖가 노나라를 지날 때 신공은 스승을 따라 고조를 알현했다. 여태후 때 신공은 장안에서 劉郢과 함께 浮丘伯의 문하에서 수업을 받았는데 후에 유영이 楚王이 되자 신공

楚人將鉗我於市하여 雖二儒者라도 亦以爲過甚之言也라 又如袁閎이 於黨事未起之前에 名德之士 方鋒起而獨潛身土室이라 故人以爲狂生이나 卒免黨錮之禍[7]하니 所往而人有言을 胡足怪也리오

初九는 밝은 卦體(☲)이고 明夷의 처음에 있으니 손상되는 시작이다. 初九는 陽明하여 위로 올라가는 자이므로 나는 象을 취하였다. 어둠(☷)이 위에 있어서 陽의 밝음을 손상시켜 위로 나아가지 못하게 하였으니, 이는 날 때에 그 날개를 손상시킨 것이다. 날개가 손상되었으므로 날개를 늘어뜨리니, 小人이 君子를 해침은 그가 행하는 바를 해치는 것이다.

'군자가 떠남에 삼일 동안 먹지 못함'은 君子는 밝게 비추어 일의 기미를 보니, 비록 처음에 손상되는 단서가 있어서 아직 드러나지 않았으나 君子라면 기미를 볼 수 있기 때문에 떠나서 피하는 것이다. '군자가 떠남'은 녹봉과 지위를 버리고 물러나 숨음을 말하고, '삼일 동안 먹지 못함'은 지극히 곤궁함을 말한다. 일이 아직 드러나지 않았어도 매우 어렵게 처신하니, 기미를 밝게 보는 사람이 아니라면 불가능하다. 기미를 아는 것은 君子 홀로 보는 것이고, 일반 사람들이 알 수 있는 것이 아니다. 그러므로 明夷의 처음에 손상됨이 아직 드러나기 전에 떠난다면 俗世에서 그 누가 의심하고 괴이하게 여기지 않겠는가. 그러므로 갈 곳을 두면 주인이 나무라는 말을 하게 된다. 그러나 君子는 속세 사람들이 괴이하게 여긴다고 하여 그 떠남을 지체하거나 의심하지 않는다. 만약 사람들이 모두 알기를 기다린다면 손상됨이 이미 미쳐서 떠날 수 없다. 이것이 薛方이 밝음이 되는 이유이며, 揚雄이 떠나지 못했던 이유이다.

어떤 이가 묻기를, "손상됨이 날개를 늘어뜨리는 데까지 이르렀다면 손상됨이 이미 분명한데, 어찌 사람들이 여전히 알지 못하는 것입니까?" 하였다. 대답하기를, "初爻는 손상되는 시작입니다. '날개를 늘어뜨림'은 날 수 있는 수단을 손상시켰음을 말하니, 그 일이 아직 드러나지 않은 것입니다. 君子는 기미를 보았기 때문에 빨리 떠난 것이고, 속세의 사람들은 보지 못하기 때문에 괴이하게 여겨서 비난하는 것입니다. 예컨대 穆生이 楚나라를 떠날 때 申公과 白公 또한 비난하였으니, 하물며 속세의 사람은 어떠하겠습니까? 다만 〈목생을 위해 단술을 준비하는〉 작은 禮를 행하지 않은 것을 탓하여 초나라를 떠났다고 비난하였지, 穆生이 떠난 것이 胥靡의 화를 피한 일인 줄은 알지 못했습니다. 〈穆生이〉 그런 나무라는 말에 대해 "떠나지 않으면 楚나라 사람들이 장차 시장에서 나에게 재갈을 물릴 것이다."라고 하자, 비록 〈목

을 태자 劉戊의 스승으로 명했다. 유무는 학문을 좋아하지 않아 신공을 미워했는데 유영이 죽고 유무가 초왕이 되자 신공을 감금하고 죄인으로 만들었다.

7 黨錮之禍 : 후한 말기에 일어난 탄압사건으로 환관일파에 의해 청류당의 李膺 등이 투옥된 사건을 말한다.

생을 잘 아는 申公과 白公〉 두 선비조차 또한 너무 심한 말이라고 여겼습니다. 또 袁閎은 黨錮의 사건이 아직 일어나기 전에 명망과 德이 있는 선비들은 모두 봉기를 하였는데 원굉만 홀로 土室에서 몸을 숨겼기 때문에 사람들이 그를 미친 사람이라고 여겼지만, 끝내 黨錮의 화를 모면했으니, 가는 것에 대해 사람들이 나무라는 것을 어찌 괴이하게 여기겠습니까?" 하였다.

【本義】 飛而垂翼은 見傷之象이니 占者行而不食하고 所如不合하니 時義當然이라 不得而避也니라

날 때에 날개를 늘어뜨림은 손상된 象이니, 점치는 자가 떠남에 먹지 못하고 가는 곳마다 화합하지 못함은 時義에 당연하여 피할 수가 없다.

字義 朶 : 늘어질 타 亟 : 빠를 극 鉗 : 재갈물릴 겸 錮 : 붙들어 맬 고

象曰 君子于行은 義不食也라

〈象傳〉에 말하였다. "'군자가 떠남에'는 의리상 음식(녹봉)을 먹지 않는다."

【傳】 君子遯藏而困窮은 義當然也라 唯義之當然故로 安處而无悶하니 雖不食이라도 可也라

君子가 은둔하여 곤궁하게 됨은 의리상 당연한 일이다. 의리상 당연한 것이므로 편안하게 거처하여 근심하지 않으니, 음식을 먹지 못하더라도 괜찮다.

【本義】 唯義所在니 不食이 可也라

오직 의리가 있는 곳을 따를 뿐이니 음식을 먹지 않는 것이 옳다.

六二는 明夷에 夷于左股[8]니 用拯馬壯[9]하면 吉하리라

---

8 夷于左股 : 徐幾(南宋)는 "兵法에서 앞을 우측으로 여기고 뒤를 좌측으로 삼으며, 오늘날 사람들이 아래로 이동함을 좌천이라고 여기니, 좌측 다리에 상처를 입는다는 말은 밑에 상처를 입었다는 뜻이다." 하였다.

9 用拯馬壯 : 金相岳(朝鮮)은 《山天易說》에서 來知德(明)의 주를 인용하여 "文王이 유리에 갇힘은 '좌측 다리에 상처를 입음'이고, 산의생의 무리가 진기한 보물과 미녀를 바친 것은 '돕는 말을 건장

六二는 明夷에 왼쪽 다리에 상처를 입으니, 구원하는 말이 건장하면 길할 것이다.

【傳】六二以至明之才로 得中正而體順하니 順時自處는 處之至善也라 雖君子自處之善이나 然當陰闇小人傷明之時하여 亦不免爲其所傷이로되 但君子自處有道라 故不能深相傷害하여 終能違避之爾라 足者는 所以行也니 股는 在脛足之上하여 於行之用에 爲不甚切이요 左는 又非便用者라 手足之用은 以右爲便이요 唯蹶張用左하니 蓋右立爲本也라 夷于左股는 謂傷害其行而不甚切也라 雖然이나 亦必自免有道하니 拯用壯健之馬면 則獲免之速而吉也라 君子爲陰闇所傷에 其自處有道라 故其傷不甚하고 自拯有道라 故獲免之疾이니 用拯之道에 不壯이면 則被傷深矣라 故云 馬壯則吉也라 二以明居陰闇之下하니 所謂吉者는 得免傷害而已니 非謂可以有爲於斯時也라

六二는 지극히 밝은 재질로써 中正을 얻고 卦體가 順하니, 때에 순응하여 자처함은 지극히 잘 처신하는 것이다. 비록 君子가 스스로 처신을 잘 하지만, 어두운 小人이 밝음을 손상시키는 때를 당하였기에 또한 손상됨을 모면하지 못한다. 다만 君子는 자처함에 道가 있으므로 서로 깊이 상해하지 못하고 끝내 떠나서 피할 뿐이다. 발은 걸어가는 수단이고, 다리는 정강이와 발의 위에 있어서 걸어가는 데에 매우 절실하게 쓰이는 부위가 아니고, 왼쪽 또한 쓰기에 편리한 쪽이 아니다. 손과 발의 쓰임은 오른쪽을 편하게 여기고, 오직 발로 쇠뇌를 당길 때에만 왼쪽을 사용하니, 오른쪽으로 섬을 근본으로 삼는다. '왼쪽 다리에 상처를 입음'은 걸어감에 상해를 주지만 심각하지는 않음을 말한다. 비록 그러하지만 또한 반드시 스스로 모면할 방법이 있으니, 구원함에 건장한 말을 쓰면 빠르게 모면하여 吉하다. 君子는 어두움으로 인해 상처를 입지만 自處함에 道를 지니고 있으므로 상처가 심하지 않고, 스스로 구원하는 데도 방법이 있으므로 빠르게 모면할 수 있으니, 구원하는 방법을 씀에 구원하는 말이 건장하지 않으면 깊은 상처를 입는다. 그러므로 "말이 건장하면 吉하다." 하였다. 六二는 밝음으로써 어두움의 아래에 있으니, 이른바 '吉함'은 상해를 모면할 수 있을 뿐이지, 이러한 때에 일을 할 수 있음을 말한 것은 아니다.

【本義】傷而未切하니 救之速則免矣라 故其象占如此하니라

상처를 입으나 깊지 않으니, 빠르게 구원하면 모면할 수 있으므로 그 象과 占이 이와 같다.

字義 股 : 넓적다리 고　拯 : 구원할 증　脛 : 정강이 경　蹶 : 밟을 궐　張 : 당길 장

한 것으로 씀'이다." 하여 文王이 유리의 감옥에서 벗어나는 상황을 말하였다.

象曰 六二之吉은 順以則(칙)也일새라

〈象傳〉에 말하였다. "'六二의 吉함'은 順하고 법도에 맞기 때문이다."

【傳】 六二之得吉者는 以其順處而有法則也니 則은 謂中正之道라 能順而得中正은 所以處明傷之時而能保其吉也라

六二가 길함을 얻은 것은 유순하게 대처하면서도 법칙이 있기 때문이니, '則'은 中正의 道를 말한다. 유순하면서도 中正을 얻음은 밝음이 상처를 입는 때에 처해 길함을 보존할 수 있는 방법이다.

九三은 明夷于南狩하여 得其大首[10]니 不可疾貞이니라

九三은 明夷에 남쪽으로 사냥하여 大首(괴수)를 얻으니, 급히 바르게 해서는 안 된다.

【傳】 九三은 離之上이니 明之極也요 又處剛而進하며 上六은 坤之上이니 暗之極也라 至明이 居下而爲下之上하고 至暗이 在上而處窮極之地하여 正相敵應하니 將以明去暗者也라 斯義也는 其湯武之事乎인저 南은 在前而明方也요 狩는 畋而去害之事也니 南狩는 謂前進而除害也라 當克獲其大首니 大首는 謂暗之魁首니 上六也라 三與上은 正相應이니 爲至明克至暗之象이라 不可疾貞은 謂誅其元惡이라도 舊染汚俗은 未能遽革하여 必有其漸이니 革之遽면 則駭懼而不安이라 故酒誥云 惟殷之迪諸臣惟工이 乃湎于酒어든 勿庸殺之하고 姑惟教之라하고 至於旣久에도 尙曰 餘風未殄[11]이라하니 是漸漬之俗을 不可以遽革也라 故曰 不可疾貞이라하니 正之를 不可急也라 上六이 雖非君位나 以其居上而暗之極이라 故爲暗之主니 謂之大首라

九三은 離卦☲의 맨 위에 있으니 지극히 밝고, 또 剛한 자리에 있어서 나아가며, 上六은 坤卦☷의 맨 위에 있으니 지극히 어둡다. 지극한 밝음이 아래에 있으나 下卦의 맨 위가 되고, 지극한 어둠이 위에 있으나 궁극한 자리에 있어서, 바로 서로 적으로 대응하니 장차 밝음으

---

10 得其大首 : 金相岳(朝鮮)은 《山天易說》에서 "'큰 머리'는 어둠의 괴수로 上六을 말하며, 離卦의 지극한 밝음을 사용하여 坤卦의 지극한 어둠을 이기므로 '남쪽으로 사냥하여 큰 머리를 얻는' 象이 있다." 하면서 "成湯과 武王의 德이 이 爻의 뜻이다." 하였다.

11 餘風未殄 : 이에 대한 내용은 《書經》 〈畢命〉에 보인다.

로 어둠을 제거하려는 것이다. 이러한 뜻은 湯임금과 武王의 일일 것이다. 南은 앞에 있어서 밝은 방위이고, 狩는 사냥하여 해로움을 제거하는 일이니, '남쪽으로 사냥함'은 앞으로 나아가서 해로움을 제거함을 말한다. 마땅히 大首를 이겨 잡아야 하니, 大首는 어둠의 괴수를 말하니 上六이다. 九三과 上六은 서로 호응하니, 지극한 밝음이 지극한 어둠을 이기는 象이다.

'급히 바르게 해서는 안 됨'은 그 원흉을 제거하더라도 예부터 더렵혀진 풍속은 갑자기 고칠 수 없어서 반드시 점진적으로 해야 함을 말하니, 갑자기 고치면 놀라고 두려워하여 불안해 한다. 그러므로 《書經》〈酒誥〉에 "殷나라 受가 惡으로 인도한 여러 신하와 백공들이 술에 빠지거든 죽이지 말고 우선 가르쳐라." 하였고, 오랜 시간이 흘렀는데도 오히려 "남아있는 풍속이 아직 끊어지지 않았다." 하였다. 이는 오랫동안 물든 풍속은 갑자기 고칠 수 없기 때문이다. 그러므로 "급히 바르게 해서는 안 된다."고 하였으니, 바르게 함을 급히 해서는 안 된다는 것이다. 上六은 비록 임금의 자리가 아니나, 맨 위에 있어서 어둠의 지극함이기 때문에 어둠의 주체가 되니, '大首'라고 말한 것이다.

【本義】以剛居剛하고 又在明體之上而屈於至暗之下하여 正與上六闇主로 爲應이라 故有向明除害得其首惡之象이나 然不可以極也라 故有不可疾貞之戒라 成湯起於夏臺하고 文王興於羑里는 正合此爻之義요 而小事亦有然者라

剛으로 剛한 자리에 있고, 또 밝은 卦體(☲)의 맨 위에 있으면서 지극한 어둠의 밑에 굽혀서, 바로 어둠의 주체인 上六과 호응하기 때문에 밝음을 향하고 해악을 제거하여 원흉을 얻는 象이 있다. 그러나 극단적으로 해서는 안 되므로 급히 바르게 해서는 안 된다는 경계를 하였다. 成湯이 夏臺에서 궐기하고 文王이 羑里에서 병사를 일으킨 것은 바로 이 爻의 뜻과 부합되며, 작은 일도 이러한 경우가 있다.

字義 狩 : 사냥 수　畋 : 사냥할 전　湎 : 빠질 면　殄 : 다할 진　漬 : 물들 지　羑 : 인도할 유

象曰 南狩之志를 乃大得也로다

〈象傳〉에 말하였다. "'남쪽으로 사냥함'은 뜻을 크게 얻은 것이다."

【傳】夫以下之明으로 除上之暗엔 其志在去害而已니 如商周之湯武 豈有意於利天下乎아 得其大首는 是能去害而大得其志矣니 志苟不然이면 乃悖亂之事也라

아래의 밝음(☲)으로 위의 어둠(☷)을 제거함에는 그 뜻이 해로움을 제거하는데 있을 뿐이

니, 商나라 湯임금과 周나라 武王이 어찌 세상을 탐하는 뜻을 두었겠는가. 大首(괴수)를 얻음은 해로움을 제거하여 그 뜻을 크게 얻은 것이니, 뜻이 만약 그렇지 않다면 어그러지고 혼란스러운 일이다.

六四는 入于左腹[12]하여 獲明夷之心[13]하여 于出門庭이로다

【本義】 入于左腹이니 獲明夷之心을 于出門庭이로다

六四는 왼쪽 배로 들어가 明夷의 마음을 얻어서 대문의 뜰로 나오도다.

【본의】 왼쪽 배로 들어가니, 明夷의 마음을 얻어서 대문의 뜰로 나오게 하도다.

【傳】 六四以陰居陰而在陰柔之體하여 處近君之位하니 是陰邪小人이 居高位하여 以柔邪順於君者也라 六五는 明夷之君位니 傷明之主也어늘 四以柔邪順從之하여 以固其交하니 夫小人之事君에 未有由顯明以道合者也요 必以隱僻之道로 自結於上이라 右當用故로 爲明顯之所요 左不當用故로 爲隱僻之所라 人之手足은 皆以右爲用하니 世謂僻所爲僻左라하니 是左者는 隱僻之所也라 四由隱僻之道하여 深入其君이라 故云入于左腹이니 入腹은 謂其交深也라 其交之深故로 得其心이라 凡姦邪之見信於其君은 皆由奪其心也니 不奪其心이면 能无悟乎아 于出門庭은 旣信之於心而後行之於外也라 邪臣之事暗君에 必先蠱其心而後能行於外니라

六四는 陰으로 陰의 자리에 있고, 陰柔한 卦體에 있어서 임금과 가까운 자리에 있으니, 음흉하고 사악한 小人이 높은 지위에 있어 유약함과 사악함으로 임금에게 순종하는 자이다. 六五는 밝음이 상하는 때의 임금 자리이니 밝음을 손상시키는 주체인데, 六四가 유약함과 사악함으로 순종하여 그 사귐을 견고히 하니, 小人이 임금을 섬김에 밝게 드러나는 道로써 합하는 자가 없고, 반드시 은밀하고 치우친 道를 써서 스스로 윗사람과 결탁한다. 오른쪽은 쓰기에 합당하기 때문에 밝게 드러나는 장소가 되고, 왼쪽은 쓰기에 합당하지 않으므로 은밀

12 入于左腹 : 李瀷(朝鮮)은 《易經疾書》에서 "六四의 좌측 배는 明夷의 끝으로 冬至 한밤중 때이다." 하였다.

13 明夷之心 : 金相岳(朝鮮)은 《山天易說》에서 "四爻가 바뀌면 豐卦䷶가 되는데 豐卦도 밝음이 가려지는 것으로, '대낮에도 북두성을 보니 대등한 상대를 만난다.'고 하였으므로 이 爻의 象도 이와 같다." 하였다.

하고 치우친 장소가 된다. 사람의 손과 발은 모두 오른쪽을 주로 사용하므로 속세에서는 치우친 곳을 '僻左'라 말하니, 이는 왼쪽은 은밀하고 치우친 장소라는 것이다. 六四가 은밀하고 치우친 道를 따라서 임금의 마음 깊이 들어갔기 때문에 '왼쪽 배로 들어간다'고 하였으니, '배로 들어감'은 사귐이 깊음을 말한다. 사귐이 깊으므로 그 마음을 얻은 것이다. 간사한 자가 임금에게 신임을 얻는 것은 모두 그 마음을 빼앗음에서 비롯되니, 그 마음을 빼앗기지 않았다면 임금이 어찌 깨닫지 못하겠는가. '대문의 뜰로 나옴'은 마음에 믿게 한 뒤에 밖에 행한다는 것이다. 간사한 신하가 어두운 임금을 섬길 때에는 반드시 먼저 그 마음을 미혹시킨 뒤에야 밖으로 행할 수 있다.

【本義】 此爻之義는 未詳이라 竊疑左腹者는 幽隱之處요 獲明夷之心于出門庭者는 得意於遠去之義니 言筮而得此者는 其自處를 當如是也라 蓋離體는 爲至明之德이요 坤體는 爲至闇之地며 下三爻는 明在闇外라 故隨其遠近高下하여 而處之不同이라 六四는 以柔正으로 居闇地而尙淺故로 猶可以得意於遠去요 五는 以柔中으로 居闇地而已迫故로 爲內難正志以晦其明之象이요 上則極乎闇矣故로 爲自傷其明하여 以至於闇而又足以傷人之明이라 蓋下五爻는 皆爲君子요 獨上一爻 爲闇君也라

이 爻의 뜻은 자세하지 않다. 내가 생각하기에 '왼쪽 배'는 그윽하고 숨겨진 장소이고, '明夷의 마음을 얻어 대문 뜰로 나옴'은 멀리 떠나가는 의리를 뜻대로 이룬 것이니, 점쳐서 이 爻를 얻은 자는 스스로 처신하길 마땅히 이처럼 해야 한다. 離의 卦體는 지극히 밝은 德이 되고, 坤의 卦體는 지극히 어두운 곳이 되며, 아래의 세 爻는 밝음이 어둠 밖에 있으므로 멀고 가까움과 높은 낮음에 따라 처신함이 같지 않다. 六四는 유순함과 바름으로 어두운 곳에 있으나 아직은 얕기 때문에 오히려 멀리 떠남에 뜻을 이룰 수 있고, 六五는 유순함과 中道로써 어두운 곳에 있어, 이미 급박하기 때문에 안이 어렵지만 뜻을 바르게 하여 밝음을 감추는 象이 되고, 上六은 어둠이 지극하기 때문에 스스로 밝음을 손상시켜서 어둠에 이르게 되고 또 남의 밝음을 손상시키기에 충분하다. 아래의 다섯 爻는 모두 君子가 되고, 上六 하나만 어두운 임금이 된다.

字義 蠱 : 미혹시킬 고

象曰 入于左腹은 獲心意也라

〈象傳〉에 말하였다. "'왼쪽 배로 들어감'은 마음과 뜻을 얻은 것이다."

【傳】入于左腹은 謂以邪僻之道로 入于君而得其心意也니 得其心이라 所以終不悟也라

'왼쪽 배로 들어감'은 간사하고 치우친 道로써 임금의 마음에 들게 하여 임금의 마음과 뜻을 얻음을 말하니, 마음을 얻었기 때문에 〈임금이〉 끝내 깨닫지 못하는 것이다.

六五는 箕子之明夷니 利貞하니라

六五는 箕子의 明夷이니, 바름이 이롭다.

【傳】五爲君位는 乃常也라 然易之取義 變動隨時라 上六은 處坤之上而明夷之極이니 陰暗傷明之極者也어늘 五切近之하니 聖人因以五爲切近至暗之人이라하여 以見(현)處之之義라 故不專以君位言이요 上六은 陰暗傷明之極이라 故以爲明夷之主라 五切近傷明之主하니 若顯其明이면 則見傷害必矣라 故當如箕子之自晦藏이면 則可以免於難이라 箕子는 商之舊臣而同姓之親이니 可謂切近於紂矣니 若不自晦其明이면 被禍可必也라 故佯狂爲奴하여 以免於害라 雖晦藏其明이나 而內守其正하니 所謂內難而能正其志니 所以謂之仁與明也라 若箕子면 可謂貞矣라 以五陰柔라 故爲之戒云利貞이라하니 謂宜如箕子之貞固也라 若以君道言이라도 義亦如是하니 人君有當含晦之時하니 亦外晦其明而內正其志也라

五爻가 임금의 자리가 됨은 떳떳한 것이나, 《周易》에서 뜻을 취함은 변하고 움직여서 때를 따른다. 上六은 坤卦의 맨 위에 있어서 明夷의 끝이니 어둠이 밝음을 손상시킴이 지극한데, 六五가 매우 가까이 있으니 聖人이 〈이처럼〉 六五가 지극히 어두운 사람과 매우 가까이 있다는 것에 기인하여 처신하는 의리를 나타내었다. 그러므로 오로지 임금의 지위로써만 말하지 않았고, 上六은 어둠이 밝음을 손상시킴이 지극하기 때문에 明夷의 주체로 여겼다. 六五는 밝음을 손상시키는 주체와 매우 가까우니, 만약 그 밝음을 드러내면 반드시 상해를 입는다. 그러므로 箕子가 스스로 밝음을 감춘 것처럼 한다면 어려움을 모면할 수 있을 것이다. 箕子는 商나라의 오래된 신하이고 왕과 同姓의 친척으로 紂王과 매우 가깝다고 할 수 있으니, 만약 그 밝음을 스스로 감추지 않았다면 반드시 화를 당하였을 것이다. 그러므로 거짓으로 미친 척하여 노예가 되어 해를 모면하였다. 비록 그 밝음을 감추었지만 안으로 바름을 지켰으니, 이른바 〈《彖傳》의〉 '안이 어렵지만, 그 뜻을 바르게 할 수 있다.'라는 것이니, 이 때문에 어질고도 밝다고 한 것이다. 箕子와 같이 하면 바르다 할 수 있다. 六五가 유약한 陰이므

로 경계를 하여 위해 '바름이 이롭다.'고 하였으니, 마땅히 箕子와 같이 정고해야 함을 말한다. 임금의 道로 말하더라도 뜻이 또한 이와 같으니, 임금도 마땅히 머금어 감추어야 하는 때가 있으니, 또한 밖으로 그 밝음을 감추고 안으로 그 뜻을 바르게 해야 한다.

【本義】居至闇之地하여 近至闇之君而能正其志하니 箕子之象也니 貞之至也라 利貞은 以戒占者라

지극히 어두운 곳에 있고 지극히 어두운 임금을 가까이 하면서도 그 뜻을 바르게 할 수 있으니, 箕子의 象이니 지극히 바른 것이다. '바름이 이로움'은 점치는 자를 경계한 것이다.

象曰 箕子之貞은 明不可息也라

〈象傳〉에 말하였다. "箕子의 바름은 밝음이 없어질 수 없는 것이다."

【傳】箕子晦藏하여 不失其貞固하니 雖遭患難이나 其明自存하여 不可滅息也라 若逼禍患하여 遂失其所守면 則是亡其明이니 乃滅息也라 古之人如揚雄[14]者是也라

箕子는 밝음을 감추어서 貞固함을 잃지 않았으니, 비록 환난을 당하였으나 그 밝음이 저절로 보존되어 사라져 없어질 수 없다. 만약 환란에 핍박을 당하여 마침내 지키던 것을 잃는다면 이는 곧 밝음을 잃은 것이니 바로 사라져 없어지는 것이다. 옛 사람들 중 揚雄과 같은 자가 이런 경우이다.

字義 逼 : 핍박할 핍

上六은 不明하여 晦니 初登于天하고 後入于地로다

上六은 밝지 못하여 어두우니, 처음에는 하늘에 오르고, 뒤에는 땅으로 들어간다.

【傳】上居卦之終하여 爲明夷之主요 又爲明夷之極이라 上은 至高之地니 明在至高면

---

14 揚雄 : 漢나라의 저명한 辭賦家로 字는 子雲이다. 成帝 때 급사황문랑에 임명되었지만, 哀帝·平帝 시기에 예우를 받지 못했다. 王莽이 황제 자리를 찬탈하자 劇秦美新을 지어 그를 찬양했다. 후에 다른 사람의 죄에 연루되는 바람에 樓臺에서 뛰어내려 자살하려 했으나 죽지는 않았다.

本當遠照어늘 明旣夷傷이라 故不明而反昏晦也라 本居於高하여 明當及遠은 初登于天也요 乃夷傷其明而昏暗은 後入于地也라 上은 明夷之終이요 又坤陰之終이니 明傷之極者也라

上六은 卦의 끝에 있어서 明夷의 주체가 되고 또 明夷의 지극함이 된다. 上爻는 지극히 높은 곳이니, 밝음이 지극히 높은데 있으면 본래 마땅히 멀리 비춰야 하지만 밝음이 이미 손상되었기 때문에 밝지 못하고 도리어 어둡다. 본래 높은 곳에 있어서 밝음이 마땅히 멀리까지 미침은 '처음에는 하늘에 오름'이고 밝음이 손상되어 어두움은 '뒤에는 땅으로 들어감'이다. 上六은 明夷의 끝이고 또 坤卦☷에서 陰의 끝이니, 밝음이 손상됨이 지극한 자이다.

【本義】以陰居坤之極하니 不明其德하여 以至於晦라 始則處高位하여 以傷人之明하고 終必至於自傷而墜厥命이라 故其象如此요 而占亦在其中矣라

陰으로서 坤卦의 끝에 있으니 그 德을 밝히지 못하여 어둠에 이른다. 처음에는 높은 자리에 처해서 남의 밝음을 손상시켰고, 끝내는 스스로를 손상시켜 그 목숨을 실추하는 데까지 이르기 때문에 그 象이 이와 같고 占 또한 그 가운데 있다.

象曰 初登于天은 照四國也요 後入于地는 失則(칙)也라

〈象傳〉에 말하였다. "'처음에는 하늘에 오름'은 四方의 나라를 비춘 것이고, '뒤에는 땅으로 들어감'은 법칙을 잃은 것이다."

【傳】初登于天은 居高而明이면 則當照及四方也어늘 乃被傷而昏暗하니 是後入于地니 失明之道也라 失則은 失其道也라

'처음에는 하늘에 오름'은 높은 자리에 있어서 밝음이니, 마땅히 그 비춤이 사방에 미치게 되지만 끝내 손상을 당하여 어둡게 되니, 이는 '뒤에는 땅으로 들어감'이니 밝음의 道를 잃은 것이다. '失則'은 그 道를 잃은 것이다.

【本義】照四國은 以位言이라

'사방의 나라를 비춤'은 자리로 말한 것이다.

37. 家人

☲☴ 離下巽上

下卦는 離卦☲이고 上卦는 巽卦☴이다.

【傳】家人[1]은 序卦에 夷者는 傷也니 傷於外者는 必反於家라 故受之以家人이라하니라 夫傷困於外則必反於內하나니 家人所以次明夷也라 家人者는 家內之道니 父子之親과 夫婦之義와 尊卑長幼之序로 正倫理篤恩義가 家人之道也라 卦外巽內離하니 爲風自火出이니 火熾則風生이라 風生自火는 自內而出也니 自內而出은 由家而及於外之象이라 二與五 正男女之位於內外하여 爲家人之道하니 明於內而巽於外는 處家之道也라 夫人有諸身者則能施於家하고 行於家者則能施於國하여 至於天下治하나니 治天下之道는 蓋治家之道也를 推而行之於外耳라 故取自內而出之象하여 爲家人之義也라 文中子書[2]에 以明內齊外爲義어늘 古今善之나 非取象之意也라 所謂齊乎巽은 言萬物潔齊於巽方이요 非巽有齊義也니 如戰乎乾이 乾非有戰義也[3]라

家人卦는 〈序卦傳〉에 "夷는 상함이니, 밖에서 상한 자는 반드시 집으로 돌아오기 때문에 家人卦로 받았다." 하였다. 밖에서 상하고 곤궁하면 반드시 안으로 돌아오니, 이 때문에 家人

---

1 家人 : 빌헬름 영문판 주역인 《The I Ching》에서는 家人卦를 "Chia J^en / The Family 〔The Clan〕" 라고 하였다. 가인괘는 구오효와 육이효가 주효로 의사결정의 주체에 해당한다. 상괘인 巽卦는 영향력을 뜻하고 하괘인 離卦는 밝음〔명료성〕을 뜻한다. 전체적으로는 내적인 명료성이 밖으로 영향력을 미치는 의미라고 하였다.

2 文中子書 : 문중자는 隋代의 경학자인 王通의 시호이다. 자는 仲淹. 隋 文帝에게 12조의 太平策을 올렸으나 公卿들의 반대로 받아들여지지 않자 고향인 龍門으로 돌아가 저술과 제자양성에 힘썼다. 唐나라의 명재상인 房玄齡, 杜如晦 등이 그에게 수학했다. 문중자의 책은 문장자가 지은 《中說》을 가리킨다.

3 如戰乎乾 乾非有戰義也 : 〈說卦傳〉에 "乾卦에서 싸운다는 것은 乾卦는 西北方의 卦이니, 陰陽이 서로 부딪힘을 말한다." 하였다.

卦가 明夷卦의 다음이 되었다. 家人은 집안의 道이니, 父子의 친함과 夫婦의 의리와 尊卑·長幼의 차례로 倫理를 바르게 하고, 은혜와 의리를 돈독히 함이 家人의 道이다.

卦의 구성이 外卦(上卦)는 巽卦☴이고 內卦(下卦)는 離卦☲여서 바람이 불로부터 나오게 되니, 불이 세게 타오르면 바람이 생긴다. 바람이 불로부터 생김은 안으로부터 나옴이니, 안으로부터 나옴은 집으로부터 밖에 미치는 象이다. 六二와 九五가 남자와 여자의 자리를 안과 밖에서 바르게 함이 家人의 道가 되니, 안에서 밝고 밖에서 공손함은 집안에 거처하는 道이다. 사람이 자신에게 지니고 있으면 집안에 시행할 수 있고, 집안에서 행하면 나라에 시행할 수 있어 천하가 다스려지는 데까지 이르니, 천하를 다스리는 道는 집안을 다스리는 道를 미루어 밖으로 행하는 것일 뿐이다. 그러므로 안으로부터 나오는 象을 취하였으니, 家人의 뜻이 된다. 文中子의 책에서는 '안을 밝게 하고 밖을 가지런히 하는 것'으로 뜻을 삼았는데, 예나 지금이나 이를 좋게 여기지만 《주역》에서 象을 취한 뜻은 아니다. 이른바 〈說卦傳의〉 '巽에서 가지런히 함'은 만물이 巽方(東南方)에서 깨끗하고 가지런해짐을 말한 것이지, 巽卦 자체에 가지런하다는 뜻이 있는 것은 아니니, '乾에서 싸움'이 乾卦에 싸운다는 뜻이 있는 것이 아닌 것과 같다.

字義 熾 : 성할 치

家人은 利女貞하니라

家人은 여자가 바르게 함이 이롭다.

【傳】家人之道는 利在女正이니 女正則家道正矣라 夫夫婦婦而家道正이어늘 獨云利女貞者는 夫正者는 身正也요 女正者는 家正也니 女正則男正을 可知矣라

家人의 道는 이로움이 여자가 바르게 함에 있으니, 여자가 바르게 하면 집안의 道가 바루어진다. 남편은 남편답고 아내는 아내다워야 집안의 道가 바르게 되는데, "여자가 바르게 함이 이롭다."라고만 말한 까닭은 남편이 바른 경우는 자신만 바르게 되지만 여자가 바른 경우는 집안이 바르게 되기 때문이니, 여자가 바르면 남자도 바르게 됨을 알 수 있다.

【本義】家人者는 一家之人이니 卦之九五六二 內外各得其正이라 故爲家人이라 利女貞者는 欲先正乎內也니 內正則外无不正矣라

家人은 한 집안의 사람이니, 卦의 九五와 六二가 內卦와 外卦에서 각각 그 바름을 얻었기

때문에 家人卦가 된 것이다. '여자가 바르게 함이 이로움'은 먼저 안을 바르게 하고자 함이니, 안이 바르면 밖이 바르지 않음이 없다.

彖曰 家人은 女正位乎內하고 男正位乎外[4]하니 男女正이 天地之大義也라

〈彖傳〉에 말하였다. "家人은 여자가 안에서 자리를 바르게 하고 남자가 밖에서 자리를 바르게 하니, 남자와 여자가 바르게 함이 天地의 큰 뜻이다.

【傳】彖은 以卦才而言이라 陽居五在外也하고 陰居二處內也하니 男女各得其正位也라 尊卑內外之道는 正合天地陰陽之大義也라

〈彖傳〉은 卦의 재질로 말하였다. 陽이 五爻의 자리에 거처하여 밖에 있고 陰이 二爻의 자리에 거처하여 안에 있으니, 남자와 여자가 각각 바른 자리를 얻은 것이다. 尊卑와 內外를 구별하는 道는 바로 天地와 陰陽의 큰 뜻에 부합한다.

【本義】以卦體九五六二로 釋利女貞之義라

卦體의 구조와 九五와 六二의 위치로 '여자가 바르게 함이 이로움'의 뜻을 해석하였다.

家人에 有嚴君焉하니 父母之謂也라

家人에 엄한 어른이 있으니, 父母를 말한다.

---

4 女正位乎內 男正位乎外 : 沈大允(朝鮮)은 《周易象義占法》에서 "초효는 딸이고 이효는 부인이고 삼효는 어머니이니 여자가 안에서 자리를 바르게 함이고, 사효는 아들이고 오효는 남편이고 상효는 아버지이니 남자가 밖에서 자리를 바르게 함이다. 가인의 도는 안에서부터 밖에 미치니, '아내에게 모범이 되어서 집과 나라를 다스린다'가 이것이다." 하였다. 또, 《大全》의 소주에서 邱富國(南宋)은 "가인괘를 선유들은 내괘는 여자의 일이고, 외괘는 남자의 일이라고 하였다. 여자의 도는, 처음은 딸이 되므로 초효에서는 '집안을 방비한다'고 하고, 중간은 아내가 되므로 이효에서는 '집안에서 음식을 만들어 먹인다'고 하고, 끝은 어머니가 되므로 삼효에서는 '가인이 원망한다'고 하니, 곧 〈단전〉의 '여자가 안에서 자리를 바르게 함'이다. 남자의 도는, 처음은 아들이 되므로 사효에서는 '집안을 부유하게 하니 길하다'고 하고, 중간은 남편이 되므로 '왕이 집에 이른다'고 하고, 끝은 아버지가 되므로 상효에서는 '위엄이 있으면 길하다'고 하니, 곧 〈단전〉의 '남자가 밖에서 자리를 바르게 함'이다." 하였다.

【傳】家人[5]之道 必有所尊嚴而君長者하니 謂父母也라 雖一家之小라도 无尊嚴則孝敬衰요 无君長則法度廢라 有嚴君而後家道正이니 家者는 國之則(칙)也라

家人의 道에는 반드시 존엄하면서 어른인 자가 있어야 하니, 부모를 말한다. 비록 작은 한 집안이라도 존엄함이 없으면 孝와 공경이 쇠퇴하고 어른이 없으면 법도가 무너진다. 엄한 어른이 있은 뒤에야 집안의 道가 바르게 되니, 집안은 나라의 모범이다.

【本義】亦謂二五라

또한 六二와 九五를 말한다.

父父子子兄兄弟弟夫夫婦婦而家道正하리니 正家而天下定矣리라

아버지는 아버지답고, 자식은 자식답고, 형은 형답고, 아우는 아우답고, 남편은 남편답고, 아내는 아내다우면 집안의 道가 바르게 될 것이니, 집안을 바르게 하면 천하가 안정될 것이다."

【傳】父子兄弟夫婦 各得其道則家道正矣니 推一家之道면 可以及天下라 故家正則天下定矣라

아버지와 자식, 형과 아우, 남편과 아내가 각각 알맞은 도리를 얻으면 집안의 道가 바르게 되니, 한 집안의 道를 미루어 넓히면 천하에 미칠 수 있기 때문에 집안이 바르면 천하가 안정되는 것이다.

【本義】上은 父요 初는 子며 五三은 夫요 四二는 婦며 五는 兄이요 三은 弟니 以卦畫推之하면 又有此象이라

上九는 아버지이고, 初九는 자식이며, 九五와 九三은 남편이고, 六四와 六二는 아내이며, 九五는 형이고, 九三은 아우이니, 卦畫으로 유추하면 또 이러한 象이 있다.

象曰 風自火出이 家人이니 君子以하여 言有物而行有恒하나니라

---

5 人 : 《大全》의 간주에 "어떤 판본에는 '人'자가 없다." 하였다.

〈象傳〉에 말하였다. "바람이 불로부터 나옴이 家人이니, 君子가 이것을 본받아 말에 실상이 있고 행동에 일정함이 있게 한다."

【傳】正家之本은 在正其身이니 正身之道는 一言一動을 不可易也라 君子觀風自火出之象하여 知事之由內而出이라 故所言必有物하고 所行必有恒也라 物은 謂事實이요 恒은 謂常度法則也라 德業之著於外는 由言行之謹於內也니 言愼行修면 則身正而家治矣라

집안을 바르게 하는 근본은 자신을 바르게 함에 있으니, 자신을 바르게 하는 道는 한 마디 말과 한 가지 행동도 쉽게 하지 않아야 한다. 君子가 바람이 불로부터 나오는 象을 보고서 일이 안으로부터 나옴을 알기 때문에 말하는 바에 반드시 실상이 있게 하고, 행하는 바에 반드시 일정함이 있다. '物'은 일의 실상을 말하고, '恒'은 일정한 법칙을 말한다. 德과 業이 밖으로 드러남은 말과 행동을 안에서 삼갔기 때문이니, 말을 삼가고 행동을 닦으면 몸이 바루어지고 집안이 다스려진다.

【本義】身修則家治矣라

몸이 닦여지면 집안이 다스려진다.

初九는 閑有家면 悔亡하리라

【本義】閑有家니 悔亡하니라

初九는 집안을 〈법도로〉 방비하면 후회가 없어질 것이다.

【본의】집안을 〈법도로〉 방비하니 후회가 없어짐이다.

【傳】初는 家道之始也요 閑은 謂防閑法度也라 治其有家之始에 能以法度爲之防閑이면 則不至於悔矣라 治家者는 治乎衆人也니 苟不閑之以法度면 則人情流放히여 必至於有悔하여 失長幼之序하고 亂男女之別하여 傷恩義하고 害倫理하여 无所不至어니와 能以法度閑之於始면 則无是矣라 故悔亡也라 九는 剛明之才니 能閑其家者也로되 不云无悔者는 群居必有悔어늘 以能閑故로 亡耳[6]라

6 不云无悔者……亡耳 : 悔亡의 亡은 '없어지다'의 뜻이고, 无悔의 无는 '없다'의 뜻이다. 金奎五(朝

初九는 家道의 시작이고 '閑'은 막아서 방비하는 법도를 말한다. 집안을 다스리는 처음에 법도로 막아서 방비할 수 있으면 후회함에 이르지 않을 것이다. 집안을 다스림은 여러 사람을 다스리는 것이니, 만일 법도로 방비하지 않으면 人情이 마음대로 흘러 반드시 후회함에 이르러서 長幼의 차례를 잃고 男女의 분별을 어지럽혀 은혜와 의리를 손상하고 倫理를 해쳐서 못하는 짓이 없을 것이다. 그러나 법도로써 처음에 방비할 수 있다면 이런 일이 없기 때문에 후회가 없다. 初九는 강건하고 밝은 재질이니 집안을 방비할 수 있는 자인데도 "후회가 없다."고 말하지 않은 까닭은 여럿이 있으면 반드시 후회가 있게 되지만, 방비할 수 있기 때문에 후회가 없어진 것일 뿐이다.

【本義】 初九는 以剛陽으로 處有家之始하여 能防閑之하니 其悔亡矣라 戒占者當如是也라

初九는 강건한 陽으로 집안을 다스리는 처음에 처하여 막아서 방비할 수 있으니, 그 후회가 없어진다. 점치는 자가 마땅히 이와 같이 하여야 함을 경계한 것이다.

字義 閑 : 막을 한

象曰 閑有家는 志未變也라

〈象傳〉에 말하였다. "'집안을 〈법도로〉 방비함'은 뜻이 변하지 않았을 때에 하는 것이다."

【傳】 閑之於始는 家人志意未變動之前也라 正志未流散變動而閑之면 則不傷恩하고 不失義하리니 處家之善也라 是以悔亡이라 志變而後治면 則所傷多矣니 乃有悔也라

처음에 방비하는 것은 집안사람들의 뜻이 변동하기 전에 하는 것이다. 바른 뜻이 흩어지고 변동하지 않았을 때 방비하면 은혜를 해치지 않고 의리를 잃지 않을 것이니, 집안을 잘 다스리는 것이다. 이 때문에 후회가 없어진다. 그러나 뜻이 변한 뒤에 다스리면 상하는 것이 많으니, 후회가 있다.

【本義】 志未變而豫防之라

뜻이 아직 변하지 않았을 때 미리 방비하는 것이다.

鮮)는 〈讀易記疑〉에서 "'悔亡'은 후회가 있지만 없게 할 수 있다는 뜻이나, 이것이 후회할 만한 과실이 없는〔无〕 것인지는 알지 못하겠다." 하였다.

六二는 无攸遂요 在中饋면 貞吉[7]하리라

【本義】在中饋니

六二는 이루는 바가 없고, 집안에서 음식을 만들어 먹이면 바르게 되어 길할 것이다.
【본의】 집안에서 음식을 만들어 먹임이니 바르기 때문에 길할 것이다.

【傳】人之處家에 在骨肉父子之間하여는 大率以情勝禮하고 以恩奪義하나니 唯剛立之人은 則能不以私愛失其正理라 故家人卦는 大要以剛爲善이니 初三上이 是也라 六二以陰柔之才而居柔하여 不能治於家者也라 故无攸遂니 无所爲而可也라 夫以英雄之才로도 尙有溺情愛而不能自守者어든 況柔弱之人이 其能勝妻子之情乎아 如二之才는 若爲婦人之道면 則其正也라 以柔順處中正은 婦人之道也라 故在中饋면 則得其正而吉也니 婦人은 居中而主饋者也라 故云中饋라

사람이 집안에 거처함에 骨肉간과 父子간에는 있어서는 대체로 情이 禮를 이기고, 은혜가 의리를 빼앗으니, 오직 강건하게 확립된 사람만이 사사로운 사랑으로 인해 바른 이치를 잃지 않을 수 있다. 그러므로 家人卦는 강건함을 善으로 삼음이 큰 요체이니, 初九와 九三과 上九가 이것이다. 六二는 유약한 陰의 재질로 부드러운 자리에 있어 집안을 다스릴 수 없는 자이므로 이루는 바가 없으니, 일을 해서 되는 바가 없다. 英雄의 재질로도 오히려 정과 사랑에 빠져 스스로를 지키지 못하는 자가 있는데, 하물며 유약한 사람이 처자식에 대한 정을 이겨낼 수 있겠는가. 六二와 같은 재질은 婦人의 道를 행하면 바르다. 柔順함으로 中正한 자리에 있음은 부인의 道이므로 집안에서 음식을 만들어 먹이면 그 바름을 얻어 吉하다. 부인은 집안에 있으면서 음식을 만들어 먹이는 것을 주관하는 자이므로 '中饋'라고 하였다.

【本義】六二柔順中正하니 女之正位乎內者也라 故其象占如此하니라

六二는 柔順하고 中正하니 여자로서 안에서 자리를 바르게 한 자이기 때문이다. 그러므로 그 象과 占이 이와 같다.

---

7 无攸遂……貞吉 : 李炳憲(朝鮮)은 《易經今文考通論》에서 "음효인 六二가 안에서 바름을 얻음이다. '먹임〔饋〕'은 술과 음식이고, '이루는 바가 없음'은 부인이 감히 자기 마음대로 함이 없음을 말한다." 하였고, 또 荀爽의 《九家易》을 인용하여 "六二가 바름에 거처하여 九五에게 공손하고 순종하면 길하다고 한 것이다." 하였다.

字義 饋 : 음식 궤 溺 : 빠질 닉

象曰 六二之吉은 順以巽也일새라

〈象傳〉에 말하였다. "'六二의 吉함'은 순종하여 공손하기 때문이다."

【傳】二以陰柔居中正하여 能順從而卑巽者也라 故爲婦人之貞吉也라

六二는 陰의 유순함으로 中正한 자리에 있으니, 順從하고 낮출 수 있는 자이다. 그러므로 婦人이 바르고 길함이 된다.

九三은 家人이 嗃(학)嗃하니 悔厲나 吉하니 婦子嘻嘻면 終吝[8]하리라

九三은 家人이 원망하니 엄격함에 대해 후회하지만 吉하니, 부인과 자식이 희희덕거리면 마침내 부끄럽게 될 것이다.

【傳】嗃嗃은 未詳字義나 然以文義及音意觀之하면 與嗷嗷相類하고 又若[9]急束[10]之意라 九三이 在內卦之上하여 主治乎內者也라 以陽居剛而不中하니 雖得正而過乎剛者也라 治內過剛則傷於嚴急이라 故家人嗃嗃然이니 治家過嚴이면 不能无傷이라 故必悔於嚴厲하니 骨肉은 恩勝이어늘 嚴過라 故悔也라 雖悔於嚴厲하여 未得寬猛之中이나 然而家道齊肅하고 人心祗畏하니 猶爲家之吉也나 若婦子嘻嘻면 則終至羞吝矣라 在卦에 非有嘻嘻之象이요 蓋對嗃嗃而言이니 謂與其失於放肆론 寧過於嚴也라 嘻嘻는 笑樂无節也니 自恣无節이면 則終至敗家하리니 可羞吝也라 蓋嚴謹之過면 雖於人情에 不能无傷이나 然

---

8 家人……終吝 : 沈大允(朝鮮)은 《周易象義占法》에서 효변으로 설명하여 "家人卦가 益卦䷩로 바뀌었으니, 위를 덜어 아래에 보태는 것이며 가르침이 여기에 해당한다. 九三은 부인인 六二와 아들인 六四의 사이에 끼어서 坎卦(☵)의 빠지는 몸체에 있으므로 희희덕거림을 경계하였으니, 웃고 즐기면서 이야기함으로 인도한다면 끝내는 부끄러울 것이다." 하였다. 즉 家道는 법도와 은애가 아울러 행해져야 하고, 가르쳐 경계시키는 방법은 아주 엄격하게 해야지 관대하게 해서는 안 된다고 하였다.

9 又若 : 《大全》의 간주에 "어떤 판본에는 '人若'으로 되어 있다." 하였다.

10 束 : 《大全》의 간주에 "어떤 판본에는 '速'자로 되어 있다." 하였다.

苟法度立하고 倫理正이면 乃恩義之所存也라 若嘻嘻无度면 乃法度之所由廢요 倫理之所由亂이니 安能保其家乎아 嘻嘻之甚이면 則致敗家之凶이어늘 但云吝者는 可吝之甚則至於凶이라 故未遽言凶也라

'嗃嗃'은 글자의 뜻이 자세하지 않으나 글의 뜻과 音의 의미로 살펴보면 '원망함'과 서로 유사하고, 또 '급하게 속박하다'라는 뜻과 같다. 九三은 內卦의 맨 위에 있어서 안에서 다스림을 주장하는 자이다. 陽으로 剛한 자리에 있어 中을 얻지 못했으니, 비록 正을 얻었어도 지나치게 剛한 자이다. 안을 다스림에 지나치게 剛하면 엄격하고 급함으로 인해 상하기 때문에 집안사람들이 원망하니, 집안을 다스림에 지나치게 엄격하면 상함이 없을 수 없다. 그러므로 반드시 엄격함에 대해 후회하니, 骨肉 간에는 은혜가 엄격함을 이겨야 하는데 엄격함이 은혜보다 지나치기 때문에 후회하는 것이다. 비록 엄격함에 대해 후회하여 너그러움과 사나움의 中道를 얻지는 못하였지만 집안의 道가 가지런하고 엄숙해지고, 사람들의 마음이 삼가고 두려워하니, 오히려 집안의 吉함이 되지만 만약 부인과 자식이 희희덕거리면 끝내 부끄러움에 이르게 된다.

卦에 '희희덕거리는' 象이 있는 것은 아니고 '원망함'에 상대하여 말한 것이니, 방자하여 잘못되는 것보다 차라리 지나치게 엄격한 것이 낫다는 말이다. '희희덕거림'은 웃고 즐겨서 절도가 없는 것이니 스스로 방자하여 절도가 없으면 마침내 집안을 망치는데 이르니, 부끄러울 만하다. 엄격하고 삼감이 지나치면 비록 人情에는 상함이 없을 수 없으나, 진실로 법도가 서고 倫理가 바르게 되면 바로 은혜와 의리가 보존된다. 만약 희희덕거리기만하여 절도가 없으면 법도가 이로 말미암아 폐지되고 윤리가 이로 말미암아 어지러워지니, 어찌 집안을 보존할 수 있겠는가. 희희덕거림이 심하면 집안을 망치는 凶함을 이루는데도 다만 '부끄럽다'고만 한 것은 부끄러움이 심해지면 凶한 데까지 이르기 때문이다. 그러므로 곧바로 凶하다고 말하지 않았다.

【本義】以剛居剛而不中하여 過乎剛者也라 故有嗃嗃嚴厲之象하니 如是則雖有悔厲而吉也라 嘻嘻者는 嗃嗃之反이니 吝之道也라 占者各以其德爲應이라 故兩言之하니라

剛으로 강한 자리에 있어 中을 얻지 못하였으니, 지나치게 剛한 자이다. 그러므로 원망하고 엄격한 象이 있으니, 이와 같으면 비록 엄격함을 후회함이 있지만 길하다. '희희덕거림'은 '원망함'의 반대이니, 부끄러운 道이다. 점치는 자가 각각 그 德에 따라 호응하기 때문에 두 가지로 말하였다.

字義 嗃 : 엄할 학　嘻 : 웃을 희　嗷 : 슬프게우는소리 오　祗 : 공경할 지

象曰 家人嗃(학)嗃은 未失也요 婦子嘻嘻는 失家節也라

〈象傳〉에 말하였다. "'家人이 원망함'은 잃음이 아니고, '처자식이 희희덕거림'은 집안의 절도를 잃은 것이다."

【傳】雖嗃嗃이나 於治家之道에 未爲甚失이요 若婦子嘻嘻면 是无禮法하여 失家之節하니 家必亂矣라

비록 원망하지만 집안을 다스리는 道에는 심하게 잃음이 되지 않고, 만약 처자식이 희희덕거리면 이는 禮法이 없어 집안의 절도를 잃은 것이니, 집안이 반드시 어지러워진다.

六四는 富家니 大吉하니라

【本義】大吉하리라

六四는 집안이 부유함이니, 크게 길하다.

【본의】집안을 부유하게 하니, 크게 길할 것이다.

【傳】六以巽順之體而居四하여 得其正位하니 居得其正은 爲安處之義라 巽順於事而由正道면 能保有[11]其富者也니 居家之道 能保有[12]其富면 則爲大吉也라 四高位而獨云富者는 於家而言이니 高位는 家之尊也라 能有其富면 是能保其家也니 吉孰大焉이리오

六四가 巽順한 卦體(☴)로 四爻 자리에 있어서 바른 자리를 얻었으니, 거처함이 바름을 얻음은 편안히 처하는 뜻이 된다. 일에 겸손하고 正道를 따르면 그 부유함을 보유할 수 있으니, 집안에 거처하는 道가 그 부유함을 보유할 수 있으면 크게 길하게 된다. 六四는 높은 자리인데 다만 부유하다고만 한 것은 집안에 대해 말한 것이니, 높은 자리는 집안의 尊者이다. 그 부유함을 보유할 수 있으면 그 집안을 보존할 수 있으니, 길함 가운데 무엇이 이보다 크겠는가.

【本義】陽은 主義하고 陰은 主利[13]하니 以陰居陰而在上位하여 能富其家者也라

---

11 有 : 《大全》의 간주에 "어떤 판본에는 '有'자가 없다." 하였다.

12 有 : 《大全》의 간주에 "어떤 판본에는 '有'자가 없다." 하였다.

13 陰 主利 : 李恒老(朝鮮)는 《周易傳義同異釋義》에서 "《주역》에서 부유함을 말한 것은 음효에서 말

陽은 의리를 주장하고 陰은 이익을 주장하니, 六四는 陰으로 陰의 자리에 있고 윗자리에 있어서 집안을 부유하게 할 수 있는 자이다.

象曰 富家大吉은 順在位也일새라

〈象傳〉에 말하였다. "'집안이 부유함이니 크게 길함'은 순종하여 제자리에 있기 때문이다."

【傳】以巽順而居正位하니 正而巽順하여 能保有其富者也라 富는 家之大吉也라

겸손함으로 바른 자리에 있으니, 바르고 겸손하여 부유함을 보유할 수 있는 자이다. 부유함은 집안의 큰 길함이다.

九五는 王假(격)[14]有家니 勿恤하여 吉하리라

九五는 왕이 집안을 둔 道를 지극히 함이니, 근심하지 않아도 길할 것이다.

【본의】왕이 집에 이름이니

【傳】九五는 男而在外하고 剛而處陽하고 居尊而中正하며 又其應順正於內하니 治家之至正至善者也라 王假有家는 五君位라 故以王言이요 假은 至也니 極乎有家之道也라 夫王者之道는 修身以齊家하나니 家正而天下治矣라 自古聖王이 未有不以恭己正家爲本이라 故有家之道旣至면 則不憂勞而天下治矣니 勿恤而吉也라 五恭己於外하고 二正家於內하여 內外同德하니 可謂至矣로다

九五는 남자이면서 밖에 있고, 강건하면서 陽의 자리에 있고, 높은 자리에 있으면서 中正하며, 또 호응함이 안에서 유순하고 바르니, 집안을 다스림에 지극히 바르고 지극히 善한 자이다. '王이 집안을 둔 道를 지극히 함'은 五爻가 임금의 자리이므로 王으로 말한 것이고, '假'

한 것이 많다." 하였다.

14 假(격) : '假'의 해석이 《정전》과 《본의》가 다르다. 독음이 모두 '격'으로 '至'의 뜻이지만, 《정전》은 '지극하다'로, 《본의》는 '이르다'로 해석하였다.

은 지극함이니, 집안을 둔 道를 지극히 하는 것이다. 王者의 道는 자기 몸을 닦아 집안을 가지런하게 하니, 집안이 바루어지면 천하가 다스려진다. 예로부터 聖王은 자기 몸을 공손히 하고 집안을 바르게 함을 근본으로 삼지 않은 적이 없었다. 그러므로 집안을 둔 道가 이미 지극해지면 근심하고 수고롭지 않아도 천하가 다스려졌으니, 이것이 근심하지 않아도 吉한 것이다. 九五가 밖에서 자기 몸을 공손히 하고 六二가 안에서 집안을 바르게 하여 內外가 德을 함께 하니, 지극하다고 이를 만하다.

【本義】假은 至也니 如假于太廟[15]之假이라 有家는 猶言有國也라 九五剛健中正하여 下應六二之柔順中正하니 王者以是로 至于其家면 則勿用憂恤而吉可必矣라 蓋聘納后妃之吉占이요 而凡有是德者遇之면 皆吉也라

'假'은 이르는 것이니, "假于太廟(태묘에 이르렀다)"의 假과 같다. '有家'는 '有國'이란 말과 같다. 九五가 剛健하고 中正하여 아래로 柔順하고 中正한 六二와 호응하니, 王者가 이로써 그 집안에 이르면 근심하지 않아도 길함을 기필할 수 있다. 이는 后妃를 맞아들이는 길한 占이고, 이러한 德이 있는 자가 이 爻를 얻으면 모두 吉하다.

字義 假 : 지극할 격, 이를 격　恤 : 근심할 휼　聘 : 맞이할 빙　妃 : 왕비 비

象曰 王假有家는 交相愛也라

〈象傳〉에 말하였다. "'왕이 집안을 둔 道를 지극히 함'은 사귀어 서로 사랑하는 것이다."

【傳】王假有家之道者는 非止能使之順從而已라 必致其心化誠合하여 夫愛其內助하고 婦愛其刑家하여 交相愛也니 能如是者는 文王之妃乎인저 若身修法立而家未化면 未得爲假有家之道也라

'王이 집안을 둔 道를 지극히 한다는 것은 단지 집안사람을 순종하게 할 뿐만이 아니다. 반드시 마음이 敎化되고 정성이 화합함을 이루어서 남편은 안에서 돕는 아내를 사랑하고 아내는 집안의 모범이 되는 남편을 사랑하여 서로 사귀어 사랑해야 하니, 이와 같이 할 수 이는 文王의 妃일 것이다. 만일 자기 몸이 닦이고 집안의 법도가 섰는데도 집안이 교화되지 못했

15 假于太廟 : 《예기》〈祭統〉에 "衛나라의 孔悝의 鼎銘에 이르기를 '6月 정해일에 공이 태묘에 이르렀다.' 했다.〔衛孔悝之鼎銘曰 六月丁亥 公假于太廟〕" 하였다.

다면 집안을 둔 道를 지극히 함이 될 수 없다.

【本義】程子曰 夫愛其內助하고 婦愛其刑家라하시니라

程子가 말하기를, "남편은 안에서 돕는 이를 사랑하고, 아내는 집안의 모범이 된 이를 사랑한다." 하였다.

字義 刑 : 본받을 형

上九는 有孚하고 威如면 終吉하리라

上九는 믿음이 있고 위엄이 있으면 마침내 吉할 것이다.

【傳】上은 卦之終이니 家道之成也라 故極言治家之本이라 治家之道는 非至誠이면 不能也라 故必中有孚信이면 則能常久而衆人自化爲善이어니와 不由至誠이면 己且不能常守也온 況欲使[16]人乎아 故治家는 以有孚爲本이라 治家者는 在妻孥情愛之間하니 慈過則无嚴하고 恩勝則掩義라 故家之患은 常在禮法不足而瀆慢生也니 長失尊嚴하고 少忘恭順호되 而家不亂者는 未之有也라 故必有威嚴則能終吉이라 保家之終은 在有孚威如二者而已라 故於卦終言之라

上九는 家人卦의 끝이니 집안의 道가 이루어진 것이다. 그러므로 집안을 다스리는 근본을 극진히 말하였다. 집안을 다스리는 道는 지극히 성실함이 아니면 할 수 없다. 그러므로 반드시 마음에 믿음이 있으면 항상하고 오래할 수 있으며 여러 사람들이 스스로 교화되어 善하게 될 수 있지만, 지극히 성실함으로 하지 않으면 자기조차도 항상 지킬 수 없는데 하물며 남을 그렇게 하게 할 수 있겠는가. 그러므로 집안을 다스림은 믿음이 있음을 근본으로 삼는다. 집안을 다스리는 것은 처자식에 대한 愛情의 사이에 달려있으니 사랑이 지나치면 엄격함이 없고 은혜가 이기면 의리를 가리게 된다. 그러므로 집안의 우환은 항상 禮法이 부족하여 무례함이 생기는데 있으니, 어른이 존엄함을 잃고 젊은이가 공손함을 잃고서 집안이 어지럽지 않은 경우는 있지 않다. 그러므로 반드시 위엄이 있어야 마침내 길할 수 있다. 끝까지 집안을 보존함은 '有孚'와 '威如' 두 가지에 달려있을 뿐이므로 卦의 마지막에 말하였다.

---

16 使 : 《大全》의 간주에 "어떤 판본에는 '使衆'으로 되어 있다." 하였다.

【本義】上九以剛居上하여 在卦之終이라 故言正家久遠之道하니 占者必有誠信嚴威則終吉也라

上九는 강건함으로 맨 윗자리에 거하여 卦의 끝에 있기 때문에 오래도록 집안을 바르게 하는 도리를 말하였으니, 점치는 자가 반드시 진실한 믿음과 위엄이 있으면 마침내 길하다.

字義 孥 : 처자 노 掩 : 가릴 엄 瀆 : 업신여길 독 慢 : 소홀히할 만

象曰 威如之吉은 反身之謂也라

〈象傳〉에 말하였다. "'위엄이 있어 길함'은 자신에게 돌이킴을 말한다."

【傳】治家之道는 以正身爲本이라 故云反身之謂라 爻辭에 謂治家當有威嚴이라하여늘 而夫子又復戒云 當先嚴其身也라 威嚴이 不先行於己면 則人怨而不服이라 故云 威如而吉者는 能自反於身也라하니 孟子所謂身不行道면 不行於妻子也[17]라

집안을 다스리는 道는 자신을 바르게 함을 근본으로 삼는다. 그러므로 "자신에게 돌이킴을 말한다." 하였다. 爻辭에서 "집안을 다스림에는 위엄이 있어야 한다." 하였는데, 孔子가 다시 경계하여 "먼저 자신에게 엄하게 해야 한다." 하였으니, 위엄이 먼저 자기에게 행해지지 않으면 남이 원망하고 복종하지 않는다. 그러므로 "위엄이 있어서 길함은 스스로 자신에게 돌이킬 수 있기 때문이다." 하였으니, 孟子가 이른바 "자신이 道를 행하지 않으면 妻子에게조차 도가 행해지지 않는다."는 것이다.

【本義】謂非作威也요 反身自治면 則人畏服之矣라

위엄을 부리는 것이 아니고, 자기에게 돌이켜 스스로 다스리면 남들이 두려워하고 복종함을 이른 것이다.

---

17 孟子所謂身不行道 不行於妻子也 : 《孟子》〈盡心 下〉에 "자신이 道를 행하지 않으면 처자식에게조차 도가 행해지지 않고, 사람을 부리기를 도로써 하지 않으면 처자식에게조차 명령이 행해지지 않는다.〔身不行道 不行於妻子 使人不以道 不能行於妻子〕" 하였다.

周易傳義 卷第十四

38. 睽

☲☱ 兌下離上

下卦는 兌卦☱이고 上卦는 離卦☲이다.

【傳】睽[1]는 序卦에 家道窮必乖라 故受之以睽하니 睽者는 乖也라하니라 家道窮則睽乖離散은 理必然也라 故家人之後에 受之以睽也라 爲卦上離下兌하니 離火炎上하고 兌澤潤下하여 二體相違가 睽之義也라 又中少二女가 雖同居而所歸各異하니 是其志不同行也니 亦爲睽義라

睽卦는 〈序卦傳〉에 "집안의 道가 다하면 반드시 어그러지기 때문에 睽卦로 받았으니, 睽는 어그러짐이다." 하였다. 집안의 道가 다하면 어긋나고 흩어지게 됨은 이치가 반드시 그러하기 때문에 家人卦 뒤에 睽卦로 받았다. 卦의 구성이 上卦는 離卦☲이고 下卦는 兌卦☱이니, 離卦의 불은 타오르고 兌卦의 못은 적시어 내려가서 두 卦體가 서로 어긋남이 睽卦의 뜻이다. 또 中女와 少女 두 여자가 비록 함께 있으나 시집가는 곳이 각각 다르니, 이는 그 뜻이 함께 가지 않는 것이니, 또한 睽卦의 뜻이 된다.

字義 睽 : 어그러질 규 乖 : 어그러질 괴

睽는 小事는 吉[2]하리라

---

1 睽 : 빌헬름 영문판 주역인《The I Ching》에서는 睽卦를 "K'uei / Opposition"라고 하였다. 규괘는 물상으로 상괘는 불꽃이고 하괘는 호수의 물에 해당한다. 불꽃은 위로 타오르고 못물은 아래로 흘러내려 움직임의 방향이 정반대이다. 인사적으로는 상괘인 離卦는 中女에 해당하고 하괘인 兌卦는 少女에 해당하여 시집을 가는 곳이 다르며 품고 있는 의지의 지향도 다르다고 하였다.

2 睽……吉 :《大全》의 소주에서 張淸子(元)는 革卦☱☲와 관련하여 설명하기를 "離卦☲가 아래에 있고 兌卦☱가 위에 있으면 革卦☱☲가 되고, 兌卦☱가 아래에 있고 離卦가 위에 있으면 睽卦☲☱가 된

睽는 작은 일은 길할 것이다.

【傳】 睽者는 睽乖離散之時니 非吉道也로되 以卦才之善이라 雖處睽時나 而小事吉也라

睽는 어긋나고 흩어지는 때이니 吉한 道가 아니지만, 卦의 재질이 善하기 때문에 비록 어긋나는 때에 거하더라도 작은 일은 길하다.

【本義】 睽는 乖異也라 爲卦上火下澤하여 性相違異하며 中女少女는 志不同歸라 故爲睽라 然以卦德言之하면 內說(열)而外明이요 以卦變言之하면 則自離來者는 柔進居三하고 自中孚來者는 柔進居五하고 自家人來者는 兼之하며 以卦體言之하면 則六五得中而下應九二之剛이라 是以로 其占이 不可大事나 而小事尙有吉之道也라

'睽'는 어긋나 다름이다. 卦의 구성이 上卦는 불이고 下卦는 못이어서 성질이 서로 어긋나 다르며, 中女와 少女는 뜻이 같은 곳으로 돌아가지 않으므로 睽卦가 된다. 그러나 卦德으로 말하면 內卦는 기뻐하고 外卦는 밝으며, 卦變으로 말하면 離卦☲에서 온 것은 柔가 나아가 三爻 자리에 있고, 中孚卦☴에서 온 것은 柔가 나아가 五爻 자리에 있고, 家人卦☴에서 온 것은 이것을 겸하였으며, 卦體로 말하면 六五가 가운데 자리를 얻고 아래로 九二의 剛과 호응한다. 이 때문에 그 占이 큰 일은 할 수 없으나 작은 일에는 오히려 吉한 道가 있다.

彖曰 睽는 火動而上하고 澤動而下하며 二女同居하나 其志不同行하니라

〈彖傳〉에 말하였다. "睽는 불이 움직여 올라가고 못이 움직여 내려가며, 두 여자가 함께 있으나 그 뜻이 한 가지로 행해지지 않는다.

【傳】 彖은 先釋睽[3]義하고 次言卦才하고 終言合睽之道而贊其時用之大라 火之性은 動而上하고 澤之性은 動而下하여 二物之性違異라 故爲睽義요 中少二女 雖同居하나 其志

다. 혁괘는 九가 오효의 자리에 있고 六이 이효의 자리에 있으니, 굳센 양과 부드러운 음이 제자리를 얻었다. 그러므로 '크게 형통하고 바름이 이롭다'고 하였다. 규괘는 六이 오효의 자리에 있고 九가 이효의 자리에 있으니, 굳센 양과 부드러운 음이 제자리를 잃었다. 그러므로 '작은 일은 길하다'고 하였다. 혁괘의 九五와 같은 것은 크게 일을 행할 수 있으니, 하늘을 따르고 사람의 마음에 부응한 탕임금과 무왕의 혁명이 이것이다." 하였다.

3 睽 : 《大全》의 간주에 "어떤 판본에는 '睽'자가 없다." 하였다.

不同行하니 亦爲睽義라 女之少也엔 同處라가 長則各適其歸하니 其志異也[4]라 言睽者는 本同也니 本不同則非睽也라

〈彖傳〉은 먼저 睽卦의 뜻을 해석하고, 다음으로 卦의 재질을 말하고, 끝으로 어긋남을 합하는 道를 말하여 때와 쓰임이 큼을 찬양하였다. 불의 성질은 움직여 올라가고 못의 성질은 움직여 내려가서 두 물건의 성질이 어긋나고 다르므로 睽卦의 뜻이 되고, 中女와 少女의 두 여자가 비록 함께 있지만 그 뜻이 한 가지로 행해지지 않으니 또한 睽卦의 뜻이 된다. 여자가 어렸을 때에는 함께 살다가 성장하면 각자 시집을 가니, 그 뜻이 다르다. '어긋남'을 말한 것은 본래는 같았던 것이니, 본래부터 같지 않았다면 어긋난 것이 아니다.

【本義】 以卦象으로 釋卦名義라

卦象으로 卦名의 뜻을 해석하였다.

字義 適 : 갈 적 歸 : 시집갈 귀

說(열)而麗(리)乎明하고 柔進而上行하여 得中而應乎剛이라 是以小事吉이니라

기뻐하며 밝음에 붙고, 柔가 나아가 위로 가서 가운데 자리를 얻어 剛에 호응한다. 이 때문에 작은 일은 吉한 것이다.

【傳】 卦才如此하니 所以小事吉也라 兌는 說(열)也요 離는 麗也며 又爲明이라 故爲說順而附麗於明이라 凡離在上에 而彖欲見(현)柔居尊者면 則曰柔進而上行이라하니 晉鼎이 是也라 方睽乖之時하여 六五以柔居尊位하여 有說順麗明之善하고 又得中道而應剛하니 雖不能合天下之睽하여 成天下之大事나 亦可以小濟니 是於小事吉也라 五以明而應

---

4 女之少也……其志異也 : 〈彖傳〉의 "二女同居 其志不同行"에 대하여 《정전》에서는 "여자가 어렸을 때에는 함께 거처하다가 크면 각자 시집을 간다."로 풀었는데, 朴齊家(朝鮮)는 《周易》에서 다음과 같이 설명하였다. "괘에서는 현재의 어긋남을 논해야 하지 과거나 미래를 말하는 것은 마땅치 않다. 이미 '함께 거처한다'고 했으면 바로 시집가지 않은 여자가 먼저 각자에게 맞는 뜻을 가지고 있을 뿐이니, 비록 '같지 않다'고는 하더라도, 어찌 어긋남이 된다고 하겠는가. 마침내 둘째 딸은 坎卦☵와 짝하고 막내딸은 艮卦☶와 짝하니, 뒤에도 반드시 어긋나는 것은 아니다. 경전에서 말한 것은 바로 함께 한 남편을 섬기는 두 여자이니, 부인과 첩을 말함과 같을 뿐이다. 그러므로 '동거하는 여자가 서로 시기함이 이른바 어긋남이다'라고 하였다."

剛이어늘 不能致大吉은 何也오 曰 五는 陰柔니 雖應二나 而睽之時에 相與之道未能深固라 故二必遇主于巷하고 五噬膚則无咎也라 天下睽散之時에 必君臣剛陽中正하고 至誠協力而後能合也라

卦의 재질이 이와 같으니, 이 때문에 작은 일은 길하다. 兌는 기뻐함이고, 離는 붙음이며 또 밝음이 되므로 기뻐하며 순종하고 밝음에 붙음이 된다. 離卦가 위에 있어서 〈彖傳〉에 柔가 존귀한 자리에 있음을 나타내고자 할 때에는 "柔가 나아가 위로 갔다." 하였으니, 晉卦䷢와 鼎卦䷱가 이런 경우이다. 막 어긋나려는 때에 六五가 柔로서 존귀한 자리에 거처하여 기뻐하며 순종하고 밝음에 붙는 善함이 있고 또 中道를 얻어 剛과 호응하니, 비록 천하의 어긋남을 화합하게 하여 천하의 큰 일을 이룰 수는 없으나 또한 작은 것은 이룰 수 있으니 이것이 작은 일에는 길한 것이다. 〈어떤 이가 묻기를〉 "六五는 밝음으로 剛에 호응하는데 크게 길함을 이루지 못함은 어째서입니까?" 하였다. 대답하기를 "六五는 陰으로 유약하니, 비록 九二에 호응하더라도 어긋나는 때에는 서로 함께 하는 道가 깊고 견고할 수 없습니다. 그러므로 九二는 반드시 임금을 골목에서 만나고 六五는 살을 깨물면 허물이 없습니다. 천하가 어긋나고 흩어지는 때에는 반드시 임금과 신하가 강건한 陽으로 中正하고 지극한 정성으로 협력한 뒤에야 화합할 수 있습니다." 하였다.

【本義】 以卦德卦變卦體로 釋卦辭라

卦德과 卦變과 卦體로 卦辭를 해석하였다.

字義 麗 : 걸릴 리　巷 : 골목 항　噬 : 깨물 서

天地睽而其事同也며 男女睽而其志通也며 萬物睽而其事類也니 睽之時用이 大矣哉라

天地가 어긋나지만 그 일이 같으며, 男女가 어긋나지만 그 뜻이 통하며, 만물이 어긋나지만 그 일이 유사하니, 睽의 때와 쓰임이 크도다."

【傳】 推物理之同하여 以明睽之時用하니 乃聖人合睽之道也라 見同之爲同者는 世俗之知也요 聖人則明物理之本同하니 所以能同天下而和合萬類也라 以天地男女萬物로 明之하니 天高地下는 其體睽也라 然陽降陰升하여 相合而成化育之事則同也요 男女異

質은 睽也나 而相求之志則通也요 生物萬殊는 睽也나 然而得天地之和하고 稟陰陽之氣則相類也라 物雖異而理本同이라 故로 天下之大와 群生之衆이 睽散萬殊나 而聖人爲能同之라 處睽之時하여 合睽之用하니 其事至大라 故云大矣哉라하니라

사물의 이치가 같음을 미루어서 睽의 때와 쓰임을 밝혔으니, 聖人이 어긋남을 화합하게 하는 道이다. 같은 것이 같음을 보는 것은 世俗의 지혜이고, 聖人의 경우는 〈만물이 어긋나지만〉 사물의 이치가 본래 같음을 밝게 아니, 이 때문에 천하를 같게 하여 온갖 부류를 화합하게 할 수 있다. 天地와 男女와 萬物로써 밝혔으니 하늘은 높고 땅은 낮음은 몸체가 어긋나지만 陽은 내려오고 陰은 올라가서 서로 합하여 化育의 일을 이룸은 같고, 남녀가 성질이 달라서 어긋나지만 서로 구하는 뜻은 통하고, 사물을 낳음이 만 가지로 달라서 어긋나지만 天地의 화합함을 얻고 陰陽의 기운을 받은 것은 서로 유사하다. 만물은 비록 다르지만 이치는 본래 같으므로 거대한 천하와 수많은 생물이 어긋나고 흩어져 만 가지로 다르지만 성인이 같게 할 수 있는 것이다. 睽의 때에 처하여 睽의 쓰임을 화합하게 하니 그 일이 지극히 크기 때문에 '크다.' 라고 한 것이다.

【本義】 極言其理而贊之라

그 이치를 지극하게 말하여 찬양하였다.

字義 稟 : 받을 품

象曰 上火下澤이 睽니 君子以하여 同而異[5]하나니라

〈象傳〉에 말하였다. "위는 불이고 아래는 못인 것이 睽이니, 군자가 이것을 본받아 같이 하면서도 다르게 한다."

【傳】 上火下澤하여 二物之性違異하니 所以爲睽離之象이라 君子觀睽異之象하여 於大同

---

5 同而異 : 李瀷(朝鮮)은 《易經疾書》에서 "천지의 도로 말하면 비록 다르지만 같게 되니 〈단전〉의 말이 이것이고, 위는 불이고 아래는 못인 것으로 말하면 비록 같지만 다르게 되니 〈대상전〉의 말이 이것이다." 하였다. 또, 朴文鎬(朝鮮)는 〈經說·周易〉에서 "〈단전〉에서 '어긋남을 화합한다'고 말한 것은 시작을 추원하는 논의이니, 만 가지로 다른 것의 동일한 근본〔萬殊之一本〕이고, 〈대상전〉에서 어긋남과 같음을 말한 것은 끝을 알아차리는 논의이니, 동일한 근본이 만 가지로 나뉨이다.〔一本之萬殊〕" 하였다.

之中而知所當異也라 夫聖賢之處世에 在人理之常하여는 莫不大同이요 於世俗所同者엔 則有時而獨異하니 蓋於秉彝則同矣요 於世俗之失則異也라 不能大同者는 亂常拂理之人也요 不能獨異者는 隨俗習非之人也니 要在同而能異耳라 中庸曰 和而不流是也라

위는 불이고 아래는 못이어서 두 사물의 성질이 어기고 다르니, 이 때문에 어긋나 떨어지는 象이 된다. 君子는 어긋나 달라지는 象을 보고서 크게 같은 가운데서 다르게 해야 할 것을 안다. 聖賢의 처세는 사람의 떳떳한 도리에 있어서는 크게 같지 않음이 없고, 세속에서 똑같이 하는 것에 대해서는 때에 따라 홀로 다르게 하니, 대체로 타고난 천성에 있어서는 같이 하고, 세속에서 잘못하는 것에 대해서는 다르게 한다. 크게 같이 할 수 없는 자는 常道와 天理를 어지럽히는 사람이고, 홀로 다르게 할 수 없는 자는 세속을 따라 나쁜 것을 답습하는 사람이다. 요컨대 같이 하면서도 다르게 할 수 있는데 달려 있을 뿐이니, 《中庸》에 "화합하면서도 휩쓸리지 않는다."라고 한 것이 이것이다.

【本義】 二卦合體而性不同이라

두 卦가 괘체는 합하였으나 성질은 같지 않다.

字義 秉 : 잡을 병 彝 : 떳떳할 이 拂 : 어길 불

初九는 悔亡하니 喪馬하고 勿逐하여도 自復[6]이니 見惡人[7]하면 无咎리라

---

6 喪馬……自復 : 柳正源(朝鮮)은 《易解參攷》에서 林栗(南宋)의 설명을 빌려 "소를 잃음은 그 유순함을 잃음이고, 양을 잃음은 그 사나움을 잃음이고, 말[馬]을 잃음은 그 강건함을 잃음이다. 九四는 강건한데, 六三과 六五의 사이에 끼어서 달아나도 막을 수 없다. 그러나 六五는 자연히 九二와 호응하고 六三은 자연히 上九와 호응하나, 九四는 돌아갈 곳이 없어서 그 형세가 스스로 돌아오니, 쫓지 않아도 괜찮다." 하였다. 또, 李震相(朝鮮)은 《易學管窺》에서 "初九가 호응함은 九四에 있는데, 九四는 바로 坎卦☵의 몸체이며, 감괘는 말[馬]이 된다. 九四가 굳센 양으로 처음부터 初九와 어긋나니, 말을 잃는 상이다. 坎卦의 성질은 아래로 나아가므로 끝내는 반드시 初九에게 구하니, 쫓지 않아도 스스로 돌아오는 상이다." 하였다.

7 見惡人 : 李震相(朝鮮)은 《易學管窺》에서 "일반적으로 초효와 사효는 정응관계의 자리이지만, 六三의 머리가 깎이고 코가 베인 사람이 닥쳐서 가까이 하니 魯나라에 陽貨가 있고, 衛나라에 南子가 있음과 같다. 六三을 거치지 않으면 九四와 회합할 수 없으니, 이 사람을 만나지 않는다면 허물을 면할 수 없다. 그래서 나쁜 사람을 만나야 허물이 없다는 것이다. 어지러운 나라에서 나쁜 사람을 만났으니, 안으로 지킴이 확고한 자가 아니라면 〈허물을 면할 수 있을 것이라고〉 갑자기 말할 수 없다. 선배들이 대체로 九四를 나쁜 사람으로 간주하였는데, 九四가 비록 알맞지는 않더라도 初九와 같은 덕이니, 곧바로 나쁜 사람이라고 할 수는 없을 듯하다." 하였다.

【本義】見惡人이라야

初九는 후회가 없어지니, 말을 잃고 좇지 않아도 스스로 돌아오니, 나쁜 사람을 만나면 허물이 없을 것이다.

【본의】나쁜 사람을 만나야

【傳】九居卦初하니 睽之始也라 在睽乖之時하여 以剛動於下하니 有悔可知로되 所以得亡者는 九四在上하여 亦以剛陽으로 睽離无與하니 自然同類相合이요 同是陽爻로 同居下하고 又當相應之位하니 二陽은 本非相應者로되 以在睽故로 合也요 上下相與故로 能亡其悔也라 在睽엔 諸爻皆有應이라 夫合則有睽하니 本異則何睽리오 唯初與四는 雖非應이나 而同德相與라 故相遇라 馬者는 所以行也라 陽은 上行者也로되 睽獨无與하여 則不能行하니 是喪其馬也나 四旣與之合이면 則能行矣니 是勿逐而馬復得也라 惡人은 與己乖異者也요 見者는 與相通也라 當睽之時하여 雖同德者相與나 然小人乖異者至衆하니 若棄絶之면 不幾盡天下以仇君子乎아 如此則失含弘之義하여 致凶咎之道也니 又安能化不善而使之合乎아 故必見惡人則无咎也라 古之聖王이 所以能化姦凶爲善良하고 革仇敵爲臣民者는 由弗絶也라

初九는 卦의 처음에 있으니, 어긋남의 시작이다. 어긋나는 때에 있어서 剛함으로 아래에서 움직이니 후회가 있음을 알 만하나, 후회가 없어지게 된 까닭은 九四가 위에 있으면서 또한 강건한 陽으로 어긋나 떨어져 함께 함이 없기 때문이니, 자연히 같은 부류끼리 서로 합하게 된다. 〈初九와 九四는〉 똑같이 陽爻로 똑같이 아래에 있고, 또 서로 호응하는 자리에 해당하니, 두 陽爻는 본래 서로 호응하는 것이 아니지만 어긋나는 때에 있기 때문에 합하고, 위와 아래가 서로 함께 하기 때문에 후회를 없앨 수 있다. 睽卦에 있어서 〈初九와 九四를 제외하고〉 여러 爻가 호응함이 있다. 합하면 어긋남이 있으니 본래 다르다면 어찌 어긋나겠는가? 初九와 九四만이 비록 호응은 아니지만 같은 德으로 서로 함께 하기 때문에 서로 만나는 것이다.

'말'은 〈타고〉 가는 것이고, '陽'은 위로 가는 것인데, 어긋나고 홀로 되어 함께 하는 이가 없어서 곧 나아갈 수 없으니, 이는 그 말을 잃은 것이다. 그러나 九四가 이미 初九와 합하면 나아갈 수가 있으니, 이는 쫓지 않아도 다시 말을 얻는 것이다.

'나쁜 사람'은 자기와 어긋나고 다른 자이고, '만남'이란 함께 서로 통하는 것이다. 어긋나는 때를 당하여 비록 德이 같은 사람끼리 서로 함께 해야 하지만 어긋나고 달리하는 小人이 지극히 많으니, 만약 그들을 버리고 끊는다면 온 천하 사람들이 다 君子를 원수로 여기게 함

에 가깝지 않겠는가. 이와 같으면 널리 포용하는 뜻을 상실하여 흉함과 허물을 초래하게 될 것이니, 또 어찌 不善한 자를 교화시켜 화합할 수 있겠는가? 그러므로 반드시 나쁜 사람을 만나야 허물이 없다. 옛날 聖王이 간사하고 흉악한 이를 교화하여 선량한 사람을 만들고 원수를 바꾸어 신하와 백성으로 만들 수 있었던 것은 끊지 않았기 때문이다.

【本義】上无正應하니 有悔也로되 而居睽之時하여 同德相應하니 其悔亡矣라 故有喪馬勿逐而自復之象이라 然亦必見惡人然後可以辟(避)咎니 如孔子之於陽貨[8]也라

〈初九는〉 위로 正應이 없으니 후회가 있으나, 어긋나는 때에 거처하여 같은 德으로 서로 호응하니 후회가 없어진다. 그러므로 말을 잃고 좇지 않아도 스스로 돌아오는 象이 있다. 그러나 또한 반드시 나쁜 사람을 만난 뒤에야 허물을 피할 수 있으니, 孔子가 陽貨에게 한 일과 같다.

字義 逐 : 쫓을 축　革 : 바꿀 혁　仇 : 원수 구

象曰 見惡人은 以辟(避)咎也라

〈象傳〉에 말하였다. "'나쁜 사람을 만남'은 허물을 피하기 때문이다."

【傳】睽離之時에 人情乖違하니 求和合之라도 且病其不能得也어든 若以惡人而拒絕之면 則將衆仇於君子而禍咎至矣라 故必見之는 所以免辟怨咎也니 无怨咎則有可合之道라

어긋나서 헤어지는 때에는 人情이 어긋나니, 화합하기를 구하더라도 장차 얻지 못할까 근심하는데, 만일 나쁜 사람이라 하여 거절한다면 사람들이 장차 君子를 원수로 여겨 禍와 허물이 이를 것이다. 그러므로 반드시 나쁜 사람을 만나야 함은 원망과 허물을 피하려함이니, 원망과 허물이 없다면 화합할 수 있는 방도가 있다.

字義 辟 : 피할 피(避)

---

8 孔子之於陽貨 : 陽貨는 이름이 虎로, 春秋時代 魯나라 대부 季孫氏의 家臣이었으나 계손씨를 축출하고 國政을 독단하였다. 당시 명망 높았던 孔子로 하여금 찾아와서 자신을 만나게 하고자 하였으나 공자가 만나러 오지 않자, 공자가 집에 없을 때를 틈타 삶은 돼지를 선물로 보내 자기에게 인사하러 오도록 하였다. 그러자 공자도 그가 없는 틈을 타서 사례하고 돌아오던 중 길에서 그를 만났는데 공자가 피하지 않고 그와 대화를 나눈 내용이 《논어》 〈양화〉편에 자세히 보인다.

九二는 遇主于巷[9]하면 无咎리라

【本義】遇主于巷이라야

九二는 임금을 골목에서 만나면 허물이 없을 것이다.

【본의】 임금을 골목에서 만나야

【傳】二與五正應이니 爲相與者也라 然在睽乖之時하여 陰陽相應之道衰하고 而剛柔相戾之意勝하니 學易者識此則知變通矣라 故二五雖正應이나 當委曲以相求也라 二以剛中之德으로 居下하여 上應六五之君하니 道合則志行하여 成濟睽之功矣로되 而居睽離之時하여 其交非固하니 二當委曲求於相遇하여 覬其得合也라 故曰遇主于巷이라하니 必能合而後无咎라 君臣睽離면 其咎大矣라 巷者는 委曲之途也요 遇者는 會逢之謂也니 當委曲相求하여 期於會遇하여 與之合也라 所謂委曲者는 以善道宛轉將就하여 使合而已요 非枉己屈道也라

九二와 六五는 正應이니 서로 함께하는 자가 된다. 그러나 어긋나는 때에 있어서는 陰陽이 서로 호응하는 道가 쇠퇴하고, 剛柔가 서로 어그러지는 뜻이 기승하니, 《周易》을 배우는 자가 이것을 알면 變通을 알 것이다. 그러므로 九二와 六五가 비록 正應이지만 마땅히 곡진하게 서로 구해야 한다. 九二가 剛中한 德으로 아래에 있고 위로 六五의 임금과 호응하니, 道가 합하면 뜻이 행해져서 어긋남을 구제하는 공효를 이룰 수 있다. 그러나 어긋나서 떨어지는 때에 있어서 그 사귐이 견고하지 못하니, 九二가 마땅히 곡진하게 서로 만나기를 구하여 합하기를 바라야 한다. 그러므로 "임금을 골목에서 만난다." 하였으니, 반드시 합한 뒤에야 허물이 없다. 임금과 신하가 어긋나서 떨어지면 그 허물이 크다. '골목'은 굽은 길이고 '만남'은 모여 만남을 말하니, 마땅히 곡진하게 서로 구하여 모여 만나기를 기약해서 더불어 합해야 한다. 이른바 '곡진함'은 善한 道로 완곡하게 이루어서 합하게 할 뿐이고, 자신을 굽히고 道를 굽히는 것은 아니다.

---

9 遇主于巷 : 李瀷(朝鮮)은 《易經疾書》에서 "'巷'은 꼬불꼬불한 길〔委巷〕의 '巷'과 같으니, 큰 길은 아니지만 또한 다닐 수 있는 길이다. 이 괘는 모두 앞에서는 어긋나고 뒤에는 화합하는 상이다. 初九는 군자와 소인이 어긋났다가 받아들이는 것이고, 九二는 임금과 신하가 어긋났다가 만나는 것이며, 六三은 종족이 어긋났다가 화목한 것이고, 九四는 벗들이 어긋났다가 만나는 것이며, 六五는 六三과 같고, 上九는 남녀가 어긋났다가 화합하는 것이다. 오직 六三과 六五에서 이를 합하여 말한 것은 괘 가운데 음효가 오직 둘이 있기 때문이다. 그러므로 六五는 임금의 자리가 되고 六三은 나라의 종친이 된다." 하였다.

【本義】二五陰陽正應이로되 居睽之時하여 乖戾不合하니 必委曲相求而得會遇라야 乃爲无咎라 故其象占如此하니라

九二와 六五는 陰陽의 正應이지만 어긋나는 때에 있어서 어긋나고 합하지 못하니, 반드시 곡진하게 서로 구하여 만날 수 있어야 허물이 없을 수 있다. 그러므로 그 象과 占이 이와 같다.

字義 巷 : 골목 항 戾 : 어그러질 려 覬 : 바랄 기 宛 : 완곡할 완 枉 : 굽을 왕

象曰 遇主于巷이 未失道也라

〈象傳〉에 말하였다. "'임금을 골목에서 만남'은 道를 잃지 않은 것이다."

【傳】當睽之時하여 君心未合하니 賢臣在下에 竭力盡誠하여 期使之信合而已라 至誠以感動之하고 盡力以扶持之하며 明義理以致其知하고 杜蔽惑以誠其意하니 如是宛轉하여 以求其合也라 遇는 非枉道迎逢也요 巷은 非邪僻由徑也라 故夫子特云遇主于巷이 未失道也라하시니 未는 非必也니 非必謂失道也라

어긋나는 때를 당하여 임금의 마음이 합하지 않으니, 어진 신하가 아래에 있음에 힘과 정성을 다하여 믿고 합하기를 기약할 뿐이다. 지극한 정성으로 감동시키고 힘을 다하여 부지하며, 義理를 밝혀서 앎을 이루게 하고 미혹됨을 막아서 뜻을 정성스럽게 함이니, 이와 같이 모나지 않고 원만하게 변화시켜서 합하기를 구해야 한다. '만남'은 道를 굽혀 영합하는 것이 아니고, '골목'은 간사하고 궁벽한 지름길이 아니다. 그러므로 孔子가 특별히 "임금을 골목에서 만남이 道를 잃은 것이 아니다." 하였으니 '未'는 반드시 그런 것은 아니니, 반드시 道를 잃음을 말하는 것은 아니다.

【本義】本其正應이니 非有邪也라

〈六五는〉 본래 九二의 正應이니, 간사함이 있는 것은 아니다.

六三은 見輿曳하고 其牛掣하며 其人이 天且劓니 无初하고 有終[10]이리라

---

10 見輿曳……有終 : 《大全》의 소주에서 胡炳文(南宋)은 "본래는 수레가 끌림도 없고, 본래는 소가 가

六三은 수레가 뒤로 끌리고 소가 앞이 가로막히며, 그 사람이 머리가 깎이고 또 코가 베임을 보니, 처음은 없고 끝은 있을 것이다.

【傳】陰柔는 於平時에도 且不足以自立이어든 況當睽離之際乎아 三居二剛之間하여 處不得其所安하니 其見侵陵을 可知矣라 三以正應在上하여 欲進與上合志로되 而四阻於前하고 二牽於後라 車牛는 所以行之具也라 輿曳는 牽於後也요 牛掣은 阻於前也니 在後者는 牽曳之而已요 當前者는 進者之所力犯也라 故重傷於上하니 爲四所傷也라 其人天且劓는 天은 髡首也요 劓는 截鼻也라 三從正應而四隔止之하니 三雖陰柔나 處剛而志行이라 故力進以犯之하니 是以傷也라 天而又劓는 言重傷也라 三不合於二與四는 睽之時에 自无合義니 適合居剛守正之道也라 其於正應則睽極하여 有終合之理하니 始爲二陽所厄은 是无初也요 後必得合은 是有終也라 掣은 從制從手하니 執止之義也라

유약한 陰은 평시에도 스스로 설 수 없는데, 하물며 어긋나고 떨어지는 때에는 어떠하겠는가? 六三은 두 剛의 사이에 있어서 거처가 편안함을 얻지 못하니, 침해와 능멸을 당함을 알 수 있다. 六三은 正應이 위에 있어서 나아가서 上九와 뜻을 합하고자 하지만 九四가 앞에서 가로막고 九二가 뒤에서 끌어당긴다. 수레와 소는 가는 도구이다. '수레가 끌림'은 뒤에서 끌어당김이고, '소가 가로막힘'은 앞에서 가로막음이다. 뒤에 있는 것은 끌어당길 뿐이고 앞에 있는 것은 나아가는 자가 힘써 침범하기 때문에 윗사람에게 거듭 손상 당하니, 九四에게 상하게 된다.

'其人天且劓'에서의 '天'은 머리를 깎는 것이고 '劓'는 코를 베는 것이다. 六三이 正應을 따르려 하나 九四가 가로막아 멈추게 하니, 六三이 비록 유약한 陰이지만 剛한 자리에 있어서 뜻이 행해진다. 그러므로 힘써 나아가 침범하니, 이 때문에 손상되는 것이다. 머리가 깎이고 또 코가 베임은 거듭 손상됨을 말한다.

六三이 九二나 九四와 합하지 않음은 어긋나는 때에 스스로 합하려는 뜻이 없기 때문이니, 剛한 자리에 있으면서 바름을 지키는 道에 적합하다. 正應에 대해서는 어긋남이 끝나서 마침내 합하는 이치가 있으니, 처음에 두 陽에게 곤액을 당함은 처음이 없는 것이고, 뒤에 반드시

로막음도 없으며, 본래는 머리가 깎이거나 코가 베이는 것도 없는데, 의심하기 때문에 그 소견이 이와 같은 것이다. 그 소견이 이와 같기 때문에 처음은 없고, 바른 이치는 본래 이와 같지 않기 때문에 끝이 있다." 하였다.

합함을 얻음은 끝이 있는 것이다. '掣'은 '手'를 부수로 하고 '制'를 썼으니, 잡아서 그치게 하는 뜻이다.

【本義】六三이 上九正應而三居二陽之間하여 後爲二所曳하고 前爲四所掣하고 而當睽之時하여 上九猜狠方深이라 故又有髡劓之傷이라 然邪不勝正하여 終必得合이라 故其象占如此하니라

六三이 上九와 正應이지만 六三이 두 陽 사이에 있어서 뒤로는 九二에게 끌리고 앞으로는 九四에게 가로막히며, 어긋나는 때를 당하여 上九의 시기와 포악함이 한창 깊기 때문에 또 머리가 깎이고 코가 베이는 손상이 있다. 그러나 그릇됨은 바름을 이기지 못하여 끝내는 반드시 합함을 얻으므로 그 象과 占이 이와 같다.

字義 曳 : 끌 예 掣 : 당길 체 劓 : 코벨 의 髡 : 머리깎을 곤 截 : 자를 절 猜 : 시기할 시 狠 : 사나울 한

象曰 見輿曳는 位不當也요 无初有終은 遇剛也일새라

〈象傳〉에 말하였다. "'수레가 뒤로 끌림'은 자리가 마땅하지 않기 때문이고, '처음은 없고 끝은 있음'은 剛을 만나기 때문이다."

【傳】以六居三은 非正也니 非正則不安이요 又在二陽之間하니 所以有如是艱厄은 由位不當也라 无初有終者는 終必與上九相遇而合이니 乃遇剛也라 不正而合이면 未有久而不離者也어니와 合以正道면 自无終睽之理라 故賢者順理而安行하고 智者知幾而固守니라

陽으로 三爻 자리에 있음은 바름이 아니니, 바름이 아니면 편안하지 못하고, 또 두 陽의 사이에 있으니, 이와 같은 어려움과 곤액이 있는 까닭은 자리가 마땅하지 않기 때문이다. '처음은 없고 끝은 있음'은 끝에는 반드시 上九와 서로 만나 합하기 때문이니, 바로 剛을 만나는 것이다. 바르지 않은데 합하면 오래되면 떠나지 않는 자가 없으나, 바른 道로 합하면 끝내 어긋나는 이치가 없다. 그러므로 어진 자는 이치에 따라서 편안하게 행하고, 지혜로운 자는 기미를 알아서 견고하게 지킨다.

字義 厄 : 곤액 액 幾 : 기미 기

九四는 睽孤하여 遇元夫[11]하여 交孚니 厲[12]하나 无咎리라

【本義】 厲하여야

九四는 어긋남에 외로워 착한 남편을 만나 서로 믿으니, 위태로우나 허물이 없을 것이다.

【본의】 위태롭게 여겨야

【傳】 九四當睽時하여 居非所安이요 无應而在二陰之間하니 是睽離孤處者也라 以剛陽之德으로 當睽離之時하여 孤立无與하니 必以氣類相求而合이라 是以遇元夫也라 夫는 陽稱이요 元은 善也라 初九當睽之初하여 遂能與同德而亡睽之悔하니 處睽之至善者也라 故目之爲元夫하니 猶云善士也라 四則過中하여 爲睽已甚하니 不若初之善也라 四與初皆以陽處一卦之下하여 居相應之位하니 當睽乖之時하여 各无應援하여 自然同德相親이라 故會遇也라 同德相遇면 必須至誠相與니 交孚는 各有孚誠也라 上下二陽이 以至誠相合이면 則何時之不能行이며 何危之不能濟리오 故雖處危厲而无咎也라 當睽離之時하여 孤居二陰之間하고 處不當位하니 危且有咎也로되 以遇元夫而交孚라 故得无咎也라

九四는 어긋나는 때를 당하여 거처가 편안한 곳이 아니고, 호응함이 없으면서 두 陰의 사이에 있으니, 이는 어긋나 떨어져서 외롭게 지내는 자이다. 강건한 陽의 德으로 어긋나 떨어지는 때를 맞아 고립되어 함께 하는 자가 없으니, 반드시 意氣가 통하는 사람을 서로 구하여 화합해야 한다. 이 때문에 '착한 남편'을 만나는 것이다. '夫'는 陽을 일컫고, '元'은 착함이다. 初九가 睽의 초기를 당하여 마침내 德이 같은 이와 함께 할 수 있어서 어긋남의 후회를 없앨

---

11 遇元夫 : 《大全》의 소주에서 邱富國(南宋)은 "初九는 양이 양의 자리에 있고, 九四는 양이 음의 자리에 있기 때문에 九四가 보기에 初九는 '착한 남편'이 된다." 하였다. 또 柳正源(朝鮮)은 《易解參攷》에서, 《주역정의》의 설명을 빌려 "괘의 처음에 있으므로 '첫째[元]'라고 하였고, '夫'는 '丈夫'의 '夫'이지 '夫婦'의 '夫'가 아니다." 하였나.

12 厲 : 李恒老(朝鮮)는 《周易傳義同異釋義》에서 "《주역》의 범례에서 '厲'자를 씀에는 두 가지 뜻이 있다. 하나는 위험한 곳에 거처함이니, 乾卦䷀ 九三의 '위태하나 허물이 없다'와 같은 부류이다. 하나는 위태로운 도를 씀이니, 蠱卦䷑ 初六의 '위태롭게 여겨야 마침내 길할 것이다'와 같은 부류이다. 대체로 이 괘의 九四는 양으로 음의 자리에 있으니 지나친 굳셈의 위험이 없고, 상괘의 아래에 있으니 지나치게 높은 위험이 없으며, 어긋남이 다한 뒤여서 같은 덕으로 착한 남편을 만나 서로 믿으니, 서로 얻는 기쁨이 있고 근심할 만한 어려움이 없다. 그러므로 위태롭게 여기는 것으로 힘쓰게 하였으니, 《본의》와 같은 해석은 이 때문이다." 하였다.

수 있으니, 어긋날 때에 대처를 지극히 잘한 자이다. 그러므로 지목하여 '착한 남편'이라 하였으니, '착한 선비'라는 것과 같다.

九四는 〈卦의〉 가운데를 지나서 어긋남이 이미 심하니, 初九의 착함만 못하다. 九四와 初九는 모두 陽으로써 한 卦의 아래에 처하여 서로 호응하는 자리에 있으니, 어긋나 괴리되는 때에 각각 호응하여 도와주는 자가 없어서 자연스럽게 德이 같은 자끼리 서로 친애하므로 모여서 만난 것이다. 德이 같은 자와 서로 만나면 반드시 지극한 정성으로 서로 함께 해야 하니, '서로 믿음'은 각각 믿음과 정성이 있는 것이다. 위와 아래의 두 陽이 지극한 정성으로 서로 합하면 어느 때인들 행하지 못하며, 어떤 위험인들 구제하지 못하겠는가? 그러므로 비록 위태로움에 처하나 허물이 없다. 九四가 어긋나 헤어지는 때를 당하여 두 陰의 사이에 외롭게 있고, 마땅하지 않은 자리에 처하니 위험하고 또 허물이 있으나 착한 남편을 만나 서로 믿기 때문에 허물이 없을 수 있다.

【本義】 睽孤는 謂无應이요 遇元夫는 謂得初九라 交孚는 謂同德相信이라 然當睽時라 故必危厲라야 乃得无咎니 占者亦如是也라

'어긋남에 외로움'은 호응이 없음을 말하고, '착한 남편을 만남'은 初九를 얻음을 말한다. '서로 믿음'은 德이 같은 자와 서로 믿음을 말한다. 그러나 어긋나는 때이므로 반드시 위태롭게 여겨야 허물이 없을 수 있으니, 점치는 자도 이와 같아야 한다.

字義 厲 : 위태로울 려　援 : 도울 원

象曰 交孚无咎는 志行也리라

〈象傳〉에 말하였다. "'서로 믿어 허물이 없음'은 뜻이 행해질 것이다."

【傳】 初四는 皆陽剛君子니 當睽乖之時하여 上下以至誠相交하여 協志同力이면 則其志可以行이요 不止无咎而已라 (卦)〔爻〕[13]辭엔 但言无咎어늘 夫子又從而明之云 可以行其志하여 救時之睽也라하시니라 蓋以君子陽剛之才而至誠相輔면 何所不能濟也리오 唯有君則能行其志矣리라

初九와 九四는 모두 陽으로 剛한 君子이니 어긋나 괴리되는 때를 맞아 위와 아래가 정성을

13 (卦)〔爻〕: 저본과 《二程全書》에 모두 '卦'로 되어 있으나, 문맥을 살펴 '爻'로 바로잡았다.

다하여 서로 사귀어 뜻을 합하고 힘을 함께 한다면 그 뜻이 행해질 것이고, 단지 허물이 없는 데 그치지만은 않는다. 爻辭에서는 '无咎'라고만 했는데, 孔子가 또 이어서 밝히기를, "뜻을 행하여 당시의 어긋남을 구제할 수 있다."고 하셨다. 君子의 陽剛한 재질로 정성을 다하여 서로 도우면 무엇인들 구제하지 못하겠는가. 다만 임금이 있어야 그 뜻을 행할 수 있을 것이다.

六五는 悔亡하니 厥宗이 噬膚[14]면 往에 何咎리오

【本義】噬膚니

六五는 후회가 없어지니, 그 친족이 살을 깨물면 감에 무슨 허물이 있겠는가.

【본의】살을 깨물음이니

【傳】六以陰柔로 當睽離之時而居尊位하니 有悔可知라 然而下有九二剛陽之賢하여 與之爲應以輔翼之라 故得悔亡이라 厥宗은 其黨也니 謂九二正應也요 噬膚는 噬齧其肌膚而深入之也라 當睽之時하여 非入之者深이면 豈能合也리오 五雖陰柔之才나 二輔以陽剛之道而深入之면 則可往而有慶이니 復何過咎之有리오 以周成之幼稚而興盛王之治하고 以劉禪之昏弱而有中興之勢는 蓋由任聖賢之輔하여 而姬公孔明所以入之者深也[15]일새니라

六五는 유약한 陰으로 어긋나 떨어지는 때를 맞아 존귀한 자리에 있으니, 후회가 있음을

14 厥宗 噬膚 : 石之珩(朝鮮)은 《五位龜鑑》에서 효종에게 올리는 글에 "규괘의 六五는, 괘의 九二가 변하여 六二가 되면 서합괘가 되기 때문에 서합괘 六二의 '살을 깨문다'는 뜻을 펼쳤습니다. 六五는 부드러운 음이고 九二는 굳센 양이며, '친족[宗]'은 친한 무리가 되고 '살[膚]'은 신체여서 친한 무리의 굳셈으로 신체의 부드러움을 깨물었으니, 들어옴이 반드시 깊고 합쳐짐이 반드시 쉽습니다. 대체로 부류끼리 서로 친애함은 형제자매를 귀하게 여기는 것이고, 도리로 서로 깨묾은 육신을 괴롭힘이 아닙니다. 이러므로 깊이 들어와 틈이 없고 어긋나도 반드시 합쳐지니, 임금께서 이 두 리를 체득하여 현명한 신하의 깨묾을 받아들인다면 비록 어긋나 괴리되는 세상이라도 어찌하여 구제할 수 없겠습니까? 엎드려 바라건대 전하께서는 현인을 높이시어 그 깊음을 싫어하지 마십시오." 하였다.

15 以周成之幼稚而興盛王之治……而姬公孔明所以入之者深也 : 周 成王은 周나라 제2대 천자로 어린 나이에 등극하여 어려움이 많았으나 周公의 보필로 창업을 이룰 수 있었고, 劉禪은 劉備를 이은 촉한의 제2대 황제로 어리석고 나약하다는 평이 있었으나 諸葛亮의 보필로 南蠻을 평정하고 魏나라를 공격하여 中興의 기반을 구축하였다. 그러나 제갈량이 죽자 국정을 돌보지 않다가 魏나라에 항복하고 安樂公에 봉해졌다.

알 수 있다. 그러나 아래에 강건한 陽의 賢人인 九二가 있어서 더불어 호응하여 돕기 때문에 후회가 없을 수 있다. '그 친족'은 그 무리이니, 九二의 正應을 이르고, '살을 깨묾'은 그 살갗을 깨물어 깊이 들어가는 것이다. 어긋나는 때를 맞아 들어감이 깊지 않으면 어찌 합할 수 있겠는가. 六五가 비록 유약한 陰의 재질이나 九二가 강건한 陽의 道로 도와서 깊이 들어간다면 감에 경사가 있을 것이니, 다시 무슨 허물이 있겠는가. 周나라 成王이 어렸음에도 성대한 왕의 정치를 일으켰고, 劉禪이 어리석고 나약했어도 中興의 형세가 있었음은, 聖賢의 보필에 맡겨 姬公(周公)과 諸葛孔明이 들어감(그 임금인 成王과 劉禪과 서로 미덥게 됨)이 깊었기 때문이다.

【本義】 以陰居陽은 悔也로되 居中得應이라 故能亡之라 厥宗은 指九二요 噬膚는 言易合이라 六五有柔中之德이라 故其象占如是하니라

陰으로 陽의 자리에 있음은 후회스럽지만, 가운데 자리에 있고 호응을 얻었으므로 후회를 없앨 수 있다. '그 친족'은 九二를 가리키고, '살을 깨물음'은 쉽게 합함을 말한다. 六五에 유순함으로 中道의 德이 있으므로 그 象과 占이 이와 같다.

字義 宗 : 일족 종 輔 : 도울 보 翼 : 도울 익 齧 : 깨물 설 肌 : 살갗 기 稚 : 어릴 치

象曰 厥宗噬膚는 往有慶也[16]리라

〈象傳〉에 말하였다. "'그 친족이 살을 깨물음'은 감에 경사가 있을 것이다."

【傳】 爻辭엔 但言厥宗噬膚則可以往而无咎어늘 象復推明其義하여 言人君雖己才不足이나 若能信任賢輔하여 使以其道深入於己면 則可以有爲니 是往而有福慶也라

爻辭에서는 다만 "그 친족이 살을 깨물면 감에 허물이 없을 수 있다." 하였는데, 爻의 〈象

16 往有慶也 : 六五의 괘사에 '후회가 없다' 하였고, 〈소상전〉에서는 '감에 경사가 있다' 한 것에 대하여 李恒老(朝鮮)는 《周易傳義同異釋義》에서, 《주역》의 범례에서 '中'이 중요하고, '正'은 그 다음이라고 전제하고 다음과 같이 말하였다. "中이 正보다 중요하니, 임금이 유순한 덕을 가지고 아래로 신하와 호응하고, 신하가 굳세고 밝은 재질을 가지고 위로 임금을 보좌하여, 위아래가 서로 태평하고 굳센 양과 부드러운 음이 서로 구제한다면, 어디를 간들 이롭지 않겠으며, 어떤 위태로움이라도 형통하지 않겠는가? 이 때문에 六五와 九二가 서로 상응하는 것이 모두 16괘인데, 대체로 큰 허물이 없다." 하였다.

傳〉에 다시 그 뜻을 미루어 밝혀서 "임금이 비록 자신의 재주가 부족하나 賢人의 보필을 신임하여 그가 가진 道로써 자신에게 깊이 들어오게 하면 큰 일을 할 수 있다." 하였으니, 이는 가서 복과 경사가 있는 것이다.

上九는 睽孤하여 見豕負塗와 載鬼一車라 先張之弧라가 後說(탈)之弧하여 匪寇라 婚媾니 往遇雨하면 則吉하리라

上九는 어긋남에 외로워 돼지가 진흙을 짊어진 것과 귀신이 한 수레에 실려 있음을 봄이다. 먼저는 활줄을 당겼다가 뒤에 활줄을 풀어놓으니, 도적 아니라 婚媾이다. 가서 비를 만나면 吉할 것이다.

【傳】上居卦之終하니 睽之極也요 陽剛居上하니 剛之極也요 在離之上하니 用明之極也라 睽極則咈戾而難合하고 剛極則躁暴而不詳하고 明極則過察而多疑라 上九有六三之正應하여 實不孤나 而其才性如此하여 自睽孤也라 如人雖有親黨이나 而多自疑猜하여 妄生乖離면 雖處骨肉親黨之間이나 而常孤獨也라 上之與三은 雖爲正應이나 然居睽極하여 无所不疑하여 其見三을 如豕之汚穢而又背負泥塗하니 見其可惡之甚也라 旣惡之甚則猜하여 成其罪惡하여 如見載鬼滿一車也라 鬼本无形而見載之一車는 言其以无爲有하니 妄之極也라 物理는 極而必反하니 以近明之하면 如人適東하여 東極矣에 動則西也요 如升高하여 高極矣에 動則下也니 旣極則動而必反也라 上之睽乖旣極이요 三之所處者正理니 大凡失道旣極이면 則必反正理라 故上於三에 始疑而終必合也라 先張之弧는 始疑惡而欲射之也라 疑之者는 妄也니 妄安能常이리오 故終必復於正이라 三實无惡이라 故後說弧而弗射하니 睽極而反이라 故與三非復爲寇讐요 乃婚媾也라 此匪寇婚媾之語는 與他卦同而義則殊也라 陰陽交而和暢則爲雨하니 上於三에 始疑而睽로되 睽極則不疑而合하나니 陰陽合而益和則爲雨라 故云往遇雨則吉이라 往者는 自此以往也니 謂旣合而益和則吉也라

上九는 卦의 끝에 있으니 어긋남이 극도에 이르렀고, 강건한 陽이 맨 위에 있으니 剛함이 지극하고, 離卦☲의 맨 위에 있으니 밝음을 씀이 지극하다. 어긋남이 극도에 이르면 어그러져 합하기 어렵고, 剛함이 지극하면 조급하여 상세하지 못하고, 밝음이 지극하면 지나치게 살펴서 의심이 많다. 上九는 六三의 正應이 있어서 실상 외롭지 않으나 그 재주와 성질이 이

와 같아 스스로 어긋나고 외롭다. 만약 사람 중에 친근한 무리가 있더라도 스스로 의심과 시기가 많아서 망념이 생기고 어긋나 떨어지면, 비록 骨肉과 친근한 무리들 사이에 있더라도 항상 고독하다.

上九가 六三과 비록 正應이 되지만 睽의 끝에 있어 의심하지 않는 것이 없어서 六三을 보기를 더럽고 또한 등에 진흙을 짊어진 돼지처럼 보니, 그 미워함이 심함을 알 수 있다. 이미 미워함이 심하면 시기하여 그 罪惡을 이루어 귀신이 한 수레 가득 실린 것처럼 본다. 귀신은 본래 형체가 없는데 한 수레에 실린 것처럼 본다는 것은 없는 것을 있는 것으로 여김을 말하니, 망령됨이 지극하다.

사물의 이치는 지극하면 반드시 돌아오니 가까운 일로 밝히면, 사람이 동쪽으로 나아가 동쪽이 다하였을 때에 움직이면 서쪽이고, 높이 올라가 높음이 다하였을 때에 움직이면 내려오는 것과 같으니, 이미 지극하면 움직임에 반드시 돌아온다. 上九의 어긋나 괴리됨이 이미 지극하고, 六三이 처한 것이 바른 이치이니, 대개 道를 잃음이 이미 지극하면 반드시 바른 이치로 돌아오므로 上九가 六三에 대해 처음에는 의심하지만 끝내는 반드시 화합한다.

'먼저 활줄을 당김'은 처음에 의심하고 미워하여 쏘고자 하는 것이다. 의심함은 망령됨이니 망령됨이 어찌 항구할 수 있겠는가. 그러므로 끝내는 반드시 바름으로 회복한다. 六三은 실상 죄악이 없으므로 뒤에 활줄을 풀어놓고 쏘지 않으니, 어긋남이 극에 달하여 돌아온 것이다. 그러므로 六三과는 다시 원수가 되지 않고, 바로 혼인한다. 여기서의 '匪寇婚媾'란 말은 다른 卦와 말은 같지만 뜻은 다르다. 陰陽이 사귀어 和暢하면 비가 되니, 上九가 六三에 대해 처음에는 의심하여 어긋나지만, 어긋남이 극도에 이르면 의심하지 않고 화합하니, 陰陽이 합하고 더욱 화합하면 바로 비가 되기 때문에 '가서 비를 만나면 吉하다.' 하였다. '往'은 이로부터 나아간다는 것이니, 이미 합하고 더욱 화합하면 길하다는 말이다.

【本義】 睽孤는 謂六三爲二陽所制하고 而已以剛處明極睽極之地하고 又自猜狠而乖離也라 見豕負塗는 見其汚也요 載鬼一車는 以无爲有也라 張弧는 欲射之也요 說弧는 疑稍釋也요 匪寇婚媾는 知其非寇而實親也요 往遇雨則吉은 疑盡釋而睽合也라 上九之與六三은 先睽後合이라 故其象占如此하니라

'어긋남에 외로움'은 六三이 두 陽에게 제재당하고, 〈上九가〉 剛으로 밝음이 지극하고 어긋남이 지극한 자리에 처하고 또 스스로 시기하여 괴리되고 헤어짐을 말한다. '돼지가 진흙을 짊어진 것을 봄'은 더러운 것을 보는 것이고, '귀신이 한 수레 실려 있음'은 없는 것을 있다고 여기는 것이다. '활줄을 당김'은 쏘려고 하는 것이고, '활줄을 풀어놓음'은 의심이 조금 풀어

진 것이다. "도적이 아니라 婚媾이다."는 그가 도적이 아님을 알아서 실제로 친애하는 것이고, '가서 비를 만나면 길하다.'는 의심이 모두 풀려 어긋남이 화합하는 것이다. 上九가 六三과 함께 함은 먼저는 어긋났다가 뒤에 합하므로 그 象과 占이 이와 같다.

字義 負 : 짊어질 부　塗 : 진흙 도　弧 : 활 호　說 : 벗을 탈(脫)　媾 : 혼인 구　咈 : 어길 불
戾 : 어그러질 려　猜 : 의심할 시　汚 : 더러울 오　穢 : 더러울 예　稍 : 점점 초

象曰 遇雨之吉은 群疑亡[17]也라

〈象傳〉에 말하였다. "'비를 만나는 길함'은 모든 의심이 없어진 것이다.

【傳】雨者는 陰陽和也니 始睽而能終和라 故吉也라 所以能和者는 以群疑盡亡也니 其始睽也에 无所不疑라 故云群疑요 睽極而合則皆亡也라

'비'는 陰陽이 화합한 것이니, 처음에는 어긋나지만 끝내 화합할 수 있으므로 길하다. 화합할 수 있는 까닭은 모든 의심이 다 없어졌기 때문이니, 처음 어긋날 때에는 의심하지 않는 것이 없으므로 '모든 의심'이라 하였고, 어긋남이 지극하여 화합하면 의심이 모두 없어진 것이다.

---

17 群疑亡 : 《大全》의 소주에서 馮當可(南宋)는 "내괘는 모두 어긋나 기다리는 바가 있고, 외괘는 모두 돌아가서 호응하는 바가 있다. 初九의 '말〔馬〕을 잃고 좇지 않음'은 九四의 '착한 남편을 만남'에 이르러 初九와 九四가 화합한다. 九二의 곡진함으로 만남을 구함은 六五의 '감에 무슨 허물이 있겠는가'에 이르러 九二와 六五가 화합한다. 六三의 '수레가 끌리며 소가 가로막음'은 上九의 '비를 만남'에 이르러 六三과 上九가 화합한다. 천하의 이치는 참으로 오래도록 화합할 수 없지만, 또한 끝까지 어긋남도 있지 않다." 하였다. 또 李舜臣(南宋)은 "규괘는 처음에 그 상을 보면 의심하여 하나가 될 수 없을 것 같지만, 여섯 효의 효사가 혹은 골목에서 임금을 만나고, 혹은 착한 남편을 만나 서로 믿으며, 혹은 가서 비를 만나 끝내 길하다. 그 처음에 어긋난 것이 요컨대 끝내는 모두 만남이 있으니, 천하의 어그러진 실정을 합하여 끝내는 다하여 돌아갈 바가 없음에는 이르지 않게 한 것이다." 하였다.

39. 蹇

䷦ 艮下坎上

下卦는 艮卦☶이고 上卦는 坎卦☵이다.

【傳】蹇[1]은 序卦에 睽者는 乖也니 乖必有難이라 故受之以蹇하니 蹇者는 難也라하니라 睽乖之時엔 必有蹇難하니 蹇所以次睽也라 蹇은 險阻之義라 故爲蹇難이라 爲卦 坎上艮下하니 坎은 險也요 艮은 止也니 險在前而止하여 不能進也라 前有險陷하고 後有峻阻라 故爲蹇也라

蹇卦는 〈序卦傳〉에 "睽는 어긋남이니 어긋나면 반드시 어려움이 있다. 그러므로 蹇卦로 받았으니, 蹇은 어려움이다." 하였다. 어긋나 괴리되는 때에는 반드시 어려움이 있으니, 이 때문에 蹇卦가 睽卦의 다음이 되었다. '蹇'은 험하고 막혔다는 뜻이므로 어려움이 된다. 卦의 구성이 上卦는 坎卦☵이고 下卦는 艮卦☶이니, 坎卦는 험함이고 艮卦는 멈춤이니, 험한 것이 앞에 있어서 멈추어 나아가지 못한다. 앞에는 험하여 빠짐이 있고, 뒤에는 높아 막힘이 있으므로 蹇卦가 된다.

字義 蹇 : 어려울 건 阻 : 험할 조 峻 : 높을 준

蹇은 利西南[2]하고 不利東北하며 利見大人하니 貞이면 吉하리라

---

1 蹇 : 빌헬름 영문판 주역인 《The I Ching》에서는 蹇卦를 "Chien / Obstruction"라고 하였다. 건괘는 위험이 앞에 놓여있는 장애물로 겪는 어려움을 의미한다. 상괘의 감괘는 위험을 의미하고 하괘인 간괘는 멈추어 있음을 의미한다. 이는 상괘가 간괘이고 하괘가 감괘로 유치함을 의미한 몽괘와 대비된다. 건괘의 주효는 구오효로 대인에 해당한다고 하였다.

2 利西南 : 朱熹(南宋)는 《朱子語類》에서 "서남은 음의 방위로 평이한 땅이며, 동북은 양의 방위로 험하게 막힌 곳이니, 어려운 때에는 평이한 곳으로 가는 것이 이롭고 막혀 험한 곳으로 가는 것은

蹇은 西南이 이롭고 東北은 이롭지 않으며, 大人을 보는 것이 이로우니, 바르게 하면 길할 것이다.

【傳】西南은 坤方이요 坤은 地也니 體順而易하고 東北은 艮方이요 艮은 山也니 體止而險하니 在蹇難之時하여 利於順處平易之地요 不利止於危險也라 處順易則難可紓어니와 止於險則難益甚矣라 蹇難之時에 必有聖賢之人이면 則能濟天下之難이라 故利見大人也요 濟難者는 必以大正之道而堅固其守라 故貞則吉也라 凡處難者는 必在乎守貞正이니 設使難不解라도 不失正德이라 是以吉也라 若遇難而不能固其守하여 入於邪濫이면 雖使苟免이라도 亦惡德也니 知義命者는 不爲也니라

西南은 坤卦☷의 방위이고 坤은 땅이니 卦體가 순탄하며 평이하고, 東北은 艮卦☶의 방위이고 艮은 산이니 卦體가 멈춰 있고 험하다. 어려운 때에 있어서 순탄하고 평이한 곳에 가만히 거처함은 이롭고, 위험한 곳에 머무름은 이롭지 않다. 순탄하고 평이한 곳에 처하면 어려움을 풀 수 있으나, 험한 곳에 머무르면 어려움이 더욱 심해진다. 어려운 때에 반드시 聖賢이 있으면 천하의 어려움을 구제할 수 있으므로 大人을 봄이 이롭고, 어려움을 구제함은 반드시 크게 바른 道로써 그 지킴을 견고히 해야 하므로 바르게 하면 길하다. 어려움에 처한 자는 반드시 바름을 지키는 데에 〈成敗가〉 달려 있으니 설령 어려움이 풀리지 않더라도 바른 德을 잃지 않으므로 이 때문에 길하다. 만약 어려움을 만났는데 지킴이 견고하지 못하여 사특하고 참람함에 들어간다면 비록 구차히 어려움을 모면하더라도 惡한 德이니, 義理와 天命을 아는 자는 하지 않는다.

【本義】蹇은 難也라 足不能進하니 行之難也라 爲卦艮下坎上하여 見險而止라 故爲蹇이라

이롭지 않다. 또 대인을 만나 어려움을 구제함이 이롭고, 바름을 지키면 길하다." 하였다. 또 '蹇은 서남이 이롭다'에 대하여 "坤卦䷁를 말함이 분명하지만, 어떤 근거로 곤괘를 삽입한 것인지는 모르겠다. 대체로 陽卦는 음에서 온 것이 많고, 陰卦는 양에서 온 것이 많으니, 震卦☳는 곤괘의 첫째 획이 변한 것이고, 坎卦☵는 둘째 획이 변한 것이고, 艮卦☶는 셋째 획이 변한 것이다."라고 하여 艮卦☶가 아래에 있고 坎卦☵가 위에 있는 것에 착안하여 설명하였다. 朴齊家(朝鮮)는 《周易》에서 胡炳文(南宋)의 설을 빌려 "蹇卦䷦는 升卦䷭에 근본하니, 곤괘☷가 위이고 손괘☴가 아래이다. 승괘의 九二가 올라가 곤괘 몸체의 가운데를 얻었으니, 이는 서남이 이롭고 '가서 가운데를 얻음'이 된다. 九二가 이미 오효의 자리로 갔다면 아래의 몸체는 간괘☶가 되는데, 간괘는 바로 동북방이니, 괘의 이른바 동북이 이롭지 않다는 것이다. 대인은 九五인데 九二가 가서 九五가 되었으니, '공이 있다'고 할 만하고, 九五가 강건하고 중정하여 자리에 마땅하여 곧으며 길하니 나라를 바르게 할 수 있을 것이다." 하였다.

西南은 平易하고 東北은 險阻하며 又艮方也니 方在蹇中하여 不宜走險이며 又卦自小過而來하여 陽이 進則往居五而得中하고 退則入於艮而不進이라 故其占曰 利西南而不利東北이라하니라 當蹇之時하여 必見大人然後可以濟難이요 又必守正然後得吉이어늘 而卦之九五剛健中正하여 有大人之象하고 自二以上五爻 皆得正位하니 則又貞之義也라 故其占이 又曰利見大人貞吉이라하니라 蓋見險者는 貴於能止나 而又不可終於止요 處險者는 利於進이나 而不可失其正也니라

'蹇'은 어려움이다. 발이 나갈 수 없어 가기가 어렵다. 卦의 구성이 下卦는 艮卦☶이고 上卦는 坎卦☵여서 험함을 보고 멈추기 때문에 蹇卦가 된다. 西南은 평이하고, 東北은 험하게 막혔으며 또 艮卦의 방위이니, 어려운 가운데 있어서 험한 곳으로 감이 마땅하지 않다. 또 卦가 小過卦䷽로부터 와서 陽(소과괘의 九四)이 나아가면 五爻 자리에 있어 中道를 얻고, 물러나면 艮卦로 들어가서 나아가지 못한다. 그러므로 占에서 "西南이 이롭고 東北은 이롭지 않다." 하였다. 어려운 때를 당해 반드시 大人을 본 뒤에야 어려움을 구제할 수 있고, 또 반드시 바름을 지킨 뒤에야 吉할 수 있는데, 卦의 九五가 剛健하고 中正하여 大人의 象이 있고, 六二로부터 위의 다섯 爻가 모두 바른 자리를 얻었으니 또한 바르다는 뜻이다. 그러므로 그 占이 "大人을 보는 것이 이로우니 바르게 하면 길하다." 하였다. 대체로 험함을 만난 자는 멈출 수 있음이 귀하지만 또 끝까지 멈출 수는 없고, 험함에 처한 자는 나아감이 이롭지만 그 바름을 잃어서는 안 된다.

字義 紓 : 풀 서 　濫 : 넘칠 람

彖曰 蹇은 難也니 險在前也니

〈彖傳〉에 말하였다. "蹇은 어려움이니, 험함이 앞에 있으니,

【傳】 蹇은 難也라 蹇之爲難이 如乾之爲健이니 若易之爲難이면 則義有未足[3]하니 蹇有險阻之義라 屯亦難也요 困亦難也니 同爲難而義則異라 屯者는 始難而未得通이요 困者는 力之窮이요 蹇은 乃險阻艱難之義니 各不同也라 險在前也는 坎險在前하여 下止而不得進이라 故爲蹇이라

3 足 : 《大全》의 간주에 "어떤 판본에는 '盡'자로 되어 있다." 하였다.

'蹇'은 어려움이다. 蹇卦가 어려움이 된 것은 乾卦가 굳셈이 되는 것과 같으니, 만약 '蹇'자를 바꾸어 '難'자로 한다면 뜻에 부족함이 있다. 蹇에는 '험하고 막혔다.'는 뜻이 있다. 屯卦도 어려움이고, 困卦도 어려움이니, 똑같이 어려움이 되지만 뜻은 다르다. 屯卦는 처음에 어려워서 통하지 못함이고, 困卦는 힘이 다함이고, 蹇卦는 험하고 막혀서 어렵다는 뜻이니, 각각 같지 않다. '험함이 앞에 있음'은 坎卦☵의 험함이 앞에 있어 아래에서 멈추고 나아가지 못하는 것이므로 蹇卦가 된다.

見險而能止하니 知矣哉라

험함을 보고 멈출 수 있으니 지혜롭다.

【傳】以卦才로 言處蹇之道也니 上險而下止는 見險而能止也라 犯險而進則有悔咎[4]라 故美其能止爲知也라 方蹇難之時하여 唯能止爲善이라 故諸爻除五與二外에 皆以往爲失, 來爲得也하니라

卦의 재질로써 어려움에 대처하는 방법을 말하였으니 위는 험하고 아래는 멈춤은 험함을 보고 멈출 수 있다. 험함을 범하고 나아간다면 후회와 허물이 있으므로 멈출 수 있음을 지혜롭다고 찬미하였다. 어려운 때를 당해서는 멈출 수 있음이 최선이 되므로 여러 爻에서 九五와 六二를 제외하고는 모두 '往'을 잃음으로 여기고, '來'를 얻음으로 여겼다.

【本義】以卦德으로 釋卦名義而贊其美라

卦德으로 卦名의 뜻을 해석하고, 그 아름다움을 찬양하였다.

蹇利西南은 往得中也요 不利東北은 其道窮也요

'蹇은 西南이 이로움'은 가서 中을 얻기 때문이고, '東北은 이롭지 않음'은 그 道가 나하기 때문이며,

【傳】蹇之時엔 利於處平易하니 西南은 坤方이라 爲順易요 東北은 艮方이라 爲險阻며 九

4 咎 : 《大全》의 간주에 "어떤 판본에는 '吝'자로 되어 있다." 하였다.

上居五而得中正之位하니 是는 往而得平易之地라 故爲利也라 五居坎險之中而謂之平易者는 蓋卦本坤이어늘 由五往而成坎이라 故但取往而得中이요 不取成坎之義也라 方蹇而又止危險之地면 則蹇益甚矣라 故不利東北이라 其道窮也는 謂蹇之極也라

어려운 때에는 평이한 데에 거처함이 이로우니, 西南은 坤卦☷의 방위로 순탄하며 평이하고, 東北은 艮卦☶의 방위로 험하게 막혀있다. 陽이 올라가 五爻 자리에 있으면서 中正한 자리를 얻었으니, 이는 가서 평이한 땅을 얻은 것이므로 이로움이 된다. 九五가 坎卦☵의 험함 가운데에 있는데도 평이하다고 한 것은, 卦가 본래는 坤卦☷인데 九五가 가서 坎卦☵를 이루었다. 그러므로 다만 가서 中을 얻은 것만 취하고, 坎卦를 이룬 뜻은 취하지 않은 것이다. 어렵고 또 위험한 곳에 머무르면 어려움이 더욱 심해지므로 東北은 이롭지 않다. '그 道가 다함'은 어려움이 지극하다는 말이다.

利見大人은 往有功也요 當位貞吉은 以正邦也니

'大人을 보는 것이 이로움'은 가서 功이 있음이고, 자리에 마땅하여 바르고 길함은 나라를 바르게 함이니,

【傳】蹇難之時에 非聖賢[5]이면 不能濟天下之蹇이라 故利於見大人也라 大人當位면 則成濟蹇之功矣리니 往而有功也라 能濟天下之蹇者는 唯大正之道니 夫子又取卦才而言이라 蹇之諸爻 除初外에 餘皆當正位라 故爲貞正而吉也라 初六은 雖以陰居陽이나 而處下는 亦陰之正也라 以如此正道로 正其邦이면 可以濟於蹇矣리라

어려운 때에는 聖賢이 아니면 천하의 어려움을 구제할 수 없으므로 大人을 보는 것이 이롭다. 大人이 자리를 맡으면 어려움을 구제하는 功을 이룰 수 있을 것이니, 감에 功이 있다. 천하의 어려움을 구제할 수 있는 것은 오직 크게 바른 道일 뿐이니, 孔子가 또 卦의 재질을 취하여 말하였다. 蹇卦의 여러 爻는 初六을 제외하고 나머지가 모두 바른 자리에 해당하므로 바르게 되어 吉하다. 初六은 비록 陰으로 陽의 자리에 있으나 〈陰이〉 맨 아래에 있는 것은 또한 陰의 바름이다. 이와 같은 바른 道로써 나라를 바르게 하면 어려움에서 구제할 수 있을 것이다.

---

5 聖賢 : 《大全》의 간주에 "어떤 판본에는 뒤에 '大人'자가 있다." 하였다.

蹇之時用이 大矣哉라

蹇의 때와 쓰임이 크도다!"

【傳】處蹇之時하여 濟蹇之道는 其用至大라 故云大矣哉라 天下之難을 豈易平也리오 非聖賢이면 不能이니 其用이 可謂大矣라 順時而處하고 量險而行하여 從平易之道하고 由至正之理 乃蹇之時用也라

어려운 때에 처하여 어려움을 구제하는 道는 그 쓰임이 지극히 크기 때문에 '크다!' 하였다. 천하의 어려움을 어찌 쉽게 평탄하게 하겠는가? 聖賢이 아니면 할 수 없으니, 그 쓰임이 크다고 할 만하다. 때에 순응하여 거처하고 험함을 헤아려 행하여, 평이한 道를 따르고 지극히 바른 이치를 따르는 것이 바로 蹇의 때와 쓰임이다.

【本義】以卦變卦體로 釋卦辭하고 而贊其時用之大也라

卦變과 卦體로 卦辭를 해석하고, 때와 쓰임이 큼을 찬양하였다.

象曰 山上有水蹇이니 君子以하여 反身修德하나니라

〈象傳〉에 말하였다. "산 위에 물이 있는 것이 蹇이니, 군자가 이것을 본받아 자신에게 돌이켜 德을 닦는다."

【傳】山之峻阻에 上復有水하니 坎水爲險陷之象하여 上下險阻라 故爲蹇也라 君子觀蹇難之象하여 而以反身修德하나니 君子之遇艱阻에 必反求諸己而益自修라 孟子曰 行有不得者어든 皆反求諸己[6]라하니라 故遇艱蹇이면 必自省於身하여 有失而致之乎는 是反身也요 有所未善則改之하고 无歉於心則加勉은 乃自修其德也라 君子는 修德以俟時而已니라

산이 높아 막혔는데 위에 다시 물이 있으니 坎卦☵의 물이 험함에 빠지는 象이 되어 위와 아래가 험하게 막혀 있으므로 蹇卦䷦가 된다. 君子가 어려운 象을 보고서 자신에게 돌이

6 孟子曰……皆反求諸己 : 이 내용은 《孟子》〈離婁 上〉에 보인다.

켜 德을 닦으니, 君子는 어렵고 막힘을 만남에 반드시 자신에게 돌이켜 구하여 더욱 스스로의 德을 닦는다. 孟子가 말씀하기를 "행하고도 얻지 못함이 있으면 모두 자기에게 돌이켜 구해야 한다." 하였다. 그러므로 어려움을 만나면 반드시 스스로 자신에게서 살펴보아 '잘못이 있어 이리 되었구나!' 하는 것은 자신에게 돌이킴이고, 善하지 못함이 있으면 고치고, 마음에 부족함이 없으면 더욱 힘쓰는 것은 바로 스스로 德을 닦음이다. 君子는 德을 닦으면서 때를 기다릴 뿐이다.

字義 歉 : 부족할 겸

初六은 往하면 蹇하고 來하면 譽[7]리라

初六은 가면 어렵고 오면 명예로울 것이다.

【傳】 六居蹇之初하여 往進則益入於蹇하니 往蹇也라 當蹇之時하여 以陰柔无援而進이면 其蹇可知라 來者는 對往之辭니 上進則爲往이요 不進則爲來라 止而不進은 是有見幾知時之美하니 來則有譽也라

初六이 蹇卦의 처음에 있어서 나아가면 더욱 어려움으로 들어가니, 가면 어렵다. 어려운 때를 당하여 유약한 陰이 도와줄 사람이 없는데 나아간다면 그 어려움을 알 만하다. '來'는 '往'과 반대말이니, 위로 나아가면 '往'이 되고 나아가지 않으면 '來'가 된다. 멈추어 나아가지 않음은 이는 기미를 보고 때를 아는 아름다움이 있는 것이니, 오면(나아가지 않으면) 명예가 있다.

【本義】 往遇險이요 來得譽라

가면 험함을 만나고, 오면 명예를 얻는다.

---

7 往蹇 來譽 : 朱熹(南宋)는 《朱子語類》에서 "'감'과 '옴'에 대하여 오직 《정전》에서만 '위로 나아감은 「감」이 되고 나가지 않음은 「옴」이 된다'고 했는데, 말한 것이 매우 좋다. 지금 어떤 이는 '六四의 「가면 어렵고 오면 연합한다」는 와서 삼효 자리에 나아가는 것이고, 九三의 「가면 어렵고 오면 돌아온다」는 와서 이효 자리에 나아가는 것이고, 上六의 「가면 어렵고 오면 크다」는 와서 오효 자리에 나아가는 것이다.'라고 하였는데, 또한 말이 통한다. 다만 初六의 '오면 명예롭다'는 자리가 맨 아래에 있어서 온다고 할 만한 곳이 없으니, 그 설명이 통할 수 없으므로 《정전》만큼 좋지는 못하고, 다만 가지 않음이 아름답게 된다. 가지 않음은 지키고 나아가지 않음이므로 나아가지 않음이 '옴'이 된다." 하였다.

象曰 往蹇來譽는 宜待也니라

〈象傳〉에 말하였다. "'가면 어렵고 오면 명예로움'은 마땅히 기다려야 한다는 것이다."

【傳】方蹇之初하여 進則益蹇하니 時之未可進也라 故宜見幾而止하여 以待時可行而後行也라 諸爻皆蹇往而善來하니 然則无出蹇之義乎아 曰 在蹇而往則蹇也나 蹇終則變矣라 故上已[8]有碩義하니라

어려움의 처음을 맞아 나아가면 더욱 어려워지니, 때가 아직 나아갈 수 없다. 그러므로 마땅히 기미를 보고 멈추어서 행할 수 있는 때를 기다린 뒤에 행해야 한다. 〈어떤 이가 묻기를〉 "여러 爻가 모두 가면 어렵고 오면 좋으니, 그렇다면 어려움을 벗어나려는 뜻이 없는 것입니까?" 하였다. 대답하기를, "어려운 때에 있어서 가면 어렵지만 어려움이 끝나면 변하기 때문에 上六에 이미 크다는 뜻이 있습니다." 하였다.

六二는 王臣蹇蹇[9]이 匪躬之故[10]라

六二는 왕의 신하가 어려움으로 어려움이 자신 때문이 아니다.

【본의】왕의 신하가 어렵고 어려움이

【傳】二以中正之德으로 居艮體하니 止於中正者也요 與五相應하니 是中正之人이 爲中正之君所信任이라 故謂之王臣이라 雖上下同德이나 而五方在大蹇之中하여 致力於蹇難之時하니 其艱蹇至甚이라 故爲蹇於蹇也니 二雖中正이나 以陰柔之才로 豈易勝其任이리오 所以蹇於蹇也라 志在濟君於蹇[11]難之中하니 其蹇蹇者는 非爲身之故也니 雖

---

8 已 : 《大全》의 간주에 "어떤 판본에는 '六'자로 되어 있다." 하였다.

9 蹇蹇 : 金長生(朝鮮)은 《經書辨疑-周易》에서 "뒤의 蹇은 임금의 어려움이고, 앞의 蹇은 신하가 어려움에 힘을 다하는 것이다." 하였다.

10 匪躬之故 : 李恒老(朝鮮)는 《周易傳義同異釋義》에서 "만약 성공과 실패나 영리함과 어리석음을 헤아려 행하였다면, 이는 자기의 어려움 때문에 어렵게 된 것이니, 어찌 자신 때문이 아니라고 할 수 있겠는가? 이미 '자신 때문이 아니다'라고 했으면 의리에 있어서 마땅히 해야 할 바를 할 뿐이다." 하였다.

11 蹇 : 《大全》의 간주에 "어떤 판본에는 '艱'자로 되어 있다." 하였다.

使不勝이라도 志義可嘉라 故稱其忠藎[12]은 不爲己也라 然其才不足以濟蹇也니 小可濟면 則聖人當盛稱以爲勸矣시리라

六二는 中正한 德으로 艮의 卦體에 있으니 中正함에 머무른 것이고, 九五와 서로 호응하니 이는 中正한 사람이 中正한 임금에게 신임을 받는 것이므로 '왕의 신하'라 하였다. 비록 위와 아래가 德이 같으나 九五가 한창 크게 어려운 가운데 있어서 어려운 때에 힘을 다하니, 그 어려움이 지극히 심하다. 그러므로 어려움 때문에 어렵게 된 것이니, 六二가 비록 中正하지만 유약한 陰의 재질로 어찌 쉽게 그 소임을 감당할 수 있겠는가. 그러므로 어려움 때문에 어렵게 된 것이다. 뜻이 어려운 가운데 임금을 구제함에 있으니, 그 어려움으로 어렵게 된 것은 자신 때문이 아니다. 설령 감당하지는 못하더라도 뜻과 의리가 가상하다고 할 수 있으므로 그 忠心은 자기를 위한 것이 아님을 칭찬한 것이다. 그러나 그 재질이 어려움을 구제하기에는 부족하니 조금이라도 구제할 수 있다면 聖人이 마땅히 매우 칭찬하여 권장하였을 것이다.

【本義】柔順中正으로 正應在上而在險中이라 故蹇而又蹇하여 以求濟之하니 非以其身之故也라 不言吉凶者는 占者但當鞠躬盡力而已요 至於成敗利鈍하여는 則非所論也일새라

柔順하고 中正함으로 正應이 위에 있으나 험한 가운데 있으므로 어렵고 또 어려워서 구제하는 것이니, 자신 때문이 아니다. 吉凶을 말하지 않은 것은, 점치는 자는 다만 몸을 다 바쳐 힘을 다해야 할 뿐이고, 성공과 실패나 이로움과 불리함에 대해서는 논할 바가 아니기 때문이다.

字義 濟 : 구제할 제 藎 : 나아갈 신 鞠 : 굽힐 국 鈍 : 무딜 둔

象曰 王臣蹇蹇은 終无尤也리라

〈象傳〉에 말하였다. "'왕의 신하가 어려움으로 어려움'은 끝내 허물이 없을 것이다."

【傳】雖艱[13]厄於蹇時나 然其志在濟君難하니 雖未成功이나 然終无過尤也라 聖人이 取

12 故稱其忠藎 : 金長生(朝鮮)은 《經書辨疑-周易》에서 《詩經》〈大雅 文王〉의 '王之藎臣'을 인용하고 《詩集傳》의 설명을 빌어 "藎은 나아감이니, 충성과 사랑이 독실하여 나아감에 그침이 없는 것이다." 하였다.

13 艱 : 《大全》의 간주에 "어떤 판본에는 '蹇'자로 되어 있다." 하였다.

其志義而謂其无尤라하시니 所以勸忠藎也라

비록 어려운 때에 간난과 곤액을 겪지만 그 뜻이 임금의 어려움을 구제함에 있으니, 비록 功을 이루지는 못하더라도 끝내 허물은 없다. 聖人이 그 뜻과 의리를 취하여 '허물이 없다.' 고 하였으니, 충심으로 나아감을 권장한 것이다.

【本義】 事雖不濟나 亦无可尤라

일은 비록 이루지 못하였으나 또한 허물할 것이 없다.

九三은 往하면 蹇하고 來하면 反이리라

九三은 가면 어렵고 오면 돌아올 것이다.

【傳】 九三은 以剛居正하고 處下體之上하니 當蹇之時하여 在下者皆柔하여 必依於三하리니 是爲下所附者也라 三은 與上爲正應이로되 上陰柔而无位하여 不足以爲援이라 故上往則蹇也라 來는 下來也요 反은 還歸也니 三爲下二陰所喜라 故來爲反其所也니 稍安之地也라

九三이 剛으로 바른 자리에 있고 下體의 맨 위에 처하였으니, 어려운 때를 맞아 아래에 있는 자가 모두 유약하여 반드시 九三을 의지하려 할 것이니, 이것이 아래에 있는 자들이 따르는 바가 되는 것이다. 九三은 上六과 正應이지만 上六이 유약한 陰으로 지위가 없어서 도움이 되기에 부족하기에 위로 가면 어렵다. '來'는 내려옴이고, '反'은 귀환함이니, 九三이 아래의 두 陰이 좋아하는 바가 되므로 와서 제자리로 돌아오게 되었으니, 다소 편안한 곳이다.

【本義】 反就二陰이면 得其所安이라

돌아와 두 陰에게 나아가면 편안한 바를 얻을 것이다.

字義 反 : 돌아올 반 就 : 나아갈 취

象曰 往蹇來反은 內喜之也일새라

〈象傳〉에 말하였다. "'가면 어렵고 오면 돌아옴'은 안에서 기뻐하기 때문이다."

【傳】內는 在下之陰也라 方蹇之時하여 陰柔不能自立이라 故皆附於九三之陽而喜愛之라 九之處三은 在蹇에 爲得其所也니 處蹇而得下之心이면 可以求安이라 故以來爲反이니 猶春秋之言歸也라

'內'는 아래에 있는 陰이다. 蹇의 때를 맞아 유약한 陰은 스스로 설 수 없기 때문에 모두 九三의 陽에게 붙어서 기뻐하고 사랑한다. 陽이 三爻 자리에 있음은 蹇의 때에 있어서는 제 자리를 얻음이 되니, 蹇에 처하여 아랫사람의 마음을 얻으면 편안함을 구할 수 있다. 그러므로 '來'를 '돌아옴'으로 여겼으니, 《春秋》에서 '來'를 '歸'라고 말함과 같다.

六四는 往하면 蹇하고 來하면 連이리라

六四는 가면 어렵고 오면 연합할 것이다.

【傳】往則益入於坎險之深하니 往蹇也라 居蹇難之時하여 同處艱厄者는 其志不謀而同也요 又四居上位而與在下者로 同有得位之正하며 又與三相比하니 相親者也요 二與初同類니 相與者也니 是與下同志하여 衆所從附也라 故曰來連이라 來則與在下之衆相連合也니 能與衆合은 得處蹇之道也라

가면 더욱 坎卦☵의 깊은 험함으로 들어가니, 가면 어려운 것이다. 어려운 때에 있으면서 함께 간난과 곤액에 처한 자는 그 뜻이 도모하지 않아도 같아지고, 또 六四는 윗자리에 있으면서 아래에 있는 자와 똑같이 자리의 바름을 얻었으며, 또 九三과는 서로 가까이 하니 서로 친애하는 자이고, 六二와 初六과는 같은 부류로 서로 함께 하는 자이니, 이는 아랫사람과 뜻을 같이 하여 무리가 따라 붙는 것이다. 그러므로 "오면 연합한다." 하였다. 오면 아래에 있는 무리와 서로 연합하니, 무리와 연합할 수 있음은 어려움에 대처하는 방도를 얻은 것이다.

【本義】連於九三하여 合力以濟라

九三과 연합하여 힘을 합해 구제한다.

象曰 往蹇來連은 當位實也[14]일새라

---

14 當位實也 : 沈大允(朝鮮)은 《周易象義占法》에서 "'자리가 마땅함'은 九五를 말하고, '참됨'은 九三을

〈象傳〉에 말하였다. "'가면 어렵고 오면 연합함'은 해당한 자리가 참되기 때문이다."

【傳】四當蹇之時하여 居上位로되 不往而來하여 與下同志하니 固足以得衆矣요 又以陰居陰하여 爲得其實하니 以誠實與下라 故能連合이요 而下之二三이 亦各得其實이며 初以陰居下하니 亦其實也라 當同患之時하여 相交以實이면 其合可知라 故來而連者는 當位以實也라 處蹇難에 非誠實이면 何以濟리오 當位를 不曰正而曰實은 上下之交엔 主於誠實하니 用各有其所也라

六四는 어려운 때를 맞아 윗자리에 있으나 가지 않고 와서 아래와 뜻을 같이 하니 진실로 무리를 얻을 수 있고, 또 陰으로 陰의 자리에 있어서 참됨을 얻음이 되니 성실함으로 아래와 함께 하므로 연합할 수 있고, 아래의 六二와 九三도 각각 그 참됨을 얻었으며, 初六도 陰으로 맨 아래에 있으니 또한 참되다. 근심을 함께 하는 때를 맞아 참됨으로 서로 사귀면 연합함을 알 수 있다. 그러므로 와서 연합함은 해당한 자리가 참되기 때문이다. 어려움에 처하여 성실함이 아니라면 어찌 구제할 수 있겠는가? '當位'를 '바르다'고 하지 않고, '참되다'고 한 것은 위와 아래가 사귐에는 성실함을 주로 하니, 쓰임에 각각 適所가 있는 것이다.

九五는 大蹇에 朋來[15]로다

【本義】朋來리라

九五는 크게 어려움에 벗이 온다.

【본의】벗이 올 것이다.

【傳】五居君位而在蹇難之中하니 是天下之大蹇也요 當蹇而又在險中하니 亦爲大蹇이라 大蹇之時而二在下하여 以中正相應하니 是其朋助之來也라 方天下之蹇而得中正之臣相輔면 其助豈小也리오 得朋來而无吉은 何也오 曰 未足以濟蹇也일새라 以剛陽中正之君으로 而方在大蹇之中하니 非得剛陽中正之臣相輔之면 不能濟天下之蹇也라 二之中

말한다.〔當位 謂五也 實 謂三也〕" 하였다.

15 朋來 : 李瀷(朝鮮)은 《易經疾書》에서 "九五는 크게 어려움이니, 중정한 덕이 아니라면 어찌 벗이 오는 경사가 있겠는가. 벗은 다섯 효를 가리켜 말한 것이니, 예컨대 漢나라의 劉邦(소열황제)이 상황이 어려울 때에 제갈량·관우·장비라는 벗이 옴이 있었던 것이 바로 이 象에 해당한다." 하였다.

正이 固有助矣나 欲以陰柔之助로 濟天下之難이니 非所能也라 自古聖王이 濟天下之蹇엔 未有不由賢聖之臣爲之助者하니 湯武得伊呂是也요 中常之君이 得剛明之臣而能濟大難者則有矣하니 劉禪之孔明[16]과 唐肅宗之郭子儀[17]와 德宗之李晟[18]이 是也라 雖賢明之君이라도 苟无其臣이면 則不能濟於難也라 故凡六居五, 九居二者는 則多由助而有功하니 蒙泰之類가 是也요 九居五하고 六居二면 則其功[19]多不足하니 屯, 否之類是也라 蓋臣賢於君이면 則輔君以君所不能이요 臣不及君이면 則贊助之而已라 故不能成大功也라

九五는 임금의 자리에 있고 어려운 가운데 있으니 이는 천하의 큰 어려움이고, 어려움을 맞아서 또 험한 가운데 있으니 또한 큰 어려움이 된다. 크게 어려운 때에 六二가 아래에 있어 中正함으로 서로 호응하니, 이는 벗의 도움이 오는 것이다. 한창 천하가 어려울 때 中正한 신하의 도움을 얻으면 그 도움이 어찌 작겠는가.

〈어떤 이가 묻기를〉 "벗이 옴을 얻었는데도 길함이 없는 것은 어째서입니까?" 하였다. 대답하기를 "어려움을 구제할 수 없기 때문입니다. 剛陽하고 中正한 임금이지만 한창 크게 어려운 가운데 있으니, 剛陽하고 中正한 신하가 도와줌을 얻지 못하면 천하의 어려움을 구제할 수 없습니다. 六二의 中正함이 참으로 도움이 되지만 유약한 陰의 도움으로 천하의 어려움을 구제하려고 하니 할 수 있는 바가 아닙니다." 하였다.

예로부터 聖王이 천하의 어려움을 구제할 때에 賢聖한 신하가 군주를 위하여 도와줌에 말미암지 않은 적이 없었으니, 湯王과 武王이 伊尹과 呂尙을 얻은 것이 여기에 해당한다. 보통의 임금이 강건하고 밝은 신하를 얻어 큰 어려움을 구제할 수 있었던 경우가 있으니, 劉禪의 諸葛孔明과 唐나라 肅宗의 郭子儀와 德宗의 李晟이 여기에 해당한다. 비록 賢明한 임금이라

16 劉禪之孔明 : 劉禪은 劉備를 이은 촉한의 제2대 황제로 어리석고 나약하다는 평이 있었으나 諸葛孔明의 보좌로 나라를 지탱할 수 있었다.

17 唐肅宗之郭子儀 : 安祿山의 난리 중에 즉위한 唐 肅宗의 치세는 이미 국고가 고갈되는 등 국운이 기울었는데, 숙종은 郭子儀(697~781)에게 반란군을 토벌할 것을 명하여 난리를 진압하였다. 곽자의는 玄宗부터 肅宗, 代宗, 德宗까지 4대를 섬긴 名臣으로 安史의 亂에서 큰 공을 세웠을 뿐만 아니라 이후로도 잇따른 이민족의 침입을 막아내어 중국의 재건에 지대한 공을 세웠다.

18 德宗之李晟 : 唐 德宗은 시기심이 많고 각박한데다 剛明으로 자부하여, 현능한 사람을 포용하지 못하고 소인배들을 등용하였다는 평이 있는데, 姚令言과 朱泚가 황제를 참칭하고 京師로 쳐들어오자 奉天으로 피난하였다. 그때 덕종이 陸贄에게 자신의 죄를 책망하는 조서를 짓게 하고 이를 반포하여 將士들을 격려하니, 武略이 뛰어난 李晟(727~793)이 그 조서를 보고 감격하여 용기를 내어 적병을 쳐서 장안을 수복하였다. 이에 덕종이 비로소 還都하였다.

19 功 : 《大全》의 간주에 "어떤 판본에는 '助'자로 되어 있다." 하였다.

도 진실로 그런 신하가 없으면 어려움을 구제할 수 없다. 그러므로 陰이 五爻 자리에 있고 陽이 二爻 자리에 있는 것은 〈신하의〉 도움으로 말미암아 功이 있는 경우가 많으니, 蒙卦䷃와 泰卦䷊의 부류가 이것이고, 陽이 五爻 자리에 있고 陰이 二爻 자리에 있는 것은 그 功이 부족한 경우가 많으니, 屯卦䷂와 否卦䷋의 부류가 이것이다. 신하가 임금보다 어질면 임금을 보필하되 임금이 하지 못하는 것으로 〈임금을〉 보필하고, 신하가 임금에 미치지 못하면 임금을 도와 보조할 뿐이므로 큰 功을 이룰 수 없다.

【本義】 大蹇者는 非常之蹇也라 九五居尊而有剛健中正之德하여 必有朋來而助之者니 占者有是德則有是助矣라

'큰 어려움'은 보통의 어려움이 아니다. 九五가 높은 자리에 있으면서 剛健하고 中正한 德이 있어서 반드시 벗이 와서 도와줌이 있으니, 점치는 자가 이러한 德이 있으면 이러한 도움이 있을 것이다.

字義 禪 : 제사 선 儀 : 거동 의 晟 : 빛날 성

象曰 大蹇朋來는 以中節也라

〈象傳〉에 말하였다. "'크게 어려움에 벗이 옴'은 中正한 節度로 하기 때문이다."

【傳】 朋者는 其朋類也라 五有中正之德而二亦中正하니 雖大蹇之時나 不失其守하고 蹇於蹇하여 以相應助하니 是는 以其中正之節也라 上下中正而弗濟者는 臣之才不足也니 自古로 守節秉義而才不足以濟者豈少乎아 漢李固王允과 晉周顗王導之徒[20]是也라

'朋'은 벗의 부류이다. 九五가 中正한 德이 있고 六二도 中正하니 비록 크게 어려운 때이나

---

20 漢李固王允 晉周顗王導之徒 : 漢나라의 李固와 王允, 晉나라의 周顗와 王導는 모두 의리와 재주가 있었으나 오히려 죽임을 당한 이들이다. 李固(94~147)는 沖帝가 어린 나이로 죽고 質帝마저 시해당하자 淸河王 蒜을 옹립하려 하다가 권신인 梁冀에 의해 죽임을 당하였다. 王允(137~192)은 獻帝 때의 司徒로서 呂布를 이용하여 董卓을 살해하고 한왕실을 바로잡으려 하였으나 동탁의 무리에게 죽임을 당하였다. 周顗(269~322)와 王導는 東晉의 명재상으로 일찍이 司馬睿(元帝)를 옹립한 주역이나, 뒤에 外戚 王敦이 반역을 꾀하자, 왕돈의 從弟인 王導가 宗族을 인솔하고 臺閣에 나와서 待罪하였는데, 周顗가 왕도의 충성을 들어 극력 伸救하였고 또 상소하여 왕도의 無罪를 밝혔으나, 왕도는 그 사실을 모르고 있다가 마침내 왕돈이 石頭城에 웅거하고서 주의의 人望에 대해 물었을 적에 왕도가 아무런 대답을 하지 않자, 왕돈은 주의를 죽였다.

그 지킴을 잃지 않고, 어려움 때문에 어려워서 서로 호응하고 도와주니, 이는 中正한 節度로 하는 것이다. 위와 아래가 中正한데 〈천하의 어려움을〉 구제하지 못하는 것은 신하의 재주가 부족하기 때문이니, 예로부터 절개를 지키고 의리를 잡고서도 재주가 구제하기에 부족한 자가 어찌 적었겠는가. 漢나라의 李固·王允과 晉나라의 周顗·王導의 무리가 이런 경우이다.

字義 顗 : 즐거울 의

上六은 往하면 蹇하고 來하면 碩[21]이라 吉하리니 利見大人하니라

上六은 가면 어렵고 오면 크므로 吉할 것이니, 大人을 보는 것이 이롭다.

【본의】 오면 큰 功이 있을 것이다.

【傳】 六以陰柔居蹇之極하니 冒極[22]險[23]而往이면 所以蹇也요 不往而來하여 從五求三하면 得剛陽之助리니 是以碩也라 蹇之道는 戹塞(색)窮蹙이라 碩은 大也니 寬裕之稱이라 來則寬大하여 其蹇이 紓矣니 蹇之極은 有出蹇之道로되 上六이 以陰柔故로 不得出[24]이요 得剛陽之助면 可以紓蹇而已라 在蹇極之時하여 得紓則爲吉矣라 非剛陽中正이면 豈能出乎蹇也리오 利見大人은 蹇極之時에 見大德之人이면 則能[25]有濟於蹇也라 大人은 謂五니 以相比로 發此義라 五는 剛陽中正而居君位하니 大人也라 在五엔 不言其濟蹇之功하고 而上六에 利見之는 何也오 曰 在五不言은 以其居坎險之中하여 无剛陽之助라 故无能濟蹇之義요 在上六엔 蹇極而見大德之人이면 則能濟於蹇이라 故爲利也라 各爻取義不同하니 如屯은 初九之志正이나 而於六二則目之爲寇也라 諸爻皆不言吉이어늘 上獨言吉者는 諸爻皆得正하여 各有所善이나 然皆未能出於蹇이라 故未足爲吉이요 唯上은 處蹇極而得寬裕하니 乃爲吉也라

---

21 往蹇 來碩 : 《大全》의 소주에서 項安世(南宋)는 "上六의 '감〔往〕'은 初六의 '옴〔來〕'과 같으니, 上六은 본래 가는 바가 없어서 단지 오지 않는 것을 간다고 하였고, 初六은 본래 오는 바가 없어서 단지 가지 않는 것을 온다고 하였다." 하였다.

22 極 : 《大全》의 간주에 "어떤 판본에는 '陰'자로 되어 있다." 하였다.

23 險 : 《大全》의 간주에 "어떤 판본에는 '蹇'자로 되어 있다." 하였다.

24 得出 : 《大全》의 간주에 "어떤 판본에는 '能耳'로 되어 있다." 하였다.

25 能 : 《大全》의 간주에 "어떤 판본에는 '利'자로 되어 있다." 하였다.

上六이 유약한 陰으로 蹇의 끝에 있으니, 지극히 험함을 무릅쓰고 간다면 어렵고, 가지 않고 와서 九五를 따르고 九三에게 구하면 강건한 陽의 도움을 얻을 것이니 이 때문에 큰 것이다. 蹇의 道는 재앙으로 막히고 곤궁하여 위축된다. '碩'은 크다는 뜻이니 너그럽고 넉넉함을 일컫는다. 오면 관대하여 그 어려움이 풀리니, 蹇의 끝에서는 어려움을 벗어날 길이 있으나, 上六은 유약한 陰이기 때문에 벗어나지 못하고, 강건한 陽의 도움을 얻어야만 어려움을 풀 수 있다. 어려움이 극에 이르렀을 때에 풀리게 된다면 吉하지만 剛陽하고 中正함이 아니라면 어찌 어려움에서 벗어날 수 있겠는가? 大人을 봄이 이로움은 어려움이 극에 이르렀을 때에 큰 德이 있는 사람을 만나면 어려움을 구제할 수 있는 것이다. '大人'은 九五를 이르니 서로 가까우므로 이러한 뜻을 밝혔다. 九五는 강건한 陽으로 中正하며 임금의 자리에 있으니 '大人'이다.

〈어떤 이가 묻기를〉 "九五에서는 어려움을 구제하는 功을 말하지 않고, 上六에서는 大人을 보는 것이 이롭다고 한 것은 무엇 때문입니까?" 하였다. 대답하기를, "九五에서 말하지 않은 것은 坎卦☵의 험함 가운데 있으면서 강건한 陽의 도움이 없으므로 어려움을 구제할 수 있는 뜻이 없기 때문이고, 上六에서는 어려움이 극에 이르러 큰 德을 지닌 사람을 보면 어려움을 구제할 수 있으므로 이롭게 된 것입니다." 하였다. 각 爻에서 뜻을 취함이 같지 않으니, 예를 들어 屯卦는 初九의 뜻은 바르지만, 六二에서는 도적이라 지목한 것과 같다. 여러 爻에서 다 吉을 말하지 않았는데 上爻에서만 吉을 말한 것은 여러 爻가 모두 바름을 얻어 각각 善한 바가 있으나 모두 어려움을 벗어날 수는 없으므로 吉이 되기엔 부족하고, 上六만이 蹇의 끝에 있어서 너그럽고 넉넉함을 얻으니 이에 길하게 된 것이다.

【本義】 已在卦極하여 往无所之하니 益以蹇耳요 來就九五하여 與之濟蹇이면 則有碩大之功이라 大人은 指九五라 曉占者宜如是也라

이미 卦의 끝에 있어서 가려 해도 갈 곳이 없으니 더욱 어려울 뿐이고, 와서 九五에게 나아가 九五와 더불어 어려움을 구제하면 큰 功이 있을 것이다. '大人'은 九五를 가리킨다. 점치는 자에게 마땅히 이와 같이 해야 함을 깨우친 것이다.

字義 碩 : 클 석　冒 : 무릅쓸 모　戹 : 재앙 액　蹙 : 오그라들 축　裕 : 넉넉할 유　曉 : 깨달을 효

象曰 往蹇來碩은 志在內也요 利見大人은 以從貴也[26]라

---

26 往蹇來碩……以從貴也 : 《大全》의 소주에서 董眞卿(元)은 "'안(內)'은 오효의 자리를 말하고, '귀함

〈象傳〉에 말하였다. "'가면 어렵고 오면 큼'은 뜻이 안에 있음이고, '大人을 보는 것이 이로움'은 귀함을 좇음이다."

【傳】 上六이 應三而從五하니 志在內也라 蹇旣極而有助라 是以碩而吉也라 六以陰柔로 當蹇之極하여 密近剛陽中正之君하니 自然其志從附하여 以求自濟라 故利見大人이니 謂從九五之貴也라 所以云從貴는 恐人不知大人爲指五也라

上六이 九三과 호응하고 九五를 따르니, 뜻이 안에 있는 것이다. 어려움이 이미 극도에 이르러 돕는 이가 있으니, 이 때문에 커서 吉하다. 上六이 유약한 陰으로 지극히 어려운 때를 맞아 剛陽하고 中正한 임금을 밀접하게 가까이 하니, 자연히 그 뜻이 따라 붙어서 스스로 구제되기를 구한다. 그러므로 大人을 보는 것이 이로우니, 九五의 귀함을 좇음을 이른다. '貴함을 좇는다.'고 한 것은 大人이 九五를 가리킨 것임을 사람들이 알지 못할까 걱정해서이다.

〔貴〕'은 九五의 덕을 말하니, 자리로는 상효가 밖으로 감이 마땅하지 않고 안으로 옴이 마땅하며, 덕으로는 오효에 대인의 상이 있으면서 대인의 자리에 있으니, 이것이 귀하다고 할 만한 것이다." 하였다. 또 張淸子(元)는 "九三은 內卦인데, 上六이 이와 호응하므로 '뜻이 안에 있다'고 하였고, 九五는 대인인데, 上六이 이를 만나보는 것이 이로우므로 '귀함을 좇음이다'라고 했다." 하였다.

40. 解

☵☳ 坎下震上

下卦는 坎卦☵이고 上卦는 震卦☳이다.

【傳】解[1]는 序卦에 蹇者는 難也니 物不可以終難이라 故受之以解라하니라 物无終難之理하니 難極則必散이라 解者는 散也니 所以次蹇也라 爲卦 震上坎下[2]하니 震은 動也요 坎은 險也라 動於險外면 出乎險也라 故爲患難解散之象이며 又震爲雷하고 坎爲雨하니 雷雨之作은 蓋陰陽交感하여 和暢而緩散이라 故爲解라 解者는 天下患難解散之時也라

解卦는 〈序卦傳〉에 "蹇은 어려움이니 물건이 끝까지 어려울 수는 없기 때문에 解卦로 받았다." 하였다. 물건은 끝까지 어려운 이치가 없으니, 어려움이 극에 달하면 반드시 흩어진다. 解는 흩어짐이니, 이 때문에 解卦가 蹇卦의 다음이 되었다. 卦의 구성이 上卦는 震卦☳이고 下卦는 坎卦☵이니, 震卦는 움직임이고 坎卦는 험함이다. 험함의 밖에서 움직이면 험함을 벗어날 수 있다. 그러므로 환난이 풀려 흩어지는 象이 되며, 또 震卦는 우레가 되고 坎卦는 비가 되니, 우레와 비가 일어남은 陰陽이 交感하여 화창하고 부드럽게 퍼지기 때문에 解卦가 된 것이다. '解'는 천하의 환난이 풀려 흩어지는 때이다.

---

1 解 : 빌헬름 영문판 주역인《The I Ching》에서는 解卦를 "Hsieh / Deliverance"라고 하였다. 해괘는 풀림이나 구조를 의미한다. 상괘인 진괘는 움직임을 의미하고 하괘인 감괘는 위험을 의미한다. 해괘는 水山蹇卦에서 한걸음 나아간 괘로 위험 속에서 움직여서 위험을 벗어나는 상황이기 때문에 구조를 의미한다. 해괘의 주효는 '가서 무리를 얻은' 육오와 '이에 가운데 자리를 얻은' 구이라고 하였다.

2 爲卦 震上坎下 : 〈설괘전〉에 의하면 坎卦☵는 正北方의 괘로 시절로는 겨울이다. 震卦☳는 동방으로 시절로는 봄이다. 이를 근거로 李瀷(朝鮮)은《易經疾書》에서 "겨울이 끝나 봄이 오면 천지가 풀려 우레와 비가 일어나니, 사물에서는 온갖 과일과 초목이 다 껍질이 터진다. 군자가 그것을 본받으면 과실을 사면하고 죄를 용서하니,《禮記》〈月令〉에서 이른바 '옥에 가두는 것을 줄이고 차꼬와 수갑을 없애며 함부로 약탈하지 않고 송사를 멈춘다'는 것이 여기에 해당한다." 하였다.

解는 利西南하니 无所往이라 其來復[3]이 吉하니 有攸往이어든 夙하면 吉하리라

【本義】无所往이어든 其來復이 吉하고 有攸往이어든 夙이 吉하니라

解는 서남쪽이 이로우니, 갈 곳이 없어서 와서 회복함이 길하다. 갈 곳이 있거든 일찍 하면 길하다.

【본의】갈 곳이 없으면 와서 회복함이 길하고, 갈 곳이 있으면 일찍 함이 길하다.

【傳】西南은 坤方이니 坤之體는 廣大平易라 當天下之難方解하여 人始離艱苦하니 不可復以煩苛嚴急治之요 當濟以寬大簡易 乃其宜也니 如是則人心懷而安之라 故利於西南也라 湯除桀之虐而以寬治하고 武王誅紂之暴而反商政은 皆從寬易也라 无所往其來復吉有攸往夙吉은 无所往은 謂天下之難이 已解散하여 无所爲也요 有攸往은 謂尙有所當解之事也라 夫天下國家는 必紀綱法度廢亂而後禍患生하나니 聖人이 旣解其難而安平无事矣면 是无所往也니 則當修復治道하여 正紀綱하고 明法度하여 進復先代明王之治 是來復也니 謂反正理也니 天下之吉也라 其는 發語辭라 自古聖王이 救難定亂에 其始는 未暇遽爲也요 旣安定則爲可久可繼之治라 自漢以下는 亂旣除則不復有爲하여 姑隨時維持而已라 故不能成善治하니 蓋不知來復之義也라 有攸往夙吉은 謂尙有當解之事면 則早爲之乃吉也라 當解而未盡者를 不早去則將復盛이요 事之復生者를 不早爲則將漸大라 故夙則吉也라

西南은 坤卦☷의 방위이고, 坤의 卦體는 광대하고 평이하다. 천하의 어려움이 한창 풀릴 때를 맞아 사람들이 비로소 고난에서 벗어나니, 재차 번거롭고 가혹하고 엄하고 급박함으로 다스려서는 안 되고, 관대함과 簡易함으로 구제하는 것이 마땅하니, 이와 같이 하면 人心이 회유되어 편안하게 여기므로 서남쪽에서 이롭다. 湯임금이 桀의 학정을 없애 너그러움으로 다스리고, 武王이 紂의 폭정을 척결하여 商나라의 정치를 제자리로 되돌린 것은, 모두 너그럽고 簡易함을 따른 것이다.

"갈 곳이 없어서 와서 회복함이 길하다. 갈 곳이 있거든 일찍 하면 길하다."에서 '갈 곳이 없음'은 천하의 어려움이 이미 풀려 할 일이 없음을 말하고, '갈 곳이 있음'은 여전히 풀어야 할 일이 있음을 말한다. 천하와 국가는 반드시 紀綱과 法度가 무너져 어지러워진 뒤에야 화

3 來復 : 이에 대해 《정전》에서는 "바른 이치로 돌아옴〔反正理〕"으로 해설하였고, 《본의》에서는 "만약 갈 곳이 없으면 와서 '제 자리를 회복하여 안정〔來復其所〕'해야 한다"고 해설하였다.

와 근심이 생기니, 聖人이 이미 그 어려움을 풀어 평안하고 할 일이 없다면 이것이 '갈 바가 없음'이니, 마땅히 다스리는 道를 닦고 회복하여 紀綱을 바르게 하고 法度를 밝혀서 나아가 先代의 명철하였던 임금의 통치를 회복하는 것이 '와서 회복한다'는 것이다. 즉 바른 이치로 돌아옴을 이르니 천하의 吉함이다.

'其'는 발어사이다. 예로부터 聖王이 어려움을 구제하고 혼란을 안정시킬 때에 그 처음에는 갑작스레 할 수 있는 겨를이 없으나 이미 안정이 되고 나면 오래하고 계속할 수 있는 정치를 했는데, 漢나라 이후로는 혼란이 제거되고 나면 다시 무언가 해보려 하지 않고 고식적으로 그때그때 유지할 뿐이었다. 그러므로 좋은 정치를 이룰 수 없었으니 '와서 회복한다.'는 뜻을 알지 못했기 때문이다.

'갈 바가 있거든 일찍 하면 길함'은 여전히 풀어야 할 일이 있다면 일찍 하는 것이 길함을 이른다. 마땅히 풀어야 하는데 아직 다 하지 못한 것을 일찍 없애지 않으면 다시 왕성해지고, 일이 다시 생긴 것을 일찍 다스리지 않으면 점점 커진다. 그러므로 일찍 하면 길하다.

【本義】解는 難之散也라 居險能動이면 則出於險之外矣니 解之象也라 難之旣解면 利於平易安靜이니 不欲久爲煩擾라 且其卦自升來하여 三往居四하여 入於坤體하고 二居其所而又得中이라 故利於西南平易之地라 若无所往이면 則宜來復其所而安靜이요 若尙有所往이면 則宜早往早復이니 不可久煩擾也라

'解'는 어려움이 흩어진다. 험한 데 있으면서 움직일 수 있으면 험함의 밖으로 벗어날 수 있으니 풀리는 象이다. 어려움이 이미 풀리면 평이하고 안정함이 이로우니, 오래도록 번거롭고 어지럽기를 바라지 않는다. 또 解卦䷧가 升卦䷭로부터 와서 九三이 가서 四爻 자리에 있으니 坤의 卦體로 들어간 것이고, 九二가 제자리에 있고 또 가운데 자리를 얻었으므로 西南의 평이한 땅이 이롭다. 만약 갈 곳이 없으면 와서 제 자리를 회복하여 안정해야 하고, 만약 아직도 갈 곳이 있으면 일찍 가서 빨리 회복해야 하니, 오래도록 번거롭고 어지럽게 해서는 안 된다.

字義 苛 : 사나울 가

彖曰 解는 險以動[4]이니 動而免乎險이 解라

---

4 險以動 : '현재 험한 상황이고 그 상황에서 움직인다'의 뜻이다. 解는 어려움이 풀린다는 뜻으로

〈彖傳〉에 말하였다. "解는 험한 데에서 움직이니, 움직여서 험난함을 벗어나는 것이 解이다.

【傳】坎險震動하니 險以動也라 不險則非難이요 不動則不能出難이니 動而出於險外면 是免乎險難也라 故爲解라

坎卦☵는 험하고 震卦☳는 움직이니 험한 데에서 움직이는 것이다. 험하지 않으면 어려움이 아니고, 움직이지 않으면 어려움에서 벗어날 수 없으니, 움직여서 험함의 밖으로 나오면 험난함을 벗어나는 것이다. 그러므로 解가 된다.

【本義】以卦德으로 釋卦名義라

卦德으로 卦名의 뜻을 해석하였다.

解利西南은 往得衆也요

'解는 서남쪽이 이로움'은 가면 무리를 얻기 때문이고,

【傳】解難之道는 利在廣大平易하니 以寬易而往하여 濟解면 則得衆心之歸也라

어려움을 푸는 방법은 이로움이 광대하고 평이함에 있으니, 너그러움과 평이함으로 가서 구제해 풀어주면 무리의 마음이 돌아올 수 있다.

其來復吉은 乃得中也요

'와서 회복함이 길함'은 이에 中을 얻기 때문이고,

획과 괘의 구성에 의거한 설명이 있다. 《大全》의 소주에서 李舜臣(南宋)은 "획으로 살펴보면, 네 음과 두 양으로 坎卦☵의 험함이 앞에 있는 것이 蹇卦䷦이고, 네 음과 두 양으로 감괘의 험함이 이미 지나간 것이 解卦䷧이니, 해괘는 건괘와 반대이다. 괘로 살펴보면 坎卦☵가 위이고 震卦☳가 아래인 것이 屯卦䷂이고, 감괘가 아래이고 진괘가 위인 것이 解卦䷧이니, 해괘는 둔괘의 반대이다. 둔괘와 건괘는 어려움이 막 일어남이고, 해괘는 어려움이 이미 흩어짐이니, 험난의 아래에서 머물러 있는 건괘는 진실로 험한 가운데서 움직이는 둔괘만 못하고, 험함의 가운데서 움직이는 둔괘는 또한 험함의 밖에서 움직이는 해괘만 못하다." 하였다.

【傳】不云无所往은 省(생)文爾라 救亂除難은 一時之事니 未能成治道也요 必待難解하여 无所往然後來復先王之治라야 乃得中道니 謂合宜也라

卦辭 중에 '갈 곳이 없음'을 말하지 않은 것은 문장을 생략한 것일 뿐이다. 혼란을 구제하고 어려움을 제거함은 한 때의 일이니 아직 다스리는 道를 이루지는 못한 것이고, 반드시 어려움이 풀려 갈 곳이 없기를 기다린 뒤에 와서 先王의 다스림을 회복하여야 中道를 얻으니, 마땅함에 합치함을 말한다.

有攸往夙吉은 往有功也라

'갈 바가 있거든 일찍 하면 길함'은 가서 功이 있는 것이다.

【傳】有所爲則夙吉也니 早則往而有功이요 緩則惡滋而害深矣라

할 일이 있으면 일찍 하는 것이 吉하니, 일찍 하면 가서 功이 있고, 늦게 하면 해악이 불어나서 해로움이 깊어진다.

【本義】以卦變으로 釋卦辭라 坤爲衆하니 得衆은 謂九四入坤體요 得中有功은 皆指九二라

卦變으로 卦辭를 해석하였다. 坤卦☷는 무리가 되니, '무리를 얻음'은 九四가 坤의 卦體로 들어감을 말한다. '中을 얻음'과 '功이 있음'은 모두 九二를 가리킨다.

天地解而雷雨作하고 雷雨作而百果草木이 皆甲拆[5]하나니 解之時大矣哉라

天地가 풀리자 우레와 비가 일어나고, 우레와 비가 일어나자 온갖 과목과 초목이 모두 껍질이 터지니, 解의 때가 크도다."

5 雷雨作而百果草木 皆甲拆 : 《大全》의 소주에서 徐幾(南宋)는 "우레와 비가 일어나는 것은 '기가 풀려서[氣之解]'이고, 온갖 과일과 초목이 모두 껍질이 터지는 것은 '형체가 풀려서[形之解]'이다. 형체가 기를 따라서 풀리면 구부러진 것이 펴지고, 꽉 막힌 것이 펼쳐지며, 生意가 두루 흘러 널리 충만하니 해괘의 때가 크노다." 하였다.

【傳】旣明處解之道하고 復言天地之解하여 以見(현)解時之大라 天地之氣開散하여 交感而和暢이면 則成雷雨하고 雷雨作而萬物이 皆生發甲拆이라 天地之功이 由解而成이라 故贊解之時大矣哉라 王者는 法天道하여 行寬宥하고 施恩惠하여 養育兆民하며 至於昆蟲草木하니 乃順解之時하여 與天地合德也라

이미 解에 대처하는 방법을 밝히고, 다시 天地의 풀어짐을 말하여 解의 때가 큼을 나타내었다. 天地의 기운이 열리고 흩어져서 交感하고 화창하면 우레와 비를 이루고, 우레와 비가 일어나면 만물이 모두 껍질을 깨고 터져 나온다. 天地의 功은 풀림으로 말미암아 이루어지므로 解의 때가 크다고 찬미하였다. 임금은 天道를 본받아 너그러움을 행하고 은혜를 베풀어서, 모든 사람을 양육하며 곤충과 초목에까지 이르니, 바로 解의 때에 순응하여 天地와 德을 합하는 것이다.

【本義】極言而贊其大也라

말을 극진히 하여 그 위대함을 찬탄하였다.

字義 拆 : 터질 탁 宥 : 너그러울 유

象曰 雷雨作이 解니 君子以하여 赦過宥罪하나니라

〈象傳〉에 말하였다. "우레와 비가 일어남이 解이니, 君子가 이것을 본받아 過失을 사면하고 죄를 용서한다."

【傳】天地解散而成雷雨라 故雷雨作而爲解也니 與明兩而作離로 語不同[6]이라 赦는 釋之요 宥는 寬之니 過失則赦之可也어니와 罪惡而赦之則非義也라 故寬之而已라 君子觀雷雨作解之象하여 體其發育則施恩仁하고 體其解散則行寬釋也라

하늘과 땅이 풀리고 흩어져 우레와 비를 이룬다. 그러므로 우레와 비가 일어나서 解卦가 되니, 밝음이 둘인 것이 離卦☲가 된다는 것과는 말이 같지 않다. '赦'는 풀어줌이고, '宥'는

6 與明兩而作離 語不同 : 이 말은 '作'의 쓰임을 밝힌 말이다. 즉 '明兩作離'는 離卦 〈대상전〉의 말로 '作'의 뜻이 '~되다' 인데, 여기 解卦의 雷雨作의 '作'은 '일어나다'의 뜻으로 그 쓰임이 서로 다르다.

너그럽게 함이니 과실은 사면해도 좋으나 죄악까지 사면하면 의리가 아니므로 너그럽게 할 뿐이다. 君子가 우레와 비가 일어나 풀리는 象을 보고 그 싹틔워 길러냄을 체득하여 은혜와 어짊을 베풀고, 그 풀리고 흩어짐을 체득하여 너그럽게 풀어준다.

字義 赦 : 용서할 사

初六은 无咎하니라

初六은 허물이 없다.

【傳】六居解初하니 患難既解之時에 以柔居剛하고 以陰應陽은 柔而能剛之義리 既无患難而自處得剛柔之宜라 患難既解하여 安寧无事하니 唯自處得宜면 則爲无咎矣라 方解之初하여 宜安靜以休息之니 爻之辭寡는 所以示意라

初六은 解卦의 처음에 있으니 환난이 이미 풀린 때에 柔로서 剛한 자리에 있고 陰으로 陽에 호응함은 유순하면서 강건할 수 있다는 뜻이다. 이는 이미 환난이 없고, 스스로 처신함이 강건함과 유순함의 마땅함을 얻은 것이다. 환난이 이미 풀려 편안하고 일이 없으니, 스스로 처신함이 마땅함을 얻으면 허물이 없게 된다. 解의 처음을 당하여 마땅히 안정하여 쉬어야 하니, 爻辭의 내용이 적은 것은 이러한 뜻을 보인 것이다.

【本義】難既解矣요 以柔在下하여 上有正應하니 何咎之有리오 故其占如此하니라

어려움이 이미 풀렸고, 柔로서 맨 아래에 있으면서 위에 正應이 있으니, 무슨 허물이 있겠는가. 그러므로 그 占이 이와 같다.

象曰 剛柔之際라 義无咎也니라

〈象傳〉에 말하였다. "剛과 柔의 사귐이니, 의리에 허물이 없다."

【傳】初四相應하니 是剛柔相際接也라 剛柔相際하여 爲得其宜하니 難既解而處之에 剛柔得宜면 其義无咎也라

初六과 九四가 서로 호응하니, 이는 剛과 柔가 서로 교제하는 것이다. 剛柔가 서로 사귀어

그 마땅함을 얻었으니 어려움이 이미 풀렸고 처신함에 강건함과 유순함이 마땅함을 얻으면 의리에 허물이 없다.

九二는 田獲三狐하여 得黃矢니 貞하여 吉하도다

【本義】貞하면 吉하리라

九二는 사냥하여 세 마리 여우를 잡아 누런 화살을 얻으니, 바르게 하여 길하다.

【본의】바르게 하면 길할 것이다.

【傳】九二以陽剛得中之才로 上應六五之君하니 用於時者也라 天下에 小人常衆하니 剛明之君在上이면 則明足以照之하고 威足以懼之하고 剛足以斷之라 故小人不敢用其情이라 然尤常存警戒하여 慮其有間而害正[7]也어늘 六五以陰柔로 居尊位하여 其明易蔽하고 其威易犯하고 其斷不果而易惑하니 小人一近之면 則移其心矣라 況難方解而治之初엔 其變尙易라 二旣當用하니 必須能去小人이면 則可以正君心而行其剛中之道리라 田者는 去害之事요 狐者는 邪媚之獸니 三狐는 指卦之三陰이니 時之小人也라 獲은 謂能變化除去之를 如田之獲狐也라 獲之則得中直之道하니 乃貞正而吉也라 黃은 中色이요 矢는 直物이니 黃矢는 謂中直也라 群邪不去하여 君心一入이면 則中直之道 无由行矣니 桓敬之不去武三思[8]是也라

九二는 陽剛하고 中을 얻은 재질로서 위로 六五의 임금과 호응하니, 당시에 쓰이는 자이다. 천하에는 언제나 小人이 많으니, 강건하고 밝은 임금이 위에 있으면 밝음으로 비출 수 있으며, 위엄으로 두렵게 하고 강함으로 결단할 수 있으므로 小人이 감히 함부로 하지 못한

---

7 正 :《大全》의 간주에 "어떤 판본에는 '政'자로 되어 있다." 하였다.

8 桓敬之不去武三思 : 桓,敬,武는 모두 唐나라 사람으로 각각 桓彦範, 敬暉, 武三思를 가리킨다. 桓彦範(653~706)은 측천무후를 몰아내고 중종을 복위시켜 시중이 되었으나, 곧 武三思의 참소로 귀양길에 피살당했다. 敬暉(?~706)는 中宗 神龍 元年(705)에 張柬之 등과 함께 중종을 맞아 복위시켰으며 이 일로 侍中에 발탁되어 平陽郡公에 봉해졌으나 얼마 뒤 武三思의 모함을 받아 살해되었다. 武三思(?~707)는 則天武后의 이복 조카로 아첨하여 측천무후의 신임을 얻었고, 아들 武崇訓이 중종의 딸 安樂公主와 결혼하자 대신을 모함하는 등 전횡을 일삼았다. 결국 황태자 李重俊을 제거하려다가 태자의 거병으로 부자가 함께 참형되었다.

다. 그러나 더욱 항상 경계하여 빈틈이 생겨 바름을 해칠까 염려해야 하는데, 六五가 유약한 陰으로 높은 자리에 있어서 그 밝음이 가려지기 쉽고 그 위엄이 침범하기 쉬우며 그 결단함이 과감하지 못하여 미혹되기 쉬우니, 小人이 한 번 임금을 가까이하면 그 마음을 바꾼다. 더구나 어려움이 막 풀려서 다스려지는 처음에는 더 변하기 쉽다. 九二가 이미 쓰이게 되었으니 반드시 小人을 없앨 수 있으면 임금의 마음을 바로잡아 그 剛中한 道를 행할 수 있을 것이다.

'사냥'은 해로움을 제거하는 일이고, '여우'는 간사하고 아첨하는 짐승이다. '세 마리 여우'는 卦의 세 陰을 가리키니 당시의 小人이다. '잡음'은 변화하고 제거하기를 사냥해서 여우를 잡듯이 함을 말한다. 이것을 잡으면 中直한 道를 얻으니, 바르게 하여 길하다. '黃'은 中央의 색이고, '화살'은 곧은 물건이니, '누런 화살'은 中直함을 이른다. 사악한 무리들이 제거되지 않아서 임금의 마음이 한 번 빠지면 中直한 道가 행해질 수 없으니, 桓彦範과 敬暉가 武三思를 제거하지 않은 것이 여기에 해당한다.

【本義】此爻取象之意는 未詳이라 或曰 卦凡四陰에 除六五君位면 餘三陰이니 卽三狐之象也라 大抵此爻爲卜田之吉占이요 亦爲去邪媚而得中直之象이니 能守其正이면 則无不吉矣리라

이 爻에서 象을 취한 뜻은 자세하지 않다. 어떤 이는 "卦의 네 陰에서 六五의 임금 자리를 제외하면 세 陰이 남으니 이것이 바로 세 여우의 象이다." 하였다. 대체로 이 爻는 사냥하는데 吉한 占이고, 또 사악하고 아첨하는 이를 제거하여 中直함을 얻는 象이니, 그 바름을 지킬 수 있으면 길하지 않음이 없을 것이다.

字義 田 : 사냥할 전 狐 : 여우 호 蔽 : 가릴 폐 媚 : 아첨할 미

象曰 九二貞吉은 得中道也일새라

〈象傳〉에 말하였다. "'九二는 바르게 하여 길함'은 中道를 얻었기 때문이다."

【傳】所謂貞吉者는 得其中道也라 除去邪惡하여 使其中直之道로 得行이면 乃正而吉也라

이른바 '바르게 하여 길함'은 그 中道를 얻었기 때문이다. 사악함을 제거하여 그 中直한 道가 행해지도록 하면 바르게 하여 길하다.

六三은 負且乘이라 致寇至[9]니 貞이라도 吝이리라

六三은 짊어져야 하는데 또 올라탔기에 도적을 오게 하니, 바르게 하더라도 부끄러울 것이다.

【傳】六三은 陰柔居下之上하여 處非其位하니 猶小人宜在下以負荷어늘 而且乘車하여 非其據也라 必致寇奪之至니 雖使所爲得正이라도 亦可鄙吝也라 小人而竊盛位면 雖勉爲正事나 而氣質卑下하여 本非在上之物이니 終可吝也라 若能大正則如何오 曰 大正은 非陰柔所能也니 若能之則是化爲君子矣라 三은 陰柔小人이니 宜在下어늘 而反處下之上하니 猶小人宜負而反乘하니 當致寇奪也라 難解之時나 而小人竊位면 復致寇矣라

六三은 유약한 陰으로 下卦의 맨 위에 있어서 처한 곳이 제 자리가 아니니, 마치 小人이 마땅히 아래에서 짐을 짊어져야 하는데 도리어 수레를 타서 의지할 곳이 아닌 것과 같다. 반드시 도적의 약탈을 불러오게 될 것이니, 설령 하는 일이 바르더라도 비루하고 부끄럽다. 小人이면서 성대한 자리를 훔치면 비록 힘써 바른 일을 하더라도 氣質이 낮아서 본래 위에 있을 물건이 아니니, 끝내 부끄러울 만하다. 〈어떤 이가 묻기를〉 "만약 크게 바르게 할 수 있다면 어떻겠습니까?" 하였다. 대답하기를, "크게 바르게 함은 유약한 陰이 할 수 있는 바가 아니니, 만약 그렇게 할 수 있다면 이는 변하여 君子가 된 것입니다." 하였다. 六三은 陰으로 유약한 小人이니 마땅히 아래에 있어야 하는데 도리어 下卦의 맨 위에 있으니, 이는 마치 小人이 짐을 짊어져야 하는데 도리어 올라탄 것과 같으므로 도적의 약탈을 불러오게 될 것이다. 어려움이 풀리는 때이나 小人이 지위를 훔치면 다시 도적을 불러들이게 될 것이다.

【本義】繫辭備矣라 貞吝은 言雖以正得之라도 亦可羞也니 唯避而去之라야 爲可免耳라

〈繫辭傳〉에 갖추어져 있다. '바르게 하더라도 부끄러움'은 비록 바름을 얻더라도 부끄러울 수 있음을 말한 것이니, 피해서 떠나야만 벗어날 수 있다.

字義 負 : 짊어질 부　致 : 부를 치　荷 : 멜 하

---

9 負且乘 致寇至 : 柳正源(朝鮮)은 《易解參攷》에서 徐幾(南宋)의 설명을 빌려 "'짊어진다'는 것은 위로 九四를 짊어진다는 것이고, '올라탄다'는 것은 아래로 九二를 올라탄다는 것이다. 六三은 부드러움으로 두 굳셈의 가운데 있어 완고하여 풀리지 않기 때문에 짊어져야 하는데 올라타고 있으며 도적을 오게 하는 상이 있다.〔負謂上負九四 乘謂下乘九二 三以柔處二剛之中 頑然不解 故有負且乘致冦至象〕" 하였다.

象曰 負且乘이 亦可醜也며 自我致戎이어니 又誰咎也리오

〈象傳〉에 말하였다. "'짊어져야 하는데 또 올라탐'은 또한 추하며, 나로부터 도적을 불렀으니 또 누구를 탓하겠는가."

【傳】 負荷之人而且乘載면 爲可醜惡也라 處非其據하여 德不稱[10]其器면 則寇戎之致는 乃己招取니 將誰咎乎아 聖人又於繫辭에 明其致寇之道하여 謂作易者其知盜乎인저하시니 盜者는 乘釁而至니 苟无釁隙이면 則盜安能犯이리오 負者는 小人之事요 乘者는 君子之器라 以小人而乘君子之器니 非其所能安也라 故盜乘釁而奪之라 小人而居君子之位니 非其所能堪也라 故滿假而陵慢其上하고 侵暴其下하나니 盜則乘其過惡而伐之矣라 伐者는 聲其罪也요 盜는 横暴而至者也라 貨財而輕慢其藏이면 是教誨乎盜하여 使取之也요 女子而夭冶其容이면 是教誨淫者하여 使暴之也요 小人而乘君子之器면 是招盜하여 使奪之也니 皆自取之之謂也라

짐을 짊어지고 있어야 할 사람인데 타고 싣고 있으면 추악함이 된다. 의거할 곳이 아닌데 거처하여 德이 기물에 걸맞지 않으면 도적이 옴을 자신이 불러들인 것이니 누구를 탓하겠는가? 聖人이 또한 〈繫辭傳〉에 그 도적을 불러들이는 도를 밝혀서 "《周易》을 지은 이가 그 도적을 알았다." 하였다. 도적은 틈을 타고 오니, 참으로 틈이 없다면 도적이 어떻게 범할 수 있겠는가. '짊어지는 것'은 小人의 일이고, '올라타는 것'은 군자의 기물이다. 小人으로서 君子의 기물을 타니 편할 수 있는 바가 아니므로 도적이 틈을 타서 빼앗는 것이다. 小人이면서 君子의 자리에 있으니 감당할 수 있는 바가 아니므로 자만하여 윗사람을 업신여기고 아랫사람에게 포악하게 하니, 도적이 그 과실과 악행을 틈타서 칠 것이다. '伐'은 그 죄를 성토하는 것이고, '도적'은 횡포를 부리며 오는 것이다. 재물이 있으면서 간수하기를 태만히 하면 이는 도적에게 그것을 취하라고 가르치는 것이고, 여자가 용모를 요염하게 꾸미면 이는 음란한 자에게 폭행하라고 가르치는 것이며, 小人이 君子의 기물을 올라타면 이는 도적을 불러들여 빼앗게 하는 것이니, 모두 스스로 취했음을 말한다.

字義 醜 : 추할 추　釁 : 틈 흔　隙 : 틈 극　假 : 클 가　陵 : 업신여길 릉　暴 : 해칠 포

10 稱 : 《大全》의 간주에 "어떤 판본에는 '勝'자로 되어 있다." 하였다.

九四는 解而拇[11]면 朋至하여 斯孚리라

九四는 너의 엄지발가락을 풀면 벗이 와서 믿을 것이다.

【傳】九四以陽剛之才로 居上位하여 承六五之君하니 大臣也而下與初六之陰爲應이라 拇는 在下而微者니 謂初也라 居上位而親小人이면 則賢人正士遠退矣요 斥去小人이면 則君子之黨이 進而誠相得也라 四能解去初六之陰柔면 則陽剛君子之朋이 來至而誠合矣요 不解去小人이면 則己之誠未至하니 安能得人之孚也리오 初六은 其應이라 故謂遠之爲解라

九四는 강건한 陽의 재질로 윗자리에 있어서 六五의 임금을 받드니, 大臣으로서 아래로 初六의 陰과 호응한다. '엄지발가락'은 아래에 있고 미미한 것이니, 初六을 이른다. 윗자리에 있으면서 小人과 친하면 賢人과 올바른 선비들이 멀리하여 물러가고, 小人을 배척하면 君子의 무리들이 나아와 진실로 서로 뜻이 맞을 것이다. 九四가 初六의 유약한 陰을 풀어 버릴 수 있으면 剛陽한 君子의 벗들이 와서 진실로 합할 것이고, 小人을 풀어버리지 못하면 자기의 정성이 지극하지 못한 것이니 어찌 사람들의 믿음을 얻을 수 있겠는가. 初六은 九四의 호응이기 때문에 멀리하는 것을 풀어 버린다고 하였다.

【本義】拇는 指初라 初與四皆不得其位而相應하니 應之不以正者也라 然四陽而初陰하여 其類則不同矣니 若能解而去之면 則君子之朋이 至而相信也라

'엄지발가락'은 初六을 가리킨다. 初六과 九四가 모두 제자리를 얻지 못했으면서 서로 호응하니, 호응을 바름으로 하지 못하는 자들이다. 그러나 九四는 陽이고 初六은 陰이라서 그 부류가 같지 않으니, 九四가 만약 初六을 풀어서 버릴 수 있으면 君子의 벗들이 이르러 서로 믿을 것이다.

[字義] 而 : 너 이 拇 : 엄지발가락 무

---

11 解而拇 : 柳正源(朝鮮)은 《易解參攷》에서, 王弼의 설명을 빌려 "자리를 잃어 바르지 않고 六三과 가깝기 때문에 六三이 달라붙으니 그 엄지발가락이다. 六三으로 그의 발가락을 삼으면 初六의 호응을 잃기 때문에 그 발가락을 풀어버린 다음에 벗이 와서 믿을 것이다." 하였다. 또 金相岳(朝鮮)은 《山天易說》에서 "너〔而〕는 너〔汝〕이다. 엄지발가락은 初六과 九三을 가리킨다. 벗은 九二를 말한다. 해괘는 음을 풀어버리는 것으로 뜻을 삼는다. 九四는 震卦에 있어 괘를 이루는 주인인데, 六三이 가까이 있고 初六이 호응하니, 모두 그 무리가 아니다. 풀어버릴 수 있다면 양의 벗이 반드시 와서 서로 믿을 것이다." 하였다.

象曰 解而拇는 未當位也일새라

〈象傳〉에 말하였다. "'너의 엄지발가락을 풀라'는 것은 자리가 마땅하지 않아서이다."

【傳】四雖陽剛이나 然居陰하여 於正에 疑不足이어늘 若復親比小人이면 則其失正이 必矣라 故戒必解其拇然後能來君子하니 以其處未當位也일새라 解者는 本合而離之也니 必解拇而後에 朋孚라 蓋君子之交而小人容於其間이면 是與君子之誠이 未至也라

九四가 비록 강건한 陽이지만 陰의 자리에 있어 바름이 부족할까 의심되는데, 만약 다시 小人을 친밀하게 가까이하면 그 바름을 잃을 것이 분명하다. 그러므로 반드시 그 엄지발가락을 풀어버린 뒤에야 君子를 오게 할 수 있다고 경계하였으니, 그 거처가 마땅한 자리가 아니기 때문이다. '解'는 본래 합한 것을 떼어놓음이니, 반드시 엄지발가락을 풀어버린 뒤에야 벗이 믿는다. 대개 君子가 사귀는데 小人이 그 사이에 끼면, 이는 君子와 함께하는 정성이 지극하지 못한 것이다.

六五는 君子維有解면 吉하니 有孚于小人[12]이리라

六五는 군자가 오직 풀어버림이 있으면 길하니, 小人에게서 증험이 있을 것이다.

【傳】六五居尊位하여 爲解之主하니 人君之解也나 以君子通言之라 君子所親比者는 必君子也요 所解去者는 必小人也라 故君子維有解則吉也라 小人去則君子進矣니 吉孰大焉이리오 有孚者는 世云見驗也니 可驗之於小人이라 小人之黨去면 則是君子能有解也라 小人去면 則君子自進하여 正道自行하리니 天下不足治也라

六五가 높은 자리에 있어 解卦의 주체가 되니, 임금이 푸는 것인데, 君子로써 통틀어 말하였다. 君子가 친애하여 가까이 하는 자는 반드시 君子이고, 풀어서 버리는 자는 반드시 小人이다. 그러므로 君子가 오직 풀어버림이 있으면 吉하다. 小人이 제거되면 君子가 나오니 이보다 큰 길함이 있겠는가. '증험이 있음'은 세상에서 말하는 효험을 본다는 뜻이니, 小人에게

12 君子維有解 吉 有孚于小人 : 李震相(朝鮮)은 《易學管窺》에서 "부드러우면서 中을 지키는 六五가 九二와 호응하고 九四를 가까이 하는 것은 九二와 九四가 모두 군자이기 때문이다. 위와 아래의 세 음은 모두 소인이다." 하였다. 또 《주역정의》를 인용하여 "군자의 도로 어려움을 풀어버리면 소인이 모두 믿고 복종하기 때문에 '소인에게 증험이 있다'라고 했다." 하였다.

서 증험할 수 있다는 것이다. 소인의 무리가 제거되면 이는 君子가 풀어버림이 있는 것이다. 小人이 제거되면 군자가 스스로 나아가 바른 도리가 저절로 행해질 것이니 천하는 다스릴 것도 없다.

【本義】卦凡四陰而六五當君位하여 與三陰同類者니 必解而去之則吉也라 孚는 驗也니 君子有解를 以小人之退로 爲驗也라

解卦에 陰이 모두 넷인데 六五가 임금의 자리에 있으면서 세 陰과 동류이니, 반드시 동류를 풀어버리면 吉하다. '孚'는 증명하는 것이니, 군자가 풀어버림이 있음을 小人이 물러가는 것으로 증명하는 것이다.

字義 孚 : 증험 부

象曰 君子有解는 小人退也라

〈象傳〉에 말하였다. "'군자가 풀어버림이 있음'은 소인이 물러가는 것이다."

【傳】君子之所解者는 謂退去小人也니 小人去則君子之道行이라 是以吉也라

군자가 풀어버리는 것은 소인을 물러가게 함을 말하니, 小人이 제거되면 君子의 道가 행해진다. 이러므로 吉하다.

上六은 公用射(석)隼于高墉之上[13]하여 獲之니 无不利로다

上六은 公이 높은 담 위에서 새매를 쏘아 잡으니, 이롭지 않음이 없다.

【傳】上六은 尊高之地나 而非君位라 故曰公이니 但據解終而言也라 隼은 鷙害之物이니 象爲害之小人이라 墉은 墻이니 內外之限也라 害若在內면 則是未解之時也어니와 若出

---

13 公用射(석)隼于高墉之上 : 金箕澧(朝鮮)는 《易要選義綱目》에서 "上六은 높은 자리에 있지만 임금의 자리가 아니기 때문에 '公'이라고 하였으니, 大臣을 이른다." 하였고, 또 "새매〔隼〕는 六三을 가리키니 그 사악함이 매와 같다는 말이다. 높은 담도 六三을 가리키니 下卦의 꼭대기에 있음을 이른다." 하였다.

墉外면 則是无害矣니 復何所解리오 故在墉上이면 離乎內而未去也라 云高는 見(현)防限之嚴而未去者라 上은 解之極也니 解極之時而獨有未解者는 乃害之堅强者也라 上居解極하니 解道已至하고 器已成也라 故能射而獲之라 旣獲之則天下之患이 解已盡矣니 何所不利리오 夫子於繫辭에 復伸其義하여 曰 隼者는 禽也요 弓矢者는 器也요 射之者는 人也니 君子藏器於身하여 待時而動이면 何不利之有리오 動而不括이라 是以出而有獲이니 語成器而動者也라하시니라 鷙害之物이 在墉上하니 苟无其器어나 與不待時而發이면 則安能獲之리오 所以解之之道는 器也요 事之當解와 與已解之之道至者는 時也니 如是而動이라 故无括結하여 發而无不利矣니 括結은 謂阻礙라 聖人於此에 發明藏器待時之義하시니 夫行一身으로 至於天下之事에 苟无其器어나 與不以時而動이면 小則括塞하고 大則喪敗하나니 自古로 喜有爲而无成功과 或顚覆者는 皆由是也니라

上六은 자리가 존귀하고 높으나 임금의 자리는 아니기 때문에 '公'이라 하였으니, 다만 解의 끝이라는 측면에서 말한 것이다. '隼'은 사납고 해치는 동물이니 해를 끼치는 小人을 상징하였다. '墉'은 담장이니 안팎을 나누는 것이다. 해로움이 만약 안에 있다면 이는 아직 풀릴 때가 아니지만, 만약 담장 밖으로 나갔다면 이는 해로움이 없는 것이니 다시 무엇을 풀겠는가. 그러므로 담장 위에 있다면 안에서 떠났지만 아직 제거되지 않은 것이다. '높다'고 한 것은 엄격하게 막았는데도 아직 가지 않았음을 나타낸 것이다. '上'은 풀림이 극에 달한 것이니, 풀림이 극에 달했을 때에 유독 풀리지 않는 것은 바로 해로움이 견고하고 강한 것이다. 上六은 解의 끝에 있으니, 풀리는 道가 이미 지극하고 기구가 이미 완성되었으므로 쏘아서 잡을 수 있다. 이미 잡았으면 천하의 근심이 다 풀릴 것이니 어찌 이롭지 않겠는가.

孔子가 〈繫辭傳〉에 그 뜻을 다시 펼쳐 "'準'은 새이고, 활과 화살은 기구이고, 쏘는 것은 사람이니, 君子가 기구를 몸에 간직하고서 때를 기다려 움직이면 어찌 이롭지 않음이 있겠는가. 움직임에 막힐 것이 없기 때문에 나가서 잡음이 있으니, 기구를 이루어서 움직이는 것을 말한다." 하였다. 사납고 해로운 동물이 담장 위에 있는데 만약 기구가 없거나 때를 기다리지 않고 쏜다면 어찌 잡을 수 있겠는가. 이것을 풀 수 있는 방도는 기구이며, 마땅히 풀어야 할 일과 이미 풀 수 있는 방도가 이른 것은 때이니, 이와 같이 움직이기 때문에 묶여 막히는 것이 없어서 화살을 쏨에 이롭지 않음이 없다. '묶여 막힘'은 막히고 걸리는 것을 말한다. 聖人이 여기에서 기구를 간직하고 때를 기다리는 뜻을 드러내어 밝혔으니, 한 몸에 행하는 것으로부터 천하의 일에 이르기까지 그 기구가 없거나 때가 아닌데 움직인다면 작게는 막힐 것이고 크게는 패망할 것이다. 예로부터 큰 일하기를 좋아하면서도 성공하지 못하거나 혹 전복된 것은 모두 이 때문이다.

【本義】繫辭備矣라

〈繫辭傳〉에 갖추어 있다.

字義 射 : 쏘아맞힐 석 隼 : 새매 준 墉 : 담 용 鷙 : 사나울 지 括 : 막힐 괄 阻 : 막힐 조 礙 : 막힐 애

象曰 公用射隼은 以解悖也라

〈象傳〉에 말하였다. "'公이 새매를 쏨'은 悖亂함을 풀어버리는 것이다."

【傳】至解終而未解者는 悖亂之大者也라 射之는 所以解之也니 解則天下平矣라

解의 끝에 이르렀는데 아직 풀리지 않은 것은 크게 패란한 것이다. 쏘는 것은 그것을 푸는 것이니, 풀리면 천하가 화평할 것이다.

字義 悖 : 어긋날 패

周易傳義 卷第十五

41. 損

䷨ 兌下艮上

下卦는 兌卦☱이고 上卦는 艮卦☶이다.

【傳】損[1]은 序卦에 解者는 緩也니 緩必有所失이라 故受之以損이라하니라 縱緩則必有所失이요 失則損也니 損所以繼解也라 爲卦 艮上兌下하니 山體高하고 澤體深하니 下深則上益高하니 爲損下益上之義[2]요 又澤在山下하여 其氣上通하여 潤及草木百物하니 是損下而益上也며 又下爲兌說하고 三爻皆上應하니 是說以奉上이니 亦損下益上之義라 又下兌之成兌는 由六三之變也요 上艮之成艮은 自上九之變也라 三本剛而成柔하고 上本柔而成剛하니 亦損下益上之義라 損上而益於下則爲益이요 取下而益於上則爲損이라 在人上者 施其澤以及下則益也요 取其下以自厚則損也니 譬諸壘土컨대 損於上以培厚其基本則上下安固矣니 豈非益乎아 取於下以增上之高則危墜至矣니 豈非損乎아 故損者는 損下益上之義요 益則反是라

損卦는 〈序卦傳〉에 "解는 느슨해짐이니, 느슨해지면 반드시 잃는 것이 있기 때문에 損卦로 받았다." 하였다. 늘어지고 느슨해지면 반드시 잃는 것이 있고, 잃으면 덜어지기 때문에 損卦

---

1 損 : 빌헬름 영문판 주역인 《The I Ching》에서는 損卦를 "Sun / Decrease"라고 하였다. 손괘는 감소의 의미인데, 하괘의 맨 위에 있는 효가 감소하니 이는 상괘의 맨 위에 있는 효의 증가를 위함이다. 물상으로 보면 아래에 있는 호수가 줄어들고 있는데 이는 위에 있는 산의 높이에는 우호적이다. 괘효변화의 상으로 보나 물상의 변화로 보나 둘 다 계속해서 아래에서 위로 덜어주면서 감소하는 의미라고 하였다.

2 爲損下益上之義 : 《大全》의 소주에서 朱震(南宋)은 損卦䷨는 泰卦䷊가 변한 것으로 태괘에서 九三을 덜어서 上六에 보태었다는 관점에서 설명하였다. 그리고 이에 따라 위에 보태었는데 '損'이라 한 것은 어째서인지를 밝혔다. 대체로 위는 아래를 기반으로 삼으니, 비유하건대 담을 쌓을 때 그 기반을 파내어 위로 쌓아 올리는 것은 위태하니, '益'이 아니라는 것이다. 이와 반대로 위에서 덜어 아래에 보태주는 상을 취한 것이 益卦䷩라고 하였다.

가 解卦를 이었다. 卦의 구성이 上卦는 艮卦☶이고 下卦는 兌卦☱이니 산의 몸체는 높고 연못의 몸체는 깊다. 아래가 깊으면 위가 더욱 높으니 아래를 덜어서 위에 보태는 뜻이 된다. 또 연못이 산 아래 있어서 그 기운이 위로 통하여 윤택함이 草木과 萬物에 미치니, 이것이 아래를 덜어서 위에 보태는 것이다. 또 下卦는 兌卦의 기뻐함이 되고 세 爻가 모두 위로 호응하니 이는 기쁨으로 위를 받드는 것이니 역시 아래를 덜어 위에 보태는 뜻이다. 또 아래의 兌卦가 兌卦☱를 이룬 것은 六三이 변했기 때문이고, 위의 艮卦가 艮卦☶를 이룬 것은 上九가 변했기 때문이다. 三爻는 본래 剛이었는데 柔를 이루고, 上爻는 본래 柔였는데 剛을 이루었으니, 또한 아래를 덜어서 위에 보태는 뜻이다. 위에서 덜어 아래에 보태면 益卦䷩가 되고, 아래에서 취해 위에 보태면 損卦가 된다. 남의 윗자리에 있는 자가 은택을 베풀어 아래에 미치면 보탬이고, 그 아래에서 취하여 자신을 두텁게 하면 덜어냄이다. 城壘의 흙에 비유하면 위에서 덜어 그 터전을 북돋우면 위와 아래가 편안하고 튼튼하니, 어찌 이익이 아니겠는가. 아래에서 취하여 위를 높게 올리면 위태롭고 추락할 것이니, 어찌 손실이 아니겠는가. 그러므로 損卦는 아래에서 덜어 위에 보태는 뜻이고, 益卦는 이와 반대이다.

字義 譬 : 비유할 비　壘 : 보루 루　培 : 북돋울 배　墜 : 떨어질 추

損은 有孚면 元吉하고 无咎하여 可貞이라 利有攸往하니

【本義】无咎하고 可貞이요

損은 믿음이 있으면 크게 착하고 吉하며 허물이 없어서 바르게 할 수 있다. 가는 바를 둠이 이로우니,

【본의】허물이 없고 바르게 할 수 있으며

【傳】損은 減損也니 凡損抑其過하여 以就義理는 皆損之道也라 損之道는 必有孚誠이니 謂至誠順於理也라 損而順理면 則大善而吉이요 所損无過差하여 可貞固常行而利有所往也라 人之所損이 或過, 或不及,[3] 或不常이면 皆不合正理니 非有孚也라 非有孚則无吉而有咎니 非可貞之道니 不可行也라

'損'은 덜어냄이니, 허물을 덜어내고 억제하여 義理로 나아감은 모두 덜어냄의 道이다. 덜

3 或不及 : 《大全》의 간주에 "어떤 판본에는 及자 뒤에 '或常'자가 있다." 하였다.

어냄의 道는 반드시 믿음과 정성이 있어야 하니, 지극한 정성으로 이치에 순응함을 이른다. 덜어내어 이치에 순응하면 크게 착하고 길하며, 덜어낸 것이 지나치거나 어긋남이 없어서 貞固함으로 항상 행할 수 있고 가는 바를 둠이 이롭다. 사람이 덜어내는 것이 혹 지나치거나 혹 미치지 못하거나 혹 한결같지 못하면 모두 바른 이치에 합하지 않는 것이니 믿음이 있는 것이 아니다. 믿음이 있지 않으면 길함은 없고 허물만 있으니, 바른 도리가 아니므로 행할 수 없다.

【本義】 損은 減省(생)也라 爲卦 損下卦上畫之陽하여 益上卦上畫之陰하고 損兌澤之深하여 益艮山之高하니 損下益上하고 損內益外는 剝民奉君之象이니 所以爲損也라 損所當損而有孚信이면 則其占이 當有此下四者之應矣[4]리라

'損'은 덜고 생략함이다. 卦의 구성은 下卦 맨 위의 획인 陽을 덜어서 上卦 맨 위의 획인 陰에 보태고, 兌卦☱의 깊은 연못에서 덜어내어 艮卦☶의 높은 산에 보탠 것이다. 아래에서 덜어서 위에 보태고, 안에서 덜어서 밖에 보탬은, 백성의 것을 깎아서 임금을 봉양하는 象이니, 이 때문에 損卦가 된다. 덜어내야 할 것을 덜어내어 믿음이 있으면 그 占이 당연히 아래 네 가지의 호응함이 있을 것이다.

字義 省 : 덜 생

曷之用이리오 二簋(궤)可用享[5]이니라

어디에 쓰겠는가. 두 그릇으로도 제사지낼 수 있다.

【傳】 損者는 損過而就中이요 損浮末而就本實也라 聖人以寧儉爲禮之本이라 故爲損發

---

4 當有此下四者之應矣 : '四者之應'은 괘사의 元吉·无咎·可貞·利有攸往을 가리킨다. 朴文鎬(朝鮮)는 〈經說·周易〉에서 "'크게 착하고 길하며 허물이 없어 바르게 할 수 있으며 가는 것이 이롭다'는 구절은 《주역》에 산견되어 있는 것으로 하나의 의미로 다 표현할 수 없기 때문에 《본의》에서는 그 의미를 다시 해석하지 않고 다만 네 가지로 말하였으니, 이것이 朱子가 경을 주석하는 방법이다." 하였다.

5 二簋(궤)可用享 : 徐有臣(朝鮮)은 《易義擬言》에서 "덜어내는 도를 어떻게 해야 하는가? 세 그릇을 사용하면 많아서 덜어내야 하고, 한 그릇은 적어서 지나치게 덜어낸 것이니, 오직 두 그릇이면 덜어냄이 알맞음을 얻어 제사를 지낼 수 있다." 하고, 또 그는 初九와 九二를 두 그릇의 상으로 보고 셋 중의 하나를 줄여 둘이 남았다고 하였는데, 李震相(朝鮮)은 《易學管窺》에서 "損卦䷨에서 아래의 두 양은 그릇의 바닥이고, 가운데 세 음은 그릇의 속이며, 위의 한 양은 그릇의 덮개이니, 그릇의 상이다. 損의 때에는 검소함이 알맞기 때문에 볼품없는 두 그릇으로도 제사를 지낼 수 있다." 하였다.

明其義하여 以享祀言之라 享祀之禮는 其文最繁이나 然以誠敬爲本이요 多儀備物은 所以將飾其誠敬之心이니 飾過其誠이면 則爲僞矣니 損飾은 所以存誠也라 故云曷之用이리오 二簋可用享이라하니 二簋之約으로도 可用享祭는 言在乎誠而已니 誠爲本也라 天下之害 无不由末之勝也니 峻宇雕墻은 本於宮室이요 酒池肉林은 本於飮食이요 淫酷殘忍은 本於刑罰이요 窮兵黷武는 本於征討라 凡人欲之過者는 皆本於奉養이나 其流之遠則爲害矣라 先王制其本者는 天理也요 後人流於末者는 人欲也니 損之義는 損人欲하여 以復天理而已라

'損'이란 지나친 것을 덜어서 알맞게 하고, 헛되고 지엽적인 것을 덜어서 근본적이고 실질적이게 하는 것이다. 聖人이 차라리 검소함으로 禮의 근본을 삼았으므로 損卦에서 그 뜻을 밝혀 제사지내는 것으로 말하였다. 제사의 禮는 그 꾸밈이 매우 번잡하나 정성과 공경으로 근본을 삼고, 의식을 많이 하고 제물을 갖춤은 그 정성과 공경하는 마음을 꾸미려는 것이다. 꾸밈이 그 정성보다 지나치면 거짓된 것이니, 꾸밈을 덜어냄은 정성을 보존하려는 것이다. 그러므로 "어디에 쓰겠는가? 두 그릇으로도 제사지낼 수 있다."라고 하였으니, 두 그릇의 간략함으로도 제사지낼 수 있다는 것은 정성에 달렸을 뿐이라는 말이니, 정성이 근본이 된다. 천하의 해로움은 지엽적인 것이 성한 데서 오지 않음이 없으니, 지붕을 높게 짓고 담장을 아로새김은 궁실에서 비롯되고, 酒池肉林은 음식에서 비롯되며, 혹독하고 잔인함은 형벌에서 비롯되고, 병력을 끝없이 일으키고 무력을 마구 씀은 정벌과 토벌에서 비롯되었다. 모든 人欲의 지나침은 다 몸을 받들고 기르는 데에서 근본하였으나 그것이 근본에서 멀리 흘러가면 해가 된다. 先王이 그 근본을 제재한 것은 天理이고, 뒷사람이 지엽적인 데로 흘러간 것은 人欲이니, 損卦의 뜻은 人欲을 덜어서 天理를 회복하는 것일 뿐이다.

【本義】言當損時면 則至薄无害라

덜어야 할 때를 당하면 지극히 간략해도 해가 없다는 말이다.

字義 簋 : 그릇 궤 峻 : 높을 준 雕 : 새길 조 黷 : 더럽힐 독

彖曰 損은 損下益上[6]하여 其道上行[7]이니

6 損下益上 : 《大全》의 소주에서 李舜臣(南宋)은 "아래에 있는 것은 백성의 상이고, 위에 있는 것은

〈彖傳〉에 말하였다. "損은 아래를 덜어 위에 보태어 그 道가 위로 행하니,

【傳】損之所以爲損者는 以損於下而益於上也니 取下以益上이라 故云其道上行이라 夫損上而益下則爲益이요 損下而益上則爲損이니 損基本以爲高者를 豈可謂之益乎아

損卦가 損이 되는 까닭은 아래에서 덜어서 위에 보태기 때문이니, 아래에서 취하여 위에 보태기 때문에 "그 道가 위로 행한다." 하였다. 위에서 덜어서 아래에 보태면 益卦가 되고, 아래에서 덜어서 위에 보태면 損卦가 되니, 기초를 덜어서 높게 만드는 것을 어떻게 유익하다고 할 수 있겠는가.

【本義】以卦體[8]로 釋卦名義라

卦體로 卦名의 뜻을 해석하였다.

損而有孚면 元吉无咎可貞利有攸往이니

덜어서 믿음이 있으면 크게 착하고 길하며 허물이 없어서 바르게 할 수 있기에 가는

임금의 상이다. 백성에게 덜어서 임금에게 보태는 것이 또한 分殊의 정상인데 《주역》을 지은이가 損이라고 명명하였으니, 이는 백성에게서 덜어냄이 곧 나라를 덜어내는 것이기 때문이다."라고 하여 損이라는 卦名에 깊은 경계가 있음을 설명하였다. 또, 邱富國(南宋)은 損이라는 이름은 넉넉함에서 일어나고, 益이라는 이름은 부족함에서 생긴다고 전제하고서 넉넉함에서 덜어내는 것은 부족함을 보충하는 것이므로 가득차면 손실을 부르고 겸손하면 보탬을 받는다고 하였다. 그는 괘의 모양을 살펴 "하체는 본래 乾卦☰로 삼획이 모두 양이어서 충실함이 지나치니 덜어내야 할 것이고, 상체는 본래 坤卦☷로 삼획이 모두 음이어서 비어 결핍함이 지나치니 보태야 할 것이다. 덜어내야 할 것에서 덜어내고, 보태야 할 것에 보태는 것이 바로 이치의 바름이고 일의 마땅함이니, 성인이 어찌 백성의 부족한 것에서 덜어내는 것을 가지고 損이라고 하였겠는가." 하여 損卦의 의미를 확대하여 해석하였다.

7 其道上行 : 曺好益(朝鮮)은 《易象說》에서 "하괘는 본래 乾卦☰이고 상괘는 본래 坤卦☷였다. 건괘의 九三이 변하여 上九가 되고, 곤괘의 上六이 변하여 六三이 되니, 바로 건괘의 九三을 덜어내 곤괘의 上六에 더한 것이다. 위로 행하는 것은 구삼에서 위로 올라가 그 더함이 상효에 있기 때문에 '그 도가 위로 행한다'고 했다." 하였다.

8 以卦體 : 卦變이라고 하지 않고 卦體라고 한 이유에 대해 柳正源(朝鮮)은 《易解參攷》에서 "《본의》는 여러 괘에서 모두 음양이 서로 가깝고 두 효가 왕래하는 것을 괘변으로 여겼는데, 여기서는 자리를 넘어서 서로 바뀌는 것을 괘체라고 한 것이다. 아래 六三의 《본의》에서 '하괘는 본래 건괘인데 위를 덜어 곤괘에 보탰다'고 한 것도 모두 괘체로 말한 것이다." 하였다.

것이 이로우니,

【傳】謂損而以至誠이면 則有此元吉以下四者하니 損道之盡善也라

덜어냄에 지극한 정성으로 하면 여기의 '元吉' 이하 네 가지가 있을 것임을 말하니, 덜어내는 道가 지극히 선하다.

曷之用二簋可用享은 二簋應有時며 損剛益柔有時니

'어디에 쓰겠는가. 두 그릇으로도 제사를 지낼 수 있다.'는 두 그릇을 올리는 것이 마땅히 때가 있으며, 剛을 덜어 柔에 보탬이 때가 있는 것이니,

【傳】夫子特釋曷之用二簋可用享이라 卦辭簡直으로 謂當損去浮飾하여 曰何所用哉리오 二簋면 可以享也라하니 厚本損末之謂也라 夫子恐後人不達하고 遂以爲文飾當盡去라 故詳言之하시니라 有本必有末이요 有實必有文이니 天下萬事无不然者라 无本不立이요 无文不行이니 父子主恩이나 必有嚴順之體하고 君臣主敬이나 必有承接之儀하며 禮讓存乎內나 待威儀而後行이요 尊卑有其序나 非物采則无別이니 文之與實이 相須而不可缺也라 及夫文之勝하고 末之流하여 遠本喪實이면 乃當損之時也라 故云曷所用哉리오 二簋足以薦其誠矣라하니 謂當務實而損飾也라 夫子恐人之泥言也라 故復明之曰 二簋之質은 用之當有時하니 非其所用而用之면 不可也라하시니 謂文飾未過而損之와 與損之至於過甚則非也라 損剛益柔有時는 剛爲過하고 柔爲不足이니 損益은 皆損剛益柔也라 必順時而行이니 不當時而損益之則非也라

孔子가 특별히 "어디에 쓰겠는가. 두 그릇으로도 제사지낼 수 있다."란 말을 풀이한 것이다. 卦辭에 간략하고 직설적으로 헛된 수식을 덜어 버려야 함을 일러 말하기를 "어디에 쓰겠는가. 두 그릇으로도 제사지낼 수 있다."라고 하였으니, 근본을 두텁게 하고 지엽적인 것을 덜어냄을 이른 것이다. 孔子가 후세 사람들이 이것을 깨닫지 못하고 마침내 文飾을 다 버려야 하는 것으로 여길까 염려하였기 때문에 상세하게 말하였다.

근본이 있으면 반드시 말단이 있고, 실질이 있으면 반드시 문식이 있으니, 천하의 모든 일이 그렇지 않음이 없다. 근본이 없으면 설 수가 없고, 文飾이 없으면 행할 수가 없으니, 부모와 자식은 은혜를 위주로 하지만 반드시 엄격하고 순종하는 바탕이 있어야 하고, 임금과 신

하는 공경함을 위주로 하지만 반드시 받들고 대접하는 儀禮가 있어야 하며, 禮와 사양함은 내면에 있지만 위엄과 儀禮를 기다린 뒤에 행하고, 높고 낮음은 차례가 있지만 물건의 색채가 아니고서는 분별할 수가 없으니, 문식과 실질은 서로 필요해서 없어서는 안 되는 것이다. 문식이 우세하고 지엽으로 흘러 근본에서 멀어지고 실질을 잃으면 마땅히 덜어내야 하는 때이다. 그러므로 "어디에 쓰겠는가. 두 그릇으로도 충분히 그 정성을 올릴 수 있다." 하였으니, 실질에 힘쓰고 문식을 덜어야 함을 말한 것이다. 孔子가 사람들이 말에 얽매일까 염려하였기 때문에 다시 밝혀 말하기를 "두 그릇의 질박함은 그것을 쓰는 데 마땅히 때가 있으니, 써야 할 때가 아닌데 쓰면 안 된다." 하였으니, 문식이 지나치지 않은데 덜어내는 것과 덜어냄이 너무 심한 것은 옳지 않다고 한 것이다.

'剛을 덜어 柔에 보탬이 때가 있다.'는 것은 剛은 지나침이 되고 柔는 부족함이 되니, 덜고 보탬은 모두 剛을 덜어 柔에 보태는 것이다. 반드시 때에 따라 행해야지 때에 맞지 않는데도 덜고 보태면 옳지 않다.

字義 采 : 채색 채 薦 : 올릴 천 泥 : 집착할 니

損益盈虛를 與時偕行[9]이니라

덜고 보태며, 채우고 비움을 때에 맞게 행해야 한다."

【傳】或損, 或益, 或盈, 或虛를 唯隨時而已라 過者損之하고 不足者益之하며 虧者盈之하고 實者虛之하여 與時偕行也라

덜거나 보태거나 채우거나 비움을 오직 때에 따라 할 뿐이다. 지나친 것은 덜고, 부족한 것은 보태며, 이지러진 것은 채우고, 가득 찬 것은 비워서 때에 맞게 행해야 한다.

---

9 與時偕行 : 정자는 "때에 맞게 행해야 한다." 하였고, 주자는 "때는 덜어야 할 때를 말한다." 하였다. 두 해설의 차이에 대해 李顯益(朝鮮)은 〈周易說〉에서 "《정전》과 《본의》가 같지 않은데 《정전》이 나은 듯하다. 「두 그릇으로도 제사를 지낼 수 있음」은 두 그릇이 마땅히 때가 있으며'에서 때는 오로지 덜어내는 때를 말하였고, '굳센 양을 덜어 부드러운 음에 보탬이 때가 있다'에서의 때는 덜어내고 보태는 것을 겸하여 말하였으니, 오로지 덜어내는 때를 말한 것이 아니다. 그런데 이른바 '덜고 보태며, 채우고 비움을 때에 맞게 행한다'는 바로 '剛을 덜어 柔에 보탬이 때가 있다'는 것을 이어서 말하였으니, 또한 덜어내고 보태는 것을 겸하여 말한 것이지 오로지 덜어내는 때를 말한 것은 아니다." 하였다.

【本義】此는 釋卦辭라 時는 謂當損之時라

이는 卦辭를 해석한 것이다. 時는 마땅히 덜어야 할 때를 이른다.

象曰 山下有澤이 損이니 君子以하여 懲忿窒欲[10]하나니라

〈象傳〉에 말하였다. "산 아래에 못이 있는 것이 損이니, 君子가 이것을 본받아 분노를 자제하고 욕심을 막는다."

【傳】山下有澤하니 氣通上潤과 與深下以增高는 皆損下之象이라 君子觀損之象하여 以損於己하나니 在修己之道에 所當損者는 唯忿與欲이라 故以懲戒其忿怒하고 窒塞其意欲也라

산 아래 못이 있으니, 기운이 통하여 위가 윤택해짐과 아래를 깊게 하여 높이를 더함이 모두 아래를 덜어내는 象이다. 君子가 損卦의 象을 보고 자기에게서 덜어내니, 몸을 닦는 道에서 덜어내야 할 것은 분노와 욕심이다. 그러므로 그 성냄을 자제하고 그 욕심을 막는 것이다.

【本義】君子修身에 所當損者 莫切於此하니라

君子가 몸을 닦음에 덜어내야 할 것이 이보다 간절한 것이 없다.

字義 懲 : 징계할 징 忿 : 성낼 분 窒 : 막을 질

初九는 已事어든 遄往[11]이라야 无咎리니 酌損之니라

---

10 懲忿窒欲 : 《大全》의 소주에서 邱富國(南宋)은 "분노는 陽에 속하니 그것이 발동하면 기세가 폭등함이 마치 산이 솟아오르는 것 같아 남들이 모두 눈치 채기 때문에 자제하기가 쉽지만, 욕심은 陰에 속하니 그것이 사람을 빠뜨림이 마치 물이 스며들어 흔적이 없는 것과 같아서, 알지 못하는 사이에 그 속에 빠져서 벗어날 수가 없기 때문에 막기가 어렵다. 분노를 자제하는 일은 마음씀이 굳센 자라면 제재할 수 있지만, 욕심을 막는 일은 마음 씀이 굳셀 뿐만 아니라 이치를 봄이 정밀하지 않고서는 쉽게 살필 수 없다." 하였다. 또, 金相岳(朝鮮)은 《山天易說》에서 "'자제하는 것〔懲〕'은 멈추는 것이고, '막는 것〔窒〕'은 나오지 못하게 하는 것이다. 분노를 자제하지 않으면 반드시 분노를 옮기게 되고, 욕심을 막지 않으면 반드시 잘못을 반복하게 된다." 하였다.

11 遄往 : 정자는 '功에 머물지 말고 빨리 떠나가라'고 하였고, 주자는 '보태주기 위하여 빨리 가라'고

【本義】已事요 遄往이라야

初九는 일을 마쳤거든 빨리 떠나가야 허물이 없을 것이니, 참작하여 덜어낸다.

【본의】일을 멈추고 빨리 가야

【傳】損之義는 損剛益柔와 損下益上也라 初以陽剛으로 應於四하고 四以陰柔로 居上位하니 賴初之益者也라 下之益上은 當損己而不自以爲功이요 所益於上者 事旣已면 則速去之하여 不居其功이라야 乃无咎也라 若享其成功之美면 非損己益上也니 於爲下之道에 爲有咎矣라 四之陰柔는 賴初者也라 故聽於初라 初當酌度(탁)其宜而損己以益之니 過與不及은 皆不可也라

損의 뜻은 剛을 덜어서 柔에 보탬과 아래에서 덜어 위에 보태는 것이다. 初九는 강건한 陽으로 六四와 호응하고, 六四는 유약한 陰으로 윗자리에 있으니, 初九가 보태줌에 힘입는 자이다. 아랫사람이 윗사람에게 보태줄 때에는 자기를 덜어내되 스스로 功으로 여겨서는 안 되고, 윗사람에게 보태주는 것은 일이 끝났으면 빨리 떠나서 그 功을 자처하지 않아야 허물이 없다. 만약 그 成功의 아름다움을 누린다면 자기에게서 덜어 위에 보탠 것이 아니니, 아랫사람의 도리에 허물이 있다. 六四는 유약한 陰으로 初九에게 힘입는 자이므로 初九의 말을 듣는다. 初九는 그 마땅함을 잘 참작하고 헤아려서 자기에게서 덜어 보태야 하니, 지나침과 미치지 못함은 다 옳지 않다.

【本義】初九當損下益上之時하여 上應六四之陰하니 輟所爲之事而速往以益之는 无咎之道也라 故其象占如此라 然居下而益上엔 亦當斟酌其淺深也라

初九가 아래에서 덜어 위에 보태는 때를 당하여 위로 六四의 陰과 호응하니, 하던 일을 멈추고 빨리 가서 보태 줌은 허물이 없는 道이므로 그 象과 占이 이와 같다. 그러나 아래에 있으면서 위에 보탤 때에는 또한 그 얕고 깊음을 잘 참작해야 한다.

字義 遄 : 빠를 천 酌 : 헤아릴 작 度 : 헤아릴 탁 輟 : 그칠 철

象曰 已事遄往은 尙(上)合志也일새라

하였다.

〈象傳〉에 말하였다. "'일을 마쳤거든 빨리 떠나감'은 위와 뜻이 합하기 때문이다."

【傳】尙은 上也니 時之所崇用이 爲尙이라 初之所尙者는 與上合志也니 四賴於初하고 初益於四는 與上合志也라

'尙'은 위라는 뜻이니, 당시에 높여서 쓰는 것이 '尙'이다. 初九가 숭상하는 것은 위와 뜻을 합하는 것이니, 六四는 初九에게 힘입고 初九는 九四에 보태줌은 위와 뜻을 합하는 것이다.

【本義】尙은 上通이라

'尙'은 上과 통한다.

九二는 利貞하고 征이면 凶하니 弗損이라야 益之[12]리라

九二는 바르게 함이 이롭고 가면 凶하니, 덜어내지 말아야 보태줄 것이다.

【傳】二以剛中으로 當損剛之時하여 居柔而說體로 上應六五陰柔之君하니 以柔說(열)應上이면 則失其剛中之德이라 故戒所利在貞正也라 征은 行也니 離乎中이면 則失其貞正而凶矣요 守其中이라야 乃貞也라 弗損益之는 不自損其剛貞이면 則能益其上이니 乃益之也라 若失其剛貞而用柔說이면 適足以損之而已니 非損己而益上也라 世之愚者 有雖无邪心이나 而唯知竭力順上爲忠者하니 蓋不知弗損益之之義也라

九二는 剛中으로 剛을 덜어내는 때를 당하여 유한 자리에 있고, 기뻐하는 卦體로 위로 유약한 陰인 六五의 임금과 호응하니, 유약하고 기뻐함으로 위와 호응하면 그 剛中의 德을 잃기 때문에 이로운 것이 곧고 바름에 있다고 경계하였다. '征'은 가는 것이니 中에서 떠나면 그 곧고 바름을 잃어 흉하게 될 것이고, 그 中을 지켜야 바른 것이다. '덜지 말아야 보태주는 것'은 스스로 그 강건하고 바름을 덜어내지 않으면 그 위에 보탤 수 있으니, 이것이 바로 보태주는 것이다. 만약 그 강건하고 바름을 잃어 유약함과 기쁨을 쓴다면 다만 덜어내기만 할

---

12 弗損 益之 : 金相岳(朝鮮)은《山天易說》에서 九二와 上九의 차이에 대하여 "九二가 剛中의 덕을 덜어내지 말아야 보태주는 것은 上九와 같지만, 九二는 덜어내지 않고 스스로 지키기 때문에 '알맞음으로 뜻을 삼음'이라 하였고, 上九는 자신에게서 덜어내어 남에게 보태기 때문에 '크게 뜻을 얻음'이라 했다." 하였다.

뿐이니, 자기를 덜어낸다고 해서 위에 보태는 것은 아니다. 세상의 어리석은 자가 비록 사악한 마음은 없지만 오직 힘을 다해 위에 순종하는 것만을 충성이라고 여기니, 이는 '덜지 말아야 보태주는 것'이라는 뜻을 알지 못한 것이다.

【本義】 九二剛中으로 志在自守하여 不肯妄進이라 故占者利貞而征則凶也라 弗損益之는 言不變其所守 乃所以益上也라

九二는 剛中으로 뜻이 스스로 지키는데 있어서 함부로 나아가려 하지 않는다. 그러므로 점치는 자가 바르게 함이 이롭고 가면 凶하다. '덜지 말아야 보태주는 것'은 그 지키는 바를 변치 않는 것이 위에 보태는 것임을 말한다.

象曰 九二利貞은 中以爲志也라

〈象傳〉에 말하였다. "'九二는 바르게 함이 이로움'은 中으로 뜻을 삼은 것이다."

【傳】 九居二는 非正也요 處說은 非剛也로되 而得中爲善하니 若守其中德이면 何有不善이리오 豈有中而不正者며 豈有中而有過者리오 二所謂利貞은 謂以中爲志也니 志存乎中則自正矣라 大率中重於正하니 中則正矣어니와 正은 不必中也니 能守中則有益於上矣리라

陽이 二爻 자리에 있음은 바른 것이 아니고, 기뻐함에 처함은 剛이 아니나, 中德을 얻어 善하니, 그 中德을 지킨다면 어찌 善하지 않음이 있겠는가. 어찌 中德을 얻었는데 바르지 못함이 있겠으며, 어찌 中德을 얻었는데 지나침이 있겠는가. 九二에 '利貞'을 말한 것은 中으로 뜻을 삼는다는 말이니, 뜻이 中德에 있으면 저절로 바루어진다. 대체로 中이 正보다 중요하니 中을 얻으면 바르지만, 正이 반드시 中을 얻는 것은 아니니, 中德을 지킬 수 있으면 위에 보탤 수 있을 것이다.

六三은 三人行엔 則損一人하고 一人行엔 則得其友로다

六三은 세 사람이 가면 한 사람을 덜어내고, 한 사람이 가면 그 벗을 얻는다.

【傳】 損者는 損有餘也요 益者는 益不足也라 三人은 謂下三陽, 上三陰이라 三陽同行이면

則損九三以益上하고 三陰同行이면 則損上六以爲三하니 三人行에 則損一人也라 上이 以柔易剛而謂之損은 但言其減一耳라 上與三은 雖本相應이나 由二爻升降而一卦皆成하여 兩相與也라 初二二陽과 四五二陰이 同德相比하며 三與上應하여 皆兩相與하니 則其志專하여 皆爲得其友也라 三雖與四相比나 然異體而應上하니 非同行者也라 三人則損一人, 一人則得其友는 蓋天下无不二者하니 一與二相對待는 生生之本也요 三則餘而當損矣니 此損益之大義也라 夫子又於繫辭에 盡其義하여 曰 天地絪縕에 萬物化醇하고 男女構精에 萬物化生이라 易曰 三人行엔 則損一人하고 一人行엔 則得其友라하니 言致一也라하시니라 絪縕은 交密之狀이라 天地之氣相交而密이면 則生萬物之化醇하나니 醇은 謂醲厚니 醲厚는 猶精一也라 男女精氣交構면 則化生萬物하나니 唯精醇專一이라 所以能生也라 一陰一陽이니 豈可二也리오 故三則當損이니 言專致乎一也라 天地之間에 當損益之明且大者 莫過此也라

'損'은 넉넉한 것을 덜어냄이고, '益'은 부족한 것에 보탬이다. 세 사람은 泰卦䷊에서 下卦의 세 陽과 上卦의 세 陰을 말한다. 세 陽이 동행하면 九三을 덜어 上爻에 보태고, 세 陰이 동행하면 上六을 덜어 三爻를 삼으니, '세 사람이 가면 한 사람을 덜어내는 것'이다. 上爻가 柔에서 剛으로 바뀌었는데 損이라 한 것은 다만 그 하나를 덜었음을 말한 것일 뿐이다. 上九와 六三은 본래 서로 호응하지만 두 爻가 올라가고 내려옴으로 말미암아 한 卦가 모두 이루어져서 둘씩 서로 함께 한다. 初九와 九二의 두 陽과 六四·六五의 두 陰이 같은 德으로 서로 가까우며, 六三과 上九가 호응하여 모두 둘씩 서로 함께하니, 그 뜻이 전일하여 모두 그 벗을 얻는다. 六三이 비록 六四와 서로 가까우나 卦體가 다르고 上九와 호응하니 동행하는 자가 아니다.

'세 사람이면 한 사람을 덜고, 한 사람이면 벗을 얻음'은 대체로 천하에 둘 아닌 것이 없기 때문이니, 하나와 둘은 서로 對待하니 낳고 낳는 근본이고, 셋이면 남아서 덜어야 하니, 이것이 덜어내어 보태는 큰 뜻이다. 孔子가 또 〈繫辭傳〉에 그 뜻을 다하여 말하기를 "하늘과 땅의 기운이 얽히고설킴〔絪縕〕에 만물이 변화하여 두터워지고〔化醇〕, 男女가 精氣를 얽음에 萬物이 변화하여 생겨난다. 《周易》에 '세 사람이 가면 한 사람을 덜어내고, 한 사람이 가면 그 벗을 얻는다.' 하였으니, 하나를 이룸을 말한다." 하였다.

'絪縕'은 사귀어 친밀한 모양이니, 天地의 기운이 서로 사귀어 친밀하면 만물의 化醇(농후하여 변화)함을 낳는다. '醇'은 농후함을 말하니, 농후함은 깨끗하고 한결같음과 같다. 男女의 精氣가 서로 얽히면 만물을 변화하여 낳으니, 오직 깨끗하고 전일하기 때문에 낳을 수 있는 것이다. 한 번 陰이 되고 한 번 陽이 되니 어찌 둘이겠는가? 그러므로 셋이면 덜어야 하니, 오로지 하나를 이루어야 한다는 말이다. 天地 사이에 덜고 보태야 함이 분명하면서도 큰 것

은 이보다 더한 것이 없다.

【本義】下卦本乾而損上爻以益坤하니 三人行而損一人也요 一陽上而一陰下하니 一人行而得其友也라 兩相與則專하고 三則雜而亂하니 卦有此象이라 故戒占者當致一也라

下卦는 본래 乾卦☰인데 上爻를 덜어 坤卦☷에 보탰으니 세 사람이 가는데 한 사람을 덜어낸 것이고, 한 陽이 올라가고 한 陰이 내려왔으니 한 사람이 가서 그 벗을 얻은 것이다. 둘이 서로 함께 하면 전일하고 셋이면 섞여서 어지러워지니, 卦에 이러한 象이 있으므로 점치는 자가 마땅히 하나를 이루어야 한다고 경계하였다.

字義 絪 : 기운성할 인　縕 : 기운뭉칠 온　醇 : 진할 순　醲 : 짙을 농

象曰 一人行은 三이면 則疑也리라

〈象傳〉에 말하였다. "'한 사람이 감'은 셋이 가면 의심할 것이다."

【傳】一人行而得一人이면 乃得友也요 若三人行이면 則疑所與矣라 理當損去其一人이니 損其餘也라

한 사람이 가서 한 사람을 얻으면 바로 벗을 얻은 것이고, 만일 세 사람이 간다면 누구와 함께 할지 의심하게 된다. 이치상 한 사람을 덜어내야 하니, 남는 것을 덜어내는 것이다.

六四는 損其疾[13]호되 使遄이면 有喜하여 无咎리라

六四는 그 병을 덜어내는데 빠르게 하면 기쁨이 있어 허물이 없을 것이다.

【傳】四以陰柔居上하여 與初之剛陽相應하니 在損時而應剛은 能自損以從剛陽也라 損

---

13 損其疾 : 《大全》의 소주에서 楊萬里(南宋)는 "사물이 剛과 柔의 알맞음을 얻지 못한 것을 모두 '병'이라고 한다. 剛에 치우친 것은 분노하는 병이고, 柔에 치우친 것은 욕심내는 병이다. 六四는 부드러운 음으로 부드러운 자리에 있으니, 부드러움에 치우친 병인데, 初九의 양을 얻어 호응하니 그 병을 덜어내는 것이다.〔物不得剛柔之中者 俱謂之疾 偏乎剛者 忿之疾也 偏乎柔者 欲之疾也 六四以柔居柔 偏乎柔者之疾也 得初九之陽以爲應 損其疾者也〕" 하였다.

不善以從善也라 初之益四는 損其柔而益之以剛이니 損其不善也라 故曰損其疾이라하니 疾은 謂疾病이니 不善也라 損於不善호되 唯使之遄速則有喜而无咎라 人之損過는 唯患不速이니 速則不致於深過하여 爲可喜也라

六四는 유약한 陰으로 위에 거처하여 初九의 강건한 陽과 서로 호응하니, 덜어내는 때에 있으면서 剛과 호응함은 스스로를 덜어서 강건한 陽을 따를 수 있으므로 좋지 못한 것을 덜어서 좋은 것을 따르는 것이다. 初九가 六四에 보탬은 그 柔를 덜어내고 剛으로 보태는 것이니 그 좋지 못한 것을 덜어내는 것이다. 그러므로 "그 병을 덜어낸다." 하였다. '疾'은 疾病을 말하니, 좋지 못한 것이다. 좋지 못한 것을 덜어내되 오직 빠르게 하면 기쁨이 있어 허물이 없다. 사람이 허물을 덜어냄은 오직 빠르게 하지 못함을 근심할 뿐이니, 빠르게 하면 심한 잘못에 이르지 않아 기쁠 수 있다.

【本義】以初九之陽剛으로 益己而損其陰柔之疾호되 唯速則善이니 戒占者如是則无咎矣라

初九의 강건한 陽을 자기에게 보태고 유약한 陰의 질병을 덜어내되 오직 빨리하면 좋으니, 점치는 자가 이렇게 하면 허물이 없을 것이라고 경계한 것이다.

象曰 損其疾하니 亦可喜也로다

〈象傳〉에 말하였다. "'그 병을 덜어냄'은 역시 기뻐할 만하다."

【傳】損其所疾은 固可喜也라 云亦은 發語辭라

그 질병을 덜어냄은 참으로 기뻐할 만하다. '亦'이라 한 것은 發語辭이다.

六五는 或益之면 十朋之라 龜도 弗克違하리니 元吉하니라

【本義】或이 益之十朋之龜어든 弗克違[14]니

---

14 益之十朋之龜 弗克違 : 《大全》의 소주에서 胡炳文(南宋)은 "'보탬을 받는 것'은 의도적으로 구해서는 안 된다. 거북은 큰 보물로, 어떤 이가 이로써 보탠다면 그 보태줌이 크다. 그러나 육오는 유순

六五는 혹 보탤 일이 있으면 열 벗이 도와주는지라 거북도 어기지 못할 것이니 크게 善하여 길하다.

【본의】 어떤 이가 열 쌍의 거북으로 보태거든 어길 수 없으니,

【傳】 六五於損時에 以中順居尊位하여 虛其中以應乎二之剛陽하니 是人君能虛中自損하여 以順從在下之賢也라 能如是면 天下孰不損己自盡以益之리오 故或有益之之事면 則十朋助之矣니 十은 衆辭라 龜者는 決是非吉凶之物이라 衆人之公論이 必合正理면 雖龜筴(策)이라도 不能違也니 如此면 可謂大善之吉矣라 古人曰 謀從衆則合天心이라하니라

六五가 덜어내는 때에 中順함으로 높은 자리에 있어서 그 마음을 비워 九二의 강건한 陽과 호응하니, 이는 임금이 마음을 비우고 스스로 덜어내어 아래에 있는 賢人을 따르는 것이다. 이와 같을 수 있으면 천하에 누가 스스로 덜기를 극진히 하여 보태지 않겠는가? 그러므로 혹 보탤 일이 있으면 열 벗이 도울 것이니, '十'은 많다는 말이다. '거북'은 옳음과 그름, 길함과 흉함을 결단하는 물건이다. 여러 사람의 공론이 반드시 바른 이치에 합한다면 비록 거북점과 시초점이라도 공론을 어길 수 없으니, 이와 같으면 크게 善하여 길하다고 할 수 있다. 옛사람이 말하기를 "도모함에 衆論을 따르면 天心에 합한다." 하였다.

【本義】 柔順虛中하여 以居尊位하니 當損之時하여 受天下之益者也라 兩龜爲朋이니 十朋之龜는 大寶也라 或以此益之而不能辭면 其吉可知니 占者有是德則獲其應也라

柔順하고 마음을 비워 높은 자리에 있으니, 덜어내는 때를 당하여 천하의 보탬을 받는 자이다. 두 마리의 거북을 朋이라 하니, 열 쌍의 가치에 상응하는 거북은 큰 보물이다. 어떤 이가 이것으로 보태주되 사양할 수 없다면 그 길함을 알 수 있으니, 점치는 자가 이러한 德이 있으면 그 호응을 얻는다.

字義 朋 : 벗 붕, 화폐단위 붕 筴 : 점대 책(策)

象曰 六五元吉은 自上祐也[15]라

하게 마음을 비우는 덕이 있어서 이러한 이익을 구한 적이 없다. 육오에 유순하게 마음을 비우는 덕이 있지 않다면 또한 이러한 이익을 받을 수 없다." 하였다.

15 自上祐也 : 沈大允(朝鮮)은 《周易象義占法》에서 "九二가 六五와 호응하는 것은 알기 쉽고 上九가

〈象傳〉에 말하였다. "'六五가 크게 善하여 吉함'은 위로부터 돕는 것이다."

【傳】所以得元吉者는 以其能盡衆人之見하여 合天地之理라 故自上天降之福祐也라

'크게 선하여 길함'을 얻는 까닭은 그가 여러 사람의 견해를 다하여 天地의 이치에 합하기 때문이다. 그러므로 하늘에서 복을 내려주는 것이다.

上九는 弗損하고 益之[16]면 无咎하고 貞吉하니 利有攸往이니 得臣이 无家리라

【本義】弗損이라도 **益之**니 **无咎**어니와 **貞**이면 **吉**하여

上九는 덜지 않고 보태면 허물이 없고, 바르고 길하니, 가는 것이 이롭다. 신하를 얻음이 집안에서만이 아니다.

【본의】덜지 않더라도 보탤 것이니 허물이 없지만, 바르게 하면 길하여

【傳】凡損之義有三하니 損己從人也와 自損以益於人也와 行損道以損於人也라 損己從人은 徙於義也요 自損益人은 及於物也요 行損道以損於人은 行其義也니 各因其時하여 取大者言之라 四五二爻는 取損己從人이요 下體三爻는 取自損以益人이요 損時之用은 行損道以損天下之當損者也라 上九則取不行其損爲義니 九居損之終하여 損極而當變者也라 以剛陽居上하니 若用剛以損削於下면 非爲上之道니 其咎大矣라 若不行其損하고 變而以剛陽之道로 益於下면 則无咎而得其正且吉也니 如是則宜有所往이니 往則有益矣라 在上하여 能不損其下而益之면 天下孰不服從이리오 從服之衆이 无有內外也라 故曰 得臣无家라하니 得臣은 謂得人心歸服이요 无家는 謂无有遠近內外之限也라

損卦의 뜻에 세 가지가 있으니, 자기를 낮추어 남을 따르는 것과 스스로 덜어서 남에게 보

六五를 돕는 것은 알기 어렵기 때문에 九二는 언급하지 않고 '위(上九)로부터 돕는 것이다'라고만 말한 것이다." 하였다.

16 弗損 益之 :《大全》의 소주에서 邱富國(南宋)은 "上九는 六三과 왕래하는 효여서 이미 六三의 보태줌을 얻었으니, 남을 덜어낼 필요 없이 자기에게 보태졌으므로 "덜지 않고 보탠다."고 하였다. 上卦의 세 효는 損에 있으면서 보태줌을 얻은 것들이다." 하였다.

태주는 것과 덜어내는 道를 행하여 남에게서 덜어내는 것이다. '자기를 낮추어 남을 따름'은 義로 옮기는 것이고, '스스로 덜어서 남에게 보탬'은 사물에 미치는 것이고, '덜어내는 道를 행하여 남에게서 덜어냄'은 義를 행하는 것이니, 각기 그 때에 따라 큰 것을 취하여 말하였다. 六四와 六五의 두 爻는 '자기를 낮추어 남을 따름'을 취하였고, 下體의 세 爻는 '스스로 덜어 남에게 보태줌'을 취하였으며, 덜어내는 때의 쓰임은 덜어내는 道를 행하여 천하에서 마땅히 덜어야 할 것을 덜어내는 것이다.

上九는 그 덜어냄을 행하지 않는 것을 취하여 뜻으로 삼았으니, 上九는 損卦의 끝에 거처하여 덜어냄이 극에 이르러 마땅히 변할 자이기 때문이다. 剛한 陽으로 맨 위에 있으니, 만약 剛함을 써서 아래에서 덜어내어 깎는다면 윗사람이 된 도리가 아니어서 그 허물이 크다. 그러나 만약 그 덜어냄을 행하지 않고 변하여 강건한 陽의 道로써 아래에 보태주면 허물이 없어 바르고 또 길함을 얻을 것이다. 이와 같이 하면 마땅히 갈 곳이 있으니, 가면 유익할 것이다. 위에 있으면서 그 아래에서 덜지 않고 보태주면 천하에 누가 복종하지 않겠는가. 따르고 복종하는 무리가 안팎이 없기 때문에 '신하를 얻음이 집안에서만이 아니다.'라고 하였으니, '신하를 얻음'은 人心이 돌아와 복종함을 얻는다는 말이고, '집안에서만이 아니다.'는 원근과 안팎의 제한이 없음을 말한다.

【本義】 上九當損下益上之時하여 居卦之上하니 受益之極而欲自損以益人也라 然居上而益下엔 有所謂惠而不費[17]者하니 不待損己然後可以益人也니 能如是則无咎라 然亦必以正則吉而利有所往이라 惠而不費면 其惠廣矣라 故又曰得臣无家라하니라

上九가 아래에서 덜어 위에 보태는 때를 당하여 卦의 맨 위에 있으니, 보태줌을 받음이 극에 달하여 스스로 덜어 남에게 보태려고 한다. 그러나 맨 위에 있으면서 아래에 보태줌은 이른바 "은혜를 베풀되 허비하지 않는다."는 것이니, 자기에게 덜어낼 필요가 없은 뒤에야 남에게 보태줄 수 있다. 이와 같을 수 있다면 허물이 없지만 또한 반드시 바름으로써 하면 吉해서 가는 바를 둠이 이롭다. 은혜를 베풀되 허비하지 않으면 그 은혜가 넓은 것이므로 또 '신하를 얻음이 집에서만이 아니다.'라고 하였다.

---

17 惠而不費 : 《論語》〈堯曰〉에서 子張이 孔子께 어떻게 하여야 政事에 종사할 수 있는가를 물었을 때 孔子가 답해준 말 중에 하나이다. "공자가 말하였다. '君子는 은혜를 베풀되 허비하지 않으며, 수고롭게 하되 원망을 받지 않으며, 하고자 하면서도 탐하지 않으며, 태연하면서도 교만하지 않으며, 위엄이 있으면서도 사납지 않은 것이다.'〔子曰 君子 惠而不費 勞而不怨 欲而不貪 泰而不驕 威而不猛〕"

象曰 弗損益之는 大得志也라

〈象傳〉에 말하였다. "'덜지 않고 보탬'은 크게 뜻을 얻는 것이다."

【傳】 居上하여 不損下而反益之면 是君子大得行其志也니 君子之志는 唯在益於人而已라

맨 위에 있으면서 아래를 덜지 않고 도리어 아래에 보태주면 이는 君子가 그 뜻을 행함을 크게 얻은 것이니, 군자의 뜻은 오직 남에게 보태주는데 있을 뿐이다.

42. 益

䷩ 震下巽上

下卦는 震卦☳이고 上卦는 巽卦☴이다.

【傳】 益[1]은 序卦에 損而不已면 必益이리 故受之以益이라하니라 盛衰損益은 如循環하여 損極必益은 理之自然이니 益所以繼損也라 爲卦 巽上震下하니 雷風二物은 相益者也라 風烈則雷迅하고 雷激則風怒하여 兩相助益하니 所以爲益이니 此는 以象言也라 巽震二卦 皆由下變而成하니 陽變而爲陰者는 損也요 陰變而爲陽者는 益也라 上卦損而下卦益하니 損上益下는 損以爲益이니 此는 以義言也라 下厚則上安이라 故益下爲益이라

益卦는 〈序卦傳〉에 "덜어내기를 그치지 않으면 반드시 보태기 때문에 益卦로 받았다." 하였다. 흥성함과 쇠퇴함, 덜어냄과 보태줌은 순환하는 것과 같아서 덜어냄이 지극하면 반드시 보태는 것은 자연의 이치이니, 이 때문에 益卦가 損卦를 이었다. 卦의 구성이 上卦는 巽卦☴이고 下卦는 震卦☳이니, 우레와 바람 두 물건은 서로 보태주는 것이다. 바람이 세차면 우레가 빠르고, 우레가 격렬하면 바람이 성을 내어 두 가지가 서로 돕고 보태준다. 이 때문에 益卦가 되니, 이는 象으로 말한 것이다. 巽卦와 震卦 두 卦는 모두 아래 爻가 변하여 이루어졌으니, 陽이 변하여 陰이 됨은 덜어냄이고, 陰이 변하여 陽이 됨은 보태줌이다. 上卦는 덜어내고 下卦는 보태주니, 위를 덜어 아래에 보태줌은 덜어냄으로써 보태줌을 삼는 것이니, 이는 뜻으로 말한 것이다. 아래가 두터우면 위가 편안하기 때문에 아래에 보태줌이 益卦가 된다.

字義 烈 : 세찰 렬　迅 : 빠를 신

---

1 益 : 빌헬름 영문판 주역인《The I Ching》에서는 益卦를 "I / Increase"라고 하였다. 익괘는 손괘와 반대로 증가의 의미인데 상괘의 맨 아래에 있는 효는 감소하면서 하괘의 맨 아래에 있는 증가된다. 위에 있는 관료가 아래에 있는 백성에게 보태주는 의미이다. 육사효와 초구효가 익괘의 주효가 된다고 하였다.

益은 利有攸往하며 利涉大川하니라

益은 가는 바를 둠이 이로우며 大川을 건너는 것이 이롭다.

【傳】 益者는 益於天下之道也라 故利有攸往이요 益之道는 可以濟險難하니 利涉大川也라

益은 천하에 보탬을 주는 道이므로 가는 바를 둠이 이롭고, 益의 道는 험난함을 구제할 수 있으니 큰 내를 건너는 것이 이롭다.

【本義】 益은 增益也라 爲卦損上卦初畫之陽하여 益下卦初畫之陰하니 自上卦而下於下卦之下라 故爲益이라 卦之九五六二 皆得中正하고 下震上巽이 皆木之象이라 故其占이 利有所往而利涉大川也라

益은 보태는 것이다. 卦는 上卦 첫 획의 陽을 덜어내어 下卦 첫 획의 陰에 보태주니, 上卦로부터 下卦의 맨 아래로 내려왔다. 그러므로 益이 된다. 卦의 九五와 六二가 모두 中正을 얻었고, 下卦인 震卦☳와 上卦인 巽卦☴가 모두 나무의 象이 있다. 그러므로 그 占이 가는 바를 둠이 이롭고 大川을 건너는 것이 이롭다.

彖曰 益은 損上益下하니 民說(열)无疆[2]이요 自上下下하니 其道大光이라

〈彖傳〉에 말하였다. "益은 위에서 덜어내어 아래에 보태주니 백성의 기뻐함이 끝이 없고, 위로부터 아래에 낮추니 그 道가 크게 빛난다.

【傳】 以卦義與卦才로 言也라 卦之爲益은 以其損上益下也일새니 損於上而益下면 則民說之无疆이니 謂无窮極也라 自上而降己以下下하면 其道之大光顯也라 陽下居初하고 陰上居四하니 爲自上下下之義라

卦의 뜻과 卦의 재질로 말하였다. 卦가 益卦가 되는 까닭은 위에서 덜어내어 아래에 보태주

---

2 損上益下 民說(열)无疆 : 《大全》의 소주에서 董眞卿(元)은 "노나라 哀公이 흉년이 들어 쓸 것이 부족하자 有若에게 방책을 물었는데, 유약이 말하기를 '어찌하여 徹法(周나라 정전법을 적용하여 백성은 所出의 아홉을 갖고, 임금은 하나를 갖는 조세법)을 쓰지 않으십니까?'라고 하고, 또 '백성이 풍족하다면 임금이 누구와 함께 부족하겠으며, 백성이 부족하다면 임금이 누구와 함께 풍족하겠습니까?'라고 하였으니, 이는 위를 덜어 아래에 보태주는 뜻을 깊이 얻은 것이다." 하였다.

기 때문이다. 위에서 덜어내어 아래에 보태주면 백성이 기뻐함이 끝이 없으니〔无疆〕 한계가 없음을 이른다. 위로부터 자기를 낮추어 아래에 낮추면 그 道가 크고 밝게 드러난다. 陽이 내려와 첫 번째 자리에 있고, 陰이 올라가 네 번째 자리에 있으니 '위로부터 아래에 낮추는' 뜻이 된다.

【本義】 以卦體로 釋卦名義라

卦體로 卦名의 뜻을 해석하였다.

字義 疆 : 지경 강, 끝 강

利有攸往은 中正하여 有慶이요

'가는 바를 둠이 이로움'은 中正해서 경사가 있는 것이고,

【傳】 五以剛陽中正으로 居尊位하고 二復以中正應之하니 是는 以中正之道益天下하여 天下受其福慶也라

九五가 剛陽하고 中正함으로 높은 자리에 있고, 六二가 다시 中正함으로 호응하니, 이는 中正한 道로 천하를 유익하게 하여 천하가 그 복과 경사를 받는 것이다.

利涉大川은 (木)〔益〕道乃行이라

【本義】 木道乃行[3]이라

'大川을 건너는 것이 이로움'은 益의 道가 이에 행해짐이다.

---

3 木道乃行 : 朱子는 《朱子語類》에서, 《정전》에서는 木자를 본래 益자의 오자라고 보았는데 이런 판단이 어떤지를 묻는 질문에 대해 그대로 木자로 보아야 함을 주장하고 그 증거를 예시하여, "渙卦䷺ 단전에서 '나무를 타서 공이 있다'고 하였고, 中孚卦䷼ 단전에서 '나무를 타고 배가 비었다'고 하였으니, 이것으로써 木자일 뿐임을 알 수 있다." 하였다. 또 다른 사람의 말을 빌려 팔괘의 금·목·수·화·토가 있고, 오행의 금·목·수·화·토가 있다고 하며 다음과 같이 설명하였다. "예컨대 乾卦☰가 金인 것은 《주역》의 괘에서의 금이고, 兌卦☱가 금인 것은 오행에서의 금이다. 巽卦☴가 木인 것은 괘 가운데 상을 취한 것이고, 震卦☳가 木인 것은 동방이 木에 속해서이니 오행의 木이다. 오방은 동서남북의 네 방위를 취한 것이기 때문이다."

【본의】 나무의 道가

【傳】 益之爲[4]道 於平常无事之際엔 其益猶小요 當艱危險難이면 則所益至大라 故利涉大川也니 於濟艱險에 乃益道大行之時也라 益誤니 作木이라 或以爲上巽下震이라 故云木道라하나 非也라

益의 道는 평상시 별 일이 없을 때에는 그 유익함이 오히려 작고, 위태롭고 험난함을 당하면 유익함이 지극히 크다. 그러므로 大川을 건넘이 이로우니, 험난함을 구제하는 데 있어서 益의 道가 크게 행해지는 때이다. '益'은 오자이니 '木'이 되어야 한다. 어떤 이는 "上卦가 巽卦☴이고, 下卦가 震卦☳이기 때문에 '木道'라고 하였다." 하였으나 옳지 않다.

【本義】 以卦體卦象으로 釋卦辭라

卦體와 卦象으로 卦辭를 해석하였다.

益은 動而巽하여 日進无疆하며

益은 움직이고 공손해서 날로 나아감이 끝이 없으며,

【傳】 又以二體言卦才라 下動而上巽은 動而巽也라 爲益之道 其動巽順於理면 則其益日進[5]하여 廣大无有疆限也라 動而不順於理면 豈能成大益也리오

또한 上下의 두 卦體로써 卦의 재질을 말하였다. 下卦가 움직이고 上卦가 공손함은 '움직이고 공손함'이다. 유익하게 하는 道는 그 움직임이 이치를 공손하게 따르면 그 유익함이 날로 나아가 넓고 커져서 한계가 없다. 움직이면서 이치에 순응하지 않는다면 어찌 큰 유익함을 이룰 수 있겠는가.

天施地生하여 其益이 无方[6]하니

---

4 爲 : 《大全》의 간주에 "어떤 판본에는 爲자가 없다." 하였고, 또 "어떤 판본에는 於자로 되어 있다." 하였다.

5 益日進 : 《大全》의 간주에 "어떤 판본에는 '益'자가 '日進' 아래에 있다." 하였다.

하늘은 베풀고 땅은 낳아서 그 유익함이 방소가 없으니,

【傳】以天地之功으로 言益道之大하니 聖人體之하여 以益天下也라 天道資始하고 地道生物하니 天施地生하여 化育萬物하고 各正性命하니 其益이 可謂无方矣라 方은 所也니 有方所[7]則有限量이니 无方은 謂廣大无窮極也라 天地之益萬物이 豈有窮際乎아

하늘과 땅의 功으로 益의 道가 큼을 말하였으니, 聖人이 이것을 체득하여 천하를 유익하게 한다. 하늘의 道는 만물이 이를 바탕삼아 시작하고 땅의 道는 만물을 낳으니, 하늘은 베풀고 땅은 낳아서 만물을 변화시켜 기르고 각기 性命을 바르게 하니, 그 유익함이 한량이 없다고 할 만하다. '方'은 장소이니, 방소가 있으면 한량이 있는 것이고, 방소가 없음은 넓고 커서 끝이 없다는 말이다. 天地가 萬物을 유익하게 함이 어찌 끝이 있겠는가.

凡益之道 與時偕行하나니라

益의 道는 때와 함께 행하는 것이다."

【傳】天地之益无窮者는 理而已矣요 聖人利益天下之道는 應時順理하여 與天地合하니 與時偕行也라

天地의 유익함이 끝이 없음은 이치일 뿐이고, 聖人이 천하를 이롭고 유익하게 하는 道는 때에 호응하고 이치에 순응하여 天地와 합하니, 때와 함께 행하는 것이다.

【本義】動巽은 二卦之德이요 乾下施하고 坤上生은 亦上文卦體之義니 又以此極言하여 贊益之大하니라

움직임과 공손함은 두 卦의 德이고, 乾卦☰가 아래로 베풀고 坤卦☷가 위로 낳음도 윗글에서 표현한 卦體의 뜻이니, 또 이것으로 지극히 말하여 益의 큼을 찬탄하였다.

---

6 天施地生 其益无方 : 李恒老(朝鮮)는 《周易傳義同異釋義》에서, 《본의》의 뜻을 보충하는 吳澄(元)의 설명을 빌려 다음과 같이 말하였다. "乾卦☰의 九四가 初九로 바뀌어 아래에서 坤卦☷와 사귀는 것이 하늘의 베풂이고, 坤卦☷의 初六이 六四로 바뀌어 위로 乾卦☰에 이르는 것이 땅의 낳음이다."

7 所 : 《大全》의 간주에 "어떤 판본에는 '所'자가 없다." 하였다.

象曰 風雷益이니 君子以하여 見善則遷하고 有過則改[8]하나니라

〈象傳〉에 말하였다. "바람과 우레가 益이니, 君子가 이것을 본받아 善함을 보면 옮겨가고 허물이 있으면 고친다."

【傳】風烈則雷迅하고 雷激則風怒하니 二物相益者也라 君子觀風雷相益之象而求益於己하나니 爲益之道는 无若見善則遷하고 有過則改也라 見善能遷이면 則可以盡天下之善이요 有過能改면 則无過矣니 益於人者 无大於是니라

바람이 세차면 우레가 빠르고, 우레가 격렬하면 바람이 성을 내니, 두 물건은 서로 보태주는 것이다. 君子가 바람과 우레가 서로 보태주는 象을 보고서 자기에게 유익하게 함을 구하니, 유익하게 하는 道는 선함을 보면 옮겨가고 허물이 있으면 고침만한 것이 없다. 선함을 보고 옮겨갈 수 있으면 천하의 선함을 다할 수 있고, 허물이 있어도 고칠 수 있으면 허물이 없을 것이니, 사람에게 유익한 것이 이보다 큰 것이 없다.

【本義】風雷之勢 交相助益하니 遷善改過는 益之大者而其相益이 亦猶是也라

바람과 우레의 형세는 사귀어 서로 돕고 유익하게 하니, 착함으로 옮겨가고 허물을 고치는 것은 유익함의 큰 것이고, 서로 유익하게 함도 이와 같다.

初九는 利用爲大作이니 元吉이라야 无咎리라

初九는 일을 크게 일으킴이 이로우니, 크게 善하여 吉해야 허물이 없을 것이다.

【傳】初九는 震動之主니 剛陽之盛也라 居益之時하여 其才足以益物이요 雖居至[9]下나 而上有六四之大臣이 應於己하니 四는 巽順之主로 上能巽於君하고 下能順[10]於賢才也라

---

8 見善則遷 有過則改 : 曺好益(朝鮮)은 《易象說》에서 "坤卦☷의 初六이 乾卦☰의 九四로 올라가서 巽卦☴가 되고, 乾卦☰의 九四가 坤卦☷의 初九로 내려가 震卦☳가 된 것도 바람과 우레가 서로 보태주는 상이다. 곤괘는 부드러움에 지나치고 건괘는 굳셈에 지나치니, 곤괘의 初六이 初九로 변해 착함으로 옮겨가는 상이 있고, 건괘의 九四가 六四로 변해 허물을 고치는 상이 있다." 하였다.

9 至 : 《大全》의 간주에 "어떤 판본에는 '至'자가 없다." 하였다.

10 順 : 《大全》의 간주에 "어떤 판본에는 '巽'자로 되어 있다." 하였다.

在下者는 不能有爲也어니와 得在上者應從之면 則宜以其道輔於上하여 作大益天下之事하니 利用爲大作也라 居下而得上之用하여 以行其志인댄 必須所爲大善而吉이면 則无過咎요 不能元吉이면 則不唯在己有咎라 乃累乎上이니 爲上之咎也라 在至下而當大任이면 小善은 不足以稱也라 故必元吉然後得无咎라

初九는 震動함(☳)의 주체이니 강건한 陽이 왕성하다. 益의 때에 있어서 그 재질이 사물을 유익하게 하기에 충분하고, 비록 지극히 낮은 곳에 있으나 위로 六四의 大臣이 있어 자기에게 호응하니, 六四는 공손함(☴)의 주체로 위로는 임금에게 공손하고 아래로는 현명한 인재를 따를 수 있다. 아래에 있는 자는 큰일을 할 수 없으나 위에 있는 자가 그를 따른다면, 마땅히 그 道로써 윗사람을 보좌하여 천하를 크게 유익하게 하는 일을 해야 하니, '크게 일을 일으킴이 이로운 것'이다. 아래에 있으면서 윗사람의 쓰임을 얻어 그 뜻을 행할 경우엔 반드시 하는 바가 크게 善하여 吉하면 허물이 없고, 크게 善하여 吉하지 못하면 자기에게 허물이 있을 뿐만 아니라 곧 윗사람에게 누를 끼치니, 윗사람의 허물이 된다. 지극히 낮은 곳에 있으면서 큰 임무를 맡으면 작은 善함으로는 감당하기에 부족하므로 반드시 크게 善하여 吉한 뒤에야 허물이 없을 수 있다.

【本義】 初雖居下나 然當益下之時하여 受上之益者也니 不可徒然无所報效라 故利用爲大作이요 必元吉然後得无咎라

初九가 비록 맨 아래에 있으나 아래를 유익하게 하는 때를 맞아 위의 보탬을 받으니, 공연히 〈받기만 하고〉 보답하여 바치는 바가 없어서는 안 된다. 그러므로 '크게 일을 일으킴이 이로운 것'이고, 반드시 크게 길한 뒤에야 허물이 없을 수 있다.

象曰 元吉无咎는 下不厚事也일새라

〈象傳〉에 말하였다. "'크게 善하여 吉해야 허물이 없음'은 아랫사람은 두터운(큰) 일을 할 수 없기 때문이다.

【傳】 在下者는 本不當處厚事니 厚事는 重大之事也라 以爲在上所任하여 所以當大事하니 必能濟大事而致元吉이라야 乃爲无咎라 能致元吉이면 則在上者任之爲知人이요 己當之爲勝任이어니와 不然則上下皆有咎也라

아래에 있는 자는 본래 두터운 일을 처리하는 것이 합당하지 않으니, '두터운 일'은 중대한 일이다. 위에 있는 자가 맡겼기 때문에 큰일을 담당하는 것이니, 반드시 큰일을 해내어 크게 善하여 길함을 이루어야 허물이 없게 된다. 크게 善하여 길함을 이룰 수 있으면 위에 있는 자가 맡긴 것은 사람을 알아본 것이 되고, 자기가 담당한 것은 임무를 잘 수행한 것이 되지만, 그렇지 않으면 윗사람과 아랫사람이 모두 허물이 있다.

【本義】下本不當任厚事라 故不如是면 不足以塞(색)咎也라

아랫사람은 본래 두터운 일을 맡는 것이 합당하지 않으므로 이와 같이 하지 않으면 허물을 막을 수 없다.

六二는 或益之면 十朋之라 龜도 弗克違나 永貞이면 吉하니 王用享于帝라도 吉하리라

【本義】或이 益之十朋之龜어든

六二는 혹 보탤 일이 있으면 열 벗이 돕는지라 거북도 어기지 못할 것이나, 영원히 바르게 하면 吉하니, 임금이 써서 상제께 제사지내더라도 吉할 것이다.

【본의】 어떤 이가 열 쌍의 거북으로 보태면

【傳】六二處中正而體柔順하여 有虛中之象하니 人處中正之道하여 虛其中하여 以求益而能順從이면 天下孰不願告而益之리오 孟子曰 夫苟好善이면 則四海之內皆將輕千里而來하여 告之以善이라하시니라 夫滿則不受하고 虛則來物은 理自然也라 故或有可益之事면 則衆朋이 助而益之라 十者는 衆辭니 衆人所是는 理之至當也라 龜者는 占吉凶, 辨是非之物이니 言其至是하여 龜不能違也라 永貞吉은 就六二之才而言이라 二中正虛中하여 能得衆人之益者也나 然而質本陰柔라 故戒在常永貞固則吉也니 求益之道 非永貞則安能守也[11]리오 損之六五十朋之則元吉者는 蓋居尊自損하여 應下之剛하고 以柔而居剛이라 柔爲虛受요 剛爲固守하니 求益之至善이라 故元吉也요 六二는 虛中求益하고 亦有剛陽之應이로되 而以柔居柔하여 疑益之未固也라 故戒能常永貞固則吉也라 王用享于帝吉은 如二之虛中而能永貞이면 用以享上帝라도 猶當獲吉이어든 況與人接物에 其

---

11 也 :《大全》의 간주에 "어떤 판본에는 '之'자로 되어 있다." 하였다.

意有不通乎아 求益於人에 有不應乎아 祭天은 天子之事라 故云王用也라

六二는 中正한 자리에 처하고 卦體가 柔順하여 마음을 비운 象이 있으니, 사람이 中正한 道에 처하여 마음을 비워서 유익함을 구하고 順從할 수 있다면 천하에 누가 알려주고 보태주려 하지 않겠는가? 孟子가 "진실로 착함을 좋아하면 온 천하 사람들이 모두 千里를 멀다고 여기지 않고 와서 착함을 알린다." 하였다. 가득차면 받아들이지 못하고 비어있으면 물건이 오는 것은 자연스러운 이치이므로 혹 보태줄 만한 일이 있으면 여러 벗이 도와서 보태준다.

'十'은 여럿이란 말이니, 여러 사람이 옳다고 여기는 것은 이치가 지극히 마땅한 것이다. '거북'은 吉凶을 점쳐서 옳고 그름을 판별하는 물건이니, 六二가 지극히 옳아서 거북점도 어길 수 없다는 말이다. '영원히 바르게 하면 吉함'은 六二의 재질을 가지고 말한 것이다. 六二는 中正하고 마음을 비워서 여러 사람의 보태줌을 얻을 수 있는 자이나, 재질이 본래 유약한 陰이므로 영원히 貞固하면 吉하다고 경계한 것이니, 유익함을 구하는 道가 영원히 바르지 않다면 어찌 지킬 수 있겠는가.

損卦의 六五에서 "열 벗이 도우면 크게 善하여 길하다."고 한 것은 대체로 높은 자리에 있으면서 스스로 덜어내어(겸손하여) 아래의 剛과 호응하고 柔로서 剛한 자리에 있기 때문이다. 柔는 비워서 받음이 되고 剛은 견고하게 지킴이 되니, 보태줌을 구하는데 지극히 선하므로 크게 善하여 吉하다. 六二는 마음을 비워 보태줌을 구하고, 또한 강건한 陽의 호응이 있으나 柔로서 부드러운 자리에 있어서 보태줌이 견고하지 못할까 의심스럽기 때문에 항상 영원히 貞固할 수 있으면 길하다고 경계하였다. '임금이 써서 상제께 제사지내더라도 吉함'은 六二처럼 마음을 비우고 영원히 바르게 할 수 있으면 상제께 제사를 지내더라도 오히려 길함을 얻을 것인데, 하물며 사람을 상대하고 만물과 접촉함에 그 뜻이 통하지 않음이 있겠으며, 남에게 보태주기를 구함에 응하지 않음이 있겠는가. 하늘에 제사지내는 것은 天子의 일이므로 '임금이 쓴다.' 하였다.

【本義】 六二當益下之時하여 虛中處下라 故其象占이 與損六五同이라 然爻位皆陰이라 故以永貞爲戒하고 以其居下而受上之益이라 故又爲卜郊之吉占이라

六二는 아래에 보태주어야 하는 때를 맞아 마음을 비우고 아래에 있으므로 그 象과 占이 損卦 六五와 같다. 그러나 六二는 爻와 자리가 모두 陰이기 때문에 '영원히 바르게 해야 함'을 경계로 삼았고, 또 아래에 있으면서 위의 보태줌을 받기 때문에 교제사의 날짜를 점치는데 吉한 占이 된다.

[字義] 朋 : 벗 붕, 화폐단위 붕

象曰 或益之는 自外來也라

〈象傳〉에 말하였다. "'혹 보탬'은 밖으로부터 오는 것이다."

【傳】 旣中正虛中하니 能受天下之善而固守면 則有有益之事하여 衆人自外來益之矣라 或曰 自外來는 豈非謂五乎아 曰 如二之中正虛中이면 天下孰不願益之리오 五爲正應하니 固在其中矣니라

이미 中正하고 마음을 비웠으니 천하의 착한 것을 받아 견고하게 지킬 수 있으면 有益한 일이 있어서 여러 사람이 밖으로부터 와서 보태줄 것이다. 어떤 이가 묻기를, "'밖으로부터 옴'은 어찌 五爻를 말한 것이 아니겠습니까?" 하였다. 대답하기를, "六二처럼 中正하고 마음을 비우면 천하의 누가 보태주길 원하지 않겠습니까. 九五는 六二와 正應이 되니, 참으로 그런 사람들 가운데 있을 것입니다." 하였다.

【本義】 或者는 衆无定主之辭[12]라

'어떤 이'라는 것은 여러 사람이어서 정해진 주체가 없다는 말이다.

六三은 益之用凶事[13]엔 无咎어니와 有孚中行이라야 告公用圭리라

---

12 或者 衆无定主之辭 : 康儼의 《周易》에서 "損卦의 六五에서도 '어떤 이가 보태면'이라고 했는데, 《본의》에서 그것에 대해 해석하지 않다가 여기에서야 굳이 해석한 것은 무엇 때문인가? 손괘에서 어떤 이는 진실로 여러 사람으로 정해진 주체가 없다는 말임에도 단지 〈상전〉에서 '위로부터 돕는 것이다.'라고 한 것은 하늘에서 돕는다는 의미를 드러내기 위한 것이기 때문에 해석하지 않았던 것이다. 益卦 六二에서 '어떤 이'는 여러 사람으로 '밖으로부터 오는 것이다'라고 한 것은 밖이라는 말이 포함하는 의미가 아주 넓기 때문에, 《본의》에서 어떤 이를 해석하여 여러 사람으로 주체가 없다는 말이라고 한 것이다." 하였다.

13 益之用凶事 : 蔡鍾植(朝鮮)은 《周易傳義同歸解》에서 "《정전》에서 '보태줌은 비상한 환난의 일에 쓴다.'고 하였고, 《본의》에서 '보태줌은 경계하고 움직임에 쓴다.'고 하였다. 정자의 의도는 六三이 굳센 자리에 있으면서 굳센 양과 호응하여 보태주는 것을 마음대로 하기 때문에 흉작의 고통에 보태주는 禮를 쓰니, 汲黯이 곡식 창고의 문을 열어 굶주린 백성들을 구제하는 일과 같다. 주자의 뜻은 六三이 중정하지 않아 보태줌을 받지 않아야 된다고 여겼기 때문에 근심하고 이리저리 헤아리는 일로 보태주었다.'는 것이다. 그러나 정자의 설명은 위의 보태줌을 받아 백성들에게 보태주었다는 것이고, 주자의 설명은 위의 보태줌을 받아 자신에게 보태주었다는 것이다. 백성들에게 보태주고 자신에게 보태주는 것으로 그 해석이 다르지만 아래에 보태주었다는 의미로는 하나이다." 하였다.

【本義】益之用凶事라 无咎니 有孚하고 中行하여 告公用圭니라

六三은 보태줌을 凶한 일에 쓰면 허물이 없으나, 믿음을 가지고 中道를 행해야 公에게 고하되 홀을 쓰듯 하리라.

【본의】보태줌을 凶한 일에 쓰기에 허물이 없으니, 믿음을 가지고 中道를 행하여 公에게 고하되 홀로써 하여야 한다.

【傳】三居下體之上하여 在民上者也니 乃守令也라 居陽應剛하고 處動之極하니 居民上而剛決하여 果於爲益者也라 果於爲益은 用之凶事則无咎니 凶事는 謂患難非常之事라 三居下之上이나 在下하니 當承稟於上이어늘 安得自任하여 擅爲益乎아 唯於患難非常之事엔 則可量宜應卒하여 奮不顧身하여 力庇其民이라 故无咎也라 下專自任이면 上必忌疾하리니 雖當凶難하여 以義在可爲나 然必有其孚誠하고 而所爲合於中道라야 則誠意通於上而上信與之矣요 專爲而无爲上愛民之至誠이면 固不可也며 雖有誠意라도 而所爲不合中行이면 亦不可也라 圭者는 通信之物이라 禮云 大夫執圭而使는 所以申信也라하니 凡祭祀朝聘에 用圭玉은 所以通達誠信也라 有誠孚而得中道면 則能使上信之하니 是猶告公上에 用圭玉也니 其孚能通達於上矣라 在下而有爲之道는 固當有孚中行이요 又三陰爻而不中이라 故發此義라 或曰 三乃陰柔어늘 何得反以剛果任事爲義오 曰 三이 質雖本陰이나 然其居陽은 乃自處以剛也요 應剛은 乃志在乎剛也며 居動之極은 剛果於行也니 以此行益이면 非剛果而何오 易은 以所勝爲義라 故不論其本質也라

六三은 下體의 맨 위에 있어서 백성의 위에 있는 자이니 바로 守令이다. 陽의 자리에 있으면서 剛과 호응하고, 움직임의 끝에 있으니, 백성의 위에 있으면서 剛하게 결단하여 보태줌에 과감한 자이다. 보태줌에 과감한 것은 凶한 일에 쓰면 허물이 없으니 '흉한 일'은 환난과 비상한 일을 말한다. 六三은 下卦의 맨 위에 있으나 下卦에 있으니 마땅히 〈먼저〉 윗사람에게 여쭈어 명령을 받들어야 하는데, 어찌 自任하여 멋대로 보태줄 수 있겠는가. 오직 환난과 비상한 일만은 마땅함을 헤아려 갑작스러운 상황에 대응하여 제 몸을 돌보지 않고 분발해서 힘써 그 백성을 돌봐야 하므로 허물이 없다. 아랫사람이 전적으로 自任하면 윗사람이 반드시 꺼리고 미워할 것이니, 비록 凶하고 어려운 일을 만나 의리로는 할 만하더라도 반드시 믿음과 정성이 있고 하는 일이 中道에 합해야 정성스런 뜻이 윗사람에게 통하여 윗사람이 믿고 그와 함께 할 것이요, 마음대로 하면서 윗사람을 위하고 백성을 아끼는 지극한 정성이 없다면 참으로 옳지 않으며, 비록 정성스런 뜻이 있더라도 하는 일이 中道를 행함에 합하지 않으

면 또한 옳지 않다.

'圭'는 믿음을 소통하는 물건이다. 《禮記》〈郊特牲〉에 "大夫가 홀을 받들어 사신으로 가는 것은 믿음을 펴는 것이다." 하였으니, 祭祀와 朝聘에 圭玉을 쓰는 것은 정성과 믿음을 알리려는 것이다. 정성과 믿음이 있고 中道를 얻으면 윗사람으로 하여금 믿게 할 수 있으니, 이는 公과 윗사람에게 고함에 圭玉을 쓰는 것과 같으므로 그 믿음이 윗사람에게 통하여 전달될 수 있을 것이다. 아랫자리에 있으면서 일을 할 수 있는 道는 참으로 믿음을 가지고 中道를 행해야 하고, 또한 六三이 陰爻이면서 中道를 얻지 못하였으므로 이러한 뜻을 밝힌 것이다.

어떤 이가 묻기를, "六三은 유약한 陰인데 어찌 도리어 剛하고 과감하게 일을 맡는 것으로 뜻을 삼았습니까?" 하였다. 대답하기를, "六三은 재질이 본래 陰이지만 陽의 자리에 있음은 곧 스스로 剛함으로 처신하는 것이고, 剛과 호응함은 곧 뜻이 剛함에 있는 것이며, 움직임의 끝에 거함은 행하는데 剛하고 과감한 것이니, 이로써 보태줌을 행한다면 강하고 과감함이 아니고 무엇이겠습니까? 《周易》은 우세한 것으로 뜻을 삼기 때문에 그 본래의 재질을 논하지 않았습니다." 하였다.

【本義】六三은 陰柔不中不正하니 不當得益者也라 然當益下之時하여 居下之上이라 故有益之以凶事者니 蓋警戒震動은 乃所以益之也라 占者如此然後可以无咎요 又戒以有孚中行而告公用圭也니 用圭는 所以通信이라

六三은 유약한 陰으로 가운데 자리에 있지 않고 바른 자리도 아니니 마땅히 보태줄 수 없는 자이다. 그러나 아래를 보태주는 때를 맞아 下卦의 맨 위에 있기 때문에 凶한 일로써 보태줌이 있는 자이니, 경계하고 진동시킴이 바로 보태주는 것이다. 점치는 자가 이와 같이 한 뒤에 허물이 없을 수 있다. 또 "믿음을 가지고 中道에 맞게 행하여 公에게 고하되 홀로써 하여야 한다."고 경계하였으니, '用圭'는 믿음을 소통하는 것이다.

字義 稟 : 여쭐 품　擅 : 멋대로할 천

象曰 益用凶事는 固有之也일새라

【本義】固有之也라

〈象傳〉에 말하였다. "'보태줌을 흉한 일에 씀'은 굳게 가지고 있기 때문이다."

【본의】굳게 간직하기 위한 것이다.

【傳】六三益之를 獨可用於凶事者는 以其固有之也일새니 謂專固自任其事也라 居下엔 當稟承於上이어늘 乃專任其事는 唯救民之凶災와 拯時之艱急則可也니 乃處急難變故之權宜라 故得无咎어니와 若平時則不可也라

六三이 보태줌을 凶한 일에만 쓸 수 있는 것은 굳게 가지고 있기 때문이니, 전적으로 굳게 그 일을 자임함을 말한다. 아래에 있으면 당연히 윗사람에게 여쭈어 명령을 받들어야 하는데, 그 일을 전적으로 맡는 것은, 오직 백성들의 흉한 재앙을 구제하는 것과 그 때의 위급한 어려움을 구하는 것에 있어서만 괜찮으니, 곧 급하고 어려운 변고에 대처하는 權道이다. 그러므로 허물이 없을 수 있으나, 만일 평상시라면 불가하다.

【本義】益用凶事는 欲其困心衡(橫)慮而固有之也라

'보태줌을 흉한 일에 씀'은 마음에 괴롭고 생각에 걸리게 하여 굳게 간직하려고 하는 것이다.

字義 拯 : 건질 증 衡 : 걸릴 횡(橫)

六四는 中行이면 告公從[14]하리니 利用爲依며 遷國[15]이니라

【本義】利用爲依遷國이니라

六四는 中道를 행하면 公에게 고함에 〈公이〉 따를 것이니, 써서 의지하며 國都를 옮기는 것이 이롭다.

【본의】써서 의지해서 국도를 옮기는 것이 이롭다.

【傳】四當益時하여 處近君之位하고 居得其正하여 以柔巽輔上而下順應於初之剛陽하니 如是면 可以益於上也라 唯處不得其中而所應又不中하니 是는 不足於中也라 故云若行得中道면 則可以益於君上이니 告於上而獲信從矣라 以柔巽之體로 非有剛特之操라

---

14 告公從 : 柳正源(朝鮮)은 《易解參攷》에서, 饒州李氏의 설명을 빌려 "六三은 흉작을 구제하는 일이니, 만일 보고한 후에 처리한다면 제때에 미치지 못하기 때문에 반드시 먼저 일을 완료한 다음에 보고한다. 六四는 나라를 옮기는 일이니, 큰일이기 때문에 반드시 공에게 보고하여 공이 따라줌을 얻은 다음에 처리해야 한다." 하였다.

15 遷國 : 金相岳(朝鮮)은 《山天易說》에서, 下卦의 震卦☳는 坤卦☷에서 변하였고 上卦는 또 巽卦☴를 이루니, 나라를 옮김은 坤卦의 읍과 나라가 震卦의 움직임을 얻은 것이라고 하였다.

故利用爲依, 遷國이니 爲依는 依附於上也요 遷國은 順下而動也라 上依剛中之君而致其益하고 下順剛陽之才以行其事하니 利用如是也라 自古로 國邑이 民不安其居則遷하니 遷國者는 順下而動也라

六四는 益의 때를 맞아 임금과 가까운 자리에 있고 처함이 그 바른 자리를 얻어, 유순하고 공손함으로 윗사람을 보좌하고 아래로 初九의 강건한 陽에게 순응하니, 이와 같이 하면 윗사람을 유익하게 할 수 있다. 그러나 오직 처함이 中의 자리를 얻지 못하고, 호응하는 바가 또한 中이 아니니, 이는 中道를 행하기에는 부족한 것이다. 그러므로 '만약 행함이 中道를 얻는다면 임금을 유익하게 할 수 있으니, 윗사람에게 고하여 믿고 따름을 얻는다.'고 하였다. 유순하고 공손한 卦體로서 剛하고 특별한 지조가 있는 것이 아니므로 '써서 의지하며 국도를 옮김이 이롭다.' 하였으니, '의지함'은 윗사람에게 의지하여 따르는 것이고, '국도를 옮김'은 아래에 순응하여 움직이는 것이다. 위로 剛中한 임금에게 의지하여 그 유익하게 함을 이루고, 아래로 剛陽한 재질에게 순응하여 그 일을 행하니, '써서 이로움'이 이와 같다. 예로부터 나라의 수도는 백성들이 그 주거를 편하게 여기지 않으면 옮겼으니, 국도를 옮기는 것은 아래에 순응하여 움직이는 것이다.

【本義】 三四皆不得中이라 故皆以中行爲戒라 此는 言以益下爲心而合於中行이면 則告公而見從矣라 傳曰 周之東遷에 晉鄭焉依[16]라하니 蓋古者에 遷國以益下는 必有所依然後能立이라 此爻又爲遷國之吉占也라

六三과 六四가 모두 가운데 자리를 얻지 못하였으므로 모두 中道를 행하는 것으로써 경계하였다. 이는 아래를 유익하게 하는 것으로 마음을 삼아 中道를 행함에 합하면 公에게 고함에 〈公이〉 따라줌을 말한 것이다. 《春秋左氏傳》에 "周나라가 동쪽으로 국도를 옮길 때에 晉나라와 鄭나라에 의지하였다." 하였으니, 대체로 옛날에 국도를 옮겨 아랫사람들을 유익하게 함은 반드시 의지하는 바가 있은 뒤에야 성립할 수 있었다. 이 爻는 또 나라를 옮기는 데 吉한 占이 된다.

字義 國 : 도성 국

象曰 告公從은 以益志也라

---

16 傳曰……晉鄭焉依 : 《춘추좌씨전》 은공 6년에 보인다. 杜預의 주에 "幽王이 犬戎에게 살해되자 平王이 東遷하였는데, 그때 晉文侯와 鄭武公이 王室을 보좌하였다." 하였다.

〈象傳〉에 말하였다. "'公에게 고함에 公이 따름'은 유익하게 하는 뜻으로 고했기 때문이다."

【傳】 爻辭에 但云 得中行則告公而獲從이어늘 象復明之曰 告公而獲從者는 告之以益天下之志也라 志苟在於益天下면 上必信而從之리니 事君者는 不患上之不從이요 患其志之不誠也니라

爻辭에서는 다만 "中道를 행할 수 있으면 公에게 고하여 따름을 얻는다." 하였는데, 爻의 〈象傳〉에서 다시 이것을 밝혀 "公에게 고함에 公이 따라줌을 얻는 것은 천하를 유익하게 하는 뜻으로 고했기 때문이다." 하였다. 뜻이 참으로 천하를 유익하게 하는데 있으면 윗사람이 반드시 믿고서 따를 것이니, 임금을 섬기는 자는 윗사람이 따라주지 않음을 걱정하지 말고, 자기의 뜻이 정성스럽지 못함을 걱정해야 한다.

九五는 有孚惠心[17]이라 勿問하여도 元吉하니 有孚하여 惠我德하리라

九五는 은혜로운 마음에 믿음이 있다. 묻지 않아도 크게 善해서 길하니, 믿음이 있어서 나의 德을 은혜롭게 여길 것이다.

【傳】 五剛陽中正으로 居尊位하고 又得六二之中正相應하여 以行其益하니 何所不利리오 以陽實在中은 有孚之象也라 以九五之德之才之位로 而中心至誠이 在惠益於物이면 其至善大吉을 不問可知라 故云勿問元吉이라하니라 人君이 居得致之位하고 操可致之權하여 苟至誠益於[18]天下면 天下受其大福하리니 其元吉을 不假言也라 有孚惠我德은 人君이 至誠益於[19]天下면 天下之人이 无不至誠愛戴하여 以君之德澤으로 爲恩惠也라

九五는 剛陽함과 中正함으로 높은 자리에 있고, 또 中正한 六二와 서로 호응함을 얻어 그 유익함을 행하니 무엇인들 이롭지 않겠는가. 實한 陽으로 가운데 자리에 있으니 믿음이 있는

---

17 有孚惠心 : 《大全》의 소주에서 蔡淵(南宋)은 "윗사람이 믿음을 가지고 아랫사람의 마음을 따름은 곧 《서경》 〈홍범〉에서 말하는 '임금이 법칙을 세움이니, 여러 백성들에게 펴서 준다〔皇建有極 用敷錫厥庶民〕'는 것이며, 아랫사람 역시 믿음을 가지고 윗사람의 덕을 따름은 곧 〈홍범〉에서 말하는 '그대에게 그 법칙을 보전하게 해 줄 것이다〔錫汝保極〕'가 이것이다." 하였다.

18 益於 : 《大全》의 간주에 "어떤 판본에는 '於益'으로 되어 있다." 하였다.

19 益於 : 《大全》의 간주에 "어떤 판본에는 '於益'으로 되어 있다." 하였다.

象이다. 九五의 德과 재주와 지위로서 마음속의 지극한 정성이 만물에게 은혜를 베풀고 유익하게 하는 데 있으면 지극히 善하여 크게 吉함을 묻지 않아도 알 수 있다. 그러므로 '묻지 않아도 크게 선하여 길하다.'고 하였다. 임금이 이룰 수 있는 자리에 있고, 이룰 수 있는 권세를 잡아서 진실로 지극한 정성으로 천하를 유익하게 하면 천하 사람들이 그 큰 복을 받을 것이니, 크게 善하여 길함은 말할 필요가 없다. '믿음이 있어서 나의 덕을 은혜롭게 여김'은 임금이 지극한 정성으로 천하를 유익하게 하면 천하 사람들이 지극한 정성으로 아끼고 추대하지 않음이 없어서 임금의 덕택을 은혜롭게 여긴다는 것이다.

【本義】上有信以惠于下면 則下亦有信以惠於上矣리니 不問而元吉을 可知라

윗사람이 믿음을 가지고 아랫사람에게 은혜를 베풀면 아랫사람도 믿음을 가지고 윗사람을 은혜롭게 여길 것이니, 묻지 않아도 크게 길함을 알 수 있다.

字義 致 : 이룰 치　戴 : 추대할 대

象曰 有孚惠心이라 勿問之矣며 惠我德이 大得志也라

〈象傳〉에 말하였다. "은혜로운 마음에 정성이 있으므로 물을 것도 없으며, '나의 德을 은혜롭게 여김'이 크게 뜻을 얻는 것이다."

【傳】人君이 有至誠惠益天下之心이면 其元吉을 不假言也라 故로 云勿問之矣라 天下至誠懷吾德하여 以爲惠면 是其道大行이니 人君之志得矣라

임금이 지극한 정성으로 천하 사람들에게 은혜를 베풀고 유익하게 하려는 마음이 있으면 크게 善하여 길함은 말할 필요가 없다. 그러므로 '묻지 않는다.'고 하였다. 천하 사람들이 지극한 정성으로 나의 德을 그리워하여 은혜롭게 여기면 이는 그 道가 크게 행해짐이니, 임금의 뜻이 얻어진 것이다.

上九는 莫益之라 或擊之리니 立心勿恒이니 凶하니라

上九는 보태주는 이가 없다. 혹 공격할 것이니 항상 〈이익에〉 마음을 세워서는 안 되니, 흉하다.

【傳】上居无位之地하니 非行益於人者也요 以剛處益之極하니 求益之甚者也요 所應者陰이니 非取善自益者也라 利者는 衆人所同欲也니 專欲益己면 其害大矣라 欲之甚則昏蔽而忘義理요 求之極則侵奪而致仇怨이라 故夫子曰 放於利而行이면 多怨이라하시고 孟子謂先利則不奪不饜이라하시니 聖賢之深戒也라 九以剛而求益之極하니 衆人所共惡(오)라 故无益之者하고 而或攻擊之矣라 立心勿恒凶은 聖人이 戒人存心不可專利하여 云勿恒이니 如是면 凶之道也라하시니 所[20]當速改也라

上九는 지위가 없는 자리에 있으니, 남에게 유익함을 행하는 자가 아니고, 剛으로 益卦의 끝에 있으니 보태주기를 심하게 구하는 자이며, 호응하는 자도 陰이니 착함을 취해 스스로 유익하게 하는 자가 아니다. 이익은 여러 사람이 똑같이 바라는 것이니 오로지 자기만 유익하고자 하면 그 해로움이 크다. 바라기를 심하게 하면 어둡고 가리져서 義理를 잊고, 구하기를 지극히 하면 치고 빼앗아 원수가 된다. 그러므로 孔子는 "이익에 따라 행하면 원망이 많다." 하였고, 孟子는 "이익을 앞세우면 빼앗지 않고는 만족하지 못할 것이다." 하였으니, 聖賢의 깊은 경계이다. 上九가 剛이면서 보태주기를 구함이 극에 달하였으니, 여러 사람들이 함께 미워하는 바이므로 보태주는 이가 없고 혹 공격할 것이다. '항상 〈이익에〉 마음을 세워서는 안 되니, 흉하다.'는 聖人이 사람들에게 마음을 오로지 이익에 두어서는 안 된다고 경계하여 '항상 하지 말아야 하니, 이와 같이 하면 凶한 道'라고 말한 것이니, 마땅히 빨리 고쳐야 한다.

【本義】以陽居益之極하여 求益不已라 故莫益而或擊之라 立心勿恒은 戒之也라

陽으로 益卦의 끝에 있어서 보태주기를 구함이 끝이 없으므로 보태주는 자가 없고 혹 공격하는 것이다. '항상 〈이익에〉 마음을 세워서는 안 됨'은 이를 경계한 것이다.

字義 饜 : 만족할 염

象曰 莫益之는 偏辭[21]也요 或擊之는 自外來也라

---

20 所 : 《大全》의 간주에 "어떤 판본에는 '謂'자로 되어 있다." 하였다.

21 偏辭 : 金相岳(朝鮮)은 《山天易說》에서 '치우친 것〔偏〕'은 '온전한 것〔全〕'과 상반된다고 하였다. 즉 군자는 몸을 편안히 한 뒤에 움직이고, 마음을 가다듬은 뒤에 말하며, 사귐을 안정시킨 뒤에야 구하니, 군자는 이 세 가지를 닦은 자이기 때문에 온전하다고 설명하였다. 위에서 보태주는 이가 없

〈象傳〉에 말하였다. "'보태주는 이가 없음'은 치우쳤다는 말이고, '혹 공격한다.'는 것은 밖으로부터 오는 것이다."

【傳】理者는 天下之至公이요 利者는 衆人所同欲이니 苟公其心하여 不失其正理면 則與衆同利하여 无侵於人하여 人亦欲與之요 若切於好利하여 蔽於自私하여 求自益以損於人이면 則人亦與之力爭이라 故莫肯益之하고 而有擊奪之者矣라 云莫益之者는 非有偏己之辭也라 苟不偏己하여 合於公道면 則人亦益之리니 何爲擊之乎아 旣求益於人하여 至於甚極이면 則人皆惡(오)而欲攻之라 故擊之者自外來也라 人爲善則千里之外應之하나니 六二中正虛己에 益之者自外而至 是也요 苟爲不善則千里之外違之하나니 上九求益之極에 擊之者自外而至 是也라 繫辭曰 君子安其身而後動하며 易其心而後語하며 定其交而後求하나니 君子修此三者라 故全也하나니 危以動則民不與也요 懼以語則民不應也요 无交而求則民不與也하나니 莫之與則傷之者至矣라 易曰 莫益之라 或擊之리니 立心勿恒이니 凶이라하니 君子言動與求를 皆以其道 乃完善也라 不然則取傷而凶矣니라

'이치'는 천하의 지극히 공평한 것이고, '이로움'은 여러 사람들이 똑같이 바라는 것이니, 참으로 그 마음을 공평하게 하여 그 바른 이치를 잃지 않는다면 여러 사람들과 이로움을 함께하여 남을 침해하지 않아서 남들도 그에게 주려고 할 것이요, 만약 이익을 좋아함에 절실하여 사사로움에 가려져 자기의 유익함을 구하여 남을 손해나게 한다면 남들도 그와 힘으로 다툴 것이므로 보태주려 하지 않고 쳐서 빼앗는 자도 있을 것이다. '보태주는 이가 없음'이라고 말할 것은 자기에게만 치우침이 있음을 비난하는 말이다. 진실로 자기에게 치우치지 않아서 공평한 道에 합한다면 남들도 보태줄 것이니, 무엇 때문에 공격하겠는가. 이미 남에게 보태주기를 구함이 너무 심한 데까지 이르면 사람들이 모두 미워하여 공격하고자 하므로 치는 자가 밖으로부터 오는 것이다. 사람이 착한 일을 하면 千里 밖에서도 그에게 호응하니, 六二가 中正하고 자기를 비움에 보태주는 자가 밖으로부터 이르는 것이 이것이요, 만일 착하지 못한 일을 하면 千里 밖에서도 어기니, 上九는 보태주기를 구함이 지극하여 치는 자가 밖으로부터 이르는 것이 이것이다.

〈繫辭傳〉에 "君子는 그 몸을 편안히 한 뒤에야 움직이며, 그 마음을 가다듬은 뒤에야 말하

는데, 혹 치는 것은 그 온전함을 얻지 못한 것이므로 '치우쳤다는 말이다.'라고 하였다.

며, 그 사귐을 정한 뒤에야 구하니, 君子가 이 세 가지를 닦기 때문에 온전한 것이다. 위태하면서 움직이면 백성이 함께하지 않고, 두려워하면서 말하면 백성이 응하지 않고, 사귐이 없이 구하면 백성이 도와주지 않는다. 도와주는 이가 없으면 해치는 자가 이를 것이니, 《周易》에 '보태주는 이가 없으니 혹 공격할 것이다. 항상 〈이익에〉 마음을 세워서는 안 되니, 흉하다.'" 하였다. 군자는 言動과 구함을 모두 그 道로써 해야 이에 완전하게 착할 것이다. 그렇지 않으면 손상을 입어서 흉하다.

【本義】莫益之者는 猶從其求益之偏辭而言也요 若究而言之면 則又有擊之者矣리라

'보태주는 이가 없다'는 것은 보태주기를 구한다는 치우친 말을 좇아서 말한 것이고, 궁극적으로 말하면 또 공격하는 자가 있을 것이다.

字義 偏 : 치우칠 편

43. 夬

䷪ 乾下兌上

下卦는 乾卦☰이고 上卦는 兌卦☱이다.

【傳】夬[1]는 序卦에 益而不已면 必決이라 故受之以夬하니 夬者는 決也라하니라 益之極이면 必決而後止니 理无常益하여 益[2]而不已면 已乃決也니 夬所以次益也라 爲卦 兌上乾下하니 以二體言之하면 澤은 水之聚也어늘 乃上於至高之處하니 有潰決之象이요 以爻言之하면 五陽在下하여 長而將極하고 一陰在上하여 消而將盡하니 衆陽上進하여 決去一陰은 所以爲夬也니 夬者는 剛決之義라 衆陽進而決去一陰하니 君子道長하고 小人消衰將盡之時也라

夬卦는 〈序卦傳〉에 "보태기만 하고 그치지 않으면 반드시 터지기 때문에 夬卦로써 받았으니, 夬는 터짐이다." 하였다. 보탬이 지극하면 반드시 터지고야 만다. 항상 보태기만 하는 이치는 없어서 보태기만 하고 그치지 않으면 끝내는 터지니, 이 때문에 夬卦가 益卦의 다음이 되었다. 卦의 구성이 上卦는 兌卦☱이고 下卦는 乾卦☰이니, 두 卦體로 말하면 못은 물을 모아둔 곳인데 지극히 높은 곳에 올라가 있으니 터지는 象이 있고, 爻로 말하면 다섯 陽이 아래에 있어 자라나 極에 이르려 하고 한 陰이 위에 있어 사라져 다하려고 하니, 여러 陽이 위로 나아가 한 陰을 결단하여 제거함이 夬卦가 되는 이유이다. 夬는 剛하게 결단하는 뜻이다. 여러 陽이 나아가 한 陰을 결단하여 제거하니, 君子의 道가 자라고 小人이 쇠하여 사라져 장차 다 없어지려는 때이다.

字義 夬 : 결단할 쾌 決 : 터질 결 潰 : 무너질 궤

---

1 夬 : 빌헬름 영문판 주역인《The I Ching》에서는 夬卦를 "Kuai / Break-through (Resoluteness)"라고 하였다. 쾌괘는 터짐이나 결단의 뜻이다. 괘에서 아래에 있는 다섯 효가 맨 위에 있는 상육에 대항해서 결단하려 한다. 물상으로 보면 긴장을 깨고 못물이 터져서 흘러내리는 상이기 때문에 결단의 뜻이 된다. 12벽괘로 볼 때 3월에 해당하는 괘라고 하였다.

2 益 :《大全》의 간주에 "어떤 판본에는 益자가 없다." 하였다.

夬는 揚于王庭이니 孚號有厲[3]니라

【本義】揚于王庭하여 孚號나 有厲며

夬는 王의 朝廷에서 드날림이니, 미덥게 호령하여 위태롭게 여김이 있어야 한다.

【본의】왕의 조정에서 드날려 미덥게 호소해야 하나 위태롭게 여김이 있어야 하며,

【傳】小人方盛之時엔 君子之道未勝하니 安能顯然以正道決去之리오 故含晦俟時하여 漸圖消之之道어니와 今旣小人衰微하여 君子道盛이면 當顯行之於公朝하여 使人明知善惡이라 故로 云揚于王庭이라 孚는 信之在中이니 誠意也요 號者는 命衆之辭라 君子之道雖長盛이나 而不敢忘戒備라 故至誠以命衆하여 使知尙有危道하니 雖以此之甚盛으로 決彼之甚衰나 若易而无備면 則有不虞之悔리니 是尙有危理라 必有戒懼之心이라야 則无患也니 聖人設戒之意 深矣로다

小人이 한창 성할 때에는 君子의 道가 이기지 못하니, 어찌 드러내놓고 바른 道로써 결단하고 제거할 수 있겠는가. 그러므로 재주를 감추고 때를 기다려 점차 小人을 사라지게 할 방법을 도모해야 하는데, 지금 이미 小人이 쇠퇴하여 君子의 道가 성하면 당연히 드러내놓고 조정에서 행하여 사람들로 하여금 善과 惡을 분명히 알게 해야 한다. 그러므로 '왕의 조정에서 드날린다.' 하였다. '孚'는 믿음이 마음에 있는 것이니 정성스런 뜻이고, '號'는 사람들에게 명령하는 말이다. 君子의 道가 비록 자라나 성대하나 감히 경계와 대비를 잊어서는 안 된다. 그러므로 지극한 정성으로 사람들에게 명령하여 아직도 위태로운 도가 있음을 알게 해야 한다. 비록 이쪽의 매우 성대함으로써 저쪽의 매우 쇠약함을 결단하나, 만일 쉽게 여겨 대비함이 없으면 예상하지 못한 후회가 있을 것이다. 이것은 아직도 위태로운 이치가 있는 것이니, 반드시 경계하고 두려워하는 마음이 있으면 환란이 없을 것이다. 성인이 경계를 베푼 뜻이 깊다.

---

3 揚于王庭 孚號有厲 : 《大全》의 소주에서 胡炳文(南宋)은 "쾌괘는 다섯 양이 하나의 양을 제거하는 것이라서 매우 쉬울 텐데 〈단전〉에 두려워하고 경계하는 말이 한두 가지가 아니다. 반드시 왕의 조정에서 드날리어 소인의 죄를 밝히고, 지극한 정성으로 무리에게 호소하여 군자의 무리를 합하게 하고, 소인이 쇠약해지더라도 편안하게 여겨서는 안 될 것이니, 위태롭게 될 수 있는 도가 있기 때문이다." 하였다. 특히 '有厲'에 대하여 《大全》의 소주에서 李舜臣(南宋)은 다음과 같이 말하였다. "위와 아래에 음이 없고 하나의 음이 여러 양들과 함께 한다. 上六이 지극히 궁벽한 형세에 있으나 九五가 그와 가까이 있고, 九三이 그와 호응하며, 九四가 그와 같은 몸체이다. 上六과 대적하는 것은 初九와 九二 뿐이고 또 상효에서 멀리 있으니, 비록 결단하고자 하더라도 형편상 미칠 수 없는 것이 있기 때문에 위태롭게 여김이 있어야 한다."

字義 號 : 호령할 호, 부르짖을 호　厲 : 위태로울 려

告自邑이요 不利卽戎이며 利有攸往[4]하니라

【本義】 不利卽戎이면 利有攸往하리라

읍으로부터 고하고, 전쟁에 나아감은 이롭지 않으며, 가는 바를 둠이 이롭다.
【본의】 전쟁에 나아감을 이롭게 여기지 않으면 가는 바를 둠이 이로울 것이다.

【傳】 君子之治小人은 以其不善也니 必以己之善道로 勝革之라 故聖人誅亂에 必先修己하시니 舜之敷文德이 是也라 邑은 私邑이니 告自邑은 先自治也라 以衆陽之盛으로 決於一陰이면 力固有餘나 然不可極其剛하여 至於太過니 太過면 乃如蒙上九之爲寇也라 戎兵者는 强武之事니 不利卽戎은 謂不宜尙壯武也라 卽은 從也니 從戎은 尙武也라 利有攸往은 陽雖盛이나 未極乎上하고 陰雖微나 猶有未去하니 是小人尙有存者니 君子之道有未至也라 故宜進而往也라 不尙剛武而其道益進은 乃夬之善也라

君子가 小人을 다스림은 소인이 착하지 않기 때문이니, 반드시 자기의 착한 道로써 이겨서 고쳐야 한다. 그러므로 聖人이 어지러움을 다스릴 때에는 반드시 먼저 자신을 닦았으니, 舜임금이 文德을 편 것이 이런 것이다. '邑'은 私邑이니, '읍으로부터 고함'은 먼저 스스로를 다스리는 것이다. 여러 陽의 성대함으로 한 陰을 결단하면 힘이 진실로 남음이 있으나 극도로 강하게 하여 너무 지나친 데까지 이르게 해서는 안 되니, 너무 지나치면 바로 蒙卦 上九의 '도적이 됨'과 같아진다. '전쟁〔戎兵〕'은 굳센 무력의 일이니, '전쟁에 나아감은 이롭지 않음'은 무력을 숭상해서는 안 됨을 말한다. '卽'은 따름이니, 군대를 따라 전쟁에 나아감은 무력을 숭상하는 것이다. '가는 것이 이로움'은 陽이 비록 성대하나 아직 上六까지 다하지 않았고, 陰이 비록 미약하나 아직 제거되지 않았으니 小人이 아직도 남아 있으므로 君子의 道가 아직

4 利有攸往 : 《大全》의 소주에서 胡炳文(南宋)은 "復卦䷗에서 가는 것이 이로움은 가서 臨卦䷒·泰卦䷊·夬卦䷪가 되기 때문이고, 夬卦䷪에서 가는 것이 이로움은 가서 乾卦䷀가 되기 때문이다. 성인이 復卦䷗의 〈단사〉에서는 그 말이 편안하고, 쾌괘의 〈단사〉에서는 그 말이 위태로움은, 음의 세력은 미약하지만 뻗어나가면 자랄 수 있고, 어려워지면 敵이 될 수도 있어서이다." 하였다. 利有攸往에 대해 張淸子(元)는 "쾌괘에서 '가는 것이 이롭다.'는 순수한 乾卦䷀가 되고 싶은 것이고, 剝卦䷖에서 '가는 것이 이롭지 않다.'는 순수한 곤괘가 되고 싶지 않은 것이다. 이것도 陽을 높이고 陰을 억제하려는 숨은 뜻이다." 하였다.

지극하지 못함이 있다. 그러므로 마땅히 나아가야 하는 것이다. 剛한 무력을 숭상하지 않으면서 그 道가 더욱 나아감이 바로 夬卦의 善함이다.

【本義】夬는 決也니 陽決陰也니 三月之卦也라 以五陽去一陰하니 決之而已나 然其決之也에 必正名其罪而盡誠以呼號其衆하여 相與合力이나 然亦尙有危厲하니 不可安肆요 又當先治其私요 而不可專尙威武니 則利有所往也니 皆戒之之辭라

夬는 결단함이다. 陽이 陰을 결단하니 3月의 卦이다. 다섯 陽으로 한 陰을 제거하니 결단할 뿐이나, 결단할 때에 반드시 그 죄에 대해 바르게 이름 붙이고 성의를 다하여 무리에게 호소하여 서로 힘을 합해야 한다. 그러나 또한 여전히 위태로움이 남아 있으니 편안히 마음 놓아서는 안 되고, 또 마땅히 먼저 자신의 사사로움을 다스려야 하며, 오로지 위엄과 무력만을 숭상해서는 안 되니, 이렇게 하면 '가는 바를 둠이 이로움'이니, 이는 모두 경계하는 말이다.

字義 卽 : 나아갈 즉 戎 : 싸움 융 敷 : 펼 부

彖曰 夬는 決也니 剛決柔也니 健而說(열)하고 決而和하니라

〈彖傳〉에 말하였다. "夬는 결단함이니, 剛이 柔를 결단하는 것이니, 굳세고 기뻐하며 결단하고 화합한다.

【傳】夬爲決義는 五陽이 決上之一陰也일새라 健而說, 決而和는 以二體로 言卦才也라 下健而上說은 是健而能說이요 決而能和니 決之至善也라 兌說이 爲和라

夬卦가 결단하는 뜻이 됨은 다섯 陽이 맨 위에 있는 하나의 陰을 결단하기 때문이다. '굳세고 기뻐하며 결단하고 화합함'은 두 卦體로 卦의 재질을 말한 것이다. 下卦는 굳세고 上卦는 기뻐함은, 굳세서 기뻐할 수 있고, 결단하여 화합할 수 있음이니, 지극히 善한 결단이다. 兌卦☱의 기뻐함이 화합하는 것이 된다.

【本義】釋卦名義而贊其德이라

卦名의 뜻을 해석하고 그 德을 칭찬한 것이다.

揚于王庭은 柔乘五剛也요

'왕의 조정에서 드날림'은 柔가 다섯 剛을 탄 것이고,

【傳】柔雖消矣나 然居五剛之上하여 猶爲乘陵之象하니 陰而乘陽은 非理之甚이라 君子勢旣足以去之니 當顯揚其罪於王朝大庭하여 使衆知善惡也니라

柔가 비록 사라지지만 다섯 剛의 위에 자리하여 아직도 올라타고 능멸하는 象이 되니, 陰이 陽을 타고 있음은 이치에 매우 어긋난 것이다. 君子의 세력이 이미 陰을 제거할 수 있으니, 마땅히 그 죄를 王의 큰 조정에서 드러내어 사람들로 하여금 善惡을 알게 하여야 한다.

字義 陵 : 업신여길 릉

孚號有厲는 其危乃光也요

'미덥게 호령하여 위태롭게 여김이 있어야 함'은 그 위태로움이 이에 빛남이고,

【傳】盡誠信以命其衆하여 而知有危懼면 則君子之道乃无虞而光大也라

정성과 믿음을 다해 무리들에게 호령하여 위태로움과 두려움이 있음을 알게 하면 君子의 道가 근심이 없어 빛나고 커질 것이다.

字義 虞 : 근심 우

告自邑不利卽戎은 所尙이 乃窮也요

'읍으로부터 고하고, 전쟁에 나아감은 이롭지 않음'은 숭상하는 것이 이에 궁하게 되고,

【傳】當先自治요 不宜專尙剛武니 卽戎則所尙이 乃至窮極矣라 夬之時所尙은 謂剛武也라

마땅히 먼저 스스로 다스려야 하고, 오로지 강한 무력만 숭상해서는 안 되니, 〈무력을 숭상하여〉 전쟁에 나아가면 숭상하는 것이 매우 궁한 데에 이를 것이다. 결단하는 때에 숭상하는 것은 강한 무력을 이른다.

利有攸往은 剛長이 乃終也리라

'가는 것이 이로움'은 剛의 자람이 이에 끝날 것이다."

【傳】陽剛雖盛이나 長猶未終하여 尙有一陰하니 更當決去면 則君子之道純一而无害之者矣리니 乃剛長之終也라

강건한 陽이 비록 성대하나 자람이 아직 끝나지 않아 아직도 한 陰이 남아있으니, 다시 결단하여 제거한다면 君子의 道가 순전하고 한결같아서 해치는 자가 없을 것이니, 바로 剛의 자람이 끝나는 것이다.

【本義】此釋卦辭라 柔乘五剛은 以卦體言이니 謂以一小人加于衆君子之上이니 是其罪也라 剛長乃終은 謂一變則爲純乾也라

이는 卦辭를 해석한 것이다. '柔가 다섯 剛을 타고 있음'은 卦體로 말한 것이니, 한 小人이 여러 君子의 위에 있음을 이르니, 이것이 그 죄이다. '剛의 자람이 이에 마침'은 한 번 변하면 순전한 乾卦☰가 됨을 이른다.

象曰 澤上於天이 夬니 君子以하여 施祿及下하며 居德하여 則(칙)忌하나니라

〈象傳〉에 말하였다. "못이 하늘에 올라가는 것이 夬이니, 君子가 이것을 본받아 祿을 베풀어 아래에 미치게 하며, 德에 거하여 금기사항을 법제화한다."

【傳】澤은 水之聚也어늘 而上於天至高之處라 故爲夬象이라 君子觀澤決於上而注漑於下之象이면 則以施祿及下하니 謂施其祿澤하여 以及於下也라 觀其決潰之象이면 則以居德則忌하나니 居德은 謂安處其德이요 則은 約也요 忌는 防也니 謂約立防禁이니 有防禁則无潰散也라 王弼은 作明忌하니 亦通이라 不云澤在天上而云澤上於天은 上於天則意不安而有決潰之勢요 云在天上이면 乃安辭也라

못은 물이 모인 곳인데, 하늘의 지극히 높은 곳에 올라가 있으므로 夬의 象이 된다. 君子가 못이 위에서 터져 아래에 물을 대주는 象을 보면 祿을 베풀어 아래에 미치게 하니, 祿과 혜택을 베풀어 아래에 미침을 이른다. 군자가 못이 터져 무너지는 象을 보면 德에 거하여 금기사항을 법제화하니, '德에 거함'은 德에 편안히 처함을 이르고, '則'은 약속함이며 '忌'는 방지함

이니, 방지하여 금하는 것을 약속하여 세움을 이른다. 막고 금함이 있으면 무너져 흩어짐이 없게 된다. 王弼은 "방지하는 것을 밝힌다." 하였으니, 또한 통한다. '못이 하늘 위에 있다.' 하지 않고 '못이 하늘에 올라간다.' 한 것은, 하늘에 올라가면 뜻이 불안하여 터져 무너지는 형세가 있고, 하늘 위에 있다고 하면 편안하다는 말이기 때문이다.

【本義】澤上於天은 潰決之勢也요 施祿及下는 潰決之意也라 居德則忌는 未詳이라

못이 하늘에 올라감은 터지는 형세이고, 祿을 베풀어 아래에 미침은 터지는 뜻이다. '居德則忌'는 잘 모르겠다.

字義 則 : 법칙 칙 忌 : 금할 기 注 : 물댈 주 漑 : 물댈 개 防 : 막을 방

初九는 壯于前趾[5]니 往하여 不勝이면 爲咎리라

【本義】往하여 不勝하여

初九는 발이 나아감에 씩씩함이니, 가서 이기지 못하면 허물이 될 것이다.

【본의】가서 이기지 못하여

【傳】九는 陽爻而乾體니 剛健在上之物이어늘 乃在下而居決時하니 壯于前進者也라 前趾는 謂進行이라 人之決於行也에 行而宜則其決爲是요 往而不宜則決之過也라 故往而不勝則爲咎也라 夬之時而往은 往決也라 故以勝負言이라 九居初而壯於進하니 躁於動者也라 故有不勝之戒라 陰雖將盡이나 而己之躁動으로 自宜有不勝之咎하니 不計彼也라

初九는 陽爻이고 乾의 卦體이니, 剛健함은 위에 있어야 하는 물건인데 아래에 있고 결단하는 때에 있으니 앞으로 나아감에 씩씩한 자이다. '前趾'는 나아감을 이른다. 사람이 가기를 결단할 때에 가서 마땅하면 결단이 옳은 것이고, 가서 마땅하지 않으면 결단이 잘못된 것이므로 가서 이기지 못하면 허물이 된다. 夬의 때에 감은 가기를 결단하는 것이므로 승부로써 말하였다. 九가 初爻 자리에 있고 나아감에 씩씩하니, 조급하게 움직이는 자이므로 이기지 못한다는 경계가 있는 것이다. 陰이 비록 다하려 하지만 자기의 조급한 행동으로 본래 당연

---

5 壯于前趾 : 《大全》의 소주에서 郭雍(南宋)은 "大壯卦䷡의 初九에서는 '발에 씩씩하다.'고 하였고, 여기에서는 '발이 나아감에 씩씩하다.'고 하였으니, 빨리 가고자 하는 것이다." 하였다.

히 이기지 못하는 허물이 있으니, 상대(陰)를 따질 일이 아니다.

【本義】前은 猶進也라 當決之時하여 居下任壯하니 不勝이 宜矣라 故其象占如此하니라

'前'은 전진함과 같다. 결단할 때를 맞아 맨 아래에 있으면서 씩씩함만 믿으니 이기지 못함이 당연하다. 그러므로 그 象과 占이 이와 같다.

字義 趾 : 발 지

象曰 不勝而往[6]이 咎也라

〈象傳〉에 말하였다. "이길 수 없는데도 가는 것이 허물이다."

【傳】人之行에 必度(탁)其事하여 可爲然後決之라야 則无過矣어늘 理不能勝而且往이면 其咎可知라 凡行而有咎者는 皆決之過也라

사람이 행동할 때에는 반드시 그 일을 헤아려 할 만한 뒤에 결단해야만 허물이 없는데, 이치상 이길 수 없는데도 간다면 그 허물을 알 수 있다. 가서 허물이 있음은 모두 결단을 잘못한 것이다.

字義 度 : 헤아릴 탁

九二는 惕號니 莫(暮)夜에 有戎이라도 勿恤이로다

九二는 두려워 호령함이니, 늦은 밤에 적군이 있더라도 걱정할 것이 없다.

【傳】夬者는 陽決陰이니 君子決小人之時에 不可忘戒備也라 陽長將極之時而二處中居柔하여 不爲過剛하고 能知戒備하니 處夬之至善也라 內懷兢惕而外嚴誡號하니 雖莫夜有兵戎이라도 亦可勿恤矣라

---

6 不勝而往 : 《大全》의 소주에서 楊萬里(南宋)는 다음과 같이 말하였다. "승리가 가는 것보다 먼저 있는 자는 승리하고, 가는 것이 승리보다 먼저 있는 자는 질 것이다. 하물며 이기지 못함이 가는 것보다 먼저 있는 자이겠는가. 그러므로 周公이 '가서 이기지 못한다.'고 말하였고, 이것을 孔子가 판단하여 '이길 수 없는데도 가는 것이 허물이다.'라고 한 것이다."

夬는 陽이 陰을 결단함이니, 君子가 小人을 결단하는 때에 경계와 대비를 잊어서는 안 된다. 陽이 자라나 지극해질 때인데, 九二가 가운데 자리에 처하고 부드러운 자리에 있어 지나치게 강하지 않고 경계하고 대비할 줄을 아니, 夬에 대처하기를 지극히 잘하는 것이다. 안으로 두려워하는 마음을 품고 밖으로 경계와 호령을 엄하게 하니, 비록 늦은 밤에 적군이 있더라도 걱정할 필요가 없다.

【本義】九二當決之時하여 剛而居柔하고 又得中道라 故能憂惕號呼하여 以自戒備하니 而莫夜有戎이라도 亦可无患也라

九二는 결단할 때를 맞아 강건하면서 부드러운 자리에 있고 또 中道를 얻었으므로 근심하고 두려워 호소하여 스스로 경계하고 대비하니 늦은 밤에 적군이 있더라도 걱정이 없을 수 있다.

字義 惕 : 두려울 척　莫 : 저물 모(暮)　兢 : 조심할 긍　誡 : 경계할 계

象曰 有戎勿恤은 得中道也[7]일새라

〈象傳〉에 말하였다. "'적군이 있더라도 걱정할 것이 없음'은 中道를 얻었기 때문이다."

【傳】莫夜有兵戎은 可懼之甚也나 然可勿恤者는 以自處之善也일새라 既得中道하고 又知惕懼하며 且有戒備하니 何事之足恤也리오 九居二하니 雖得中이나 然非正이어늘 其爲至善은 何也오 曰 陽決陰은 君子決小人이어늘 而得中하니 豈有不正也리오 知時識勢는 學易之大方也니라

늦은 밤에 적군이 있음은 매우 두려워할 만한 일이나 걱정할 것이 없는 것은 스스로 처신을 잘하기 때문이다. 이미 中道를 얻었고 또 두려워할 줄 알며, 또한 경계하고 대비하니, 무슨 일을 걱정하겠는가? 〈어떤 이가 묻기를〉 "陽이 二爻 자리에 있으니 비록 中을 얻었으나 바른 자리가 아닌데 지극히 좋은 것은 어째서입니까?" 하였다. 대답하기를, "陽이 陰을 결단함은 君子가 小人을 결단하는 것인데 中을 얻었으니, 어찌 바르지 않음이 있겠는가? 때와 형세를 아는 것이 易을 배우는 큰 방법이다." 하였다.

---

7 得中道也 : 柳正源(朝鮮)은 《易解參攷》에서 蔡淵(南宋)의 말을 인용하여 일에 앞서 두려워해야 하고, 일에 미쳐서 근심해서는 안 되는 것이 '중도를 얻음〔得中道〕'이라고 하였다.

九三은 壯于頄[8]하여 有凶하고 獨行遇雨[9]니 君子는 夬夬라 若濡有慍[10]이면 无咎리라

【本義】壯于頄니 有凶이나 君子夬夬면 獨行遇雨하여 若濡有慍이나 无咎리라

九三은 광대뼈에 씩씩하여 흉함이 있고, 홀로 감에 비를 만나니, 君子는 결단할 것을 결단하는지라 젖는 것처럼 여겨서 성냄이 있으면 허물이 없을 것이다.

【본의】광대뼈에 씩씩하니 凶함이 있으나 君子가 결단할 것을 결단하면 홀로 감에 비를 만나 젖는 것과 같아서 성냄이 있으나 허물이 없을 것이다.

【傳】爻辭差錯이라 安定胡公[11]이 移其文曰 壯于頄하여 有凶하고 獨行遇雨니 若濡有慍이면 君子夬夬하여 无咎라하니 亦未安也라 當云壯于頄하여 有凶하고 獨行遇雨니 君子夬夬라 若濡有慍이면 无咎리라 夬決은 尙剛健之時니 三居下體之上하고 又處健體之極하여 剛果於決者也라 頄는 顴骨也니 在上而未極於上者也라 三居下體之上하여 雖在上而未爲最上하니 上有君而自任其剛決이면 壯于頄者也니 有凶之道也라 獨行遇雨는 三與上六으로 爲正應하니 方群陽共決一陰之時하여 己若以私應之故로 不與衆同而獨行이면 則與上六陰陽和合이라 故云遇雨라하니 易中言雨者는 皆謂陰陽和也라 君子道長하여 決去小人之時어늘 而己獨與之和면 其非可知라 唯君子處斯時면 則能夬夬리니

---

8 壯于頄 : 咸卦䷞의 상은 장딴지·넓적다리·등살·볼로 아래에서 위로 올라가며 행하였는데 夬卦䷪는 초효는 발, 사효는 볼기라 한 것에 대하여, 《大全》의 소주에서 馮椅(南宋)는 "咸卦䷞는 여섯 효를 합하여 상을 취하였으니 剝卦䷖나 艮卦䷳와 같고, 쾌괘는 두 몸체를 나누어 상으로 삼았으니 大過卦䷛나 鼎卦䷱와 같다. 그러므로 九三은 하괘의 위에 있어서 광대뼈가 되고, 九四는 상괘의 아래에 있어서 볼기가 되니, 여섯 효가 서로 연결되지 않는다. 그렇지 않다면 볼기는 아래 몸체인데 위 몸체가 어찌 그것을 상징할 수 있겠는가. 이것이 易이 易이 되는 까닭이니 하나의 학설로 정할 수 없다." 하였다.

9 獨行遇雨 : 《大全》의 소주에서 邱富國(南宋)은 "復卦䷗의 六四는 다섯 음 가운데에서 初九와 호응하기 때문에 효사에 '홀로 돌아온다〔獨復〕'고 하였고, 夬卦䷪의 九三은 다섯 양의 가운데에서 上六과 호응하기 때문에 효사에서 '홀로 간다〔獨行〕'고 하였다. 홀로〔獨〕는 무리를 떠나 홀로 선다는 말이다. 음이 음 가운데에서 홀로 돌아가 양에 호응함에 양이 선하니, 소인을 버리고 군자를 좇는 것이 된다. 양이 양 가운데에서 홀로 가서 음과 호응함에 음이 惡하니, 군자를 버리고 소인을 좇는 것이 된다. 성인이 이 효 때문에 '홀로〔獨〕'로 말하였던 것이다."하였다.

10 慍 : 李恒老(朝鮮)는 《周易傳義同異釋義》에서 '慍'은 남에게 성냄을 받음이지 질투하거나 미워하는 말이 아니라고 하였다.

11 安定胡公 : 北宋의 유학자인 胡瑗(993~1059)이다. 安定은 호이며, 자는 翼之이다. 그의 저술인 《周易口義》는 象數를 배격하고 義理로 해석하여, 程頤의 《伊川易傳》에 영향을 주었다.

謂夬其夬하여 果決其斷也라 雖其私與나 當遠絶之하여 若見濡汚하여 有慍惡之色이니 如此則无過咎也라 三은 健體而處正하니 非必有是失也로되 因此義하여 以爲教耳라 爻文所以交錯者는 由有遇雨字하고 又有濡字라 故誤以爲連也라

爻辭의 순서가 어긋나 앞뒤가 맞지 않다. 胡安定公〔胡瑗〕이 그 글의 순서를 옮겨 "광대뼈에 씩씩하여 흉함이 있고, 홀로 가면 비를 만나니, 젖는 것처럼 여겨서 성냄이 있으면 君子는 결단할 것을 결단하여 허물이 없다." 하였는데, 또한 자연스럽지 않다. 마땅히 "광대뼈에 씩씩하여 흉함이 있고, 홀로 가면 비를 만나니, 君子는 결단할 것을 결단한다. 젖는 것처럼 여겨서 성냄이 있으면 허물이 없을 것이다."로 하여야 한다.

결단할 것을 결단함은 剛健함을 숭상하는 때이니 九三이 下體의 맨 위에 있고, 또 굳센 卦體의 끝에 있어서 결단함을 강하고 과감하게 하는 자이다. '頄'는 광대뼈이니, 위에 있으나 제일 위에 있는 것은 아니다. 九三이 下體의 맨 위에 있어서 비록 윗자리에 있으나 가장 위는 아니니, 위에 임금이 있는데 剛하게 결단하기를 자임하면 광대뼈에 씩씩한 것이니 흉한 道가 있다. '홀로 가면 비를 만남'은 九三이 上六과 正應이 되니, 여러 陽이 함께 하나의 陰을 결단하는 때를 당하여 자기가 만약 사사롭게 응한다는 이유로 무리와 함께 하지 않고 홀로 간다면 이는 上六과 陰陽이 화합하기 때문에 '비를 만난다.'고 하였으니, 《周易》에서 비를 말한 경우는 모두 陰陽이 화합함을 이른다. 君子의 道가 자라서 小人을 결단하고 제거할 때인데 자기만 홀로 小人과 화합하면 그 잘못됨을 알 만하다.

君子만이 이러한 때에 처하면 결단할 것을 결단할 수 있으니, 그 결단할 것을 결단하여 그 결단을 과감하게 함을 이른다. 비록 사사로이 친하더라도 마땅히 멀리하고 끊어서 마치 더러움에 젖는 것처럼 여겨서 성내고 미워하는 기색이 있어야 하니, 이와 같으면 허물이 없을 것이다. 九三은 굳센 卦體로서 바른 자리에 있으니, 반드시 이러한 잘못이 있는 것은 아니지만 이러한 뜻으로 인하여 가르침을 삼았을 뿐이다. 爻辭의 글이 서로 뒤섞인 것은 '遇雨'라는 글자가 있고 또 '濡'자가 있기 때문에 잘못 연결한 것이다.

【本義】 頄는 顴也라 九三이 當決之時하여 以剛而過乎中하니 是欲決小人而剛壯이 見(현)于面目也니 如是則有凶道矣라 然在衆陽之中하여 獨與上六爲應하니 若能果決其決하여 不係私愛면 則雖合於上六하여 如獨行遇雨하여 至於若濡而爲君子所慍이나 然終必能決去小人而无所咎也라 溫嶠之於王敦[12]에 其事類此하니라

---

12 溫嶠之於王敦 : 溫嶠(288~329)와 王敦(266~324)은 모두 晉나라 사람이다. 여기서는 당시 권력자인

'頄'는 광대뼈이다. 九三은 결단할 때를 맞아 剛으로 中道를 지나쳤다. 이는 小人을 결단하고자 하여 강하고 씩씩함이 얼굴에 나타난 것이니, 이와 같이 하면 凶한 道가 있다. 그러나 여러 陽의 가운데에 있으면서 홀로 上六과 호응하니, 만일 그 결단할 것을 과감히 결단하여 사사로운 사랑에 매이지 않는다면, 비록 上六과 합하여 홀로 감에 비를 만난 것과 같아서, 젖어서 君子에게 노여움을 사는 데에 이르지만 끝내는 반드시 小人을 결단하고 제거해서 허물이 없다. 溫嶠가 王敦에게 있어서 그 일이 이와 유사하다.

字義 頄 : 광대뼈 구 濡 : 젖을 유 慍 : 성낼 온 顴 : 광대뼈 관 嶠 : 산높을 교

象曰 君子는 夬夬라 終无咎也니라

〈象傳〉에 말하였다. "군자가 결단할 것을 결단하는지라 끝내 허물이 없는 것이다."

【傳】牽梏於私好는 由无決也니 君子는 義之與比하여 決於當決이라 故終不至於有咎也라

사사로이 좋아함에 끌리고 매이는 것은 결단하지 못하기 때문이니, 君子는 의리를 따라 결단해야 할 때에 결단하므로 끝내 허물이 있는 데까지 이르지 않는다.

九四는 臀(둔)无膚며 其行次且(저)니 牽羊[13]하면 悔亡하련마는 聞言하여도 不信하리로다

九四는 볼기에 살이 없으며 그 감을 머뭇거리니, 羊을 끌듯이 하면 후회가 없으련만 말을 들어도 믿지 않는다.

왕돈이 반란을 일으키자 온교가 德으로 이를 진압한 일을 말한다.

13 牽羊 : 《大全》의 소주에서 張載(北宋)는 "양을 몰고 갈 때는 양보하여 먼저 가게 하여야 한다. 양을 모는 것은 당기고 끄는 것이 아니다. 양보하여 먼저 가게 하면 기꺼이 앞으로 나아가는 기세가 있기 때문이다." 하였다. 蔡鍾植(朝鮮)은 《周易傳義同歸解》에서 "쾌괘 九四의 '양을 끌듯이 하다.'를 《정전》에서는 뒤에서 끌어당기는 것으로 풀었고, 《본의》에서는 끌어서 앞으로 나아가게 하는 것으로 풀었다. 九四는 九三과 九五 두 굳센 양 사이에 있어서 나아가면 九五에 막히고, 있으면 九三에 막히기 때문에 양을 끌듯이 하면 후회가 없을 것이라고 경계하였다. 羊은 쾌의 다섯 陽의 상이다. 그러므로 程子는 뒤에 있는 세 양을 끌어당겨 쫓아 가면 후회가 없을 것으로 풀었고, 朱子는 앞에 있는 한 양을 풀어놓아 뒤를 따라가면 후회가 없을 것이라고 풀었으니, 두 설을 구비하면 그 뜻이 더욱 분명해진다." 하였다.

【傳】臀无膚는 居不安也요 行次且는 進不前也니 次且는 進難之狀이라 九四以陽居陰하여 剛決不足하니 欲止則衆陽竝進於下하여 勢不得安하여 猶臀傷而居不能安也요 欲行則居柔하여 失其剛壯하여 不能强進이라 故其行次且也라 牽羊悔亡는 羊者는 群行之物이요 牽者는 挽拽之義니 言若能自强而牽挽하여 以從群行이면 則可以亡其悔라 然旣處柔하니 必不能也요 雖使聞是言이라도 亦必不能信用也리니 夫過而能改와 聞善而能用과 克己以從義는 唯剛明者能之라 在他卦엔 九居四라도 其失이 未至如此之甚이로되 在夬而居柔일새 其害大矣니라

'볼기에 살이 없음'은 거처가 불안한 것이고, '감을 머뭇거림'은 앞으로 나아가지 못하는 것이니, '머뭇거림'은 나아감을 어려워하는 모양이다. 九四는 陽으로 陰의 자리에 있어서 剛하게 결단함이 부족하니, 머물고자 하면 여러 陽이 아래에서 함께 올라와 형세가 편안하지 못하여 마치 볼기가 상하여 거처가 편안하지 못한 것과 같고, 가고자 하면 유약한 자리에 있어서 剛함과 씩씩함을 잃어서 강하게 나아가지 못하기 때문에 감을 머뭇거린다. '양을 끌듯이 하면 뉘우침이 없음'은 '羊'은 무리를 지어 다니는 동물이고, '牽'은 당기고 끄는 뜻이니, 만일 스스로 강하게 끌어당겨서 무리를 따라 가면 뉘우침이 없을 수 있다는 말이다. 그러나 이미 유약한 자리에 있으니 그렇게 하지 못할 것이 분명하고, 비록 이러한 말을 듣더라도 반드시 믿고 쓰지 않을 것이니, 잘못을 하면 고칠 수 있는 것과 善을 들으면 실행할 수 있는 것과 자기를 이겨 義를 따르는 것은 오직 剛하고 밝은 자만이 할 수 있다. 다른 卦에서는 陽이 四爻 자리에 있어도 그 잘못이 이처럼 심한데까지 이르지 않으나, 夬卦에 있어서 유약한 자리에 거처하기 때문에 그 해로움이 크다.

【本義】以陽居陰하여 不中不正하여 居則不安하고 行則不進하니 若不與衆陽競進而安出其後면 則可以亡其悔라 然當決之時하여 志在上進하여 必不能也니 占者聞其言而信이면 則轉凶而吉矣리라 牽羊者는 當其前則不進이요 縱之使前而隨其後면 則可以行矣라

陽이 陰의 자리에 있어서 中도 아니고 正도 아니어서 머무르면 편하지 못하고 가면 나아가지 못하니, 만일 여러 陽과 앞다투어 나아가지 않고 그 뒤에서 편안히 나오면 뉘우침이 없을 수 있다. 그러나 결단할 때를 맞아 뜻이 위로 나아가는데 있어서 그렇게 하지 못할 것이 분명하니, 점치는 자가 이 말을 듣고서 믿으면 凶함이 바뀌어 吉하게 될 것이다. 羊을 끄는 자가 그 앞을 가로막으면 양이 나아가지 않지만, 양을 풀어놓고 앞으로 가게 한 다음에 그 뒤를 따

라가면 羊을 가게 할 수 있다.

字義 臀 : 볼기 둔 且 : 나아가지않을 저 牽 : 당길 견 挽 : 당길 만 拽 : 끌 예 競 : 다툴 경
縱 : 풀어놓을 종

象曰 其行次且는 位不當也요 聞言不信은 聽不明[14]也라

〈象傳〉에 말하였다. "'그 감을 머뭇거림'은 자리가 마땅하지 않기 때문이고, '말을 들어도 믿지 않음'은 귀가 밝지 못하기 때문이다."

【傳】九處陰은 位不當也라 以陽居柔하여 失其剛決이라 故不能强進하여 其行次且라 剛然後能明이니 處柔則遷하여 失其正性이니 豈復有明也리오 故聞言而不能信者는 蓋其聰聽之不明也라

陽이 陰의 자리에 있는 것은 자리가 마땅하지 않은 것이다. 陽으로 유약한 자리에 있어서 剛하게 결단함을 잃었기 때문에 강하게 나아가지 못하여 그 감을 머뭇거린다. 굳건한 뒤에야 밝을 수 있으니, 유약한 자리에 처하면 옮겨가 그 바른 본성을 잃으니, 어찌 다시 밝음이 있겠는가. 그러므로 '말을 들어도 믿지 않음'은 그 총명하게 들음이 밝지 못한 것이다.

九五는 莧(현)陸夬夬[15]면 中行에 无咎니라

---

14 聽不明 : 柳正源(朝鮮)은 《易解參攷》에서 "이것은 上卦인 兌卦를 이른다. 만일 사효가 음효라면 감괘가 되고 귀가 되지만 사효가 양효이기 때문에 막히는 것이다."하였다.

15 莧(현)陸夬夬 : 柳正源(朝鮮)은 《易解參攷》에서, 來知德의 설명을 빌려 "육지〔陸〕는 땅이니 땅이 높고 평평한 것을 육지라고 한다. 비름나물〔莧〕은 부드러운 음의 식물이니 上六의 상이다. 육지에서 비름나물이 자라는 것은 상효가 음효이니 육지의 상이다. '비름나물을 결단하고 결단함'은 세속에서 말하는 '풀을 베고 뿌리를 제거함'의 뜻이니 비름나물을 제거하고자 하면 아울러 그것이 심어진 땅도 결단해야 한다는 말이다. 앞의 '夬'자는 비름나물을 결단하는 것이고, 뒤의 '夬'자는 땅을 결단하는 것이다. 결단하고 또 결단한다면 뿌리와 가지·잎사귀가 모두 결단하여 제거되어서 다시는 숨어서 번식하거나 몰래 자라는 일이 없을 것이다." 하였다. 夬夬에 대하여 《大全》의 소주에서 邱富國(南宋)은 "쾌쾌는 양이 다섯 효인데 九三과 九五에서 모두 '쾌쾌'를 말한 것은 九三이 上六과 응하고, 九五는 上六과 가까이 있어 모두 결단을 부드럽게 하는 임무에 해당한다. 그러므로 결단하고자 하면 또한 결단하고 부드러움에 얽매이지 않는다. 또한 모두 굳센 양으로 굳센 양의 자리에 있어 결단할 것을 결단하는 뜻이 있다." 하였다.

【本義】莧陸이니 夬夬호되 中行이면 无咎리라

九五는 비름나물을 결단하듯이 결단하면 中道를 행함에 허물이 없을 것이다.

【본의】九五는 비름나물이니, 결단하고 결단하되 中道를 행하면 허물이 없을 것이다.

【傳】五雖剛陽中正으로 居尊位나 然切近於上六하니 上六은 說體而卦獨一陰이니 陽之所比也라 五爲決陰之主而反比之면 其咎大矣라 故必決其決을 如莧陸然이면 則於其中行之德에 爲无咎也라 中行은 中道也라 莧陸은 今所謂馬齒莧이 是也라 曝之難乾하니 感陰氣[16]之多者也요 而脆易折이라 五若如莧陸雖感於陰而決斷之易면 則於中行에 无過咎矣요 不然則失其中正也라 感陰多之物에 莧陸이 爲易斷이라 故取爲象하니라

九五가 비록 剛陽하고 中正함으로 높은 자리에 있으나 上六과 매우 가까우니, 上六은 기뻐하는 卦體이면서 夬卦에서 유일한 陰이니 陽이 가까이 하는 것이다. 九五는 陰을 결단하는 주체인데 도리어 陰을 가까이 하면 그 허물이 크다. 그러므로 반드시 그 결단할 것을 결단하기를 비름나물을 결단하듯이 하면 中道를 행하는 德에 허물이 없다. '中行'은 中道이다. '莧陸'은 요즘 말하는 '쇠비름'이란 것이 이것이다. 햇볕에 말려도 말리기 어려우니 陰氣를 많이 받아들이고 연해서 끊기가 쉽다. 九五가 만약 비름나물처럼 비록 陰氣를 받아들였지만 쉽게 결단하면 中道를 행함에 허물이 없고, 그렇지 않으면 中正함을 잃는다. 陰氣를 많이 받아들인 물건 중에 비름나물이 끊기가 쉽기 때문에 취하여 象으로 삼았다.

【本義】莧陸은 今馬齒莧이니 感陰氣之多者라 九五當決之時하여 爲決之主어늘 而切近上六之陰하니 如莧陸然하여 若決而決之호되 而又不爲過暴하여 合於中行이면 則无咎矣니 戒占者當如是也라

'비름나물'은 지금의 '쇠비름'이니, 陰氣를 많이 받아들인 식물이다. 九五가 결단할 때를 맞아 결단하는 주체가 되었는데, 上六의 陰과 매우 가까우니, 비름나물처럼 하여 만약 결단하고 결단하되 또 지나치게 포악하게 하지 않아서 中道에 합하면 허물이 없을 것이니, 점치는 자에게 마땅히 이와 같이 해야 한다고 경계한 것이다.

字義 莧 : 비름 현 曝 : 햇볕쬘 폭 脆 : 무를 취

---

16 感陰氣 : 感은 感受로 외부의 자극을 받아들임의 뜻이다. 여기서는 문맥상 '받아들임'으로 해석하였다.

象曰 中行无咎나 中未光[17]也라

〈象傳〉에 말하였다. "'中道를 행함에 허물이 없음'은 中道가 아직 빛나지 못하기 때문이다."

【傳】(卦)〔爻〕[18]辭에 言夬夬則於中行爲无咎矣어늘 象復盡其義하여 云中未光也라하니라 夫人心正意誠이라야 乃能極中正之道而充實光輝어늘 五心有所比나 以義之不可而決之하여 雖行於外엔 不失中正之義하여 可以无咎나 然於中道에 未得爲光大也라 蓋人心一有所欲이면 則離道矣니 夫子於此에 示人之意 深矣로다

爻辭에서는 "비름나물을 결단하듯이 결단하면 中道를 행함에 허물이 없을 것이다."라고 하였는데, 〈象傳〉에서 다시 그 뜻을 다하여 "中道가 아직 빛나지 못하기 때문이다."라고 하였다. 사람은 마음이 바르고 뜻이 성실하여야 中正의 道를 지극히 하여 충실하고 빛나는데, 九五는 마음에 친하여 가까이하는 바가 있으나 의리에 옳지 않기 때문에 결단하여, 비록 밖에 행함에 있어서는 中正의 뜻을 잃지 아니하여 허물이 없을 수 있으나, 中道에 있어서는 아직 빛나고 큼이 되지 못한다. 사람의 마음은 하나라도 욕심내는 것이 있으면 道를 떠나게 되니, 여기에서 孔子가 사람에게 보여준 뜻이 깊다.

【本義】程傳備矣로다

《程傳》에 자세하다.

字義 輝 : 빛날 휘

上六은 无號[19]니 終有凶하니라

---

17 中未光 : 柳正源(朝鮮)은 《易解參攷》에서 "의로움으로 결단하면 비록 중성의 도를 잃지 않았지만 결단하는 마음이 성실하지 않아 아직도 연연해하는 마음이 한 터럭만큼 남아있다. 이것은 중도가 아직 광대하지 못하기 때문이다." 하였다.

18 (卦)〔爻〕: 저본에 '卦'로 되어 있으나, 문맥을 살펴 '爻'로 바로잡았다.

19 无號 : 李恒老(朝鮮)는 《周易傳義同異釋義》에서 "괘 안의 '미덥게 호령함'과 '두려워 호령함'은 모두 호령하여 무리에게 명한다는 말이다. 上六의 '호소할 수 없다.'도 별도의 뜻으로 보아야 글의 맛이 있다. 소인의 형세가 곤궁하고 무리가 다하여 이로운 일이나 해로운 일이 모두 쓸쓸하고 옳고 그름이 크게 정해져서 천하에 한 사람도 그와 함께하는 이가 없으니, 장차 누가 호소하여 그와

【本義】无號니 終有凶하리라

上六은 호소할 수 없을 것이니, 마침내 흉함이 있다.

【본의】호소할 곳이 없으니, 마침내 흉함이 있을 것이다.

【傳】陽長將極하고 陰消將盡하여 獨一陰이 處窮極之地하니 是衆君子得時하여 決去危極之小人也라 其勢必須消盡이라 故云无用號咷畏懼니 終必有凶也라하니라

장차 陽의 자람이 극도에 이르고 陰의 사라짐이 다하게 되어 단지 하나의 陰이 궁극의 자리에 있으니, 이는 여러 君子가 때를 얻어 위태로움이 극에 이른 小人을 결단하여 제거하는 것이다. 그 형세상 반드시 없어질 것이므로 두려움을 호소하고 울부짖음이 소용이 없으니, 끝내 반드시 흉함이 있다고 한 것이다.

【本義】陰柔小人이 居窮極之時하여 黨類已盡하여 无所號呼하니 終必有凶也라 占者有君子之德이면 則其敵當之요 不然이면 反是니라

陰의 유약한 小人이 궁극한 때에 거하여 무리들이 이미 없어져서 호소할 곳이 없으니, 끝내 반드시 흉함이 있을 것이다. 점치는 자가 君子의 德이 있으면 상대방이 여기에 해당할 것이고, 그렇지 않으면 이와 반대이다.

字義 咷 : 울 도

象曰 无號之凶은 終不可長也니라

〈象傳〉에 말하였다. "'호소할 수 없는 흉함'은 끝내 길지 못할 것이다."

【傳】陽剛君子之道는 進而益盛하고 小人之道는 旣已窮極하여 自然消亡하니 豈復能長久乎아 雖號咷나 无以爲也라 故云終不可長也라하니라 先儒以卦中有孚號, 惕號로 欲以无號爲无號하여 作去聲하여 謂无用更(갱)加號令이라하니 非也라 一卦中에 適有兩去聲字, 一平聲字가 何害리오마는 而讀易者率皆疑之라 或曰 聖人之於天下에 雖大惡이나

가까이하고 함께하겠는가." 하였다.

未嘗必絶之也어늘 今直使之无號하고 謂必有凶이 可乎아 曰 夬者는 小人之道가 消亡之時也니 決去小人之道가 豈必盡誅之乎아 使之變革이면 乃小人之道亡也니 道亡은 乃其凶也니라

剛陽한 君子의 道는 나아가 더욱 성대하고, 小人의 道는 이미 窮極하여 자연히 없어지니, 어찌 다시 오래 갈 수 있겠는가. 비록 울부짖어도 쓸 데가 없기 때문에 '끝내 길지 못하다.' 하였다. 先儒들은 夬卦 안에 '미덥게 호령함〔孚號〕'과 '두려워 호령함〔惕號〕'이 있다고 하여 '호소할 수 없는 것'을 '호령함이 없는 것'으로 여겨서 '號'자를 去聲으로 읽어 '다시 호령할 필요가 없음'을 이른다고 하니, 잘못이다. 하나의 卦 안에 去聲의 글자 둘과 平聲의 글자 하나가 있는 것이 무슨 문제가 되겠는가. 그러나 《周易》을 읽는 자들이 모두 이것을 의심한다.

어떤 이가 묻기를, "聖人이 천하에 있어 비록 크게 惡한 사람이라도 일찍이 반드시 끊어버린 적이 없거늘, 이제 다만 호소할 수 없게 하고 반드시 흉함이 있다고 하는 것이 옳겠습니까?" 하였다. 대답하기를, "夬는 小人의 道가 없어지는 때이니, 소인을 결단하여 제거하는 道가 어찌 반드시 모두 죽이는 것이겠습니까? 변혁하게 하면 이는 바로 小人의 道가 없어지는 것이니, 道가 없어지는 것이 바로 그들이 흉하게 되는 것입니다." 하였다.

周易傳義 卷第十六

44. 姤

䷫ 巽下乾上

下卦는 巽卦☴이고 上卦는 乾卦☰이다.

【傳】 姤[1]는 序卦에 夬는 決也니 決必有遇라 故受之以姤하니 姤는 遇也라하니라 決은 判也니 物之決判則有遇合이니 本合則何遇리오 姤所以次夬也라 爲卦 乾上巽下하니 以二體言之하면 風行天下하니 天之下者는 萬物也라 風之行에 无不經觸하니 乃遇之象이요 又一陰始生於下하니 陰與陽遇也라 故爲姤라

姤卦는 〈序卦傳〉에 "夬는 결단함이다. 결단하면 반드시 만남이 있기 때문에 姤卦로 받았으니, 姤는 만남이다." 하였다. '決'은 판가름이니, 물건을 결단하여 판가름이 나야 만나 합함이 있으니, 본래 합해 있다면 무슨 만남이 있겠는가. 이 때문에 姤卦가 夬卦의 다음이 되었다. 卦의 구성이 上卦는 乾卦☰이고 下卦는 巽卦☴이다. 두 卦體로 말하면 바람이 하늘 아래를 행하니, 하늘 아래에 있는 것은 만물이다. 바람이 행함에 경유하고 접촉하지 않음이 없으니 만나는 象이고, 또 한 陰이 아래에서 처음 생기니, 陰이 陽과 만나기 때문에 姤卦가 된 것이다.

字義 姤 : 만날 구 判 : 가를 판 經 : 지날 경 觸 : 닿을 촉

姤는 女壯[2]이니 勿用取女니라

---

1 姤 : 빌헬름 영문판 주역인 《The I Ching》에서는 姤卦를 "Kou / Coming to Meet"라고 하였다. 구괘는 제거되었던 음이 다시 돌아와 갑작스럽게 등장하여 조우한다는 의미이다. 인사로 보면 여자가 남자를 만나는 상인데 우호적이지 않고 위험스런 상황이다. 다섯 양효가 하나의 음효를 잘 제어해야 하는데 특히 구이효와 구오효가 주체가 된다. 이 괘를 통해 향후 일어날 가능성에 대비해야 함을 배워야 한다고 하였다.

2 女壯 : 李恒老(朝鮮)는 《周易傳義同異釋義》에서 "《정전》에서는 점점 자라나는 것으로 말했고, 《본

【本義】女壯하니

姤는 여자가 壯盛함이니, 여자를 취하지 말아야 한다.

【본의】姤는 여자가 건장하니,

【傳】一陰始生하여 自是而長하여 漸以盛大하니 是女之將長壯也라 陰長則陽消요 女壯則男弱이라 故戒勿用取如是之女라 取女者는 欲其柔和順從하여 以成家道어늘 姤乃方進之陰이니 漸壯而敵陽者라 是以不可取也라 女漸壯則失男女之正하여 家道敗矣리라 姤雖一陰甚微나 然有漸壯之道하니 所以戒也라

하나의 陰이 처음 생겨 이로부터 자라나 점점 성대해지니, 이는 여자가 자라나 장성해지려 하는 것이다. 陰이 자라면 陽이 사라지고, 여자가 壯盛하면 남자가 약해지므로 이와 같은 여자를 취하지 말라고 경계하였다. '여자를 취함'은 부드럽게 화합하고 순종하여 집안의 道를 이루려는 것인데, 姤卦는 막 나오는 陰이니 점점 壯盛하여 陽을 대적한다. 이러므로 취할 수 없다. 여자가 점점 장성해지면 男女의 바름을 잃어 집안의 道가 무너질 것이다. 姤卦는 비록 한 陰이 매우 미약하나 점점 장성해지는 道가 있으니, 이 때문에 경계하였다.

【本義】姤는 遇也라 決盡則爲純乾四月之卦요 至姤然後一陰을 可見而爲五月之卦라 以其本非所望而卒然値之하여 如不期而遇者라 故爲遇라 遇已非正이요 又一陰而遇五陽하니 則女德不貞而壯之甚也니 取以自配면 必害乎陽이라 故其象占如此라

姤는 만남이다. 결단을 다하면 순전한 乾卦☰인 4月의 卦가 되고, 姤卦☴에 이른 뒤에 한 陰을 볼 수 있으니 5月의 卦가 된다. 본래 희망한 것이 아닌데 갑작스레 만나서 마치 기약하지 않았는데 만난 것과 같으므로 '遇'가 된다. 만남이 이미 바른 것이 아니고, 또 한 陰이 다

의》에서는 이미 장성한 것으로 말했다. 점차 자라나면 변하여 다른 괘가 되니 여기서 말할 필요는 없다. 한 음이 다섯 양을 만나고 다섯 양이 한 음을 구하는 것은, 덕이 貞正하지 못하고 형세가 이미 장성해진 것이니, 점점 자라남을 기다리는 것이 아니라 이미 건장한 것이다. 《주역》에서 음이 하나인 괘가 전부 여섯 괘인데, 이 가운데 大有卦☲의 六五 하나만 제외하고는 모두 경계하는 말이 있으니, 이는 음은 사특하고 양은 맑음의 분별이다." 하였다. '女壯'에 대해 沈大允(朝鮮)은 《周易象義占法》에서 "취하고 버리는 권한이 여자에게 있기 때문에 '여자가 건장하다'고 하였다. 건괘☰가 건장함이 되니, 姤卦의 道로 임금을 택하고 남편을 고른다면 괜찮다. 그러나 구괘의 도로 임금을 섬기고 남편을 따른다면 이는 아랫사람이 윗사람의 권한을 빼앗는 것이니, 크게 어지럽히는 도이다. 그러므로 여자를 취하지 말아야 한다고 했다. 姤卦는 剝卦의 시작이며, 여자가 건장하면 어지러움의 시작이니, 천하의 인군과 남편들은 성찰해보아야 한다." 하였다.

섯 陽을 만났으니, 여자의 德이 바르지 않고 장성함이 심한 것이다. 취하여 자신의 짝으로 삼으면 반드시 陽을 해치기 때문에 그 象과 占이 이와 같다.

彖曰 姤는 遇也니 柔遇剛也라

〈彖傳〉에 말하였다. "姤는 만남이니, 柔가 剛을 만난 것이다.

【傳】 姤之義는 遇也니 卦之爲姤는 以柔遇剛也일새라 一陰方生하여 始與陽相遇也라

姤卦의 뜻은 '만남'이니, 卦가 姤卦가 된 까닭은 柔가 剛을 만났기 때문이다. 한 陰이 막 생겨나 비로소 陽과 서로 만난 것이다.

【本義】 釋卦名이라

卦名을 해석하였다.

勿用取女는 不可與長也일새라

'여자를 취하지 말아야 함'은 더불어 오래할 수 없기 때문이다.

【傳】 一陰旣生하여 漸長而盛하니 陰盛則陽衰矣라 取女者는 欲長久而成家也어늘 此漸盛之陰이 將消勝於陽하니 不可與之長久也라 凡女子, 小人, 夷狄이 勢苟漸盛이면 何可與久也리오 故戒勿用取如是之女하니라

한 陰이 이미 생겨 점점 자라서 성대하니, 陰이 성대하면 陽이 쇠퇴한다. '여자를 취함'은 오래도록 집안을 이루고자 함인데, 이는 점점 성대해지는 陰이 陽을 이겨 사라지게 할 것이니, 더불어 오래할 수 없다. 女子와 小人과 오랑캐가 세력이 점점 성대해진다면 어찌 함께 오래 할 수 있겠는가. 그러므로 이와 같은 여자를 취하지 말라고 경계한 것이다.

【本義】 釋卦辭라

卦辭를 해석하였다.

天地相遇하니 品物이 咸章也요

하늘과 땅이 서로 만나 만물이 모두 빛나고,

【傳】陰始生於下하여 與陽相遇하니 天地相遇也라 陰陽不相交遇면 則萬物不生이요 天地相遇면 則化育庶類하여 品物咸章하니 萬物章明也라

陰이 처음 아래에서 생겨서 陽과 서로 만났으니, 하늘과 땅이 서로 만난 것이다. 陰과 陽이 서로 사귀어 만나지 않으면 萬物이 생기지 못하고, 하늘과 땅이 서로 만나면 여러 종류를 化育하여 品物이 모두 빛나니, 만물이 빛나고 밝은 것이다.

【本義】以卦體言이라

卦體로 말하였다.

剛遇中正하니 天下에 大行也니

剛이 中正을 만나니 천하에 크게 행해질 것이니,

【傳】以卦才言也라 五與二皆以陽剛으로 居中與正하니 以中正相遇也라 君得剛中之臣하고 臣遇中正之君하여 君臣이 以剛陽遇中正이면 其道可以大行於天下矣리라

卦의 재질로 말하였다. 九五와 九二가 모두 강건한 陽으로 中과 正에 있으니, 中正함으로 서로 만난 것이다. 임금은 剛中한 신하를 얻고, 신하는 中正한 임금을 만나, 임금과 신하가 剛陽으로 中正을 만난다면 그 道가 천하에 크게 행해질 것이다.

【本義】指九五라

九五를 가리킨 것이다.

姤之時義 大矣哉[3]라

---

3 姤之時義 大矣哉 : 李恒老(朝鮮)는《周易傳義同異釋義》에서《주역》에서 "大矣哉"라고 칭찬한 곳이

姤의 때와 뜻이 크도다."

【傳】贊姤之時與姤之義至大也라 天地不相遇則萬物不生이요 君臣不相遇則政治不興이요 聖賢不相遇則道德不亨이요 事物不相遇則功用不成이니 姤之時與義皆甚大也라

姤卦의 때와 姤卦의 뜻이 지극히 큼을 칭찬하였다. 天地가 서로 만나지 않으면 만물이 나오지 못하고, 임금과 신하가 서로 만나지 않으면 정치가 일어나지 못하며, 聖賢이 서로 만나지 않으면 道德이 형통하지 못하고, 事物이 서로 만나지 않으면 功用이 이루어지지 못하니, 姤의 때와 뜻이 모두 매우 큰 것이다.

【本義】幾微之際라 聖人所謹이니라

조짐이 은미할 때라서 聖人이 삼가는 것이다.

字義 幾 : 기미 기

象曰 天下有風이 姤니 后以하여 施命誥四方[4]하나니라

〈象傳〉에 말하였다. "하늘 아래에 바람이 있는 것이 姤이니, 임금이 이것을 본받아 명령을 베풀어 사방에 알린다."

【傳】風行天下에 无所不周하니 爲君后者 觀其周徧之象하여 以施其命令하여 周誥四方

12군데라고 하여, 豫·隨·頤·大過·遯·睽·蹇·解·姤·革·旅·坎卦를 추려내고 이에 대해 "이들 괘는 모두 좋지 않은 상황을 좋게 돌린 것인데, 좋지 않음을 좋게 변화시키는 것은 지극히 큰 도가 아니면 할 수 없다."고 하였다.

4 施命誥四方 : 李瀷(朝鮮)은 《易經疾書》에서 "바람은 하늘과 땅의 사이에서 분다. 시험 삼아 눈 내리는 기운으로 증험해보면 혹 높은 곳은 동쪽이고 낮은 곳은 서쪽이지만, 이것도 하늘 아래와 땅 위가 같지 않으며, 또한 반드시 멀고 가까운 구별도 있다. 낮은 것은 땅 위의 바람이기 때문에 觀卦의 〈상전〉에 '백성을 보고 가르침을 베푼다.'고 하였으니, 그 지역 풍속의 적절함을 따른 것이다. 높은 것은 하늘 아래의 바람이기 때문에 姤卦의 〈상전〉에 '명령을 베풀어 사방에 알린다.'고 하였으니, 군후의 한결같은 명령이어서 통하지 않음이 없다." 하였다. 또 金相岳(朝鮮)은 《山天易說》에서 다음과 같이 말하였다. "'베푸는 것'은 乾卦☰의 상이고, '명령'은 巽卦☴의 상이다. '사방에 알림'은 바람이 천하에 부는 것이다. 復卦는 시절로는 冬至가 되기 때문에 '선왕이 그것을 본받아 동짓날에는 관문을 닫아 걸어 장사꾼과 여행자들이 다니지 못하게 하고, 임금이 사방을 시찰하지 않게 했다.'고 하였고, 姤卦䷫는 시절로는 夏至가 되기 때문에 '임금이 그것을 본받아 명령을 베풀어 사방에 알린다'고 하였다."

也라 風行地上과 與天下有風은 皆爲周徧庶物之象이로되 而行於地上하여 徧觸萬物則爲觀이니 經歷觀省之象也요 行於天下하여 周徧四方則爲姤니 施發命令之象也라 諸象에 或稱先王하고 或稱后하고 或稱君子大人하니 稱先王者는 先王은 所以立法制니 建國, 作樂, 省方, 勅法, 閉關, 育物, 享帝가 皆是也요 稱后者는 后王之所爲也니 財成天地之道하고 施命誥四方이 是也라 君子則上下之通稱이요 大人者는 王公之通稱이라

바람이 하늘 아래에서 불어 두루 미치지 않음이 없으니, 임금이 두루 미치는 象을 보고서 命令을 베풀어 四方에 두루 알린다. '바람이 땅 위에 부는 것'과 '하늘 아래에 바람이 있음'은 모두 여러 물건에 두루 미치는 象이 되는데, 바람이 땅 위에 다니면서 만물을 두루 접촉하면 觀卦䷓가 되니, 두루 지나며 관찰하고 살피는 象이고, 바람이 하늘 아래에 다니면서 사방에 두루 미치면 姤卦가 되니, 명령을 시행하고 발표하는 象이다.

여러 〈象傳〉에서 어떤 때는 '先王'이라 칭하고, 어떤 때는 '后'라 칭하고, 어떤 때는 '君子'나 '大人'이라 칭하니, '先王'이라 칭한 것은 先王이 법과 제도를 세웠으니, 나라를 세우고 음악을 만들고 지방을 순행하고 법을 삼가고 관문을 닫고 물건을 기르고 上帝를 제사지내는 것이 모두 이것이다. '后'라고 칭한 것은 后王(뒤의 왕)이 한 것이니, 天地의 道를 재단하여 이루고 명령을 베풀어 사방에 알리는 것이 이런 것이다. '君子'는 위와 아래를 통칭한 것이고, '大人'은 王公을 통칭한 것이다.

字義 徧 : 두루미칠 편

初六은 繫于金柅면 貞이 吉[5]하고 有攸往이면 見凶하리니 羸豕[6]孚蹢躅하니라

【本義】 繫于金柅니 貞이면

初六은 쇠말뚝에 매어 놓으면 바르게 함이 길하고, 갈 곳이 있으면 흉함을 당할 것이

5 貞吉 : 《정전》에서는 "견고하게 저지해서 나아가지 못하게 하면 굳센 양의 곧고 바른 도가 길할 것이다." 하였고, 《본의》에서는 "한 음이 처음 생겼으니, 고요하고 바르게 하면 길하다."하였는데, 李恒老(朝鮮)는 《周易傳義同異釋義》에서 "《정전》은 '곧은 도가 길함'을 양에 소속시킨 것이고, 《본의》는 '곧음이 길함'을 음에 소속시켰다. 양에 소속시키면 말이 난해하고, 음에 소속시키면 글이 순탄하다." 하였다.

6 羸豕 : 《大全》의 소주에서 張淸子(元)는 "初六의 상을 취한 것이 한결같지 않다. 본효로 보면 돼지이고, 九二와 九四로 보면 물고기이고, 九五로 보면 오이이니, 모두 음한 물건이 아래에 있는 상을 취한 것이다." 하였다.

니, 여윈 돼지의 속마음은 날뛰고 싶은데 있다.

【본의】 쇠말뚝으로 매니 바르게 하면 길하고,

【傳】 姤는 陰始生而將長之卦니 一陰生則長而漸盛이라 陰長則陽消하니 小人道長也니 制之를 當於其微而未盛之時라 柅는 止車之物이니 金爲之면 堅强之至也라 止之以金柅而又繫之는 止之固也니 固止하여 使不得進이면 則陽剛貞正之道吉也요 使之進往이면 則漸盛而害於陽이니 是見凶也라 羸豕孚蹢躅은 聖人重爲之戒하여 言陰雖甚微나 不可忽也라 豕는 陰躁之物이라 故以爲況이라 羸弱之豕는 雖未能强猛이나 然其中心은 在乎蹢躅하니 蹢躅은 跳躑也라 陰微而在下하니 可謂羸矣나 然其中心은 常在乎消陽也라 君子小人異道하여 小人은 雖微弱之時라도 未嘗无害君子之心하니 防於微則无能爲矣리라

姤卦는 陰이 처음 생겨서 자라려는 卦이니, 한 陰이 생기면 자라서 점차 성대해진다. 陰이 자라면 陽이 사라지니, 小人의 道가 자라므로 미약하여 아직 성대하지 않을 때에 막아야 한다. '말뚝'은 수레를 멈추게 하는 물건이니 쇠로 만들면 지극히 견고하고 강하다. 쇠말뚝으로 저지하고 또 매어놓음은 견고하게 저지하는 것이니, 견고하게 저지해서 나아가지 못하게 하면 강건한 陽의 바른 道가 길하고, 나아가게 하면 점차 성대해져서 陽을 해칠 것이니, 이는 흉함을 당하는 것이다. '여윈 돼지의 속마음은 날뛰고 싶은데 있음'은 聖人이 거듭 경계하여 陰이 비록 매우 미약하지만 소홀히 해서는 안 됨을 말한 것이다. '돼지'는 陰으로 조급한 물건이므로 비유로 삼았다. 여위고 약한 돼지는 비록 강하고 사납지는 못하나 그 속마음은 뛰고 뛰는 데 있으니, '뛰고 뜀'은 날뛰는 것이다. 陰이 미약하고 맨 아래에 있으니 약하다고 할 수 있으나, 그 속마음은 항상 陽을 사라지게 하는 데 있다. 君子와 小人은 道가 달라서 小人은 비록 微弱할 때라도 일찍이 君子를 해칠 마음이 없지 않으니, 미약할 때에 막으면 해치지 못할 것이다.

【本義】 柅는 所以止車어늘 以金爲之하니 其剛可知라 一陰始生하니 靜正則吉이요 往進則凶이라 故以二義戒小人하여 使不害於君子則有吉而无凶이라 然其勢不可止也라 故以羸豕蹢躅으로 曉君子하여 使深爲之備云이라

'말뚝'은 수레를 멈추게 하는 것인데 쇠로 만들었으니, 강함을 알 수 있다. 한 陰이 처음 생겼으니, 고요하고 바르게 하면 吉하고 나아가면 凶하다. 그러므로 두 가지 뜻으로 小人을 경계하여 가령 君子를 해치지 않으면 吉함이 있고 凶함이 없다고 하였다. 그러나 그 형세를 그

치게 할 수 없으므로 여윈 돼지가 날뛰는 것으로 군자를 깨우쳐서 깊이 대비하게 한 것이다.

字義 柅 : 굄목 니 羸 : 약할 리 蹢 : 배회할 척 躅 : 서성거릴 촉 跳 : 뛸 도 躑 : 뒷발질할 척

象曰 繫于金柅는 柔道牽也[7]일새라

〈象傳〉에 말하였다. "'쇠말뚝에 매어 놓음'은 柔의 道가 이끌고 나아가기 때문이다."

【傳】 牽者는 引而進也라 陰始生而漸進은 柔道方牽也니 繫之于金柅는 所以止其進也라 不使進則不能消正道니 乃貞吉也라

'牽'은 이끌고 나아감이다. 陰이 처음 생겨서 점점 나아감은 유순한 道가 이끌고 나아가는 것이니, 쇠말뚝에 매어 놓음은 그 나아감을 저지하는 것이다. 나아가지 못하게 하면 바른 道를 사라지게 하지 못할 것이니, 바르게 함이 길하다.

【本義】 牽은 進也니 以其進故로 止之라

'牽'은 나아감이니, 〈陰이〉 나아가기 때문에 멈추게 하는 것이다.

九二는 包有魚면 无咎하리니 不利賓[8]하니라

---

7 柔道牽也 : 吳致箕(朝鮮)는 《周易經傳增解》에서 "부드러운 도가 이끌려 나아감을 저지하기를 쇠말뚝에 견고하게 매는 것처럼 해야 한다." 하였다.

8 包有魚……不利賓 : 《大全》의 소주에서 張淸子(元)는 "물고기는 陰物 중에서도 아름다운 음에 해당하는 물건으로 初六을 가리킨다. 初六은 九四와 정응이므로 물고기는 본래 九四의 소유인데, 지금 九二가 먼저 初六과 만나 양이 음을 받아들여 감싸 소유하고 있으니, 九二가 주인이고 九四가 손님이 된다. 이것이 어찌 九四의 이익이겠는가. 그러므로 '손님에게는 이롭지 않다.'고 한 것이다." 하였다. 《정전》에서는 "姤는 만남이니, 九二는 初六과 매우 가까이 있어서, 서로 만난다."라고 하였고, 《본의》에서는 "九二가 初六과 만남은 꾸러미에 물고기가 있는 상이 된다."라고 하였는데, 李恒老(朝鮮)는 《周易傳義同異釋義》에서, 어떤 이가 "初六은 본래 九四와 호응하나 九二와 만났고, 九二는 도리어 九四를 제어하며 初六을 빼앗으니, 初六은 이미 곧지 않고 九二도 의리를 잃었는데, 初六을 물고기라 부르고, 九四를 손님이라 불러도 효사에 허물이 없는 것 같음은 어째서입니까?"라고 물으니 다음과 같이 설명하였다. "4월은 순전한 乾卦여서 본래 陰을 기약하지 않았는데, 한 음이 갑자기 아래에서 생겨나 양과 만났으니, 初六과 九二는 바로 서로 만나는 주체이다. 初六과 九二는 진실로 서로 얻는 뜻이 있다. 初六이 만약 九四에게 항구함을 깊이 고집하고,

【本義】包有魚니 无咎어니와

九二는 꾸러미에 물고기가 있는 것처럼 하면 허물이 없을 것이니, 손님에게는 이롭지 않다.

【본의】꾸러미에 물고기가 있으니, 허물이 없으나

【傳】姤는 遇也니 二與初密比하여 相遇者也라 在他卦則初正應於四어니와 在姤則以遇爲重이라 相遇之道는 主於專一이니 二之剛中이 遇固以誠이나 然初之陰柔로 群陽在上而又有所應者하니 其志所求也라 陰柔之質은 鮮克貞固하니 二之於初에 難得其誠心矣니 所遇不得其誠心이면 遇道之乖也라 包者는 苴裹也요 魚는 陰物之美者라 陽之於陰에 其所悅美라 故取魚象이라 二於初에 若能固畜之를 如包苴之有魚면 則於遇에 爲无咎矣라 賓은 外來者也라 不利賓은 包苴之魚를 豈能及賓이리오 謂不可更(갱)及外人也라 遇道當專一이니 二則雜矣니라

'姤'는 만남이니, 九二와 初六이 매우 가까이 있어서 서로 만난다. 다른 卦에서는 初爻가 四爻와 正應이 되지만 姤卦에서는 만남을 중요하게 여긴다. 서로 만나는 道는 한결같음을 주장하니, 剛中한 九二가 진실로 정성으로 만나지만, 初六은 유약한 陰으로 여러 陽이 위에 있고 또 호응하는 자가 있으니, 그 뜻이 구하는 것이다. 陰의 유약한 재질은 貞固한 경우가 드무니, 九二가 初六에게 그 정성스런 마음을 얻기가 어렵다. 만남에서 그 정성스런 마음을 얻지 못한다면 만나는 道가 어그러진 것이다. '꾸러미'는 꾸려서 싸는 것이고, '물고기'는 아름다운 陰의 물건이다. 陽에게 陰은 기뻐하고 아름답게 여기는 것이기 때문에 물고기의 象을 취하였다. 九二가 初六에게 만약 견고하게 싸기를 꾸러미에 물고기가 있는 것처럼 하면 만남에 허물이 없을 것이다. '손님'은 밖에서 오는 자이다. '손님에게는 이롭지 않음'은 꾸러미에 있는 물고기를 어찌 손님에게까지 미치게 하겠는가. 다시 바깥사람에게까지 미치게 할 수 없음을 이른다. 만나는 道는 한결같아야 하니, 둘이면 잡된 것이다.

【本義】魚는 陰物이라 二與初遇는 爲包有魚之象이라 然制之在己라 故猶可以无咎어니와 若不制而使遇於衆이면 則其爲害廣矣라 故其象占如此하니라

九四가 初六을 울부짖으며 부른다면 初六은 스스로 바름을 잃고 九四에는 반드시 흉함이 일어나서 九二도 집안을 바르게 하는 뜻을 잃을 것이다."

'물고기'는 陰物이다. 九二가 初六과 만남은 꾸러미에 물고기가 있는 象이 된다. 그러나 제지함이 자신에게 달려 있으므로 오히려 허물이 없을 수 있으나, 만약 제지하지 않아 여러 사람을 만나게 하면 해로움이 크기 때문에 그 象과 占이 이와 같다.

[字義] 包 : 꾸러미 포 苴 : 쌀 저 裹 : 쌀 과

象曰 包有魚는 義不及賓也[9]라

〈象傳〉에 말하였다. "'꾸러미에 물고기가 있음'은 의리상 손님에게 미치게 할 수 없는 것이다."

【傳】二之遇初에 不可使有二於外니 當如包苴之有魚라 包苴之魚는 義不及於賓客也라

九二가 初六을 만남에 밖에 딴 마음이 있게 해서는 안 되니, 마땅히 꾸러미에 물고기가 있는 것처럼 해야 한다. 꾸러미의 물고기는 의리상 손님에게 미치게 할 수 없다.

九三은 臀无膚나 其行은 次且(저)[10]니 厲하면 无大咎리라

【本義】臀无膚며 其行次且니 厲하나

九三은 볼기에 살이 없으나 그 가는 것을 머뭇거리니, 위태롭게 여기면 큰 허물이 없

---

9 義不及賓也 : 《大全》의 소주에서 張淸子(元)는, 만나는 때에 初六의 입장에서 九二는 가깝고 九四는 정응이지만 멀리 있으므로 한 음이 두 양을 겸할 수 없음을 들어 "만남의 의리로 볼 때 손님(九四)에게 미칠 수 없으니, 비유하면 많은 사람이 물고기를 잡을 때, 먼저 온 사람은 한 번 그물질하여 얻을 수 있지만 뒤에 온 사람은 비록 물고기를 잘 잡더라도 이익이 저 사람에 미칠 수 없는 것과 같다." 하였다.

10 臀无膚 其行次且(저) : 《大全》의 소주에서 徐幾(南宋)는 "姤卦䷫는 夬卦䷪의 반대괘이다. 姤卦의 九三이 夬卦의 九四이기 때문에 모두 '볼기에 살이 없으나 그 가는 것을 머뭇거리는' 상이 있다. 다만 쾌괘의 한 음은 위에 있기 때문에 아래의 다섯 양이 모두 위로 가고, 구괘의 한 음은 아래에 있기 때문에 위의 다섯 양이 모두 되돌아 내려오니, 음과 양이 서로 구하는 정이 그러하다. 九三의 뜻도 初六에 있으나, 初六은 九二와 가깝고 九四와 호응하며 九三과는 이어지는 것이 없으니, 九三이 그 사이에 끼어서 그와 만나기를 구하지만 위와 아래의 효가 모두 陽剛이어서 나아가거나 물러갈 수 없다. 그러므로 '볼기에 살이 없으나 그 가는 것을 머뭇거린다'고 했다." 하였다.

을 것이다.

【본의】볼기에 살이 없으며 그 가는 것을 머뭇거리니, 위태하나 큰 허물이 없을 것이다.

【傳】二與初旣相遇하니 三說初而密比於二하여 非所安也요 又爲二所忌惡하여 其居不安하니 若臀之无膚也라 處旣不安이면 則當去之어늘 而居姤之時하여 志求乎遇하며 一陰在下하니 是所欲也라 故處雖不安이나 而其行則又次且也라 次且는 進難之狀이니 謂不能遽舍也라 然三剛正而處巽하여 有不終迷之義하니 若知其不正而懷危懼하여 不敢妄動이면 則可以无大咎也라 非義求遇면 固已有咎矣어니와 知危而止면 則不至於大[11]也라

九二와 初六이 이미 서로 만났으니, 九三은 初六을 좋아하나 九二와 친밀하고 가까워 편안한 바가 아니고, 또 九二에게 시기와 미움을 당하여 그 거처가 편하지 않으니, 볼기에 살이 없는 것과 같다. 거처가 이미 불안하면 마땅히 떠나야 하는데 姤의 때에 있어서 뜻이 만나기를 구하며, 한 陰이 아래에 있으니 〈九三이〉 원하는 것이다. 그러므로 거처가 편하지 않으나 가는 것을 또 머뭇거린다. '머뭇거림'은 나아감을 어려워하는 모양이니, 빨리 버리지 못함을 이른다. 그러나 九三은 강건하고 바르면서 겸손한 巽卦☴에 있어서 끝내 혼미해지지는 않는 뜻이 있으니, 만일 그 바르지 못함을 알고 위태롭고 두려워하는 마음을 품어 망령되게 행동하지 않는다면 큰 허물이 없을 수 있다. 의롭지 않은데 만나기를 구하면 진실로 이미 허물이 있으나 위태로움을 알고 멈추면 큰 허물에 이르지 않을 것이다.

【本義】九三은 過剛不中하며 下不遇於初하고 上无應於上하여 居則不安하고 行則不進이라 故其象占如此라 然旣无所遇면 則无陰邪之傷이라 故雖危厲나 而无大咎也라

九三은 지나치게 剛하고 中이 아니며, 아래로는 初六과 만나지 못하고 위로는 上九와 호응하지 못하여 머무르자니 편안하지 않고 가자니 나아갈 수 없으므로 그 象과 占이 이와 같다. 그러나 이미 만나는 것이 없으면 음란하고 사악한 것에게 다치는 일이 없으므로 비록 위태로우나 큰 허물이 없다.

字義 臀 : 볼기 둔 且 : 나아가지않을 저 遽 : 갑자기 거 舍 : 버릴 사

11 大 : 《大全》의 간주에 "어떤 판본에는 뒤에 '咎'자가 있다." 하였다.

象曰 其行次且는 行未牽也라

〈象傳〉에 말하였다. "'그 가는 것을 머뭇거림'은 가는 것을 재촉하지 않는 것이다."

【傳】其始志在求遇於初라 故其行遲遲라 未牽은 不促其行也니 旣知危而改之라 故未至於大咎也라

처음에는 뜻이 初六을 만나기를 구하는데 있으므로 가는 것이 더디고 더디다. '未牽'은 그 가는 것을 재촉하지 않는 것이니, 이미 위태로움을 알고 고쳤으므로 큰 허물에 이르지 않는 것이다.

字義 促 : 재촉할 촉

九四는 包无魚니 起凶하리라

九四는 꾸러미에 물고기가 없으니, 흉함이 일어날 것이다.

【傳】包者는 所裹畜也요 魚는 所美也라 四與初 爲正應하니 當相遇者也로되 而初已遇於二矣하여 失其所遇하니 猶包之无魚하여 亡其所有也라 四當姤遇之時하여 居上位而失其下하니 下之離는 由己之失德也라 四之失者는 不中正也니 以不中正而失其民은 所以凶也라 曰 初之從二는 以比近也니 豈四之罪乎아 曰 在四而言하면 義當有咎하니 不能保其下는 由失道也라 豈有上不失道而下離者乎아 遇之道는 君臣, 民主, 夫婦, 朋友 皆在焉하니 四以下睽라 故로 主民而言이라 爲上而下離면 必有凶變이라 起者는 將生之謂니 民心旣離면 難將作矣리라

'包'는 싸는 것이고, '魚'는 아름다운 것이다. 九四는 初六과 正應이 되니 서로 만나야 하지만, 初六이 이미 九二를 만나서 만나야 할 바를 잃어버렸으니 꾸러미에 물고기가 없는 것처럼 그 소유할 비를 잃었다. 九四는 만나는 때를 맞아 윗자리에 있으면서 아랫사람을 잃었으니, 아랫사람이 떠난 것은 자신이 德을 잃었기 때문이다. 九四가 잃은 것은 中正하지 못해서이니, 中正하지 못하여 백성을 잃음은 흉한 것이다.

〈어떤 이가〉 묻기를 "初六이 九二를 따름은 가깝기 때문이니, 어찌 九四의 죄가 되겠습니까?" 하였다. 대답하기를 "九四의 입장에서 말하면 의리상 마땅히 허물이 있으니, 그 아랫사람을 보호하지 못한 것은 道를 잃었기 때문입니다. 어찌 윗사람이 道를 잃지 않았는데 아랫

사람이 떠나겠습니까?" 하였다. 만나는 道는 임금과 신하, 백성과 주인, 남편과 부인, 친구에게 모두 있으니, 九四는 아랫사람과 어긋났기 때문에 백성을 위주로 말하였다. 윗사람이 되어 아랫사람이 떠나면 반드시 흉한 변고가 있을 것이다. '起'는 장차 생겨난다는 말이니, 民心이 이미 떠나면 장차 어려움이 일어날 것이다.

【本義】初六正應이 已遇於二而不及於己라 故其象占如此하니라

初六의 正應이 이미 九二를 만나 자기에게 미치지 못하므로 그 象과 占이 이와 같다.

字義 裹 : 쌀 과　畜 : 쌀 축　睽 : 어긋날 규

象曰 无魚之凶은 遠民也일새라

〈象傳〉에 말하였다. "'물고기가 없는 흉함'은 백성을 멀리하기 때문이다.

【傳】下之離는 由己致之라 遠民者는 己遠之也니 爲上者 有以使之離也라

아랫사람이 떠남은 자기 때문에 이루어진 것이다. '백성을 멀리함'은 자기가 멀리한 것이니, 윗사람이 된 자가 아랫사람을 떠나게 한 것이다.

【本義】民之去己는 猶己遠之라

백성이 자기를 떠남은 자기가 백성을 멀리한 것과 같다.

九五는 以杞包瓜[12]니 含章이면 有隕自天이리라

九五는 박달나무 잎으로 오이를 싸니, 아름다움을 머금으면 하늘로부터 떨어짐이 있을 것이다.

【傳】九五下亦无應하니 非有遇也로되 然得遇之[13]道라 故終必有遇라 夫上下之遇는 由

12 以杞包瓜 : 朴文鎬(朝鮮)는 〈經說·周易〉에서 "오이는 九二를 가리키는데, 《정전》에서 말하지 않은 것은 〈단전〉에서 '굳셈이 중정을 만난다'는 것으로 이미 말했기 때문이다." 하였다.

13 之 : 《大全》의 간주에 "어떤 판본에는 뒤에 '之'자가 더 있다." 하였다.

相求也라 杞는 高木而葉大하니 處高體大而可以包物者는 杞也요 美實之在下者는 瓜也니 美而居下者는 側微之賢之象也라 九五尊居君位而下求賢才하니 以至高而求至下는 猶以杞葉而包瓜라 能自降屈如此하고 又其內蘊中正之德하여 充實章美하니 人君如是면 則无有不遇所求者也라 雖屈己求賢이라도 若其德不正이면 賢者不屑也라 故必含蓄章美하여 內積至誠이면 則有隕自天矣니 猶云自天而降이니 言必得之也라 自古로 人君至誠降屈하여 以中正之道로 求天下之賢이면 未有不遇者也라 高宗이 感於夢寐하고 文王이 遇於漁釣는 皆由是道也라

九五 또한 아래에 호응함이 없으니 만남이 있는 자가 아니나 만나는 道를 얻었기 때문에 끝내 반드시 만남이 있다. 위와 아래가 만나는 것은 서로 구하기 때문이다. '박달나무'는 높게 자라는 나무로 잎이 크니, 있는 곳이 높고 몸체가 커서 물건을 감쌀 수 있는 것은 박달나무이고, 아름다운 열매가 아래에 있는 것은 '오이'이니, 아름다우면서 아래에 있는 것은 미천한 賢人의 象이다. 九五가 尊貴한 임금의 자리에 있으면서 아래로 어질고 재주 있는 신하를 구하니, 지극히 높은 자로서 지극히 낮은 사람을 구하는 것은 박달나무 잎으로 오이를 싸는 것과 같다. 스스로 낮추고 굽히기를 이와 같이 하고, 또 안에 中正한 德을 쌓아서 충실하고 아름다우니, 임금이 이와 같으면 구하는 자를 만나지 못함이 없을 것이다. 비록 몸을 굽혀 어진 자를 구하더라도 만약 그 德이 바르지 못하면 어진 자가 좋게 여기지 않는다. 그러므로 반드시 아름다움을 함축하여 안에 지극한 정성을 쌓으면 하늘로부터 떨어짐이 있을 것이다. 이는 하늘로부터 내려온다는 말과 같으니, 반드시 얻는다는 말이다. 예로부터 임금이 지극한 정성으로 몸을 낮추고 굽혀서 中正한 道로 천하의 어진 자를 구하면 만나지 못한 자가 있지 않았다. 高宗이 꿈속에서 감응하여 傅說을 만나고, 文王이 낚시질하는 곳에서 呂尙을 만난 것은 모두 이 道를 따른 것이다.

【本義】 瓜는 陰物之在下者니 甘美而善潰하고 杞는 高大堅實之木也라 五以陽剛中正으로 主卦於上而下防始生必潰之陰하니 其象如此라 然陰陽迭勝은 時運之常이니 若能含晦章美하여 靜以制之면 則可以回造化矣라 有隕自天은 本无而倏有之象也라

'오이'는 아래에 있는 陰物로 달지만 잘 물러터지고, '박달나무'는 높고 크며 튼튼한 나무이다. 九五가 剛陽하고 中正함으로 위에서 卦의 주체가 되어 아래로 처음 생겨 반드시 물러터질 陰을 방지하니, 그 象이 이와 같다. 그러나 陰과 陽이 번갈아 이김은 時運의 떳떳함이니, 아름다움을 머금어 감추고서 조용히 제지한다면 조화를 회복할 수 있다. '하늘로부터 떨어짐이 있음'은 본래 없었는데 갑자기 있게 되는 象이다.

字義 杞 : 나무이름 기　含 : 머금을 함　隕 : 떨어질 운　蘊 : 쌓을 온　屑 : 달갑게여길 설
釣 : 낚시질할 조　潰 : 무너질 궤　迭 : 번갈아 질　倏 : 갑자기 숙

象曰 九五含章은 中正也요

〈象傳〉에 말하였다. "'九五가 아름다움을 머금음'은 中正함이고,

【傳】所謂含章은 謂其含蘊[14]中正之德也니 德充實則成章而有輝光이라

'아름다움을 머금음'은 中正한 德을 머금고 쌓음을 이르니, 德이 충실해지면 아름다움을 이루어 빛남이 있을 것이다.

有隕自天은 志不舍命也일새라

'하늘로부터 떨어짐이 있음'은 뜻이 天命을 버리지 않기 때문이다."

【傳】命은 天理也요 舍는 違也라 至誠中正으로 屈己求賢하니 存志合於天理라 所以有隕自天을 必得之矣라

'命'은 하늘의 이치이고, '舍'는 어김이다. 지극한 정성과 中正함으로 몸을 굽혀 賢人을 구하니 뜻을 보존함이 하늘의 이치와 합한다. 이 때문에 하늘로부터 떨어짐이 있음을 반드시 얻는 것이다.

上九는 姤其角이라 吝하니 无咎[15]니라

【本義】姤其角이나 吝하니 无咎리라

---

14 蘊 :《大全》의 간주에 "어떤 판본에는 '蘊'자가 없다." 하였다.

15 姤其角 吝 无咎 :《大全》의 소주에서 胡炳文(南宋)은 "九三은 강건한 陽으로 하괘의 위에 있으면서 初六의 음과 만날 일이 없기 때문에 비록 위태로우나 큰 허물이 없을 것이다. 上九도 강건한 陽으로 상괘의 위에 있어서 初六의 음에게 만남을 얻지 못하기 때문에 비록 부끄러우나 또한 허물이 없을 것이다. 만남이란 본래 바르지 않으면 만나지 않는 것이 허물이 되지 않는다." 하였다.

上九는 만남에 그 뿔이라서 부끄러우니, 허물할 데가 없다.

【본의】 만남에 그 뿔이니, 부끄러우나 허물이 없을 것이다.

【傳】 至剛而在最上者는 角也니 九以剛居上이라 故以角爲象이라 人之相遇는 由降屈以相從하고 和順以相接이라 故能合也어늘 上九高亢而剛極하니 人誰與之리오 以此求遇면 固可吝也라 己則如是하니 人之遠之는 非他人之罪也요 由己致之라 故无所歸咎니라

지극히 剛하면서 가장 위에 있는 것은 '뿔'이니, 陽이 剛함으로 맨 위에 있으므로 뿔로써 象을 삼았다. 사람이 서로 만남은 낮추고 굽혀서 서로 따르고, 화합하고 순종하여 서로 사귀기 때문에 합하는 것인데, 上九는 너무 높고 지극히 剛하니, 누가 그와 함께 하겠는가. 이로써 만남을 구한다면 진실로 부끄러울 만하다. 자기가 이와 같이 하니, 남이 자기를 멀리하는 것은 다른 사람의 죄가 아니고 자기로 말미암아 이루어진 것이므로 허물을 돌릴 데가 없다.

【本義】 角은 剛乎上者也라 上九以剛居上而无位하여 不得其遇라 故其象占이 與九三類하니라

'뿔'은 맨 위에서 강한 것이다. 上九가 剛함으로 맨 위에 있으나 지위가 없어서 그 만남을 얻지 못한다. 그러므로 그 象과 占이 九三과 비슷하다.

象曰 姤其角은 上窮[16]하여 吝也라

〈象傳〉에 말하였다. "'만남에 그 뿔'은 위에서 궁하여 부끄러운 것이다."

【傳】 旣處窮上하고 剛亦極矣니 是上窮而致吝也라 以剛極으로 居高而求遇면 不亦難乎아

이미 가장 위에 있고 剛함도 지극하니, 이는 위에서 궁하여 부끄러움을 초래한 것이다. 지극히 剛함으로 높은 자리에 있으면서 만나기를 구한다면 어렵지 않겠는가?

16 姤其角 上窮 : 金相岳(朝鮮)은 《山天易說》에서 다음과 같이 말하였다. "'角'은 별의 이름으로 하늘의 운행과 일월의 운행이 모두 角星에서부터 일어나기 때문에 姤卦䷫와 晉卦䷢의 상효에서 모두 '뿔〔角〕'을 말했다. 괘의 끝에 있기 때문에 여기에서는 '위에서 궁하다〔上窮〕'고 하였고, 晉卦에서는 '빛나지 않는다〔未光也〕'고 하였다."

45. 萃

䷬ 坤下兌上

下卦는 坤卦☷이고 上卦는 兌卦☱이다.

【傳】 萃[1]는 序卦에 姤者는 遇也니 物相遇而后聚라 故受之以萃하니 萃者는 聚也라하니라 物相會遇則成群하니 萃所以次姤也라 爲卦 兌上坤下하니 澤上於地는 水之聚也라 故爲萃라 不言澤在地上而云澤上於地는 言上於地면 則爲方聚之義也일새라

萃卦는 〈序卦傳〉에 "姤는 만남이다. 물건이 서로 만난 뒤에 모이기 때문에 萃卦로 받았으니, 萃卦는 모임이다." 하였다. 사물이 서로 만나면 무리를 이루니, 이 때문에 萃卦가 姤卦의 다음이 되었다. 卦의 구성이 上卦는 兌卦☱이고 下卦는 坤卦☷이니, 못이 땅보다 올라가 있는 것은 물이 모인 것이므로 萃卦가 된다. "못이 땅 위에 있다."라고 하지 않고 "못이 땅보다 올라가 있다."라고 하였으니, 땅보다 올라가 있다고 말하면 한창 모이는 뜻이 되기 때문이다.

字義 萃 : 모일 췌 聚 : 모일 취

萃[2]는 (亨)王假(격)有廟[3]니

---

1 萃 : 빌헬름 영문판 주역인 《The I Ching》에서는 萃卦를 "Ts'ui / Gathering Together 〔Massing〕"라고 하였다. 취괘는 모임인데 수지비괘와 비교된다. 수지비괘의 경우는 땅위에 물이 함께 있지만 취괘는 못이 물 위에 있는데 못 자체가 물들이 모여 있는 것이어서 모임의 의미가 매우 강하다. 또한 구오와 구사의 두 양효가 음효들의 가운데 함께 모여 있으며, 두 양이 다른 음들을 모여들게 하는 의미라고 하였다.

2 萃 : 독음을 '취'라 하기도 하고, '췌'라 하기도 한다. 여기서는 언해의 음을 기준으로 '췌'라 하였다.

3 (亨)王假(격)有廟 : '亨'자는 《정전》과 《본의》에서 모두 연문이라 하였고, 假자는 독음이 格의 뜻을 가진 '격'이다. 다만 '格'을 《정전》은 '지극하다'의 뜻으로 해석하였고, 《본의》는 '이르다'의 뜻으로 해석하였으니 차이가 있다. '王假有廟'에 대하여 蔡鍾植(朝鮮)은 《周易傳義同歸解》에서 다음과 같

萃는 왕이 사당을 둠에 지극함이니

【본의】 王이 사당에 이름이니

【傳】 王者萃聚天下之道 至於有廟니 極[4]也라 群生至衆也로되 而可一其歸仰하며 人心莫知其鄕(向)也로되 而能致其誠敬하며 鬼神之不可度(탁)也로되 而能致其來格이라 天下萃合人心, 總攝衆志之道가 非一이나 其至大莫過於宗廟라 故王者萃天下之道 至於有廟면 則萃道之至也라 祭祀之報는 本於人心하니 聖人制禮以成其德耳라 故豺獺能祭하니 其性然也라 萃下有亨字하니 羨文也라 亨字自在下하니 與渙不同[5]이라 渙則先言卦才하고 萃乃先言卦義하니 彖辭에 甚明이라

왕이 천하의 민심을 모으는 道가 사당을 두게 되면 지극한 것이다. 여러 민생은 지극히 많으나 귀의하고 우러르는 마음을 통일할 수 있으며, 사람들의 마음은 어디로 향할지 알 수 없으나 그 정성과 공경함을 이룰 수 있으며, 鬼神을 헤아릴 수 없으나 와서 강림하게 할 수 있다. 천하 사람들의 마음을 모으고 여러 사람들의 뜻을 총괄하는 방법이 한 가지가 아니지만 그 중에 지극히 큰 것은 宗廟보다 더한 것이 없다. 그러므로 왕이 천하 사람들의 마음을 모으는 도가 사당을 두게 되면 모으는 道가 지극하다. 제사의 보답은 사람의 마음에 근본하니 聖人이 禮를 제정하여 그 德을 이루었을 뿐이다. 그러므로 승냥이와 수달이 제사를 지낼 수 있으니 그 天性이 그런 것이다. '萃'자 다음에 '亨'자가 있으니 羨文(衍文)이다. '亨'자가 따로 아래에 있으니 渙卦䷺와 같지 않다. 渙卦에서는 먼저 卦의 재질을 말하였고, 萃卦에서는 먼저 卦의 의미를 말하였으니, 彖辭에 아주 분명하다.

字義 假 : 지극할 격, 이를 격　豺 : 승냥이 시　獺 : 수달 달　渙 : 풀릴 환

이 말하였다. "《정전》에서는 '왕이 천하의 민심을 모으는 도가 사당을 두게 되면 지극한 것이다.'라고 하였으니 萃의 도가 사당을 두는 데에 지극함을 말한 것이고, 《본의》에서는 '왕이 종묘 안에 이를 수 있다.'라고 하였으니 제사를 점칠 때에 길한 점임을 말한 것이다. 萃는 '모이다'의 뜻이니 소상의 성신은 반드시 사당에 모인다. 또 사람은 자기의 정신을 모은 뒤에야 종묘의 신을 이르게 할 수 있다. 그러므로 왕이 모이게 하는 도는 반드시 사당을 두는 데에 지극하고, 또 왕이 제사를 점칠 때에도 또한 萃괘에서 의미를 찾아 말하였다. 그렇다면 取·萃·聚의 의미를 취함에 《정전》과 《본의》의 설명이 다른 것이 아니다."

4 極 : 《大全》의 간주에 "어떤 판본에는 '極'자가 없다." 하였다.

5 萃下有亨字……與渙不同 : 渙卦의 괘사는 "渙亨 王假有廟"인데, 〈단전〉에서 "彖曰 渙亨 剛來而不窮 柔得位乎外而上同"이라고 하였으니 본래 괘사에 亨이 있었음이 입증되지만, 萃괘의 〈단전〉에서는 萃亨의 亨을 설명하지 않았다.

利見大人하니 亨하니 利貞하니라

【本義】亨하고 利貞하니

大人을 봄이 이로우니, 그렇게 해야 형통하니, 바르게 함이 이롭다.

【본의】형통하고, 바르게 함이 이로우니

【傳】天下之聚에 必得大人以治之니 人聚則亂하고 物聚則爭하고 事聚則紊하나니 非大人治之면 則萃所以致爭亂也라 萃以不正이면 則人聚爲苟合이요 財聚爲悖入이니 安得亨乎아 故利貞이니라

천하 사람들이 모임에 반드시 大人을 얻어 다스려야 하니, 사람이 모이면 어지럽고 물건이 모이면 싸우며 일이 모이면 문란해지므로, 大人이 다스리지 않으면 모임은 다툼과 어지러움을 초래한다. 모임을 바르게 하지 않으면 사람의 모임은 구차하게 모임이 되고, 재물의 모임은 어그러져 들어옴이 되니, 어찌 형통할 수 있겠는가. 그러므로 바르게 함이 이롭다.

字義 紊 : 어지러울 문 悖 : 어그러질 패

用大牲이 吉[6]하니 利有攸往하니라

【本義】吉하고

큰 희생을 씀이 길하니, 가는 바를 둠이 이롭다.

【본의】길하고,

【傳】萃者는 豐厚之時也니 其用宜稱이라 故用大牲吉이라 事莫重於祭라 故以祭享而言하니 上交鬼神하고 下接民物에 百用莫不皆然이라 當萃之時하여 而交物以厚면 則是享豐富之吉也니 天下莫不同其富樂矣라 若時之[7]厚而交物以薄이면 乃不享其豐美니

---

6 用大牲 吉 : 金箕澧(朝鮮)는《易要選義綱目》에서 "損卦의 괘사에서는 '두 그릇으로도 제사를 지낼 수 있다.'라고 하였는데, 여기서는 '큰 제물을 쓴다.'고 하였으니, 풍성함과 검소함을 때에 맞게 한 것이다." 하였다.

7 之 :《大全》의 간주에 "어떤 판본에는 '之'자가 없다." 하였다.

天下莫之與而悔吝生矣리라 蓋隨時之宜하여 順理而行이라 故彖云 順天命也라하니라 夫不能有爲者는 力之不足也어니와 當萃之時라 故利有攸往이라 大凡興工(功)立事는 貴得可爲之時하여 萃而後用이니 是動而有裕니 天理然也라

萃는 풍족한 때니 그 쓰임이 걸맞아야 한다. 그러므로 큰 희생을 써야 吉하다. 일은 제사보다 중요한 것이 없으므로 제사 지내는 것으로 말하였으니, 위로 鬼神과 사귀고 아래로 백성과 만물을 만남에 온갖 쓰임이 그렇지 않은 것이 없다. 萃의 때를 맞아 남들과 사귀기를 두텁게 하면, 이는 곧 풍성함을 누리는 길함이니, 천하 사람들이 그 부유함과 즐거움을 함께 하지 않음이 없다. 만일 풍족한 때인데 남을 박하게 대하면 그야말로 풍족한 아름다움을 누리지 못하니, 천하 사람들이 아무도 함께 하지 않아 후회하고 부끄러울 것이다. 때의 마땅함에 따라 이치에 순응하여 행하므로 〈彖傳〉에 "天命에 순응한다." 하였다. 일을 할 수 없는 것은 힘이 부족하기 때문이지만 모이는 때이므로 가는 바를 둠이 이롭다. 대체로 공업을 일으키고 일을 함에는 할 수 있는 때를 얻어서 모인 뒤에 씀을 귀하게 여긴다. 이는 움직임에 여유가 있는 것이니 하늘의 이치가 그러하다.

【本義】萃는 聚也라 坤順兌說하고 九五剛中而二應之하며 又爲澤上於地하여 萬物萃聚之象이라 故爲萃라 亨字는 衍文이라 王假有廟는 言王者可以至乎宗廟之中이니 王者卜祭之吉占也라 祭義曰 公假于太廟 是也라 廟는 所以聚祖考之精神이요 又人必能聚己之精神이면 則可以至于廟而承祖考也라 物旣聚면 則必見大人而後可以得亨이라 然又必利於正이니 所聚不正이면 則亦不能亨也라 大牲必聚而後有요 聚則可以有所往이니 皆占吉而有戒之辭라

萃는 모이는 것이다. 坤卦☷는 순종하고 兌卦☱는 기뻐하며, 九五는 剛中으로 六二가 호응하며, 또 못이 땅보다 올라가 있어서 만물이 모이는 象이므로 萃卦가 된다. '亨'자는 연문이다. '왕이 사당에 감'은 왕이 종묘 안에 이를 수 있다는 말이니, 왕이 제사지내는 것을 점치는데 吉한 점이다. 《禮記》〈祭義〉에 "公이 太廟에 이르렀다."는 것이 여기에 해당한다. '사당'은 조상들의 精神을 모은 곳이고, 또 사람들이 반드시 자신의 정신을 모을 수 있으면 사당에 가서 조상을 받들 수 있다. 물건이 이미 모였으면 반드시 大人을 본 다음에 형통할 수 있다. 그러나 또 반드시 바르게 함이 이로우니, 모인 것이 바르지 않으면 또한 형통할 수 없다. 큰 희생은 반드시 모인 뒤에 있고, 모이면 가는 바를 둘 수 있으니, 모두 占이 吉하면서도 경계의 말이 있는 것이다.

字義 牲 : 희생 생　衍 : 남을 연

彖曰 萃는 聚也니 順以說(열)하고 剛中而應이라 故로 聚也니라

〈彖傳〉에 말하였다. "萃는 모이는 것이니 순응해서 기뻐하고 剛이 가운데 있으면서 호응하기 때문에 모인다.

【傳】萃之義는 聚也요 順以[8]說은 以卦才言也라 上說而下順은 爲上以說道使民而順於人心하고 下說上之政令而順從於上이니 旣上下順說하며 又陽剛이 處中正之位而下有應助하니 如此故能聚也라 欲天下之萃인댄 才非如是면 不能也라

萃卦의 뜻은 '모이는 것'이고, '순응해서 기뻐함'은 卦의 재질로 말한 것이다. 위에서 기뻐하고 아래에서 순응함은, 위에서는 기뻐하는 道로써 백성들을 부려 사람들의 마음에 순응하고, 아래에서는 위의 政令을 기뻐하여 위에 순응하기 때문이니, 이미 위와 아래가 순응하여 기뻐하고, 또 강건한 陽이 中正한 자리에 있고 아래에서 호응하여 도움이 있으니, 이와 같기 때문에 모일 수 있다. 천하 사람의 마음을 모으고자 한다면 재질이 이와 같지 않고는 할 수 없다.

【本義】以卦德卦體로 釋卦名義라

卦德과 卦體로 卦名의 뜻을 해석하였다.

王假(격)有廟는 致孝享也요

'왕이 사당을 둠'은 효성으로 제사드림을 지극히 한 것이고,

【傳】王者萃人心之道가 至於建立宗廟는 所以致其孝享之誠也라 祭祀는 人心之所自盡也라 故萃天下之心者는 无如孝享이니 王者萃天下之道가 至於有廟면 則其極也라

왕이 사람들의 마음을 모으는 道가 宗廟를 건립함에 이름은 효성으로 제사 드리는 정성을 지극히 하는 것이다. 제사는 사람들의 마음을 스스로 다하는 것이다. 그러므로 천하 사람의 마음을 모으는 것은 효성으로 제사 드리는 것만한 것이 없으니, 왕이 천하 사람의 마음을 모으는 道가 사당을 둠에 이르렀다면 〈사람을 모으는 도가〉 극진한 것이다.

---

8 以 : 《大全》의 간주에 "어떤 판본에는 '而'자로 되어 있다." 하였다.

利見大人亨은 聚以正也일새요

'大人을 봄이 이로우니 그렇게 해야 형통함'은 바름으로 모이기 때문이며,

【傳】 萃之時에 見大人則能亨은 蓋聚以正道也라 見大人則其聚以正道니 得其正則亨矣라 萃不以正이면 其能亨乎아

모이는 때에 大人을 보면 형통할 수 있는 것은 바른 道로 모이기 때문이다. 大人을 만나면 바른 道로 모이니, 바름을 얻으면 형통하다. 바른 도로 모이지 않으면 어찌 형통하겠는가.

用大牲吉利有攸往은 順天命也[9]니

'큰 희생을 씀이 길하니, 가는 바를 둠이 이로움'은 天命에 순응하는 것이니,

【傳】 用大牲은 承上有廟之文하여 以享祀而言이니 凡事莫不如是라 豐聚之時에는 交於物者當厚니 稱其宜也라 物聚而力贍이년 乃可以有爲라 故利有攸往이니 皆天理然也라 故云順天命也라하니라

'큰 희생을 씀'은 위의 "사당을 둔다."는 글을 이어서 제사 드리는 것으로 말한 것이니, 모든 일이 이와 같지 않음이 없다. 많이 모일 때에는 남과 사귐을 후하게 해야 하니, 이것이 그 마땅함에 걸맞게 하는 것이다. 사물이 모이고 힘이 넉넉하면 큰 일을 할 수 있다. 그러므로 가는 바를 둠이 이로우니, 모두 天理가 그런 것이므로 '天命에 순응한다.' 하였다.

【本義】 釋卦辭라

卦辭를 해석하였다.

觀其所聚면 而天地萬物之情[10]을 可見矣리라

---

9 順天命也 : 李止淵(朝鮮)은 《周易箚疑》에서 "曾子가 '初喪을 삼가 받들고 조상을 추모한다면 민심이 두텁게 될 것이다.〔愼終追遠 民德歸厚〕'라고 하였으니, '두텁게 되다〔厚〕'가 모인다는 뜻이다. 〈단전〉의 '천명에 순응한다'는 損卦䷨의 때에 두 그릇을 씀과 췌괘의 때에 큰 희생을 쓰는 따위를 말하니, '때'가 곧 天時이며 命이 그 안에 있다." 하였다.

모인 것을 보면 天地 萬物의 실정을 알 수 있을 것이다."

【傳】觀萃之理하면 可以見天地萬物之情也라 天地之化育과 萬物之生成에 凡有者皆聚也니 有无, 動靜, 終始之理 聚散而已라 故觀其所以聚하면 則天地萬物之情을 可見矣리라

모이는 이치를 보면 天地 萬物의 실정을 알 수 있다. 天地의 化育과 萬物의 生成에 모든 있는 것은 다 모인 것이니, 有无·動靜·終始의 이치가 모이고 흩어지는 것일 뿐이다. 그러므로 모인 것을 보면 천지 만물의 실정을 알 수 있을 것이다.

【本義】極言其理而贊之라

그 이치를 극도로 말하여 찬미한 것이다.

象曰 澤上於地 萃니 君子以하여 除戎器[11]하여 戒不虞하나니라

〈象傳〉에 말하였다. "못이 땅보다 올라가 있는 것이 萃이니, 君子가 이것을 본받아 무기를 정비하여 예기치 못함에 대비한다."

【傳】澤上於地 爲萃聚之象이니 君子觀萃象하여 以除治戎器하여 用戒備於不虞라 凡物之萃면 則有不虞度(탁)之事라 故衆聚則有爭하고 物聚則有奪하니 大率旣聚則多故矣라 故觀萃象而戒也라 除는 謂簡治也요 去弊惡也니 除而聚之는 所以戒不虞也라

못이 땅보다 올라가 있는 것이 모이는 象이 되니, 君子가 萃卦의 象을 보고서 무기를 정비하고 수리하여 뜻밖의 일을 경계하고 대비한다. 물건이 모이면 예기치 못한 일이 생기므로 무리가 모이면 다툼이 있고, 물건이 모이면 빼앗음이 있으니, 대체로 이미 모였으면 사고가

---

10 天地萬物之情 : 《大全》의 소주에서 徐幾(南宋)는 "천지만물은 높고 낮음이 흩어져서 다르니, 감동을 위주로 하는 咸卦䷞에서는 그 실정이 통하는 것을, 항구함을 위주로 하는 恒卦䷟에서는 그 실정이 항구한 것을, 모임을 위주로 하는 萃卦䷬에서는 그 실정이 하나 됨을 본다. 모인 것에서 보지 않으면 실정이 하나 됨을 볼 수 없다." 하였다. 沈大允(朝鮮)은 《周易象義占法》에서 "천지 만물의 실정은 精一한 데로 모일 뿐이다. 효도로 제사드림이 곧 精一이다." 하였다.

11 除戎器 : 李恒老(朝鮮)는 《周易傳義同異釋義》에서, 兌卦☱는 正秋에 만물을 숙살하는 기운에 해당하기 때문에 무기를 정비하는 것에 해당한다고 보았다.

많으므로 萃卦의 象을 보고 경계한 것이다. '除'는 살펴서 수리하고 낡고 나쁜 것을 제거함을 이르니, 정비하여 모음은 예기치 못함에 대비하는 것이다.

【本義】除者는 修而聚之之謂라

'除'는 수리하고 모으는 것을 이른다.

字義 除 : 없앨 제, 수리할 제 虞 : 헤아릴 우

初六은 有孚나 不終이면 乃亂乃萃하릴새 若號하면 一握爲笑하리니 勿恤하고 往하면 无咎[12]리라

【本義】有孚호되 不終이라 乃亂乃萃니 若號하면 一握爲笑어니와

初六은 믿음이 있으나 잘 마치지 못하면 이에 혼란하여 이에 모일 텐데 만일 〈정응을〉 부르짖으면 〈同類가〉 비웃을 것이니 근심하지 말고 가면 허물이 없을 것이다.

【본의】 믿음이 있지만 잘 마치지 못하는지라 이에 혼란하고 이에 모이니, 〈정응을〉 부르짖으면 〈동류가〉 비웃겠지만

【傳】初與四爲正應하니 本有孚以相從者也라 然當萃時하여 三陰聚處하여 柔无守正之節하니 若捨正應而從其類면 乃有孚而不終也라 乃亂은 惑亂其心也요 乃萃는 與其同類聚也라 初若守正不從하고 號呼以求正應이면 則一握笑之矣리라 一握은 俗語一團也니 謂衆[13]以爲笑也라 若能勿恤而往從剛陽之正應이면 則无過咎요 不然則入小人之群矣리라

初六과 九四는 正應이 되니, 본래 믿음이 있어서 서로 따르는 자이다. 그러나 모일 때를 당하여 세 陰이 모여 있어서 유약함이 바름을 지키는 절개가 없으니, 正應을 버리고 그 同類를

---

12 一握爲笑……无咎 : 朴齊家(朝鮮)는 《周易》에서 "'笑'는 기쁨이고 '握'은 손을 잡음이다. 同人卦䷌ 九五의 '먼저는 울부짖고 뒤에는 웃음〔先號咷而後笑〕'과 같으니 기롱하여 비웃는 웃음이 아니다. 초육은 믿지만 끝까지 하지 못하여 어지럽게 모이는 일이 있는데, 만일 놀라서 부르면 스스로 한 번 손을 잡고서 기뻐 웃는 자가 있을 것이니, 이는 바로 정응이다." 하였다.

13 衆 : 《大全》의 간주에 "어떤 판본에는 뒤에 '聚'자가 있다." 하였다.

따른다면 믿음이 있으나 잘 마치지 못하는 것이다. '이에 혼란함'은 그 마음이 미혹되어 혼란하다는 것이고, '이에 모임'은 같은 무리와 모인다는 것이다. 初六이 만일 바름을 지켜 〈같은 陰의 무리를〉 따르지 않고, 부르짖으며 正應을 구한다면, 같은 패거리들이 비웃을 것이다. '一握'은 속어로 '한 무리'이니, 패거리지어 비웃음을 이른다. 만일 근심하지 말고 가서 강건한 陽의 正應을 따를 수 있다면 허물이 없을 것이고, 그렇지 않으면 小人의 무리에 들어갈 것이다.

【本義】初六이 上應九四而隔於二陰하고 當萃之時하여 不能自守하니 是有孚而不終이니 志亂而妄聚也라 若呼號正應이면 則衆以爲笑어니와 但勿恤而往從正應이면 則无咎矣니 戒占者當如是也라

初六이 위로 九四와 호응하나 두 陰에게 막혔고, 모이는 때를 당하여 스스로 지키지 못한다. 이는 믿음이 있지만 잘 마치지 못하는 것이니, 뜻이 혼란하여 함부로 모이는 것이다. 만약 九四인 正應을 소리쳐 부르면 陰의 무리들이 비웃겠지만, 그래도 근심하지 말고 가서 正應을 따르면 허물이 없을 것이니, 점치는 자에게 이와 같아야 한다고 경계한 것이다.

字義 握 : 잡을 악　團 : 모일 단　隔 : 막힐 격

象曰 乃亂乃萃는 其志亂也일새라

〈象傳〉에 말하였다. "'이에 혼란하고 이에 모임'은 그 마음이 혼란하기 때문이다."

【傳】其心志爲同類所惑亂이라 故乃萃於群陰也라 不能固其守면 則爲小人所惑亂而失其正矣리라

그 마음과 뜻이 동류들에게 미혹되고 어지럽혀졌기 때문에 이에 여러 陰과 모인 것이다. 지키는 것을 견고히 하지 못하면 小人에게 미혹되고 어지럽혀져 그 바름을 잃을 것이다.

六二는 引하면 吉하여 无咎하리니 孚乃利用禴[14]이리라

---

14 引吉……孚乃利用禴 : 李瀷(朝鮮)은 《易經疾書》에서 引吉에 대하여 "六二와 九五는 중정으로 서로 호응하니, 임금이 현명한 신하를 맞이하는 것과 같다." 하고, 禴제사에 대하여 "'약제사'는 검소한 제사의 칭호가 아닌 듯하다. 선현들은 旣濟卦 九五의 '東隣殺牛 不如西隣之禴祭 實受其福(동쪽 이

六二는 끌어당기면 吉하여 허물이 없을 것이니, 정성이 있어야 검소한 禴제사로 함이 이로울 것이다.

【傳】 初는 陰柔요 又非中正이니 恐不能終其孚라 故因其才而爲之戒요 二는 雖陰柔而得中正이라 故雖戒而微辭[15]라 凡爻之辭에 關得失二端者는 爲法爲戒하니 亦各隨其才而設也라 引吉无咎는 引者는 相牽也니 人之交相求則合하고 相待[16]則離하나니 二與五爲正應하여 當萃者也而相遠하고 又在群陰之間하니 必相牽引則得其萃矣리라 五居尊位하고 有中正之德이어늘 二亦以中正之道로 往與之萃면 乃君臣和合也니 其所共致를 豈可量也리오 是以吉而无咎也라 无咎者는 善補過也니 二與五不相引則過矣라 孚乃利用禴은 孚는 信之在中이니 誠之謂也요 禴은 祭之簡薄者也니 菲薄而祭하여 不尙備物하고 直以誠意交於神明也라 孚乃者는 謂有其[17]孚則可不用文飾하고 專以至誠交於上[18]也라 以禴言者는 謂薦其誠而已니 上下相聚而尙飾焉이면 是未誠也라 蓋其中實者는 不假飾於外니 用禴之義也라 孚信者는 萃之本也니 不獨君臣之聚라 凡天下之聚在誠而已니라

初六은 陰으로 유약하고 또 中正하지 않으니, 그 정성을 끝까지 할 수 없을까 염려하였기 때문에 그 재질로 인하여 경계하였고, 六二는 비록 陰으로 유약하나 中正하기 때문에 비록 경계하였으나 말을 은미하게 하였다. 무릇 爻辭에서 得失의 두 가지 단서에 관계된 것은 법이 되게 하고 경계가 되게 하였으니, 또한 각각 그 재질에 따라 베푼 것이다. '끌어당기면 길하여 허물이 없다.'에서 '끌어당김'은 서로 끌어당김이니, 사람이 사귐에 서로 구하면 합하고 서로 버티면 헤어진다. 六二와 九五는 正應이 되어 마땅히 모여야 하지만 서로 멀리 있고, 또 여러 陰의 사이에 있으니, 반드시 서로 끌어당기면 모일 수 있을 것이다. 九五가 높은 자리에

웃의 소를 잡아 성대하게 제사함이 서쪽 이웃의 검소한 제사가 실제로 그 福을 받는 것만 못하다.)'을 증거로 삼았으나, 이는 동쪽의 소 잡는 일이 서쪽의 때만 못해서이니, '못한 이유'가 때에 있는 것이지 약제사에 있는 것이 아니다. 六二의 약제사를 씀도 임금이 쓰는 것이다. 왕이 현명한 보필을 얻으면 믿음으로 등용하여 종묘에 제향한다. 옛날에 보필하는 현명한 신하를 얻으면 제사지냈으니 훌륭한 덕의 지극함이다. 《주역》에서는 대부분 六二에서 제사지내는 일을 말했다." 하였다.

15 而微辭 : 《大全》의 간주에 "어떤 판본에는 '其辭微'로 되어 있다." 하였다.

16 待 : 《大全》의 간주에 "어떤 판본에는 '持'자로 되어 있다." 하였다.

17 有其 : 《大全》의 간주에 "어떤 판본에는 '其有'로 되어 있다." 하였다.

18 上 : 《大全》의 간주에 "어떤 판본에는 뒤에 '下'자가 있다." 하였다.

있고 中正한 德이 있는데, 六二 또한 中正한 道로 가서 九五와 모이면 바로 임금과 신하가 化合하는 것이니, 그들이 함께 이루는 것을 어찌 헤아릴 수 있겠는가. 이 때문에 길하여 허물이 없다. '허물이 없음'은 잘못을 잘 고치는 것이니, 六二와 九五가 서로 끌어당기지 않으면 잘못하는 것이다. '정성이 있어야 약제사로 함이 이롭다.'의 '정성'은 믿음이 마음에 있는 것이니 정성을 이르고, '약제사'는 제사를 간략히 드린다는 것이니, 간략히 제사를 드려서 제물을 갖춤을 숭상하지 않고 단지 정성스런 뜻으로 神明과 사귀는 것이다. '정성이 있음'은 정성이 있으면 文飾을 쓰지 않고 오로지 지극한 정성으로 위와 사귈 수 있음을 말한 것이다. 약소한 약제사로 말한 것은 정성을 드림을 이를 뿐이니, 위와 아래가 서로 모여서 꾸밈을 숭상한다면 이는 정성스럽지 않은 것이다. 마음이 진실한 자는 밖을 꾸밀 필요가 없으니, 약소한 약제사를 쓰는 뜻이다. 정성과 믿음은 모임의 근본이니, 임금과 신하의 모임뿐만 아니라 모든 천하의 모임은 정성에 달려 있을 뿐이다.

【本義】 二應五而雜於二陰之間하니 必牽引以萃라야 乃吉而无咎요 又二中正柔順으로 虛中以上應하고 九五剛健中正으로 誠實而下交라 故卜祭者有其孚誠이면 則雖薄物이라도 亦可以祭矣라

六二가 九五와 호응하지만 두 陰의 사이에 섞여 있으니, 반드시 끌어당겨서 모여야 吉하고 허물이 없다. 또 六二는 中正하고 柔順함으로 마음을 비워 위와 호응하고, 九五는 剛健하고 中正함으로 정성스럽고 진실하게 아래와 사귄다. 그러므로 제사를 점친 자가 믿음과 정성이 있으면 비록 제물이 약소하더라도 제사지낼 수 있다.

字義 禴 : 제사이름 약

象曰 引吉无咎는 中하여 未變也일새라

〈象傳〉에 말하였다. "'끌어당기면 길하여 허물이 없음'은 가운데 있어 변하지 않기 때문이다."

【傳】 萃之時는 以得聚爲吉이라 故九四爲得上下之萃라 二與五雖正應이나 然異處有間하니 乃當萃而未合者也라 故能相引而萃면 則吉而无咎리니 以其有中正之德하여 未遽至改變也일새니 變則不相引矣리라 或曰 二旣有中正之德이어늘 而象云未變하여 辭若

不足은 何也오 曰 群陰比處는 乃其類聚니 方萃之時에 居其間하여 能自守不變하고 遠須正應은 剛立者能之라 二는 陰柔之才나 以其有中正之德하여 可覬其未至於變耳라 故象含其意以存戒也라

萃의 때에는 모임을 얻는 것을 吉함으로 여기므로 九四가 上下의 모임을 얻는다. 六二는 九五와 비록 正應이나 처한 곳이 달라 간극이 있으니, 마땅히 모여야 하지만 아직 합하지 못한 자이다. 그러므로 서로 끌어당겨서 모일 수 있으면 吉하고 허물이 없을 것이다. 이는 中正한 德이 있어 갑자기 고쳐 변함에 이르지 않기 때문이니, 변하면 서로 끌어당기지 않을 것이다.

어떤 이가 묻기를, "六二에게는 이미 中正한 德이 있는데, 〈象傳〉에서 '변하지 않기 때문이다.' 라고 하여 말이 부족한 듯한 것은 무엇 때문입니까?" 하였다. 대답하기를, "여러 陰이 가까이 처함은 바로 그 무리가 모인 것이니, 바야흐로 모이는 때에 그들 사이에 있으면서 스스로 지켜 변하지 않고 멀리 正應을 기다리는 것은 강건하게 확립한 자만이 가능합니다. 六二는 陰의 유약한 재질이나 中正한 德이 있어서 변함에 이르지 않음을 기대할 수 있습니다. 그러므로 〈象傳〉에서 그 뜻을 함축하여 경계한 것입니다." 하였다.

字義 比 : 가까울 비 覬 : 바랄 기

六三은 萃如嗟如[19]라 无攸利하니 往하면 无咎어니와 小吝하니라

六三은 모이려다가 한탄한다. 이로운 것이 없으니 가면 허물이 없지만 조금 부끄럽다.

【傳】三은 陰柔不中正之人也니 求萃於人而人莫與라 求四則非其正應이요 又非其類니 是는 以不正으로 爲四所棄也요 與二則二自以中正應五하니 是는 以不正으로 爲二所不與也라 故欲[20]萃如면 則爲人棄絶而嗟如하니 不獲萃而嗟恨也라 上下皆不與하여 无所利也로되 唯往而從上六이면 則得其萃하니 爲无咎也라 三與上은 雖非陰陽正應이나 然萃之時에 以類相從하나니 皆以柔居一體之上하며 又皆无與하고 居相應之地하며 上復處

19 萃如嗟如 : 《大全》의 소주에서 鄭汝諧(南宋)는 "아래의 두 음은 모두 양과 모이는데, 六三만 의지할 데가 없기 때문에 탄식하고 원망해도 이로운 것이 없다. 그러나 六三은 호응하는 자리가 없지 않기 때문에 上六에게 돌아갈 수 있으니 上六과는 비록 서로 얻을 수 없어 조금 부끄러운 것을 면하지 못하겠지만 허물은 없다." 하였다.

20 欲 : 《大全》의 간주에 "어떤 판본에는 '欲'자가 없다." 하였다.

說順之極이라 故得其萃而无咎也라 易道變動无常하니 在人識之라 然而小吝은 何也오 三始求萃於四與二라가 不獲而後에 往從上六하니 人之動爲如此면 雖得所求나 亦可小羞吝也라

六三은 陰으로 유약하고 中正하지 않은 사람이니, 사람들에게 모이기를 구해도 사람들이 함께하지 않는다. 九四에게 구하면 그 正應이 아니고 또 그 무리가 아니니, 이는 바르지 않기 때문에 九四가 버린 것이고, 六二와 함께하려 하면 六二는 본래 中正으로 九五와 호응하니, 이는 바르지 않으므로 六二가 함께 해 주지 않는 것이다. 그러므로 모이려고 하면 사람들에게 버림 받고 거절당하여 한탄하니, 모임을 얻지 못하여 한탄하는 것이다. 위와 아래가 모두 함께 해 주지 않아 이로운 것이 없으나, 오직 가서 上六을 따른다면 그 모임을 얻을 수 있으니 허물이 없다. 六三과 上六은 陰陽의 正應은 아니지만 萃의 때에 같은 무리끼리 서로 따르니, 모두 유순함으로 한 卦體의 맨 위에 있으며, 또 모두 함께하는 이가 없고 서로 호응하는 자리에 있으며, 上六은 다시 기뻐하고 유순함의 끝에 있으므로 모임을 얻어 허물이 없다. 《周易》의 道는 變動하여 일정함이 없으니 사람이 이것을 아는 데 달려 있다. 그런데 조금 부끄러운 것은 무엇 때문인가? 六三이 처음에 九四와 六二에게 모임을 구하다가 얻지 못한 뒤에 가서 上六을 따랐기 때문이니, 사람의 행동이 이와 같으면 비록 구하는 것을 얻었더라도 조금 부끄럽다.

【本義】 六三이 陰柔不中不正하고 上无應與하여 欲求萃於近而不得이라 故嗟如而无所利라 唯往從於上이면 可以无咎나 然不得其萃하여 困然後往하고 復得陰極无位之爻하니 亦可小羞矣라 戒占者當近捨不正之强援하고 而遠結正應之窮交면 則无咎也라

六三은 유약한 陰으로 中도 아니고 正도 아니며, 위로 호응하여 함께하는 이가 없어서 가까운 곳에서 모임을 구하지만 얻지 못하므로 한탄하고 이로운 것이 없다. 오직 가서 上六를 따르면 허물이 없을 수 있으나, 그 모임을 얻지 못해 곤궁한 뒤에야 가고, 다시 陰이 끝에 있고 지위가 없는 爻를 얻었으니, 조금 부끄러울 수 있다. 점치는 자가 가까이 있는 바르지 않은 강한 원조를 버리고, 멀리 正應의 궁색한 교제를 얻는다면 허물이 없다고 경계한 것이다.

字義 嗟 : 탄식할 차

象曰 往无咎는 上이 巽也일새라

〈象傳〉에 말하였다. "'가면 허물이 없음'은 上이 공손하기 때문이다."

【傳】上居柔說之極하니 三往而无咎者는 上六이 巽順而受之也일새라

上六이 유순하고 기뻐하는 끝에 있으니, 六三이 가서 허물이 없음은 上六이 공손하여 받아 주기 때문이다.

九四는 大吉이라야 无咎리라

九四는 크게 吉하여야 허물이 없을 것이다.

【傳】四當萃之時하여 上比九五之君하니 得君臣之聚也요 下比下體群陰하니 得下民之聚也라 得上下之聚면 可謂善矣라 然四以陽居陰하여 非正也니 雖得上下之聚나 必得大吉然後爲无咎也라 大爲周遍之義하니 无所不周然後爲大니 无所不正則爲大吉이요 大吉則无咎也라 夫上下之聚 固有不由正道而得者하니 非理枉道而得君者自古多矣요 非理枉道而得民者蓋亦有焉이니 如齊之陳恒[21]과 魯之季氏[22] 是也라 然得爲大吉乎아 得爲无咎乎아 故九四必能大吉然後爲[23]无咎也라

九四가 萃의 때를 맞아 위로 九五의 임금을 가까이 하니 임금과 신하의 모임을 얻은 것이고, 아래로 下體의 여러 陰을 가까이 하니 아래 백성들의 모임을 얻은 것이다. 위아래로 모임을 얻었으면 훌륭하다고 할 수 있다. 그러나 九四는 陽으로 陰의 자리에 있어 바른 것이 아니니, 비록 위아래의 모임을 얻었을지라도 반드시 크게 吉함을 얻은 뒤에야 허물이 없을 것이다. '大'는 두루한다는 뜻이니, 두루하지 않음이 없은 뒤에야 大가 되니, 바르지 않음이 없으면 크게 길함이 되고 크게 길하면 허물이 없다. 위아래의 모임이 진실로 바른 道를 따르지 않고 얻는 경우가 있으니, 도리가 아닌데 道를 굽혀 임금의 신임을 얻은 경우가 옛날부터 많았

---

21 陳恒 : 그의 6대조인 陳敬仲은 원래 陳나라 대부였는데 정변을 피해 齊나라로 망명하여 田氏 성을 썼으므로 陳恒은 田常으로도 불리운다. 시호는 田成子이다. 부친 田僖子(陳乞)가 백성들에게 곡식을 빌려줄 때는 大斗를 쓰고, 받을 때에는 小斗를 씀으로써 민심을 얻어 권력을 장악하였다. 진항은 齊 簡公을 시해하고 平公을 세워 封邑이 군주의 食邑보다 컸으며, 그 증손인 田和가 마침내 제나라의 군주가 되었다.

22 季氏 : 춘추시대 魯나라의 권신 季孫氏이다. 세습하여 집권하고 분수에 넘치는 짓을 하였다.

23 爲 : 《大全》의 간주에 "어떤 판본에는 '能'자로 되어 있다." 하였다.

고, 도리가 아닌데 道를 굽혀 민심을 얻은 경우도 있었으니, 예를 들어 齊나라의 陳恒과 魯나라의 季氏가 여기에 해당한다. 그러나 이들을 크게 길하다고 할 수 있겠으며 허물이 없다고 할 수 있겠는가. 그러므로 九四가 반드시 크게 吉한 뒤에야 허물이 없게 되는 것이다.

【本義】 上比九五하고 下比衆陰하여 得其萃矣나 然以陽居陰하여 不正이라 故戒占者必大吉然後得无咎也라

위로 九五와 가깝고 아래로 여러 陰과 가까워 그 모임을 얻었지만, 陽으로 陰의 자리에 있어 바르지 않다. 그러므로 점치는 자에게 반드시 크게 길한 뒤에야 허물이 없다고 경계한 것이다.

字義 周 : 두루 주 遍 : 두루미칠 편 枉 : 굽을 왕

象曰 大吉无咎는 位不當也[24]일새라

〈象傳〉에 말하였다. "'크게 길하여야 허물이 없음'은 자리가 마땅하지 않기 때문이다."

【傳】 以其位之不當으로 疑其所爲未能盡善이라 故云必得大吉然後爲[25]无咎也라 非盡善이면 安得爲大吉乎아

자리가 마땅하지 않아서 하는 바가 善을 다할 수 없다고 의심하였기 때문에 반드시 크게 길한 뒤에야 허물이 없다고 하였다. 善을 다하는 것이 아니라면 어찌 크게 길할 수 있겠는가.

九五는 萃有位하고 无咎하나 匪孚어든 元永貞이면 悔亡[26]하리라

---

24 位不當也 : 《大全》의 소주에서 郭雍(南宋)은 "九四가 上下의 모임을 얻었지만 임금의 자리가 아니기 때문에 마땅하지 않다고 하였다." 하였다.

25 爲 : 《大全》의 간주에 "어떤 판본에는 能자로 되어 있다." 하였다.

26 九五……悔亡 : 일반적으로 九五는 중정한 자리이므로 효사가 좋은 경우가 많다. 췌괘에서도 九五는 모이는 때를 만나 덕이 순수하여 호응하고 길하다. 그러나 효사에서 '허물〔咎〕', '믿지 않음〔匪孚〕', '뉘우침〔悔〕'이라 하고 〈소상전〉에서는 '빛나지 않음〔未光〕'이라고 설명하였으니, 이에 대한 의심이 없을 수 없다. 李恒老(朝鮮)는 《周易傳義同異釋義》에서 다음과 같이 말하였다. "요순같은 성인에게도 오히려 지나치지 말고 태만하지 말라는 경계가 있고 湯武처럼 덕 있는 이에게도 오히려 깊은 못에 빠질까 염려하며(《書經》 〈湯誓〉 : 慄慄危懼 若將隕于深淵) 한 삼태기가 모자라는 잘못을 저지를까 우려하는(《書經》 〈旅獒〉 : 爲山九仞 功虧一簣) 경계가 있다. 紂가 젓가락 하나를 상

【本義】萃有位라 无咎니

九五는 모임에 지위를 소유하고 허물이 없으나, 믿지 않거든 크고 영원하며 바르게 하면 뉘우침이 없게 될 것이다.

【본의】모임에 지위를 소유하여 허물이 없으니

【傳】九五居天下之尊하여 萃天下之衆而君臨之하니 當正其位修其德이라 以陽剛으로 居尊位하여 稱其位矣하니 爲有其位矣요 得中正之道하니 无過咎也라 如是而有不信而未歸者어든 則當自反하여 以修其元永貞之德이면 則无思不服而悔亡矣리라 元永貞者는 君之德이니 民所歸也라 故比天下之道와 與萃天下之道 皆在此三者[27]라 王者旣有其位하고 又有其德하여 中正无過咎로되 而天下尙有未信服歸附者는 蓋其道未光大也일새니 元永貞之道 未至也니 在修德以來之라 如苗民逆命에 帝乃誕敷文德하시니 舜德이 非不至也나 蓋有遠近昏明之異라 故其歸有先後하니 旣有未歸면 則當修德也니 所謂德은 元永貞之道也라 元은 首也요 長也니 爲君德이 首出庶物하여 君長群生하여 有尊大之義焉하고 有主統之義焉하며 而又恒永貞固면 則通於神明하고 光於四海하여 无思不服矣리니 乃无匪孚而其悔亡也라 所謂悔는 志之未光과 心之未慊也라

九五가 천하의 尊貴한 자리에 있어서 천하의 무리를 모아 군림하니, 그 자리를 바르게 하고 德을 닦아야 한다. 강건한 陽으로 尊位에 있어 그 자리에 걸맞으니 지위를 소유함이 되고, 中正한 道를 얻었으니 허물이 없다. 이와 같은데도 믿지 않아 귀의하지 않는 자가 있거든, 스스로 반성하여 크고 영원하며 바른 德을 닦으면 복종하지 않는 자가 없어서 뉘우침이 없을 것이다. '크고 영원하며 바르게 함'은 임금의 德이니 백성들이 귀의하는 바이다. 그러므로 천

아로 꾸민 것이 사치하게 큰 집을 꾸미는 기초가 되었으며(《抱樸子》〈廣譬〉 : 箕子識殷人鹿臺之禍於象箸之初), 周나라가 가슴걸이 끈 하나를 분수에 넘게 장식한 것이 당에서 내려오는 수치를 받게 되는 조짐이 되었다. 그렇다면 이것은 바로 임금의 마음속에 잠깐 향하는 것이 있어서이니, 고요한 평정을 잃으면 그림자처럼 따르고 메아리처럼 호응하는 교화를 이루지 못한다. 이것이 '허물'·'믿지 않음'이 아니고 무엇이겠으며 '뉘우침'·'빛나지 않음'이 아니고 무엇이겠는가. '순임금이 천하를 소유하고도 그 일에 관여하지 않았다.'는 것을 법도로 삼는다면 모임에 있는 허물이 없게 될 것이고, 《서경》〈태갑〉의 '너의 뜻에 공손하면 반드시 도가 아닌 데서 찾으라.'는 것을 스승으로 삼는다면 기쁨에 빠지는 후회가 없을 것이다. 元·永·貞 세 덕이 九五의 준칙이며, 元이 또 永·貞의 강령이 된다. 元이 仁이다."

27 比天下之道……皆在此三者 : 比卦와 萃卦에 모두 '元永貞'을 말했기 때문에 이렇게 말한 것이다.

하를 친애하는 道와 천하를 모으는 道가 모두 이 〈元, 永, 貞〉 세 가지에 달려있다. 임금이 이미 그 지위를 소유하고 또 그러한 德이 있어서 中正하여 허물이 없는데도 천하에 여전히 믿고 복종하여 귀의하지 않는 자가 있는 것은, 그 道가 아직 光大하지 않아 크고 영원하며 바른 道가 지극하지 않기 때문이니, 德을 닦아 오게 하는 데 달려 있다.

예를 들면 有苗의 백성들이 命을 거역하자 舜임금이 文德을 크게 펴셨으니, 순임금의 德이 지극하지 않은 것이 아니었으나 거리의 遠近과 資質의 昏明의 차이가 있기 때문에 귀의함에 先後가 있는 것이다. 아직 귀의하지 않음이 있다면 德을 닦아야 하니, 이른바 '德'은 크고 영원하며 바른 道이다. '元'은 머리이고 으뜸이니, 임금의 德이 만물 가운데 으뜸으로 나와 여러 생명의 우두머리가 되어, 존귀하고 큰 뜻이 있고 주관하고 통솔하는 뜻이 있으며, 또 항구하고 영원하며 貞固하면 神明과 통하고 四海에 빛나서 복종하지 않음이 없을 것이니, 바로 믿지 않음이 없어 뉘우침이 없게 된다. 이른바 '뉘우침'은 뜻이 아직 빛나지 않음과 마음이 흡족하지 않음이다.

【本義】 九五剛陽中正으로 當萃之時而居尊하니 固无咎矣나 若有未信이면 則亦修其元永貞之德而悔亡矣니 戒占者當如是也라

九五는 剛陽하고 中正함으로 모이는 때를 맞아 존귀한 자리에 있으니 진실로 허물이 없으나, 만약 믿지 않는 자가 있으면 또한 크고 영원하며 바른 德을 닦아야 뉘우침이 없어지니 점치는 자에게 이처럼 해야 한다고 경계한 것이다.

字義 匪 : 아닐 비　誕 : 클 탄　敷 : 펼 부　慊 : 만족할 겸

象曰 萃有位는 志未光也[28]일새라

〈象傳〉에 말하였다. "'모임에 지위를 소유함'은 뜻이 아직 빛나지 않기 때문이다."

【傳】 象擧爻上句라 王者之志는 必欲誠信著於天下하여 有感必通하여 含生之類 莫不

---

28 志未光也 : 石之珩(朝鮮)은 《五位龜鑑》에서 효종에게 올리는 글에 "췌괘의 九五는 이미 무리를 얻었고 또 지위가 있으니, 허물이 없는데도 오히려 나를 믿지 못하는 자가 있는 것은 나의 허물이 아니라 믿지 못하는 자의 허물입니다. 그러나 군주가 감히 스스로 허물이 없다고 여기지 않고, 반드시 '나의 도가 아직 빛나지 않아서이다.'라고 생각하여 더욱 스스로 크고 영원하며 바른 덕을 닦는다면 복종하지 않는 이가 없어 후회가 없을 것입니다." 하였다.

懷歸하나니 若尙有匪孚면 是其志之未光大也라

爻의 〈象傳〉에서는 爻辭의 앞부분만을 들었다. 王者의 뜻은 반드시 천하에 정성과 믿음을 드러나게 해서 감동함이 있으면 반드시 통하여 생명이 있는 무리가 돌아갈 것을 생각하지 않음이 없으나, 만일 여전히 믿지 않는 자가 있다면 이는 그 뜻이 아직 빛나고 크지 못한 것이다.

【本義】未光은 謂匪孚라

'빛나지 않음'은 믿지 않음을 이른다.

上六은 齎咨涕洟[29]니 无咎[30]니라

【本義】齎咨涕洟라야 无咎리라

上六은 한탄하며 눈물과 콧물을 흘리니, 허물할 데가 없다.

【본의】한탄하며 눈물과 콧물을 흘리니 허물이 없을 것이다.

【傳】六은 說之主니 陰柔小人이 說高位而處之면 天下孰肯與也리오 求萃而人莫之與하여 其窮이 至於齎咨而涕洟也라 齎咨는 咨嗟也라 人之絶之 由己自取어니 又將誰咎리오 爲人惡絶하여 不知所爲하여 則隕穫而至嗟涕하니 眞小人之情狀也라

上六은 기쁨의 주체이니, 陰의 유약한 小人이 높은 자리를 기뻐하여 거기에 처하면 천하 사람들 중에 누가 함께 하려고 하겠는가. 모이기를 구해도 사람들이 함께 하지 않아 그 궁색함이 한탄하고 눈물과 콧물을 흘리는 데까지 이른 것이다. '齎咨'는 한탄함이다. 사람들이 거절하는 것을 자기 자신으로 말미암아 취했으니 또 누구를 탓하겠는가. 사람들에게 미움과 거절을 당하여 어찌할 바를 몰라서 곧 상실감에 빠져 눈물과 콧물을 흘리게 된 것이니, 참으로

29 齎咨涕洟 : 《大全》의 소주에서 馮當可(南宋)는 "모임이 끝나 분산되니, 곤궁하여 돌아갈 곳이 없는 상이다. '齎咨'는 탄식하는 것이며, '涕洟'는 슬퍼서 우는 것이다." 하였고, 錢時(南宋)는 "初六의 부르짖음〔號〕·六三의 한탄〔嗟〕·上六의 한탄과 눈물과 콧물을 흘리는 것〔齎咨涕洟〕은 모두 유순한 음의 일반적인 상태이다." 하였다.

30 无咎 : 《大全》의 소주에서 李舜臣(南宋)은 "萃卦䷬의 여섯 효는 호응이 있기도 하고 없기도 하며, 자리에 합당하기도 하고 합당하지 않기도 하다. 그런데 효사에서 모두 '허물이 없다.'고 했으니 바로 천지만물의 진실한 마음이다. 진실한 마음이 서로 합해 길함이 많고 흉함이 작기 때문이니, 이것이 췌괘가 형통한 이유일 것이다." 하였다.

小人의 가련한 모습이다.

【本義】處萃之終하고 陰柔无位하여 求萃不得이라 故戒占者必如此而後可以无咎也라

萃卦의 끝에 있고 유약한 陰으로 지위가 없어서 모이기를 구해도 모이지 않는다. 그러므로 점치는 자가 반드시 이와 같이 한 뒤에야 허물이 없을 수 있다고 경계한 것이다.

字義 齎 : 탄식하는소리 재　咨 : 탄식할 자　涕 : 눈물 체　洟 : 콧물 이　隕 : 잃어버릴 운
穫 : 거둘 확

象曰 齎咨涕洟는 未安上也라

〈象傳〉에 말하였다. "'한탄하며 눈물과 콧물을 흘림'은 아직 위에서 편안하지 못하기 때문이다."

【傳】小人所處 常失其宜하니 旣貪而從欲하여 不能自擇安地하여 至於困窮이면 則顚沛不知所爲하나니 六之涕洟는 蓋不安於處上也라 君子愼其所處하여 非義不居하며 不幸而有危困이면 則泰然自安하여 不以累其心하나니 小人은 居不擇安하여 常履非據하고 及其窮迫이면 則隕穫躁橈하여 甚至涕洟하니 爲可羞也라 未者는 非遽之辭니 猶俗云未便也니 未便能安於上也라 陰而居上하여 孤處无與하고 旣非其據니 豈能安乎아

小人이 있는 곳은 항상 그 마땅함을 잃으니 이미 탐욕스러운데 욕심을 좇아 스스로 편안한 곳을 가리지 못하여 困窮한 데까지 이르면 넘어져서 어찌할 줄을 모르니, 上六이 눈물과 콧물을 흘리는 것은 위에 있는 것이 편안하지 못하기 때문이다. 君子는 자기가 처할 곳을 삼가서 의롭지 않으면 거처하지 않으며, 불행히도 위태롭고 곤궁함이 있으면 태연하게 스스로 편안히 여겨 마음을 얽어매지 않는다. 그러나 小人은 거처함에 편안한 곳을 가리지 못하여 항상 차지하지 않아야 될 곳을 기웃거리다가 궁지에 몰리면 상실감에 빠지고 꺾여서 심지어 눈물과 콧물을 흘리니 부끄러울 만하다. '未'는 갑자기 그러한 것이 아니라는 말이다. 세속의 '곧바로 ~하지 못한다.'는 말과 같으니, 위에서 곧바로 편안하지 못하다는 것이다. 陰이면서 맨 위에 있어 외롭게 처하고 함께 하는 이가 없으며 이미 자신이 차지할 곳이 아니니, 어찌 편안할 수 있겠는가.

字義 躁 : 성급할 조　橈 : 굽을 뇨

46. 升

䷭ 巽下坤上

下卦는 巽卦☴이고 上卦는 坤卦☷이다.

【傳】 升[1]은 序卦에 萃者는 聚也니 聚而上者를 謂之升이라 故受之以升이라하니라 物之積聚而益高大는 聚而上也라 故爲升이니 所以次於萃也라 爲卦 坤上巽下하여 木在地下하니 爲地中生木이라 木生地中하여 長而益高는 爲升之象也라

升卦는 〈序卦傳〉에 "萃는 모임이니 모여서 올라가는 것을 升이라고 하기 때문에 升卦로 받았다." 하였다. 물건이 쌓이고 모여서 더욱 높고 커진 것은 모여서 올라가므로 升卦가 되니, 이 때문에 升卦가 萃卦의 다음이 되었다. 卦의 구성이 上卦는 坤卦☷이고 下卦는 巽卦☴이어서 나무가 땅 아래 있으니 땅 속에서 나오는 나무이다. 나무가 땅 속에서 나와 자라면서 더욱 높아지는 것이 升卦의 象이다.

字義 升 : 오를 승

升은 元亨하니 用見大人[2]하되 勿恤하고 南征[3]하면 吉하리라

---

1 升 : 빌헬름 영문판 주역인 《The I Ching》에서는 升卦를 "Sh^eng / Pushing Upwar"라고 하였다. 하괘인 손괘는 나무를 상싱하고 상괘인 곤괘는 땅을 상징하여 나무가 땅 밖으로 자라나와 위로 오르는 의미이다. 승괘에서 가장 영광스런 자리에 오른 것은 육오효이기 때문에 육오효가 주효이다. 하지만 승괘에서 오른다는 것은 맨 아래에서부터 올라간다는 의미가 있기 때문에 맨 아래의 초육이 나무로 치면 뿌리에 해당하여 괘를 구성하는 차원의 주효라고 하였다.

2 用見大人 : 柳正源(朝鮮)은 《易解參攷》에서, 來知德의 설명을 빌려 "'만나봄이 이롭다〔利見〕'고 하지 않고, '이것으로 만나본다〔用見〕'고 한 것은 九二가 비록 대인이지만 신하의 지위이기 때문이다. 六五의 임금이 九二를 쓰고자 한다면 만나야 한다." 하였다.

3 南征 : 朱熹(南宋)는 '南征'을 〈문왕팔괘방위도〉에서 巽卦☴와 坤卦☷ 사이의 정남방에 離卦☲가

升은 크게 善하고 형통하니 이것으로 大人을 만나되 근심하지 말고 남쪽으로 가면 吉할 것이다.

【본의】 크게 형통하니

【傳】 升者는 進而上也니 升進則有亨義요 而以卦才之善이라 故元亨也라 用此道하여 以見大人하되 不假憂恤하고 前進則吉也라 南征은 前進也라

升은 나아가 올라가는 것이니, 올라가면 형통한 뜻이 있고, 卦의 재질이 善하기 때문에 크게 형통하다. 이러한 道를 써서 大人을 만나되 근심할 필요 없이 앞으로 가면 길하다. '南征'은 앞으로 가는 것이다.

【本義】 升은 進而上也라 卦自解來하여 柔上居四하여 內巽外順하고 九二剛中而五應之라 是以其占如此라 南征은 前進也라

升은 나아가 올라가는 것이다. 升卦는 解卦䷧에서 와서 柔가 위로 올라가 四爻 자리에 있어 內卦는 공손하고 外卦는 유순하며, 九二가 剛中하고 六五가 호응하니, 이 때문에 그 占이 이와 같다. '南征'은 앞으로 가는 것이다.

字義 恤 : 근심할 휼

彖曰 柔以時升[4]하여

〈彖傳〉에 말하였다. "柔가 때에 따라 올라가서

【本義】 以卦變으로 釋卦名이라

卦變으로 卦名을 해석하였다.

있는 것으로 설명하였다.

4 柔以時升 : 《大全》의 소주에서 李舜臣(南宋)은 "음과 양 두 기운은 번갈아서 올라가기도 하고 내려오기도 한다. 음이 올라가면 양이 내려오고 음이 내려오면 양이 올라가니, 양이 항상 올라가 내려오지 않고 음이 항상 내려와 올라가지 않는 경우는 없다. 萃卦䷬를 반대로 하여 升卦䷭가 되었으니 두 양이 내려와 하괘에 있고, 세 음이 되돌아가 상괘에 있는 것이기 때문에 '부드러움이 때에 따라 올라갔다'고 했다." 하였다.

巽而順하고 剛中而應이라 是以大亨하니라

공손하고 유순하며 剛中으로 호응한다. 이 때문에 크게 형통하다.

【본의】剛中에게 호응한다.

【傳】以二體言이니 柔升은 謂坤上行也라 巽旣體卑而就下하고 坤乃順時而上은 升以時也니 謂時當升也라 柔旣上而成升이면 則下巽而上順이니 以巽順之道升이면 可謂時矣라 二以剛中之道應於五하고 五以中順之德應於二하여 能巽而順하고 其升以時라 是以元亨也라 彖文에 誤作大亨하니 解在大有卦[5]하니라

두 卦體로 말하였으니 '柔가 올라감'은 坤卦☷가 위로 올라감을 이른다. 巽卦☴는 이미 卦體가 낮아 아래로 나아가고, 坤卦가 때에 순응해서 올라간 것은 때에 따라 올라간 것이니, 마땅히 올라가야 할 때임을 이른다. 柔가 이미 올라가서 올라감을 이루었으면, 아래는 공손하고 위는 유순하니, 공손하고 유순한 道로 올라가면 때를 따랐다고 이를 수 있다. 九二가 剛中한 道로 六五와 호응하고, 六五가 中順한 德으로 九二와 호응하여, 공손하고 유순하며 때를 따라 올라간 것이다. 이 때문에 크게 善하고 형통하다. 〈彖傳〉에 잘못하여 '元亨'을 '大亨'이라 하였으니, 이에 대한 해석은 大有卦䷍에 있다.

【本義】以卦德卦體로 釋卦辭라

卦德과 卦體로 卦辭를 해석하였다.

用見大人勿恤은 有慶也요

'이것으로 大人을 만나되 근심하지 말라.'고 함은 경사가 있기 때문이요,

【傳】凡升之道는 必由大人이니 升於位則由王公이요 升於道則由聖賢이라 用巽順剛

5 彖文……解在大有卦 : 大有卦의 「단전」은 "彖曰, … 其德, 剛健而文明, 應乎天而時行. 是以元亨." 인데, 이에 대한 《程傳》의 설명에, "'元·亨·利·貞'이 있는 모든 卦는 〈彖傳〉에서 모두 '크게 형통하다〔大亨〕'고 풀이하였으니, 이는 乾卦·坤卦와 동일하게 여길까 염려했던 것이다. '利·貞'을 겸하지 않았으면 '元亨'이라고 풀이하였으니, '元'의 뜻을 극진하게 한 것이다. '元'에는 크게 善하다는 뜻이 있다. 元亨이 들어있는 卦는 넷이니, 大有卦·蠱卦·升卦·鼎卦이다. 그런데 升卦의 〈彖傳〉에서만 다른 卦를 잘못 따라서 '大亨'이라고 했다." 하였다.

中之道하여 以見大人이면 必遂其升이니 勿恤은 不憂其不遂也라 遂其升이면 則己之[6]福慶이요 而福慶及物也라

올라가는 道는 반드시 大人을 따라야 하니, 지위에 오르려면 임금과 귀족을 따라야 하고, 道에 오르려면 聖人과 賢人을 따라야 한다. 공손하고 유순하며 剛中한 道를 써서 大人을 만나면 반드시 올라감을 이룰 수 있으니, '근심하지 말라.' 한 것은 이루지 못함을 근심하지 말라는 것이다. 올라감을 이루면 자신의 복과 경사이고 복과 경사가 남들에게도 미친다.

南征吉은 志行也라

'남쪽으로 가면 길함'은 뜻이 행해지기 때문이다."

【傳】南은 人之所向이니 南征은 謂前進也라 前進則遂其升而得行其志하니 是以吉也라

남쪽은 사람들이 향하는 곳이니, '南征'은 앞으로 나아감을 말한다. 앞으로 나아가면 올라감을 이루어 그 뜻을 시행할 수 있으니, 이 때문에 길하다.

象曰 地中生木이 升[7]이니 君子以하여 順德하여 積小以高大하나니라

【本義】順(愼)德하여

〈象傳〉에 말하였다. "땅속에서 나무가 나오는 것이 升이니, 君子가 이것을 본받아 德을 순리대로 하여 작은 것을 쌓아 높고 크게 한다."

【본의】德을 삼가서

【傳】木生地中하여 長而上升이 爲升之象이라 君子觀升之象하여 以順修其德하여 積累微小하여 以至高大也라 順則可進이요 逆乃退也니 萬物之進이 皆以順道也라 善不積이면 不足以成名이요 學業之充實과 道德之崇高가 皆由積累而至라 積小하여 所以成高大는

---

6 之 : 《大全》의 간주에 "어떤 판본에는 뒤에 '有'자가 있다." 하였다.

7 地中生木 升 : 李止淵(朝鮮)은 《周易箚疑》에서 "사람이 덕에 올라가는 것을 땅속에서 나무가 나와 올라가는 것처럼 한다면 어찌 성인이 되지 않음을 걱정하겠는가." 하였다.

升之義也라

나무가 땅속에서 나와 자라면서 위로 올라가는 것이 升卦의 象이 된다. 君子가 升卦의 象을 보고서 그 德을 순리대로 닦아 작은 것을 쌓아 높고 큼에 이른다. 순리대로 하면 나아갈 수 있고 거스르면 후퇴하니, 萬物의 나아감이 모두 道를 따르는 것이다. 善을 쌓지 않으면 이름을 이루기에 부족하고, 學業의 충실함과 道德의 숭고함이 모두 쌓음으로 말미암아 도달한 것이다. 작은 것을 쌓아 크고 높은 것을 이루는 것이 升卦의 뜻이다.

【本義】王肅本에 順作愼이라 今按他書컨대 引此에 亦多作愼하니 意尤明白하니 蓋古字通用也라 說見(현)上篇蒙卦[8]하니라

王肅本에는 '順'이 '愼'으로 되어 있다. 지금 다른 책을 살펴보건대 이 구절을 인용할 적에 또한 대부분 '愼'으로 되어 있으니 의미가 더욱 명백하다. 대개 '順'과 '愼'이 옛 글자에서는 통용되었던 것이니, 자세한 설명은 上篇의 蒙卦에 있다.

字義 蒙 : 어릴 몽

初六은 允升[9]이니 大吉하니라

【本義】允升이니 大吉하리라

初六은 믿고 따라서 올라가니 크게 吉하다.

【본의】 진실로 올라갈 수 있으니 크게 길할 것이다.

【傳】初以柔居巽體之下하고 又巽之主로 上承於九二之剛하니 巽之至者也요 二以剛中之德으로 上應於君하니 當升之任者也라 允者는 信從也라 初之柔巽으로 唯信從於

---

8 說見(현)上篇蒙卦 : 蒙卦《本義》에 "順은 마땅히 愼으로 써야 할 것이니, 順과 愼은 옛날에 글자가 서로 통용되었다. 《荀子》에 '順墨'을 '愼墨'이라고 표기하였고, 또 '행실을 삼가지 않는다'라는 말이 경전의 뜻에 더욱 가까우니 이제 마땅히 이것을 따라야 한다." 하였다.

9 允升 : 沈大允(朝鮮)은 《周易象義占法》에서 다음과 같이 말하였다. "初六이 변하면 승괘가 泰卦䷊로 바뀌니 태괘는 서로 통함이다. 初六은 굳센 양의 자리에서 올라가기를 구하나, 부드러운 재질로 초효에 있고 위로 호응과 원조가 없다. 그런데 九二에 가까워 九二를 따라 올라간다. 그러므로 '믿고 따라 올라간다.'고 하였으니, '允'은 믿고 따름이다. 한편 九二는 덕과 지위가 있는 대인이므로 初六이 믿고 따라서 이끌어 나아가게 되기 때문에 '크게 길하다'고 하였다."

二하니 信二而從之同升이면 乃大吉也라 二以德言則剛中이요 以力言則當任이니 初之陰柔로 又无應援하여 不能自升이요 從於剛中之賢以進이면 是由剛中之道也니 吉孰大焉이리오

初六은 柔로서 巽體☴의 맨 아래에 있고, 또 巽卦의 주체로서 위로 九二의 剛을 받드니 지극히 공손한 자이고, 九二는 剛中한 德으로 위로 임금과 호응하니 升卦의 임무를 맡은 자이다. '允'은 믿고 따르는 것이다. 初六이 유순하고 공손함으로 오직 九二를 믿고 따르니, 九二를 믿고 따라서 함께 올라가면 그야말로 크게 吉하다. 九二는 德으로 말하면 剛中하고, 힘으로 말하면 임무를 맡았으니, 初六은 陰으로 유약하고 또 호응하여 끌어줌이 없어서 스스로 올라가지 못하고, 剛中한 賢者를 따라서 나아가면 이는 剛中한 道를 따르는 것이니, 길함이 무엇이 이보다 크겠는가.

【本義】 初以柔順居下하니 巽之主也어늘 當升之時하여 巽於二陽하니 占者如之면 則信能升而大吉矣리라

初六이 柔順함으로 맨 아래에 있으니 巽卦의 주체이거늘 升의 때를 당하여 두 陽에게 공손하니, 점치는 자가 이와 같이 하면 진실로 올라갈 수 있어서 크게 길할 것이다.

字義 允 : 믿을 윤

象曰 允升大吉은 上合志也라

〈象傳〉에 말하였다. "'믿고 따라 올라가니 크게 길함'은 위와 뜻을 합하기 때문이다."

【傳】 與在上者로 合志同升也니 上은 謂九二라 從二而升이면 乃與二同志也니 能信從剛中之賢[10]이라 所以大吉이니라

위에 있는 자와 뜻을 합하여 함께 올라가니 '上'은 九二를 이른다. 九二를 따라 올라가면 바로 九二와 뜻을 함께 하는 것이니, 剛中한 賢人을 믿고 따를 수 있으므로 크게 길한 것이다.

---

10 賢 : 《大全》의 간주에 "어떤 판본에는 '道'자로 되어 있다." 하였다.

九二는 孚乃利用禴[11]이니 无咎리라

九二는 정성이 있어야 약소한 약제사로 제사함이 이로우니 허물이 없을 것이다.

【傳】 二陽剛而在下하고 五陰柔而居上하니 夫以剛而事柔하고 以陽而從陰은 雖有時而然이나 非順道也며 以暗而臨明하고 以剛而事弱하여 若黽勉於事勢면 非誠服也니 上下之交不以誠이면 其可以久乎아 其可以有爲乎아 五雖陰柔나 然居尊位하고 二雖剛陽이나 事上者也니 當內存至誠하여 不假文飾於外라 誠積於中이면 則自不事外飾이라 故曰利用禴이라하니 謂尙誠敬也라 自古로 剛强之臣이 事柔弱之君에 未有不爲矯飾者也라 禴은 祭之簡質者也라 云孚乃는 謂旣孚라야 乃宜不用文飾하고 專以其誠感通於上也니 如是則得无咎라 以剛强之臣而事柔弱之君하고 乂當升之時하니 非誠意相交면 其能免於咎乎아

九二는 강건한 陽으로 아래에 있고, 六五는 유순한 陰으로 위에 있으니, 剛으로서 柔를 섬기고 陽으로서 陰을 따름은, 비록 때에 따라 그럴 수는 있으나 순리대로 하는 道는 아니며, 어두움으로 밝은데 임하고 강함으로 약함을 섬겨 만일 억지로 일의 추세에 힘쓰면 진실로 복종하는 것이 아니니, 위아래가 사귐에 정성으로 하지 않는다면, 어찌 오래 갈 수 있으며, 어찌 큰일을 할 수 있겠는가. 六五가 비록 유순한 陰이지만 높은 자리에 있고, 九二가 비록 강건한 陽이지만 윗사람을 섬기는 자이니, 마땅히 안에 지극한 정성을 간직하여 밖에 거짓으로 꾸미지 않아야 한다. 정성이 안에 쌓이면 본래 밖을 꾸미는 일을 하지 않으므로 “약소한 약제사로 제사함이 이롭다.” 하였으니, 정성과 공경을 숭상함을 이른다. 예로부터 剛强한 신하가 柔弱한 임금을 섬길 때에 거짓으로 꾸미지 않았던 자가 없었다. ‘禴’은 간소하고 질박하게 제사 드리는 것이다. ‘정성이 있어야’ 함은 이미 정성이 있어야 이에 문식을 쓰지 않고 오로지 정성으로 윗사람을 감동시켜 통하게 함을 말하니, 이와 같이 하면 허물이 없을 수 있다. 剛强한 신하가 柔弱한 임금을 섬기고 또 升의 때를 당하였으니, 정성스런 뜻으로 서로 사귐이 아

---

11 孚乃利用禴 : 《大全》의 소주에서 張淸子(元)는 “萃卦䷬의 六二는 ‘가운데가 비어 있는 것(⚋)’을 정성으로 하여 九五와 호응하고, 升卦䷭의 九二는 ‘가운데가 차 있는 것(⚊)’을 정성으로 하여 六五와 호응한다. 두 효의 비어 있음과 차 있음이 다를지라도 그 정성은 같다. 정성을 다하면 검소한 약제사로 할지라도 이롭기 때문에 두 효에서 모두 ‘정성이 있어야 검소한 약제사로 함이 이롭다.’고 하였다. 〈단전〉에서 ‘굳세고 가운데 있으면서 호응한다.’고 한 것은 여기 九二를 가리킨 것이다.” 하였다. 金箕澧(朝鮮)는 《易要選義綱目》에서 “가운데가 비어있는 것이 믿음의 근본이고, 가운데가 가득 찬 것이 믿음의 실질이니, 모두 효의 상으로 인하여 미루어 뜻한 것이다.” 하였다.

니라면 어찌 허물을 면할 수 있겠는가.

【本義】義見萃卦하니라

이러한 뜻이 萃卦에 보인다.

字義 禴 : 제사이름 약 黽 : 힘쓸 민 矯 : 속일 교

象曰 九二之孚는 有喜也[12]라

〈象傳〉에 말하였다. "'九二의 정성'은 기쁨이 있는 것이다."

【傳】二能以孚誠事上이면 則不唯爲臣之道无咎而已라 可以行剛中之道하여 澤及天下하니 是有喜也라 凡象에 言有慶者는 如是則有福慶及於物也요 言有喜者는 事旣善而又有可喜也라 如大畜童牛之牿元吉을 象云有喜라하니 蓋牿於童則易하고 又免强制之難하니 是有可喜也라

九二가 정성으로 윗사람을 섬기면 신하된 도리에 허물이 없을 뿐만 아니라 剛中의 道를 행할 수 있어 은택이 천하 사람들에게 미치니, 이것이 기쁨이 있는 것이다. 爻의 〈象傳〉에서 '有慶'이라고 말한 경우는 이와 같이 하면 복과 경사가 남에게까지 미친다는 것이고, '有喜'라고 말한 경우는 일이 이미 善하고 또 기뻐할 만하다는 것이다. 예를 들어 大畜卦의 六四에 "어린 소의 머리에 가로댄 나무를 가한 것이니, 크게 길하다.〔童牛之牿 元吉〕"라고 한 것에 대해 〈象傳〉에서 "기쁨이 있다.〔有喜也〕"고 한 것과 같으니, 어린 소의 머리에 가로댄 나무를 가하면 다스리기 쉽고, 또 억지로 제재하는 어려움을 면하니, 이것이 기뻐할 만함이 있는 것이다.

字義 牿 : 소뿔에가로댄나무 곡

九三은 升虛邑이로다

九三은 빈 고을에 올라감이다.

---

12 有喜也 : 《大全》의 소주에서 邱富國(南宋)은 "九二에서는 올라감을 말하지 않았지만 상하가 이미 서로 정성스러우니, 어찌 허물이 없을 뿐이겠는가. 장차 올라가 발전하는 기쁨이 있을 것이다." 하였다.

【傳】三以陽剛之才로 正而且巽하고 上皆順之하며 復有援應하니 以是而升이면 如入无人之邑이니 孰禦哉리오

九三이 강건한 陽의 재질로 바르고 또 공손하며, 위가 모두 유순하고 다시 응원함이 있으니, 이로써 올라가면 마치 사람이 없는 고을에 들어가는 것과 같으니, 누가 막겠는가.

【本義】陽實陰虛而坤有國邑之象이라 九三이 以陽剛으로 當升時而進臨於坤이라 故其象占如此하니라

陽은 채워져 있고 陰은 비어 있어서 坤卦☷에는 나라와 고을의 象이 있다. 九三이 강건한 陽으로 올라갈 때를 맞아 나아가 坤卦에 임하기 때문에 그 象과 占이 이와 같다.

字義 援 : 당길 원 禦 : 막을 어

象曰 升虛邑은 无所疑也[13]라

〈象傳〉에 말하였다. "'빈 고을에 올라감'은 의심할 것이 없다."

【傳】入无人之邑하여 其進이 无疑阻也라

사람이 없는 고을에 들어가서 그 나아감이 의심스럽거나 막힘이 없다.

字義 阻 : 막힐 조

六四는 王用亨于岐山[14]이면 吉하고 无咎하리라

---

13 无所疑也 : 沈大允(朝鮮)은《周易象義占法》에서 "대적할 짝이 없다는 말이다." 하였다.

14 王用亨于岐山 :《大全》의 소주에서 徐幾(南宋)는 "기산은 〈禹貢〉의 雍州 지경 남쪽에 있다. 〈문왕팔괘방위지도〉에서 坤卦☷는 서남쪽의 상이니 여기에서 왕은 문왕을 가리킨 듯하다. 六四는 坤卦☷의 몸체여서 본래 순리대로 하고 또 부드러움으로 부드러운 자리에 있으니 지극히 순하다. 순리대로 하는 도로 올라가니 이것이 기산의 왕업이 형통한 이유이다." 하였다. 또, 어떤 이가 '升卦䷭의 九二와 六四에서 올라감을 언급하지 않은 이유를 물으니 아래와 같이 답하였다. "六五는 임금의 자리이다. 九二가 六五와 호응하는 것은 大臣이기 때문이고, 六四가 六五를 받드는 것은 近臣이기 때문이니, 그 지위가 올라가서는 안 된다. 올라가면 六五가 의심하여 임금을 위협한다고 혐의를 둘 수 있으므로 九二에서는 정성을, 六四에서는 순리대로 하는 것을 말하였으니, 그

【本義】王用亨(享)于岐山이니

六四는 왕이 기산에서 형통하듯이 하면 길하고 허물이 없을 것이다.

【본의】왕이 기산에서 제향함이니

【傳】四柔順之才로 上順君之升하고 下順下之進하며 已則止其所焉하니 以陰居柔하고 陰而在下는 止其所也라 昔者文王之居岐山之下에 上順天子而欲致之有道하고 下順天下之賢而使之升進하며 已則柔順謙恭하여 不出其位하여 至德如此하니 周之王業이 用是而亨也라 四能如是면 則亨而吉하고 且无咎矣리라 四之才固自善矣어늘 復有无咎之辭는 何也오 曰 四之才雖善이나 而其位當戒也일새라 居近君之位하고 在升之時하여 不可復升하니 升則凶咎可知라 故云如文王則吉而无咎也라 然處大臣之位하여 不得无事於升하니 當上升其君之道하고 下升天下之賢하며 已則止其分焉이니 分雖當止나 而德則當升也요 道則當亨也라 盡斯道者는 其唯文王乎인저

六四의 柔順한 재질로 위로는 임금의 올라감을 순리대로 하고, 아래로는 아랫사람의 나아감을 순리대로 하며, 자신은 자신의 자리에 머물러 있으니, 陰이 유한 자리에 있고 陰이 아래에 있음은 제자리에 머물러 있는 것이다. 옛날에 文王이 岐山 아래 있을 때에 위로는 天子를 따라 有道함을 이루게 하였고, 아래로는 천하의 賢人을 따라 升進하게 하였으며, 자신은 柔順하고 겸손하여 자신의 자리를 벗어나지 않아서 지극한 德이 이와 같았으니, 周나라의 王業이 이러한 德을 써서 형통했던 것이다. 六四가 이와 같이 할 수 있으면 형통하고 길하며 또 허물이 없을 것이다.

〈어떤 이가 묻기를〉 "六四의 재질은 진실로 본래 善한데 다시 허물이 없다는 말이 있음은 무엇 때문입니까?" 하였다. 대답하기를 "六四의 재질이 善할지라도 그 자리는 경계해야 하기 때문입니다. 임금과 가까운 자리에 있고 올라가는 때에 있어서 다시 올라가서는 안 되니, 올라가면 凶하고 허물이 있음을 알 수 있습니다." 하였다. 그러므로 文王처럼 하면 吉하여 허물이 없다고 하였으나 大臣의 지위에 있으면서 올라감을 일삼지 않을 수 없으니, 위로는 임금의 道를 오르게 하고 아래로는 천하의 賢人을 오르게 하며, 자신은 자신의 분수에 머물러 있어야 한다. 분수에 있어서는 머물러 있어야 할지라도 德은 올라가야 하고 道는 형통해야 한다. 이러한 道를 온전히 구현하였던 사람은 오직 文王뿐일 것이다.

의미를 대체로 알 수 있다."

【本義】義見(현)隨卦[15]하니라

이러한 뜻이 隨卦에 보인다.

字義 岐 : 산이름 기

象曰 王用亨于岐山은 順事也[16]라

〈象傳〉에 말하였다. "'왕이 기산에서 형통하듯이 함'은 순리대로 섬기는 것이다."

【傳】四居近君之位而當升時어늘 得吉而无咎者는 以其有順德也일새라 以柔居坤은 順之至也니 文王之亨于岐山은 亦以順時而已라 上順於上하고 下順乎下하며 己順處其義라 故云順事也라

六四가 임금과 가까운 자리에 있고 올라가는 때를 맞았는데도 吉하고 허물이 없는 것은 순리대로 하는 德이 있기 때문이다. 유순함으로 坤卦☷에 있음은 지극히 순리대로 하는 것이다. 文王이 岐山에서 형통하였던 것도 순리대로 때를 따랐기 때문일 뿐이다. 위로는 윗사람에게 순리대로 하고 아래로는 아랫사람들에게 순리대로 하며, 자신은 순리대로 義로써 처신하였으므로 '순리대로 섬긴다.' 하였다.

【本義】以順而升은 登祭于山之象이라

순리대로 올라가는 것은 산에 올라가 제사지내는 象이다.

六五는 貞이라야 吉하리니 升階[17]로다

---

15 義見(현)隨卦 : 隨卦《本義》에 "隨卦의 끝에 있어서 따름이 굳게 맺어져 풀 수 없는 자이지만, 정성스런 뜻이 지극하면 神明과 통할 수 있다. 그러므로 그 占은 임금이 西山에서 제사 드린다는 것이 되니, '亨'은 마땅히 祭享의 '享'자가 되어야 한다. 周나라의 입장에서 말하면 岐山은 서쪽에 있다. 山川에 제사할 것을 점친 자가 이 효를 얻고 그 정성스런 뜻이 이와 같다면 吉하다." 하였다.

16 順事也 : 金相岳(朝鮮)은 《山天易說》에서 아래와 같이 말하였다. "'순리대로 한다〔順〕'는 혁괘 〈단전〉에서 '천명에 순응한다〔順乎天〕'의 순응함이다. 문왕의 지위는 明夷卦에서는 羑里에 갇혀있는 때이기 때문에 六二와 관련하여 '순응하여 법도대로 한다.' 하였고, 升卦에서는 천하의 3분의 2를 차지한 때이기 때문에 六四와 관련하여 '순리대로 섬긴다' 하였다."

【本義】貞하면 吉하여 升階리라

六五는 바르게 하여야 길할 것이니, 계단을 올라가듯이 한다.

【본의】바르게 하면 길하여 계단에 오를 것이다.

【傳】五以下有剛中之應이라 故能居尊位而吉이라 然質本陰柔하니 必守貞固라야 乃得其吉也라 若不能貞固면 則信賢不篤하고 任賢不終하리니 安能吉也리오 階는 所由而升也라 任剛中之賢하여 輔之而升이 猶登進自階니 言有由而易也라 指言九二正應이나 然在下之賢이 皆用升之階也니 能用賢則彙升矣리라

六五는 아래에 剛中한 호응이 있으므로 존귀한 자리에서 吉할 수 있다. 그러나 재질이 본래 陰으로 유순하니 반드시 貞固함을 지켜야만 吉할 수 있다. 만일 貞固하게 하지 못하면 어진 신하를 믿는 것이 돈독하지 못하고 어진 신하에게 맡기기를 끝까지 하지 못할 것이니 어찌 길할 수 있겠는가. '계단'은 의지해서 올라가는 것이다. 剛中한 賢人에게 맡겨 보필하게 해서 올라감이 계단으로 올라가는 것과 같으니, 의지함이 있어 올라가기가 쉽다는 말이다. 九二의 正應을 가리켜 말하였으나 아래에 있는 賢人이 모두 계단으로 올라올 것이니, 현인을 등용하면 무리지어 올라올 것이다.

【本義】以陰居陽하여 當升而居尊位하니 必能正固면 則可以得吉而升階矣리라 階는 升之易者라

陰이 陽의 자리에 있어 올라갈 때에 존귀한 자리에 있으니, 반드시 바르고 견고하게 할 수 있으면 吉해서 계단을 올라갈 수 있을 것이다. '계단'은 올라가기 쉬운 것이다.

字義 彙 : 무리 휘

象曰 貞吉升階는 大得志也리라

---

17 升階 : 徐有臣(朝鮮)은 《易義擬言》에서 "升卦의 六五는 九二와 호응하고 六四에 가까이 있어 그들과 함께 올라가기 때문에 바르게 하여 길하다. 흙을 쌓은 것이 섬돌이니, 이는 坤卦의 상이다. 六五가 이미 바르게 하여 길하기 때문에 그 오름이 계단을 말미암듯이 순조롭고 쉬워서 순서가 있다. 가깝고 호응하는 어진 이도 이 계단으로 말미암아 올라가 발전한다." 하였다.

〈象傳〉에 말하였다. "'바르게 하여야 길하니, 계단을 올라가듯이 함'은 크게 뜻을 얻을 것이다."

【傳】倚任賢才而能貞固하니 如是而升이면 可以致天下之大治하리니 其志可大得也라 君道之升은 患无賢才之助爾니 有助則猶自階而升也라

현명하고 재주가 있는 자에게 의지하고 맡겨서 貞固할 수 있으니, 이와 같이 하여 올라가면 천하의 큰 다스림을 이룰 수 있으므로 그 뜻을 크게 얻을 수 있다. 임금의 道가 올라감은 현명하고 재주 있는 자의 도움이 없음을 근심할 뿐이니, 도움이 있다면 계단으로 올라가는 것과 같을 것이다.

上六은 冥升이니 利于不息之貞[18]하니라

上六은 올라가는 데에 어두우니, 쉬지 않는 바른 道에 이롭다.

【傳】六以陰居升之極하여 昏冥於升하여 知進而不知止者也니 其爲不明이 甚矣라 然求升不已之心을 有時而用於貞正而當不息之事면 則爲宜矣라 君子於貞正之德에 終日乾乾하여 自强不息하니 如[19]上六不已之心을 用之於此則利也라 以小人貪求无已之心으로 移於進德이면 則何善如之리오

上六은 陰으로서 升卦의 끝에 있어서 올라가는 데에 어두워 나아갈 줄만 알고 멈출 줄 모르니 그 밝지 못함이 심하다. 그러나 올라가기를 구하여 멈추지 않는 마음을, 때에 따라 바르고 쉬지 않아야 하는 일에 쓰면 마땅하게 된다. 君子는 바른 德에 종일토록 힘쓰고 힘써서 스스로 굳세게 하여 쉬지 않으니, 上六의 멈추지 않는 마음을 여기에 쓰면 이롭다. 小人이 탐하

---

18 冥升 利于不息之貞 : 李瀷(朝鮮)은 《易經疾書》에서 "上六에서 '올라가는 것에 어둡다.'는 殷나라 紂王의 일에 해당하니, 六四의 '岐山'에 근거하여 알 수 있다. 문왕 때에 위에 있는 어리석은 자가 紂王이 아니면 누구이겠는가. 이때 천명은 이미 끊어지고 천하가 배반하였으므로 獨夫인 주왕이 어리석게도 임금의 지위를 차지하고 있을 뿐이었다. 맹자가 '기자·교격·왕자 비간·미자·미중이 모두 현명한 신하였다. 그들이 서로 보좌하였기 때문에 紂王은 오랜 뒤에 나라를 잃었다.'고 하였으니, 어리석은 주왕이 '쉬지 않는 곧음이 있는' 어진 신하에게 의존하였기 때문에 오히려 빨리 멸망함에 이르지 않은 것이다." 하였다.

19 如 : 《大全》의 간주에 "어떤 판본에는 '以'자로 되어 있다." 하였다.

고 구하기를 그만두지 않는 마음을 德에 나아감에 옮긴다면 어떤 善이 이와 같겠는가.

【本義】 以陰居升極하여 昏冥不已者也니 占者遇此면 无適而利요 但可反其不已於外之心하여 施之於不息之正而已니라

陰으로 升卦의 끝에 있어서 어두워서 멈추지 않는 자이니, 점치는 자가 이 爻를 만나면 어디를 가도 이롭지 않다. 다만 밖으로 멈추지 않는 마음을 돌이켜서 쉬지 않는 바름에 시행할 뿐이다.

字義 冥 : 어두울 명

象曰 冥升在上하니 消不富也로다

〈象傳〉에 말하였다. "'올라가는 것에 어두워' 위에 있으니, 사라져서 다시 보탬이 없다."

【傳】 昏冥於升하여 極上而不知已하니 唯有消亡이니 豈復有加益也리오 不富는 无復增益也라 升旣極이면 則有退而无進也니라

올라감에 어두워서 끝까지 올라가서도 멈출 줄을 모르니 오직 사라짐이 있을 뿐이다. 어찌 다시 더할 수 있겠는가. '不富'는 다시 보탬이 없는 것이다. 올라감이 이미 끝났으면 물러남만 있고 나아감은 없다.

字義 消 : 사라질 소 富 : 더할 부

周易傳義 卷第十七

47. 困

䷮ 坎下兌上

下卦는 坎卦☵이고 上卦는 兌卦☱이다.

【傳】困[1]은 序卦에 升而不已면 必困이라 故受之以困이라하니라 升者는 自下而上이니 自下升上은 以力進也니 不已면 必困矣라 故升之後에 受之以困也니 困者는 憊乏之義라 爲卦 兌上而坎下하니 水居澤上이면 則澤中有水也어늘 乃在澤下하니 枯涸无水之象이니 爲困乏之義라 又兌以陰在上하고 坎以陽居下하며 與上六在二陽之上而九二陷於二陰之中하니 皆陰柔揜於陽剛이니 所以爲困也라 君子爲小人所揜蔽는 窮困之時也라

困卦는 〈序卦傳〉에 "오르기를 멈추지 않으면 반드시 피곤해지기 때문에 困卦로 받았다." 하였다. 升은 아래로부터 올라가는 것이다. 아래로부터 위로 오름은 힘으로써 나아감이니, 멈추지 않으면 반드시 피곤하다. 그러므로 升卦 뒤에 困卦로 받았으니, 困은 피곤함의 뜻이다. 卦의 구성이 上卦는 兌卦☱이고 下卦는 坎卦☵이다. 물이 못 위에 있으면 못 가운데 물이 있는 것인데, 마침내 못의 아래에 있으니 못이 말라 물이 없는 象이므로 어렵고 모자라다는 뜻이 된다. 또 兌卦가 陰으로 위에 있고 坎卦가 陽으로 아래에 있으며, 上六이 두 陽의 위에 있고 九二가 두 陰의 가운데 빠져 있으니, 모두 유약한 陰이 剛한 陽을 가린 것이다. 이 때문에 困卦가 된 것이다. 君子가 小人에게 가림을 당함은 곤궁한 때이다.

字義 憊 : 지칠 비　乏 : 고달플 핍　枯 : 마를 고　涸 : 마를 학　揜 : 가릴 엄　蔽 : 가릴 폐

---

1 困 : 빌헬름 영문판 주역인 《The I Ching》에서는 困卦를 "K'un / Oppression (Exhaustion)"이라고 하였다. 곤괘는 못이 위에 있고 물이 아래에 있어 못이 텅 비어 말라있기 때문에 고갈이나 소진의 의미이다. 또한 맨 위에 있는 상육의 음효가 아래의 두 양효인 구오와 구사를 억제하고 있고, 하괘의 가운데 구이효가 두 음효에게 포위되어 있기 때문에 억압의 의미도 있다. 군자가 소인에게 억압되어 포위를 당하는 상황이라고 보았다.

困은 亨하고 貞하니 大人이라 吉[2]하고 无咎하니 有言이면 不信[3]하리라

【本義】貞大人이라

困은 형통하고 바르니, 大人이라서 吉하고 허물이 없으니, 말을 하면 믿지 않을 것이다.

【본의】바른 大人이라서

【傳】如卦之才면 則困而能亨이요 且得貞正하니 乃大人處困之道也라 故能吉而无咎라 大人處困엔 不唯其道自吉이라 樂天安命[4]하니 乃不失其吉也라 況隨時善處하여 復有裕乎아 有言不信은 當困而言이면 人誰信之리오

卦의 재질이 이와 같으면 어려우나 형통할 수 있고 또 바름을 얻었으니, 바로 大人이 어려움에 처신하는 도리이므로 吉하고 허물이 없다. 大人이 어려움에 처할 때에는 오직 그 道가 스스로 吉할 뿐만 아니라 天理를 즐거워하고 天命을 편안히 여기니, 이에 그 길함을 잃지 않

---

2 困亨……吉 : 《大全》의 소주에서 胡炳文(南宋)은 곤괘의 형통함에 대하여 "困卦䷮는 위와 아래의 세 剛陽이 모두 柔順한 음에게 가려져 있고, 어려운 처지에 용납될 곳이 없으니, 이 때문에 곤괘가 되었다. 그러나 坎卦☵의 험함에 처해서도 兌卦☱의 기쁨을 잃지 않으니, 때는 비록 어렵지만 도는 형통하고, 몸은 비록 어렵지만 마음은 형통하다." 하였다. 또 亨貞에 대하여 다른 괘에서 형통함과 바름을 말한 것은 바르지 않으면 형통하지 못한다는 것이니 형통함이 바름으로부터 온다는 말이며, 이 괘에서 형통함과 바름을 말한 것은 어려움에 처해서도 형통할 수 있으면 바름을 얻는다는 것이니 바름이 형통함으로부터 온다는 말이라고 설명하였다. 또, '바르다'고 하고, 또 '대인'이라 한 것은 어려움 속에서 형통할 수 있는 것은 바른 대인이어야 하고 바르지 않은 소인은 할 수 없기 때문이라고 하였다.

3 困……不信 : 李瀷(朝鮮)은 《易經疾書》에서 "困卦의 괘사에서 孔子가 느낀 점이 있었을 것이다. 《설원》에서, '子路가 陳나라와 蔡나라에서 성을 내며 孔子를 뵈었는데, 횡액을 벗어난 뒤에 孔子가 이르기를「진나라와 채나라의 국경에서 겪은 일은 나의 행운이다.〔夫陳蔡之間 丘之幸也〕」 했다'고 하였다. 내가 들으니 임금은 곤궁함을 겪지 않으면 천자가 되지 못하고, 열사는 곤궁함을 겪지 않으면 결행하지 못한다고 한다. 곤궁의 도는 추위를 겪어 따뜻해지는 것이고 따뜻하므로 추워지는 것이니, 이는 어진 사람만이 홀로 알 뿐 남에게 말하기 어려운 것이다.' 하였다. 또 困卦의 괘사에 대하여 '바름은 만물을 이루고 때에 있어서는 추위가 되니, 임금이 천자가 되고 열사가 결행하는 것이 모두 형통하면서 바름에 이른 것이다.' 했다." 하였다. 金相岳(朝鮮)은 《山天易說》에서, 괘에서는 그 고요할 때를 위주로 말하였으므로 '곧으니 대인이라서 길하다.'고 하였고, 효에서는 그 움직일 때를 위주로 말하였으므로 九二와 九五에는 길함이 없고, 上六에서는 곧음을 말하지 않은 것이라고 하였다. 또, 九二와 九五는 형통하고 곧음의 주체가 되는데, 九二는 아래에 있으니 곤궁함에 처한 군자이고, 九五는 위에 있으니 곤궁함을 다스리는 대인에 해당한다고 하였다.

4 安命 : 《大全》의 간주에 "어떤 판본에는 '知命'으로 되어 있다." 하였고, 또, "어떤 판본에는 '安義'로 되어 있다." 하였다.

을 것이다. 하물며 때에 따라 잘 대처하여 다시 여유까지 있다면 어떠하겠는가. '말을 해도 믿지 않음'은 어려운 때를 당하여 말을 한다면 사람들이 누가 믿겠는가.

【本義】困者는 窮而不能自振之義라 坎剛이 爲兌柔所揜하고 九二爲二陰所揜하고 四五爲上六所揜하니 所以爲困이라 坎險兌說하니 處險而說은 是身雖困而道則亨也라 二五剛中이라 又有大人之象하니 占者處困能亨이면 則得其正矣니 非大人이면 其孰能之리오 故曰貞이요 又曰大人者는 明不正之小人은 不能當也라 有言不信은 又戒以當務晦默이요 不可尙口하여 益取困窮이라

困은 곤궁하여 스스로 떨치지 못한다는 뜻이다. 坎卦의 陽剛이 兌卦의 陰柔에게 가려지고, 九二가 두 陰에게 가려지며, 九四와 九五가 上六에게 가려지니, 이 때문에 困卦가 되었다. 坎卦는 험하고 兌卦는 기뻐하니, 험함에 처했으나 기뻐함은 몸은 비록 어려우나 道는 형통한 것이다. 九二와 九五가 강건함으로 가운데 자리에 있고 또 大人의 象이 있으니, 점치는 자가 어려움에 처하여 형통할 수 있다면 그 바름을 얻을 것이니, 大人이 아니면 그 누가 할 수 있겠는가. 그러므로 '바르다'고 한 것이요, 또 '大人'이라 한 것은 바르지 않은 小人은 여기에 해당하지 않음을 밝힌 것이다. '말을 해도 믿지 않음'은 또 마땅히 감추고 침묵하는데 힘써야 하고, 말을 숭상하여 더욱 곤궁함을 취해서는 안 됨을 경계한 것이다.

彖曰 困은 剛揜也[5]니

〈彖傳〉에 말하였다. "困은 剛이 가려진 것이니,

【傳】卦所以爲困은 以剛爲柔所掩蔽也일새라 陷於下而掩於上은 所以困也니 陷亦掩也라 剛陽君子而爲陰柔小人所掩蔽하니 君子之道 困窒之時也라

---

5 剛揜也 : 《大全》의 소주에서 于鼻(北宋)은 "乾卦의 上九가 내려가서 九二에 거하여 험한 곳으로 가고, 坤卦의 六二가 올라가 上六이 되어 굳센 양을 가리기 때문에 곤괘의 뜻을 이룬다." 하였고, 馮當可(南宋)는 "하괘는 양인데, 양이 적으면서 두 음의 가운데 빠져 있다. 상괘는 음인데, 양이 비록 많지만 한 음의 아래에 있어서 음이 그 주인 노릇을 한다. 이는 굳센 양이 어려움에 빠진 것이니, 군자가 어려움에 처한 상이다." 하였다. 金相岳(朝鮮)은 《山天易說》에서 "困卦의 剛이 가려짐은 바로 마음이 물욕에 가려진 것이다." 하였다. 柳正源(朝鮮)은 《易解參攷》에서 "剛이 柔에 가려지는 것은 이런 것뿐만이 아니다. 周 赧王과 漢 獻帝가 드센 제후와 가신에게 제재를 받은 것도 이에 해당한다." 하였다.

卦가 困卦가 된 까닭은 剛이 柔에게 가려졌기 때문이다. 아래에서 빠지고 위에서 가려진 것이 어려움을 당하게 된 이유이니, 빠지는 것 또한 가려지는 것이다. 陽의 강건한 君子가 陰의 유약한 小人에게 가려졌으니, 君子의 道가 어렵고 막히는 때이다.

【本義】以卦體로 釋卦名이라

卦體로 卦名을 해석하였다.

險以說(열)[6]하여 困而不失其所亨하니 其唯君子乎인저

험하나 기뻐하여 어려워도 형통함을 잃지 않으니, 오직 君子일 것이다.

【傳】以卦才로 言處困之道也라 下險而上說은 爲處險而能說이니 雖在困窮艱險之中이나 樂天安義하여 自得其說樂也라 時雖困也나 處不失義면 則其道自亨이니 困而不失其所亨也라 能如是者는 其唯君子乎인저 若時當困而反亨이면 身雖亨이나 乃其道之困也라 君子는 大人通稱이라

卦의 재질로 어려움에 처하는 道를 말하였다. 아래는 험하고 위는 기뻐함은 험함에 처하였으나 기뻐할 수 있는 것이니, 비록 곤궁하고 험한 가운데에 있으나 天命을 즐거워하고 의리에 편안하여 스스로 기쁨과 즐거움을 얻는다. 때가 비록 어려우나 처함이 의리를 잃지 않으면 그 道가 저절로 형통하니, 어려우나 형통한 바를 잃지 않는 것이다. 이와 같이 할 수 있는 자는 오직 君子일 것이다. 만일 때가 마땅히 어려워야 하는데 도리어 형통하다면 몸은 비록 형통하나 곧 道는 어려운 것이다. 君子는 '大人'의 통칭이다.

貞大人吉은 以剛中也요

---

6 險以說(열) : 《大全》의 소주에서 張淸子(元)는 "험한데 처해서도 기뻐한 것은 예를 들면 안자가 누추한 거리에 있으면서도 그 즐거움을 고치지 않은 것, 유하혜가 액운과 곤궁에 처해서도 번민하지 않은 것, 공자가 陳나라에서 곤경을 당하고 匡에서 두려움에 처한 것, 맹자가 장창에게 훼방을 당한 것과 같다. 몸이 더욱 곤경에 처할수록 도는 더욱 형통한 것은 오직 군자만이 그렇게 할 수 있다." 하였다.

'바르니 大人이라서 길함'은 剛中하기 때문이고,

【傳】 困而能貞은 大人所以吉也라 蓋其以剛中之道也니 五與二是也라 非剛中이면 則遇困而失其正矣리라

어려우나 바를 수 있는 것은 大人이 吉한 까닭이다. 이는 剛中의 道로 하기 때문이니, 九五와 九二가 이런 경우이다. 剛中함이 아니면 어려움을 만났을 때 그 바름을 잃을 것이다.

有言不信은 尙口乃窮也[7]라

'말을 해도 믿지 않음'은 입을 숭상하여 곤궁한 것이다."

【傳】 當困而言이면 人所不信이니 欲以口免困이면 乃所以致窮也라 以說處困이라 故有尙口之戒하니라

어려움을 당했을 때 말을 하면 사람들이 믿지 않으니, 말로 어려움을 벗어나고자 하면 곤궁함을 불러들이게 된다. 기뻐함으로 어려움에 처하였기 때문에 말을 숭상하는데 대한 경계를 하였다.

【本義】 以卦德卦體로 釋卦辭라

卦德과 卦體로 卦辭를 해석하였다.

字義 窒 : 막을 질

---

7 困 剛揜也……尙口乃窮也 : 困卦의 〈단전〉 전체에 대하여, 《大全》의 소주에서 胡一桂(元)는 "공자가 곤괘의 〈단전〉에서 '剛이 가려진다'고 했는데, 복희의 卦象이나 문왕의 卦辭에는 애초에 이런 말이 없다. 기쁨으로 험한 데 있다는 것은 굳센 양이 비록 가림을 당하더라도 그 형통함을 잃지 않는다는 것이니, 오직 九二와 九五의 굳세고 알맞은 군자일 것이다. 또한 괘의 덕으로 논하면 곧은 대인이라서 길하여 허물이 없는 것에 대해서는 굳세고 알맞기 때문이라는 말로 풀이하여 九五 한 효에 중점을 두었다. '말을 해도 믿지 않는다〔有言不信〕'는 것에 대해서는 입을 숭상하여 곤궁하다는 말로 풀이하였는데, 이는 上六이 비록 말을 끝까지 다 하더라도 끝내 감괘의 믿음을 얻지 못한다는 말이니, 감괘와 태괘가 서로 잃어서 곤괘의 상을 이루는 것이다." 하였다.

象曰 澤无水困[8]이니 君子以하여 致命遂志[9]하나니라

〈象傳〉에 말하였다. "못에 물이 없는 것이 困이니, 君子가 이것을 본받아 命을 지극히 하여 뜻을 이룬다."

【본의】 목숨을 바쳐서 뜻을 이룬다.

【傳】 澤无水는 困乏之象也라 君子當困窮之時하여 旣盡其防慮之道而不得免이면 則命也니 當推致其命하여 以遂其志라 知命之當然也인댄 則窮塞禍患에 不以動其心하고 行吾義而已어니와 苟不知命인댄 則恐懼於險難하고 隕穫於窮厄하여 所守亡矣리니 安能遂其爲善之志乎아

못에 물이 없는 것은 어렵고 결핍된 象이다. 君子가 곤궁할 때를 당하여 이미 방비하고 염려하는 道를 다하였는데도 곤궁함에서 벗어날 수 없다면 이는 命이니, 마땅히 그 命을 미루어 지극히 하여 뜻을 이루어야 한다. 命의 당연함을 안다면 궁색함과 재앙과 환란에 마음이 동요되지 않고 자신의 義를 행할 뿐이지만, 만일 命을 알지 못한다면 험난함을 두려워하고 곤궁함에 꺾여서 지키는 바를 잃을 것이니, 어떻게 善을 하려는 뜻을 이룰 수 있겠는가.

【本義】 水下漏면 則澤上枯라 故曰澤无水라하니라 致命은 猶言授命이니 言持以與人而不之有也라 能如是면 則雖困而亨矣리라

물이 아래로 새면 못이 위에서 마르기 때문에 '못에 물이 없다.' 하였다. '致命'은 목숨을 바친다는 말과 같으니, 가져다가 남에게 주어서 지니고 있지 않음을 말한다. 이와 같을 수 있다면 비록 어려워도 형통할 것이다.

---

8 澤无水困 : 《大全》의 소주에서 邱富國(南宋)은 "兌卦☱가 위에 있고 離卦☲가 아래에 있는 괘가 革卦䷰인데, 성인은 그 모습을 그려 '못 가운데 불이 있다〔澤中有火〕'고 하였다. 兌卦☱가 위에 있고 坎卦☵가 아래에 있는 괘가 困卦䷮인데, 성인은 그 모습을 그려 '못 가운데 물이 있다〔澤中有水〕'고 해야 할 것 같은데, '못에 물이 없다〔澤无水〕'고 한 것은 왜인가? 못 가운데는 불이 없어야 하는데 불이 있기 때문에 '바꾸어야 하는〔革〕' 상이 있다. 못 가운데는 물이 있어야 하는데 도리어 물이 없으니, '어려움〔困〕'이 아니면 무엇이겠는가. 만약 물이 있다고 말하면 '어려움〔困〕'이라는 뜻이 숨어버린다. '유(有)'와 '무(无)'라는 두 글자에 성인의 깊은 뜻이 보존되어 있다." 하였다.

9 致命遂志 : 朱熹(南宋)는 《朱子語類》에서 "《논어》 가운데 '致命'이라는 글자는 '맡긴다'는 뜻의 '致'자로서 '임금을 섬기는 데 몸을 맡길 수 있다'의 뜻이다. '선비는 위험을 보면 목숨을 바친다'나 '위험을 보면 목숨을 준다〔授〕'는 것이 모두 그러한 뜻이다. '授'자도 또한 '致'자의 뜻으로서, 이 명을 가지고 그에게 준다는 말이다." 하였다.

字義 致 : 지극할 치, 바칠 치 隕 : 떨어질 운 矱 : 거둘 확

初六은 臀困于株木이라 入于幽谷[10]하여 三歲라도 不覿이로다

初六은 엉덩이가 나무 등걸 때문에 어렵다. 어두운 골짜기로 들어가서 三年이 지나도 만나보지 못한다.

【傳】六以陰柔로 處於至卑하고 又居坎險之下하니 在困不能自濟者也라 必得在上剛明之人하여 爲援助면 則可以濟其困矣리라 初與四爲正應이나 九四以陽而居陰하여 爲不正이요 失剛而不中이며 又方困於陰揜하니 是惡能濟人之困이리오 猶株木之(下)[11]不能蔭覆(부)於物이니 株木은 无枝葉之木也라 四는 近君之位니 在他卦엔 不爲无助로되 以居困而不能庇物이라 故爲株木이라 臀은 所以居也니 臀困于株木은 謂无所庇而不得安其居니 居安則非困也라 入于幽谷은 陰柔之人은 非能安其所遇니 旣不能免於困이면 則益迷暗妄動하여 入於深困하리니 幽谷은 深暗之所也라 方益入於困하여 无自出之勢라 故至於三歲不覿하니 終困者也라 不覿은 不遇其所亨也라

初六은 유약한 陰으로 지극히 낮은 곳에 있고, 또 험한 坎卦☵의 맨 아래에 있으니, 어려운 때에 있으면서 스스로 구제하지 못하는 자이다. 반드시 위에 있는 강건하고 밝은 사람을 얻어 援助를 받으면 그 어려움을 구제할 수 있을 것이다. 初六은 九四와 正應이지만 九四가 陽으로서 陰의 자리에 있어서 바르지 않고, 강건함을 잃고 가운데 자리가 아니며, 또 陰에게 가려져 어려우니, 어찌 다른 사람의 어려움을 구제할 수 있겠는가. 나무 등걸이 물건을 가려주고 덮어주지 못하는 것과 같으니, '나무 등걸'은 가지와 잎이 없는 나무이다. 九四는 임금의 자리와 가까우니, 다른 卦에서는 도움이 없지 않으나 困卦에 있어서는 다른 사람을 비호해주지 못하기 때문에 '나무 등걸'이 된다. '엉덩이'는 앉을 때 쓰는 몸이니, '엉덩이가 나무 등걸 때문에 어려움'은 비호를 받는 바가 없어서 그 거처가 편안하지 못함을 이르니, 거처가 편안

---

10 臀困于株木 入于幽谷 : 《大全》의 소주에서 張淸子(元)는 "사람의 몸은 걸어갈 때에는 발이 아래가 되고, 앉아 있을 때에는 엉덩이가 아래가 된다. 初六은 어려움에 처하여 가지 않으니, 이는 앉아서 어려움에 처한 상이다." 하였다. 項安世(南宋)는 "初六은 감괘의 아래에 있기 때문에 어두운 골짜기로 들어가니, 감괘의 초효가 구덩이 속으로 들어가는 것이다." 하였다.

11 (下) : 저본에 '下'자가 있으나, 《二程集》에 의거하여 연문으로 처리하였다.

하다면 어려운 것이 아니다.

'어두운 골짜기로 들어감'은 陰으로 유약한 사람은 자기가 만난 바를 편안히 여길 수 있는 자가 아니니, 이미 어려움을 면하지 못했다면 더욱 혼미하고 어두워 함부로 움직여 깊은 어려움에 빠져들 것이다. '어두운 골짜기'는 깊고 어두운 곳이다. 더욱 어려운 데로 들어가서 스스로 벗어날 형세가 없기 때문에 三年이 지나도 만나보지 못하는 데에 이르니, 끝내 어려운 자이다. '不覿'은 형통한 바를 만나지 못하는 것이다.

【本義】臀은 物之底也요 困于株木은 傷而不能安也라 初六이 以陰柔로 處困之底하고 居暗之甚이라 故其象占如此하니라

'엉덩이'는 물건의 밑이고, '나무 등걸 때문에 어려움'은 상하여 편안하지 못한 것이다. 初六이 유약한 陰으로 困卦의 밑에 있고, 어둠이 심한 곳에 있으므로 그 象과 占이 이와 같다.

字義 臀 : 볼기 둔　株 : 그루터기 주　覿 : 볼 적　蔭 : 그늘 음　覆 : 덮을 부　庇 : 덮을 비

象曰 入于幽谷은 幽不明也라

〈象傳〉에 말하였다. "'어두운 골짜기로 들어감'은 어두워 밝지 못한 것이다."

【傳】幽不明也는 謂益入昏暗하여 自陷於深困也라 明則不至於陷矣리라

'어두워 밝지 못함'은 더욱 어두운 곳에 들어가서 스스로 더욱 어려움에 빠짐을 이른다. 밝으면 빠짐에 이르지 않을 것이다.

九二는 困于酒食이나 朱紱이 方來하리니 利用亨(享)祀[12]니 征이면 凶하니 无咎니라

---

12 困于酒食……利用亨(享)祀 : 權近(朝鮮)은 《周易淺見錄》에서 "九二는 坎卦☵의 몸체로 두 음 가운데 빠져 있고 곤의 상황에 처하여 위로 호응할 짝이 없으니 스스로 편안할 수 없는 자이다. 그러나 九五도 굳센 양으로 곤의 상황에 처해 있고 아래로 호응이 없어 스스로 같은 덕으로 서로 호응해서 九二에게 구한다. 그러므로 '붉은색 슬갑이 바야흐로 올 것이다.'라고 하였다. '바야흐로〔方〕'란 앞으로 그럴 것이란 말이고, '향사에 씀〔享祠〕'은 신에게 제사를 드려 복을 받는 일이다. 九二가 처음에는 비록 곤의 상황에 처하여 호응이 없어 스스로 편안하지 못하지만, 장차 같은 덕을 지닌 九五의 호응이 저절로 와서 도움으로 곤궁한 상황에서 구제될 수 있으니, 마치 제사를 지내면 자

【本義】困于酒食이나 朱紱이 方來니 利用亨(享)祀요 征이면 凶커니와 无咎니라

九二는 술과 밥 때문에 어려우나 붉은색 슬갑이 바야흐로 오리니, 향사에 쓰는 것이 이롭다. 가면 흉하니, 허물할 데가 없다.

【본의】술과 밥을 실컷 먹어 고뇌하나 붉은색 슬갑이 바야흐로 오니, 향사 하는 것이 이롭고, 가면 흉하나 허물은 없다.

【傳】酒食은 人所欲而所以施惠也라 二以剛中之才而處困之時하니 君子安其所遇하여 雖窮厄險難이나 无所動其心하여 不恤其爲困也하나니 所困者는 唯困於所欲耳라 君子之所欲者는 澤天下之民하여 濟天下之困也니 二未得遂其欲, 施其惠라 故爲困于酒食也라 大人君子懷其道而困於下인댄 必得有道之君求而用之然後에 能施其所蘊이라 二以剛中之德으로 困於下하니 上有九五剛中之君하여 道同德合하여 必來相求라 故云朱紱方來라하니 方來는 方且來也라 朱紱은 王者之服으로 蔽膝也니 以行來爲義라 故以蔽膝言之하니라 利用享祀는 享祀는 以至誠通神明也라 在困之時엔 利用至誠하여 如享祀然이니 其德旣誠[13]이면 自能感通於上이라 自昔賢哲이 困於幽遠而德卒升聞하여 道卒爲用者는 唯自守至誠而已라 征凶无咎는 方困之時에 若不至誠安處以俟命하고 往而求之면 則犯難得凶하리니 乃自取也라 將誰咎乎아 不度(탁)時而征이면 乃不安其所니 爲困所動也라 失剛中之德하여 自取凶悔하니 何所怨咎리오 諸卦二五 以陰陽相應而吉이로되 唯小畜與困은 乃厄於陰이라 故同道相求하니 小畜은 陽爲陰所畜이요 困은 陽爲陰所揜也일새니라

'술과 밥'은 사람이 먹고자 하는 것이고 은혜를 베푸는 것이다. 九二는 剛中한 재질로 어려울 때에 처하였으니, 君子는 만난 바를 편안히 여겨 비록 곤궁하고 험난하더라도 마음에 동

연스레 복을 얻게 되는 것과 같다." 하였고, 權萬(朝鮮)은 〈易說〉에서 '九二朱紱方來'에 대하여 "여기에서 紱은 옛날에 市로 쓰였으며 朱紱은 주색 치마이다. 옛날에 주색 치마에는 을 그렸는데, 이 바로 옛날의 紱자이다. 은 서로 등져있으니 부합하지 않는 상이 있다. 九二와 九五는 모두 양이기 때문에 부합하지 않으니 처럼 부합하지 않는 자이다. 그러나 의 가운데에 음획인 十자 모양이 그려있으니 그 마음이 서로 믿는 것이다. 또한 글자의 모양이 가지런하고 단정하여 중정과 비슷하고 그 몸체의 모양이 또 매우 굳세고 바르기 때문에 그 상을 취하였을 것이다." 하였다. 이 밖에 자에는 '두 개의 근자가 등지고 있는 모양'(《古今韻會》)이라는 설명도 있다.

13 誠 : 《大全》의 간주에 "어떤 판본에는 '成'자로 되어 있다." 하였다.

요됨이 없어서 그 어려움을 근심하지 않는다. 어려운 것은 오직 하고자 하는 바에 어려울 뿐이다. 君子가 하고자 하는 것은 천하의 백성에게 은택을 내려 천하의 어려움을 구제하는 것이니, 九二가 하고자 함을 이루지 못하고 은혜를 베풀지 못하기 때문에 '술과 밥 때문에 어렵다.'고 한 것이다.

大人과 君子가 그 道를 품었으나 아래에서 어려울 때에는 반드시 道가 있는 임금이 찾아서 등용된 뒤에야 그 쌓은 것을 베풀 수 있다. 九二가 剛中한 德으로 아래에서 어려우나 위에 九五의 剛中한 임금이 있어서 道가 같고 德이 합하여 반드시 와서 서로 찾을 것이므로 "붉은색 슬갑이 바야흐로 온다." 하였으니, '方來'는 바야흐로 장차 오는 것이다. '붉은색 슬갑'은 왕의 의복으로 '무릎 가리개'이니, 걸어오는 것으로 뜻을 삼았기 때문에 무릎 가리개로 말하였다.

'향사에 쓰는 것이 이로움'에서 '享祀'는 지극한 정성으로 神明과 통하는 것이다. 어려운 때에는 지극한 정성을 써서 향사하듯이 함이 이로우니, 그 德이 이미 정성스러우면 저절로 윗사람을 감통시킬 수 있다. 예로부터 현명하고 밝은 사람들이 궁벽한 곳에서 어려웠으나 끝내는 德이 위에 알려져서 道가 마침내 쓰였던 것은 오직 스스로 지극한 정성을 지켰기 때문이다.

'가면 凶하니 허물할 데가 없음'은 바야흐로 어려운 때에 만일 지극한 정성으로 편안히 처하여 天命을 기다리지 않고 가서 구한다면 어려움을 범하여 흉함을 얻게 될 것이니, 바로 스스로 취하는 것이다. 장차 누구를 허물하겠는가. 때를 헤아리지 않고 가면 바로 제자리를 편안히 여기지 못하는 것이니, 어려움에 동요당한 것이다. 剛中한 德을 잃어 스스로 흉함과 뉘우침을 취하니, 누구를 원망하고 허물하겠는가. 여러 卦에서 二爻와 五爻는 陰陽이 서로 호응하는 것이 길하지만, 오직 小畜卦와 困卦는 陰에게 어려움을 당하기 때문에 道가 같은 자가 서로 구하니, 小畜卦는 陽이 陰에게 저지당하고, 困卦는 陽이 陰에게 가려지기 때문이다.

【本義】困于酒食은 厭飫苦惱之意[14]라 酒食은 人之所欲이나 然醉飽過宜면 則是反爲

---

14 困于酒食 厭飫苦惱之意 : 金長生(朝鮮)은 《周易》에서, 《본의》에서 '술과 밥을 실컷 먹어 고뇌함'이라고 한 설명에 대하여 "困于酒食은 음식의 일을 말한 것이 아니라 욕심을 이룸과 은혜를 베풀 수 있음을 말한 것이니, 그 설명이 적절하지 않은 듯하다."고 하였다. 權榘(朝鮮)는 〈讀易瑣義 易中記疑 易卦取象〉에서 "곤괘의 때에 九二가 굳센 양의 재질로 험한 가운데에 빠져있고 九五도 음양의 정응이 아니니 바로 합하기에 쉽지 않다. 그러므로 중정으로 스스로 지키며 천하에 나아가 행하지 못하고 다만 음식으로 잔치하면서 때를 기다린다. 九二의 재질과 덕으로 쓰임이 되지 못하고 다만 믿음을 가지고 술을 마실 뿐이다." 하였다. 한편 沈大允(朝鮮)은 《周易象義占法》에서 효변을 적용하여 "困卦䷮가 萃卦䷬로 바뀌었으니, 九二의 때에 벗들이 알아 점점 모이고 부드러운 자리에 있으면서 영달을 구하는 자이다. 뜻이 九五의 자리와 호응하나 두 음의 가운데에 빠졌기 때문에 '술

所困矣라 朱紱方來는 上應之也라 九二有剛中之德以處困時하여 雖无凶害나 而反困於得其所欲之多라 故其象如此하고 而其占利以享祀하니 若征行則非其時라 故凶而於義爲无咎也라

'술과 밥 때문에 어려움'은 술과 밥을 실컷 먹어 고뇌한다는 뜻이다. '술과 밥'은 사람이 먹고자 하는 것이나 취하고 배부름이 적당함을 지나치면 도리어 곤욕을 당한다. '붉은색 슬갑이 바야흐로 옴'은 윗사람이 호응하는 것이다. 九二가 剛中한 德을 갖추고 어려운 때에 처하여 비록 흉함과 해로움은 없으나 도리어 하고자 하는 바를 많이 얻음에 어렵게 된다. 그러므로 그 象이 이와 같고 그 占은 향사를 올리는 것이 이로우니, 만일 가면 알맞은 때가 아니므로 흉하지만, 의리에 비추어보면 허물이 없음이 된다.

字義 紱 : 제복 불 蔽 : 가릴 폐 膝 : 무릎 슬 飫 : 배부를 어

象曰 困于酒食은 中이라 有慶也[15]리라

〈象傳〉에 말하였다. "'술과 밥 때문에 어려움'은 中이어서 경사가 있을 것이다."

【傳】雖困于所欲하여 未能施惠於人이나 然守其剛中之德이면 必能致亨而有福慶也라 雖使時未亨通이라도 守其中德이면 亦君子之道亨이니 乃有慶也라

비록 하고자 하는 바에 어려워 다른 사람에게 은혜를 베풀지는 못하지만, 剛中한 德을 지키면 반드시 형통함을 이루어 복과 경사가 있다. 비록 때가 형통하지 못하더라도 中德을 지키면 또한 君子의 道가 형통하니, 경사가 있을 것이다.

六三은 困于石하며 據于蒺蔾라 入于其宮이라도 不見其妻니 凶[16]토다

과 밥 때문에 어렵다'고 했다." 하였다.

15 困于酒食中 有慶也 : 沈大允(朝鮮)은 《周易象義占法》에서 "여기 〈소상전〉에서 '困于酒食' 한 구절만을 제시하였으나 실제로는 효사 전체를 해석한 것이다. 九二가 가운데 자리를 얻어서 즐기는 음식 때문에 어려울 수 있지만 미혹되지 않고, 九五와 정성스럽게 호응하지만 〈부르기 전에 먼저〉 가지 않아 마침내 경사가 있다는 말이다." 하였다.

16 困于石……凶 : '不見其妻'에 대하여 朱熹(南宋)는 《朱子語類》에서 "六三은 양의 자리에 음이 있고

六三은 돌 때문에 어려우며 가시나무에 앉아 있다. 집에 들어가도 아내를 만나보지 못하니 흉하다.

【傳】六三이 以陰柔不中正之質로 處險極而用剛하니 居陽하여 用剛也는 不善處困之甚者也라 石은 堅重難勝之物이요 蒺藜는 刺[17]不可據之物이라 三以剛險而上進이면 則二陽在上하여 力不能勝하고 堅不可犯하여 益自困耳니 困于石也요 以不善之德으로 居九二剛中之上하여 其不安이 猶藉刺하니 據于蒺藜也라 進退旣皆益困이면 欲安其所나 益不能矣라 宮은 其居所安也요 妻는 所安之主也니 知進退之不可而欲安其居하니 則失其所安矣라 進退與處皆不可하여 唯死而已니 其凶을 可知라 繫辭曰 非所困而困焉하니 名必辱이요 非所據而據焉하니 身必危로다 旣辱且危하여 死期將至하니 妻其可得見耶아하니라 二陽은 不可犯也어늘 而犯之以取困하니 是非所困而困也니 名辱은 其事惡也라 三在二上하니 固爲據之나 然苟能謙柔以下之면 則无害矣어늘 乃用剛險以乘之하니 則不安而取困이 如據蒺藜也라 如是면 死期將至하리니 所安之主를 可得而見乎아

六三은 陰柔하고 中正하지 못한 재질로 험함의 끝에 있어서 剛함을 쓰니, 陽의 자리에 있으면서 剛함을 쓰는 것은 곤궁함에 잘 대처하지 못함이 심한 자이다. '돌'은 단단하고 무거워서 감당하기 어려운 물건이고, '가시나무'는 찔러서 앉을 수 없는 물건이다. 六三이 剛함과 험함으로써 위로 나아가면 두 陽이 위에 있어 힘으로는 이길 수 없고, 단단하여 범할 수 없어서 더욱 스스로 어려울 뿐이니, 이는 '돌 때문에 어려움'이다. 善하지 못한 德으로 剛中한 九二의 위에 있어서 그 편안하지 못함이 가시를 깔고 앉은 것과 같으니, 이는 '가시나무에 앉아 있는 것'이다. 進退가 이미 다 어려우면 제자리에 편안히 있고자 하나 더욱 할 수가 없다. '집'은 거처하기 편안한 곳이고, '아내'는 편안한 곳의 주인이다. 進退가 불가능함을 알고 거

上六은 음의 자리에 음이 있기 때문에 六三으로 말하면 上六이 아내가 된다." 하였다. 《大全》의 소주에서 張淸子(元)는 "돌이라는 물건은 굳고 딱딱하여 다른 물건을 받아들이지 않으니, 九四를 가리킨다. 九四와 初六은 호응하고, 六三은 비록 九四와 比이지만, 九四가 받아들이지 않는다. 감괘는 떨기로 난 가시가 되니, 곧 가시나무이다. 六三이 나아가면 九四의 양을 만나는데, 마치 돌이 그 위를 눌러서 받아들일 곳이 없는 것과 같으니, 이것이 돌 때문에 어려운 것이다. 물러나면 九二의 양을 타는데, 마치 가시가 그 아래를 찔러서 의지할 곳이 없는 것과 같으니, 이것이 가시나무에 앉는 것이다. 六三은 음으로서 양의 자리에 있고, 上六은 음으로서 음의 자리에 있기 때문에, 六三은 上六을 아내로 삼는다. 그러나 六三과 上六은 호응하지 않고, 호응하지 않기 때문에 그 집에 들어가도 짝을 보지 못하여 흉하다."하였다.

17 刺 : 《大全》의 간주에 "어떤 판본에는 '刺'자가 없다." 하였다.

처를 편안히 하고자 하니 편안한 바를 잃은 것이다. 進退와 거처가 모두 불가능하여 오직 죽음만이 있을 뿐이니, 그 凶함을 알 수 있다.

〈繫辭傳〉에 "어려운 곳이 아닌데 어려우니 이름이 반드시 욕될 것이고, 앉아 있을 곳이 아닌데 앉아 있으니 몸이 반드시 위태로울 것이다. 이미 욕되고 또 위태로워 죽을 시기가 이를 것이니, 아내를 만나볼 수 있겠는가." 하였다. 두 陽은 범할 수 없는 것인데 범하여 어려움을 취하였으니, 이것이 '어려운 곳이 아닌데 어려운 것'이고, '이름이 욕됨'은 그 일이 나쁜 것이다. 六三이 九二의 위에 있으니 본래 앉는 곳이다. 그러나 만일 겸손하고 유순하게 몸을 낮추면 해로움이 없을텐데, 마침내 剛함과 험함을 써서 九二를 타고 있으니, 편안하지 못하여 어려움을 취한 것이 마치 가시나무에 앉아 있는 것과 같다. 이와 같으면 죽을 시기가 장차 이를 것이니, 편안한 곳의 주인을 만나볼 수 있겠는가.

【本義】陰柔而不中正이라 故有此象而其占則凶이라 石은 指四요 蒺蔾는 指二요 宮은 謂三而妻則六也니 其義則繫辭備矣니라

陰으로 유약하고 中正하지 못하기 때문에 이러한 象이 있고 占이 凶하다. '돌'은 九四를 가리키고, '가시나무'는 九二를 가리키며, '집'은 六三을 이르고, '아내'는 곧 上六이니, 그 뜻은 〈繫辭傳〉에 갖추어 있다.

字義 蒺 : 남가새 질 蔾 : 남가새 려 刺 : 찌를 자 藉 : 깔 자

象曰 據于蒺蔾는 乘剛也일새요 入于其宮不見其妻는 不祥也라

〈象傳〉에 말하였다. "'가시나무에 앉아 있음'은 剛을 타고 있기 때문이고, '집에 들어가도 아내를 만나보지 못함'은 상서롭지 못한 것이다."

【傳】據于蒺蔾는 謂乘九二之剛하여 不安이 猶藉刺也라 不祥者는 不善之徵이니 失其所安者는 不善之效라 故云不見其妻不祥也라하니라

'가시나무에 앉아 있음'은 六三이 剛한 九二를 타고 있어 편안하지 못함이 마치 가시를 깔고 앉은 것과 같음을 말한다. '상서롭지 못함'은 善하지 못한 징조이니, 편안한 바를 잃은 것은 善하지 못한 결과이므로 '아내를 만나보지 못함은 상서롭지 못한 것이다.'라고 하였다.

字義 藉 : 깔 자 刺 : 가시 자

九四는 來徐徐는 困于金車일새니 吝하나 有終[18]이리라

九四는 오는 것이 느리고 느림은 쇠수레 때문에 어려워서이니, 부끄러울 만하나 잘 마칠 것이다.

【傳】 唯力不足이라 故困이니 亨困之道는 必由援助라 當困之時하여 上下相求는 理當然也라 四與初爲正應이나 然四以不中正處困하여 其才不足以濟人之困이요 初比二하니 二有剛中之才하여 足以拯困이니 則宜爲初所從矣라 金은 剛也요 車는 載物者也니 二以剛在下載己라 故謂之金車라 四欲從初而阻於二라 故其來遲疑而徐徐하니 是困于金車也라 己之所應이 疑其少己而之他하여 將從之에 則猶豫不敢遽前하니 豈不可羞吝乎아 有終者는 事之所歸者正也라 初四正應이니 終必相從也라 寒士之妻와 弱國之臣이 各安其正而已니 苟擇勢而從이면 則惡之大者니 不容於世矣리라 二與四皆以陽居陰이로되 而二以剛中之才하니 所以能濟困也라 居陰者는 尙柔也요 得中者는 不失剛柔之宜也라

오직 힘이 부족하기 때문에 어려운 것이니, 어려움을 형통하게 하는 道는 반드시 援助를 말미암아야 한다. 어려운 때를 당하여 위와 아래가 서로 구하는 것은 당연한 이치이다. 九四는 初六과 正應이 되나 九四가 中正하지 못함으로 어려움에 처하여 그 재질이 남의 어려움을 구제하기에는 부족하고, 初六은 九二와 가까이 있는데 九二가 剛中한 재질이 있어서 충분히 어려움을 구제할 수 있으니, 마땅히 初六이 따르는 바가 된다.

'쇠'는 강한 것이고 '수레'는 물건을 싣는 것이니, 九二가 剛함으로 아래에 있으면서 자기(九四)를 싣고 있기 때문에 '쇠수레'라고 말하였다. 九四가 初六을 따르고자 하나 九二에 막혀 있기 때문에 그 오는 것이 더디고 의심하여 느리고 느리니, 이는 '쇠수레 때문에 어려운 것'이다. 자신과 호응하는 상대가 자기를 하찮게 여기고 다른 데로 갈까 의심하여, 정작 따라야 할 때에 머뭇거리고 빨리 나오지 않으니, 이 어찌 부끄러울 만하지 않겠는가. '잘 마친다.'는

---

18 來徐徐……有終 : 《大全》의 소주에서 胡炳文(南宋)은 "어려움을 당했을 때에는 빨리 벗어나려고 해서는 안 되기 때문에 九二에서는 '바야흐로 온다' 하였고, 九五에서는 '늦게 기쁨이 있다' 하였으며, 九四에서는 '느리게 온다' 하였으니, 모두 '늦다'는 말이다. 初六은 九四와 호응하는데 오는 것이 늦는 까닭은 九二의 쇠수레에 막혀있기 때문이다. 그러나 음양이 서로 호응하는 것이 바름이고, 九二가 막고 있는 것은 바름이 아니다. 그릇됨은 끝내 바름을 이길 수 없기 때문에 처음에는 비록 부끄러울 만하지만, 반드시 잘 마칠 것이다." 하였다. '來徐徐 困于金車'에 대하여 權萬(朝鮮)은 〈易說〉에서 "九四의 쇠수레는 九二를 가리킨다. 느리게 온다는 것은 初六이 느리게 오는 것을 말하니, 가까운 九二에게 사사롭게 붙었기 때문이다." 하였다.

것은 일의 귀결이 바르다는 것이다. 初六과 九四는 正應이니, 끝내는 반드시 서로 따른다. 가난한 선비의 아내와 약소국의 신하는 각각 그 바름을 편안히 할 뿐이니, 만일 권세를 택하여 따른다면 죄악이 커서 천하에 용납 받지 못할 것이다. 九二와 九四가 모두 陽으로 陰의 자리에 있으나 九二는 剛中한 재질을 가지고 있으니, 이 때문에 어려움을 구제할 수 있다. 陰의 자리에 있는 것은 유순함을 숭상하고, 中을 얻은 것은 剛柔의 마땅함을 잃지 않는다.

【本義】初六은 九四之正應이나 九四處位不當하여 不能濟物이요 而初六은 方困於下하며 又爲九二所隔이라 故其象如此라 然邪不勝正이라 故其占이 雖爲可吝而必有終也라 金車爲九二象은 未詳하니 疑坎有輪象也[19]라

初六은 九四의 正應이나 九四는 거처한 자리가 마땅하지 못하여 남을 구제할 수 없고, 初六은 바야흐로 아래에서 어려우며 또 九二에게 막혔으므로 그 象이 이와 같다. 그러나 그릇됨은 바름을 이기지 못하기 때문에 그 占이 비록 부끄러울 만하나 반드시 잘 마침이 있다. '쇠수레'가 九二의 象이 된 것은 자세하지 않으니, 아마도 坎卦☵에 수레바퀴의 象이 있어서인 듯하다.

字義 吝 : 부끄러울 린 拯 : 구원할 증 遲 : 더딜 지 猶 : 주저할 유 豫 : 주저할 예

象曰 來徐徐는 志在下也[20]니 雖不當位나 有與也니라

〈象傳〉에 말하였다. "'오는 것이 느리고 느림'은 뜻이 아래에 있기 때문이니, 비록 자리가 마땅하지 않으나 함께 하는 이가 있다."

【傳】四應於初而隔於二하니 志在下求라 故徐徐而來라 雖居不當位하여 爲未善이나 然其正應相與라 故有終也라

九四가 初六과 호응하나 九二에게 막히니 뜻이 아래로 〈初六을〉 구하는데 있으므로 느리고 느리게 오는 것이다. 비록 거처함이 자리에 마땅하지 않아 善하지는 못하나 正應과 서로

19 疑坎有輪象也 : 〈序卦傳〉의 坎卦에 "활과 바퀴가 된다.〔爲弓輪〕"라고 보인다.

20 志在下也 : 《大全》의 소주에서 吳澄(元)은, '아래〔下〕'는 초효를 말하니, 九四의 뜻이 初六을 구하는데 있는 것이라고 하였다.

함께하기 때문에 잘 마침이 있다.

九五는 劓刖이니 困于赤紱하나 乃徐有說(열)하리니 利用祭祀니라

九五는 코를 베이고 발을 베임이니 적색 슬갑 때문에 어려우나 늦게는 기쁨이 있으리니, 제사에 쓰는 것이 이롭다.

【傳】 截鼻曰劓니 傷於上也요 去足爲刖이니 傷於下也라 上下皆揜於陰[21]하여 爲其傷害하니 劓刖之象也라 五는 君位也니 人君之困은 由上下无與也라 赤紱은 臣下之服이니 取行來之義라 故以紱言이라 人君之困은 以天下不來也니 天下皆來則非困也라 五雖在困이나 而有剛中之德하고 下有九二剛中之賢하여 道同德合하니 徐必相應而來하여 共濟天下之困하리니 是는 始困而徐有喜說也라 利用祭祀는 祭祀之事는 必致其誠敬而後受福이라 人君在困時엔 宜念天下之困하여 求天下之賢을 若祭祀然하여 致其誠敬이면 則能致天下之賢하여 濟天下之困矣리라 五與二同德而云上下无與는 何也오 曰 陰陽相應者는 自然相應也니 如夫婦骨肉分定也요 五與二皆陽爻니 以剛中之德同而相應은 相求而後合者也니 如君臣朋友義合也라 方其始困에 安有上下之與리오 有與則非困이라 故徐合而後有[22]說也라하니라 二云享祀라하고 五云祭祀라하니 大意則宜用至誠이라야 乃受福也라 祭與祀享은 泛言之則可通이요 分而言之하면 祭는 天神이요 祀는 地示요 享은 人鬼라 五는 君位라 言祭하고 二는 在下라 言享하니 各以其所當用也라

코를 베는 것을 '劓'라 하니 위에서 상하게 하는 것이고, 발을 제거하는 것을 '刖'이라 하니 아래에서 상하게 하는 것이다. 위와 아래가 모두 陰에 가려서 상해를 당하니 코를 베고 발을 베는 象이다. 九五는 임금의 자리이니 임금이 어려움은 위아래에 함께하는 이가 없기 때문이다. '적색 슬갑'은 신하의 의복이니 걸어서 오는 뜻을 취했기 때문에 '슬갑'으로 말하였다. 임

---

21 上下皆揜於陰 : 《정전》에서 '위아래가 모두 陰에 가려서 상해를 당하니'라고 하였으나 九五의 아래는 九四이므로 '아래로 음에 가린다.'는 뜻에 의문이 생긴다. 그러나 이에 대해 따로 설명하지 않았는데, 《본의》에서는 '아래로는 剛을 탔다.'고 하여 다른 방향으로 설명하였다. 이에 대해 李恒老(朝鮮)는 《周易傳義同異釋義》에서 "굳셈을 탔기 때문에 기쁘다. 兌卦☱는 헐고 부러지고 붙어서 결단하고 坎卦☵는 피의 상이 되므로 위아래가 모두 상처를 받는 것으로 코를 베이고 발을 베인다." 하였다.

22 有 : 《大全》의 간주에 "어떤 판본에는 '有'자가 없다." 하였다.

금이 곤궁함은 천하 사람들이 오지 않기 때문이니, 천하 사람들이 모두 온다면 어려운 것이 아니다. 九五가 비록 어려움에 있으나 剛中한 德이 있고, 아래에 九二의 剛中한 賢人이 있어서 道가 같고 德이 합하니, 천천히 반드시 서로 호응하여 와서 함께 천하의 어려움을 구제할 것이므로, 이는 처음에는 어려우나 늦게는 기쁨이 있는 것이다.

'제사에 쓰는 것이 이로움'은 제사지내는 일은 반드시 정성과 공경을 지극히 한 뒤에야 福을 받는다. 임금이 어려운 때에 있으면 마땅히 천하 사람들의 어려움을 염려하여 천하의 賢人을 구하기를, 제사지내는 것처럼 그 정성과 공경을 지극히 하면 천하의 賢人을 초빙하여 천하의 어려움을 구제할 수 있을 것이다.

〈어떤 이가 묻기를〉 "九五와 九二는 德을 함께 하는데 위아래에 함께 하는 이가 없다고 한 것은 무엇 때문입니까?" 하니, 대답하기를 "陰陽이 서로 호응하는 것은 자연스럽게 서로 호응하는 것이니, 예를 들어 夫婦와 骨肉 사이의 분수가 정해진 것과 같고, 九五와 九二는 모두 陽爻로서 剛中한 德이 같고 서로 호응하는 것은 서로가 구한 뒤에야 합하는 것이니, 예를 들어 君臣과 朋友가 義로써 합하는 것과 같습니다. 처음 어려울 때에 어찌 위아래에 함께하는 이가 있겠습니까. 함께하는 이가 있다면 어려운 것이 아닙니다. 그러므로 늦게 합한 뒤에야 기쁨이 있는 것입니다." 하였다.

九二는 '享祀'라 하고, 九五는 '祭祀'라 하였으니, 큰 뜻은 마땅히 지극한 정성을 써야 복을 받는다는 것이다. '祭'와 '祀'와 '享'은 넓게 말하면 통하고, 나누어 말하면 '祭'는 天神에게 하는 것이고, '祀'는 地神에게 하는 것이며, '享'은 人神에게 하는 것이다. 九五는 임금의 자리라서 '祭'라 하였고, 九二는 아래에 있어서 '享'이라 하였으니, 각각 마땅한 바에 따라 쓰는 것이다.

【本義】 劓刖者는 傷於上下니 下旣傷이면 則赤紱无所用而反爲困矣라 九五當困之時하여 上爲陰揜하고 下則乘剛이라 故有此象이라 然剛中而說體라 故能遲久而有說也라 占具象中하고 又利用祭祀하니 久當獲福이라

'코를 베이고 발을 베임'은 위와 아래에서 상한 것이니, 아래가 이미 상했다면 '적색 슬갑'을 쓸 곳이 없어서 도리어 어렵게 된다. 九五가 어려운 때를 당하여 위로는 陰에게 가려지고 아래로는 剛을 탔기 때문에 이러한 象이 있다. 그러나 剛中하고 기뻐하는 卦體이므로 오래 기다릴 수 있으면 기쁨이 있다. 占이 象 가운데 갖추어져 있고, 또 제사에 쓰는 것이 이로우니, 오래 되면 마땅히 복을 얻을 것이다.

字義 劓 : 코벨 의　刖 : 발꿈치벨 월　紱 : 슬갑 불　截 : 자를 절

象曰 劓刖은 志未得也요 乃徐有說(열)은 以中直也요 利用祭祀는 受福也리라

〈象傳〉에 말하였다. "'코를 베이고 발을 베임'은 뜻을 얻지 못함이고, '늦게는 기쁨이 있음'은 中直하기 때문이고, '제사에 씀이 이로움'은 복을 받을 것이다."

【傳】 始爲陰揜은 无上下之與하여 方困未得志之時也요 徐而有說은 以中直之道로 得在下之賢하여 共濟於困也라 不曰中正은 與二合者는 云直이 乃宜也니 直은 比正에 意差緩이라 盡其誠意를 如祭祀然하여 以求天下之賢이면 則能[23]亨天下之困而享受其福慶也라

처음에 陰에게 가려지는 것은 위와 아래에 함께하는 이가 없어서 한창 곤궁하여 뜻을 얻지 못한 때이고, 늦게는 기쁨이 있는 것은 中直(中正)한 道로 아래에 있는 현명한 사람을 얻어서 함께 어려움을 구제하기 때문이다. '中正'이라 하지 않은 것은 九二와 합하는 것은 '直'이라 하는 것이 마땅하기 때문이니, '直'은 '正'에 비하여 뜻이 조금 미진하다. 정성스러운 뜻을 다하기를 제사지내는 것처럼 하여 천하의 賢人을 구하면 천하 사람들의 어려움을 형통하게 하고 복과 경사를 누릴 수 있다.

上六은 困于葛藟와 于臲卼이니 曰動悔라하여 有悔면 征하여 吉하리라

【本義】 于臲卼하여 曰動悔니

上六은 칡덩쿨과 위태로운 데서 어려움이니, 움직일 때마다 후회가 있을 것이라고 말하여 후회하는 마음이 있으면 가서 길할 것이다.

【본의】 위태로운 데서 어려워 움직이면 후회가 있을 것이라고 말하니,

【傳】 物極則反이요 事極則變이니 困旣極矣에 理當變矣라 葛藟는 纏束之物이요 臲卼은 危動之狀이라 六處困之極하니 爲困所纏束이요 而居最高危之地하니 困于葛藟與臲卼也라 動悔는 動輒有悔니 无所不困也라 有悔는 咎前之失也라 曰은 自謂也라 若能曰 如是면 動皆得悔라하면 當變前之所爲리니 有悔也니 能悔則往而得吉也라 困極而征이면

23 能 : 《大全》의 간주에 "어떤 판본에는 '能'자가 없다." 하였다.

則出於困矣라 故吉이라 三은 以陰在下卦之上而凶하고 上은 居一卦之上而无凶은 何也오 曰 三은 居剛而處險하니 困而用剛險이라 故凶이요 上은 以柔居說(열)하니 唯爲困極耳니 困極則有變困之道也라 困與屯之上이 皆以无應으로 居卦終이로되 屯則泣血漣如하고 困則有悔征吉은 屯險極而困說體故也니 以說順進이면 可以離乎困也라

물건은 극도에 이르면 돌아오고, 일은 극도에 이르면 변하니, 어려움이 이미 극도에 이름에 이치가 마땅히 변한다. '葛藟'는 묶어 매는 물건이고, '臲卼'은 위태롭게 움직이는 모양이다. 上六이 어려움의 끝에 있으니 어려움에 묶였고, 가장 높고 위태로운 곳에 있으니 '칡넝쿨'과 '위태로움' 때문에 어려운 것이다. '動悔'는 움직이기만 하면 후회가 있는 것이니 어렵지 않은 바가 없는 것이다. '有悔'는 이전의 잘못을 허물하는 것이다. '曰'은 스스로 말하는 것이다. 만일 "이렇게 하면 움직일 때마다 모두 후회를 얻을 것이다."라고 말할 수 있다면 마땅히 전에 하던 바를 바꿀 것이다. 이는 뉘우침이 있는 것이니, 뉘우칠 수 있으면 가서 길함을 얻을 것이다. 어려움이 지극하여 가면 어려움에서 벗어나기 때문에 吉하다.

〈어떤 이가 묻기를〉 "六三은 陰으로 下卦의 맨 위에 있는데 흉하고, 上六은 한 卦의 맨 위에 있는데 흉함이 없는 것은 무엇 때문입니까?" 하였다. 대답하기를, "六三은 剛한 자리에 있고 험함에 처하였으니 어려우면서 강함과 험함을 썼기 때문에 흉하고, 上六은 유순함으로 기뻐함에 처하였으니 오직 어려움이 지극할 뿐입니다. 어려움이 지극하면 어려움이 변하는 道가 있습니다." 하였다. 困卦와 屯卦의 上六은 모두 호응이 없는 爻로서 卦의 맨 끝에 있되, 屯卦는 피눈물을 철철 흘리고, 困卦는 뉘우치는 마음이 있으면 가는 것이 길한 까닭은, 屯卦는 험함의 지극함이고 困卦는 기뻐하는 卦體이기 때문이니, 기뻐함과 순함으로 나아가면 어려움을 떠날 수 있다.

【本義】 以陰柔處困極이라 故有困于葛藟于臲卼曰動悔之象이라 然物窮則變이라 故其占曰 若能有悔면 則可以征而吉矣라하니라

유약한 陰으로 지극히 어려운데 있으므로 '칡넝쿨'과 '위태로움'에 어려워서 움직이면 후회가 있을 것이라고 말하는 象이 있다. 그러나 사물이 궁극에 이르면 변하기 때문에 그 占에 "후회하는 마음이 있으면 가서 길할 것이다." 하였다.

字義 葛 : 칡 갈 藟 : 덩쿨 류 臲 : 불안할 얼 卼 : 위태할 올 纏 : 얽을 전
漣 : 눈물줄줄흐르는 모양 련

象曰 困于葛藟는 未當也요 動悔有悔는 吉行也라

〈象傳〉에 말하였다. "'칡넝쿨 때문에 어려움'은 자리가 마땅하지 않기 때문이고, '움직일 때마다 후회가 있을 것이라고 말하여 후회하는 마음이 있음'은 가서 길한 것이다."

【傳】爲困所纏而不能變은 未得其道也니 是處之未當也라 知動則得悔하여 遂有悔而去之면 可出於困이니 是其行而吉也라

어려움에 속박당하여 변하지 못하는 것은 道를 얻지 못했기 때문이니, 이는 처함이 마땅하지 않은 것이다. 움직이면 후회를 얻는다는 것을 알아 마침내 뉘우치는 마음이 있어서 가면 어려움에서 벗어날 수 있으니, 이것이 가서 길한 것이다.

48. 井

䷯ 巽下坎上

下卦는 巽卦☴이고 上卦는 坎卦☵이다.

【傳】 井[1]은 序卦에 困乎上者는 必反下라 故受之以井이라하니라 承上升而不已必困[2]爲言하니 謂上升不已而困이면 則必反於下也라 物之在下者 莫如井하니 井所以次困也라 爲卦 坎上巽下하니 坎은 水也며 巽之象則木也요 巽之義則入也라 木은 器之象이니 木入於水下而上乎水는 汲井之象也라

井卦는 〈序卦傳〉에 "위에서 어려운 자는 반드시 아래로 돌아오기 때문에 井卦로 받았다." 하였다. 앞에 '올라가기를 멈추지 않으면 반드시 피곤해짐'을 이어서 말하였으니, 위로 올라가기를 멈추지 않아서 피곤해지면 반드시 아래로 돌아옴을 말한 것이다. 아래에 있는 물건 중에 우물이 가장 아래에 있으니 이 때문에 井卦가 困卦의 다음이 되었다. 卦의 구성이 上卦는 坎卦☵이고 下卦는 巽卦☴이다. 坎卦는 '물'이며, 巽卦의 象은 '나무'이고, 巽卦의 뜻은 '들어감'이다. 나무는 그릇의 象이니, 나무가 물 아래로 들어가서 물을 퍼 올리는 것은 우물을 긷는 象이다.

字義 汲 : 물길을 급

井은 改邑하되 不改井이니 无喪无得하며 往來井井하나니

---

1 井 : 빌헬름 영문판 주역인 《The I Ching》에서는 井卦를 "Ching / The Well"이라고 하였다. 정괘는 하괘는 나무이고 상괘는 물이어서 나무를 물 속에 넣어서 물을 퍼올리는 상이므로 우물을 의미한다. 우물의 가치는 수분을 공급하는 데 있으므로 위로 올리는 물에 해당하며, 인사적으로는 사람들에게 영양을 공급해주는 사람에 해당하는 구오효가 주효가 된다고 하였다.

2 升而不已必困 : 井卦의 앞괘인 困卦에 대한 〈序卦傳〉의 내용이다.

【本義】不改井이라 无喪无得하여

井은 고을은 바꾸어도 우물은 바꾸지 않으니, 잃음도 없고 얻음도 없으며, 오고가는 이가 우물을 우물로 쓰니,

【본의】 우물은 바꾸지 않는다. 잃음도 없고 얻음도 없어

【傳】 井之爲物은 常而不可改也라 邑은 可改而之他어니와 井은 不可遷也라 故曰改邑不改井이라하니라 汲之而不竭하고 存之而不盈은 无喪无得也요 至者皆得其用은 往來井井也라 无喪无得은 其德也常이요 往來井井은 其用也周니 常也周也ㅣ 井之道也라

'우물'이라는 물건은 항상 그 자리에 있어서 바꿀 수 없다. '고을'은 바꿔서 다른 곳으로 갈 수 있으나 '우물'은 옮길 수가 없으므로 '고을은 바꾸어도 우물은 바꾸지 않는다.' 하였다. 물을 길어도 마르지 않고 내버려 두어도 가득 차서 넘치지 않는 것은 잃음도 없고 얻음도 없는 것이고, 이르는 자가 모두 쓸 수 있는 것은 오고가는 이가 우물물을 길어서 쓰는 것이다. '잃음도 없고 얻음도 없음'은 그 德이 항상함이고, '오고가는 이가 우물물을 길어서 사용함'은 그 쓰임이 두루 넓은 것이니, 항상함과 두루 넓은 것이 우물의 道이다.

汔至亦未繘(귤)井이니 羸其甁이면 凶하니라

【本義】汔至라도 亦未繘井하여서

거의 이르러도 우물에 두레박줄이 닿지 못한 것과 같으니, 두레박을 깨뜨리면 흉하다.

【본의】 거의 이르더라도 우물에서 줄을 다 올리기 전에

【傳】 汔은 幾也요 繘은 綆也라 井은 以濟用爲功하니 幾至而未及用은 亦與未下繘於井으로 同也라 君子之道는 貴乎有成이니 所以五穀不熟은 不如荑稗요 掘井九仞而不及泉이면 猶爲棄井이요 有濟物之用而未及物이면 猶无有也라 羸敗其甁而失之면 其用喪矣니 是以凶也라 羸는 毁敗也라

'汔'은 '거의'라는 뜻이고, '繘'은 두레박줄이다. 우물은 쓰임을 이루는 것을 功으로 삼으니, 거의 이르렀으나 쓰임에 미치지 못함은 또한 두레박줄이 우물에 닿지 못한 것과 같다. 君子의 道는 이룸이 있는 것을 귀하게 여기니, 이 때문에 五穀이 익지 않은 것은 돌피나 피만 못

하고, 우물을 아홉 길을 파더라도 샘에 미치지 못하면 오히려 버려진 우물이 되며, 물건을 구제하는 쓰임이 있어도 물건에 미치지 못하면 없는 것과 같다. 두레박을 깨뜨려 잃으면 그 쓰임을 상실하니 이 때문에 흉하다. '羸'는 훼손하고 깨뜨리는 것이다.

【本義】井者는 穴地出水之處니 以巽木入乎坎水之下而上出其水라 故爲井이라 改邑不改井이라 故无喪无得而往者來者皆井其井也라 汔은 幾也요 繘은 綆也요 羸는 敗也라 汲井幾至라도 未盡綆而敗其甁이면 則凶也라 其占은 爲事仍舊면 无得喪이요 而又當敬勉이니 不可幾成而敗也니라

우물은 땅을 파서 물이 나오는 곳이니, 巽卦☴의 나무를 坎卦☵의 물 아래로 넣어서 물을 퍼 올리기 때문에 '우물'이라 하였다. 고을은 바꾸어도 우물은 바꿀 수 없으므로 잃음도 없고 얻음도 없어서 오고가는 자가 모두 그 우물을 우물로 쓴다. '汔'은 '거의'라는 뜻이고, '繘'은 두레박줄이며, '羸'는 깨뜨리는 것이다. 우물을 길어 거의 이르렀더라도 두레박줄을 다 올리기 전에 두레박을 깨뜨리면 흉하다. 이 占은 일을 옛날 그대로 따르면 잃음도 얻음도 없다. 그러나 또 마땅히 공경하여 힘써야 하니, 거의 다 이루었다가 깨뜨리면 안 된다.

字義 汔 : 거의 흘　繘 : 두레박줄 귤　羸 : 깨뜨릴 리　甁 : 병 병　綆 : 두레박줄 경　荑 : 돌피 제　稗 : 피 패　掘 : 팔 굴　仞 : 길 인

彖曰 巽乎水而上水井이니 井은 養而不窮也하니라

〈彖傳〉에 말하였다. "물속에 넣어서 물을 퍼 올리는 것이 우물이니, 우물은 길러주어 다함이 없다.

【本義】以卦象으로 釋卦名義라

卦象으로 卦名의 뜻을 해석하였다.

字義 巽 : 들어갈 손, 유순할 손

改邑不改井은 乃以剛中也요

'고을은 바꾸어도 우물은 바꾸지 않음'은 剛中하기 때문이고,

【傳】巽入於水下而上其水者井也라 井之養於物에 不有窮已[3]하여 取之而不竭하니 德有常也라 邑可改어니와 井不可遷은 亦其德之常也라 二五之爻 剛中之德이 其常乃如是하니 卦之才與義合也라

〈두레박을〉 물속에 넣어서 물을 퍼 올리는 것이 우물이다. 우물이 만물을 길러줌에 다함이 없어 취하여도 마르지 않으니, 德이 항상성이 있다. '고을은 바꿀 수 있어도 우물은 옮길 수 없는 것' 또한 그 德이 항상한 것이다. 九二爻와 九五爻는 剛中한 德이 그 항상함이 이와 같으니, 卦의 재질이 의리와 합한다.

汔至亦未繘井은 未有功也요 羸其甁[4]이라 是以凶也[5]라

'거의 이르렀더라도 우물에 두레박줄을 드리우지 못한 것과 같음'은 功이 없는 것이고, '두레박을 깨뜨림'은 이러므로 흉하다."

【傳】雖使幾至라도 旣未爲用이면 亦與未繘井同이라 井은 以濟用爲功하니 水出이라야 乃爲用이니 未出則何功也리오 甁은 所以上水而致用也니 羸敗其甁이면 則不爲用矣라 是以凶也라

설령 거의 이르렀더라도 이미 쓰이지 못하게 되면 또한 우물에 두레박줄이 닿지 않은 것과 같다. '우물'은 쓰임을 이루는 것으로 功을 삼기 때문에 물이 나와야만 쓰임이 될 수 있으니, 나오지 않으면 무슨 功이 있겠는가. '두레박'은 물을 퍼 올려 쓰임을 이루는 것이니, 두레박을 깨뜨렸다면 쓰이지 못한다. 이러므로 흉하다.

【本義】以卦體로 釋卦辭라 无喪无得往來井井兩句는 意與不改井同이라 故不復出이라

---

3 不有窮已 : 《大全》의 간주에 "어떤 판본에는 '无有窮也'로 되어 있다." 하였다.

4 羸其甁 : 《大全》의 소주에서 邱富國(南宋)은 "두레박줄은 巽卦☴가 노끈인 상이고, 두레박은 坎卦☵가 질그릇인 상이다." 하였다.

5 汔至亦未繘井……是以凶也 : 《大全》의 소주에서 胡一桂(元)는 "井卦는 세 양으로 샘을 삼으니 양이 위로 九五에 이르면 거의 우물의 입구이고, 손괘☴의 줄이 아래에 있으니 이것이 두레박줄이 우물에 드리우지 못함이다. 九二에서 六四에 이르기까지 互卦인 兌卦☱가 '부서지고 끊어짐'이 되며, 九三에서 九五까지 互卦인 離卦☲가 배가 되어 두레박을 상징하고, 兌卦의 상효가 바로 離卦의 가운데 해당하여 훼절되었으니 이것이 그 두레박을 깨뜨림이다. 샘에 거의 이르렀는데 줄이 닿지 않고, 병이 이미 깨져 다다를 수 없다. 이는 만물에 파급되는 공이 없음이니 흉함을 알 수 있다." 하였다.

剛中은 以二五而言이라 未有功而敗其甁하니 所以凶也라

卦體로 卦辭를 해석하였다. '잃음도 없고 얻음도 없음'과 '오고가는 이가 우물물을 길어서 씀'의 두 구절은 뜻이 '우물은 바꿀 수 없다.'는 말과 같기 때문에 〈彖傳〉에 다시 나오지 않았다. '剛中'은 九二와 九五로 말한 것이다. 功이 없고 두레박을 깨뜨렸으니, 이 때문에 흉하다.

象曰 木上有水井이니 君子以하여 勞民勸相[6]하나니라

〈象傳〉에 말하였다. "나무 위에 물이 있는 것이 井이니, 군자가 이것을 본받아 백성을 위로하여 돕기를 권면한다."

【본의】 백성을 위로하며

【傳】 木承水而上之[7]는 乃器汲水而出井之象이니 君子觀井之象하고 法井之德하여 以勞徠其民而勸勉以相助之道也라 勞徠其民은 法井之用也요 勸民使相助는 法井之施也라

나무로 물을 받아서 퍼 올리는 것은 그릇으로 물을 길어 우물에서 나오는 象이니, 君子가 우물의 象을 보고 우물의 德을 본받아서 백성들을 위로하고 서로 돕는 도리를 권면한다. 백성들을 위로하는 것은 우물의 쓰임을 본받은 것이고, 백성들을 권면하여 서로 돕게 하는 것은 우물의 베풂을 본받은 것이다.

【本義】 木上有水하니 津潤上行은 井之象也라 勞民者는 以君養民이요 勸相者는 使民相養이니 皆取井養之義니라

나무 위에 물이 있으니, 윤택한 것이 위로 행함은 우물의 象이다. '백성을 위로함'은 임금으로서 백성을 기르는 것이고, '서로 돕는 도리를 권면함'은 백성들로 하여금 서로 기르게 하는 것이니, 모두 우물이 기르는 뜻을 취한 것이다.

字義 勞 : 위로할 로 徠 : 위로할 래 津 : 윤택할 진 潤 : 윤택할 윤

---

6 勞民勸相 : 《大全》의 소주에서 吳澄(元)은 "우물이 사람을 길러 혜택을 받는 사람이 많으니, 군자가 그 상을 보고서 서로 기르는 도리로 백성을 가르친다. '勞'란 수고로움을 안타깝게 여겨 쉬게 하는 것이다. '勸'은 부지런히 힘쓴다는 뜻이고, '相'은 돕는다는 뜻이니 '勸相'이란 그들로 하여금 각각 부지런히 힘써 서로 돕도록 한다는 것이다." 하였다.

7 之 : 《大全》의 간주에 "어떤 판본에는 '來'자로 되어 있다." 하였다.

初六은 井泥不食이라 舊井에 无禽이로다

初六은 우물에 진흙이 있어 먹지 않는다. 옛 우물에 짐승이 없다.

【傳】 井與鼎은 皆物也니 就物以爲義라 六以陰柔居下하여 上无應援하니 无上水之象이라 不能濟物은 乃井之不可食也니 井之不可食은 以泥汚也일새라 在井之下하니 有泥之象이라 井之用은 以其水之養人也니 无水則舍置不用矣라 井水之上이면 人獲其用이요 禽鳥亦就而求焉하나니 舊廢之井은 人旣不食하고 水不復上이면 則禽鳥亦不復往矣니 蓋无以濟物也라 井은 本濟人之物이로되 六以陰居下하여 无上水之象이라 故爲不食이라 井之不食은 以泥也니 猶人當濟物之時而才弱无援하여 不能及物이면 爲所舍也라

井과 鼎은 다 물건이니, 물건을 가지고 뜻을 삼았다. 初六은 유약한 陰으로 맨 아래에 있어 위에 호응하여 도와주는 이가 없으니, 물을 퍼 올리는 象이 없다. 우물이 물건을 구제하지 못함은 바로 우물물을 먹을 수 없기 때문이니, 우물물을 먹을 수 없는 까닭은 진흙이 있어 더럽기 때문이다. 〈初六은〉 井卦의 맨 아래에 있으니, 진흙의 象이 있다. 우물의 쓰임은 그 물로 사람을 기르는 것이니, 물이 없으면 버려두고 쓰지 않는다. 우물물이 올라오면 사람들이 그 쓰임을 얻고, 짐승과 새들도 나아가서 구한다. 옛날에 버려진 우물은 사람들이 이미 먹지 않고, 물이 다시 올라오지 않으면 짐승과 새들도 다시 가지 않으니, 물건을 구제할 수 없다. 우물은 본래 사람을 구제하는 물건이나, 初六이 陰으로 맨 아래에 있어서 물을 퍼 올리는 象이 없기 때문에 '먹지 않음'이 된다. 우물물을 먹지 않는 것은 진흙 때문이니, 마치 사람이 물건을 구제할 때를 당하였으나 재질이 약하고 호응하여 도와주는 자가 없어서 물건에게 미치지 못하면 〈물건이〉 당시에 버려지는 것과 같다.

【本義】 井은 以陽剛爲泉하고 上出爲功하나니 初六은 以陰居下라 故爲此象이라 蓋不泉而泥면 則人所不食而禽鳥亦莫之顧也라

우물은 剛陽한 것을 맑은 물로 삼고, 위로 나옴을 功으로 삼으니, 初六은 陰으로 맨 아래에 있기 때문에 이러한 象이 된다. 맑은 물이 샘솟지 않고 진흙이 있으면 사람들이 먹지 않고, 짐승과 새들도 돌아보지 않는다.

字義 泥 : 진흙 니 汚 : 더러울 오

象曰 井泥不食은 下也일새요 舊井无禽은 時舍也라

〈象傳〉에 말하였다. "'우물에 진흙이 있어 먹지 않음'은 아래에 있기 때문이고, '옛 우물에 짐승이 없음'은 당시에 버려진 것이다."

【傳】以陰而居井之下는 泥之象也니 无水而泥면 人所不食也라 人不食則水不上하여 无以及禽鳥하니 禽鳥亦不至矣라 見其不能濟物하여 爲時所舍置不用也니 若能及禽鳥면 是亦有所濟也라 舍는 上聲이니 與乾之時舍로 音不同[8]이라

陰으로서 井卦의 맨 아래에 있는 것은 진흙의 象이니, 물은 없고 진흙이 있으면 사람이 먹지 않는다. 사람이 우물물을 먹지 않으면 물이 올라오지 않아 짐승과 새들에게도 미칠 수 없으니, 짐승과 새들도 오지 않는다. 이는 물건을 구제하지 못하여 당시에 버려져서 쓰이지 않음을 나타낸 것이니, 만일 짐승과 새들에게까지 미칠 수 있다면 이는 또한 구제하는 바가 있는 것이다. '舍'는 上聲이니, 乾卦䷀의 '時舍'와는 音이 같지 않다.

【本義】言爲時所棄라

당시에 버려진 것을 말한다.

九二는 井谷이라 射(석)鮒요 甕敝漏[9]로다

九二는 우물이 골짜기에서 나오는 물처럼 鮒에게 흘러가고, 동이가 깨져 물이 샌다.

---

8 舍……音不同 : 舍를 去聲으로 읽으면 '집' 혹은 '머물다'·'그치다'의 뜻이고, 上聲으로 읽으면 '버리다'·'그만두다'의 뜻이다. '乾之時舍'는 乾卦 〈문언전〉에 "見龍在田 時舍也"라고 하였는데, 이때의 舍를 《정전》에서는 '止'라고 하여 去聲으로 보았다. 그러나 《본의》에서는 "때에 쓰임이 되지 못함을 말한다.〔言未爲時用也〕"라고 하였으니, 上聲으로 읽은 것이므로 두 견해가 다르다.

9 井谷……甕敝漏 : 《大全》의 소주에서 徐幾(南宋)는 '井谷'이란 우물 곁의 구멍이라고 하고, '射'은 아래로 주입되는 것이라고 하였다. 이에 대하여 설명하기를 "九二는 굳세고 가운데 있으며 위로 호응하여 함께 하는 이가 없고 아래로 初六과 比의 관계이므로 위로 나오지 않고 아래로 흘러 우물 곁 구멍의 물이 붕어에게 흘러가는 상이 있다." 하였다. 또 '甕'은 물을 긷는 동이이니, 샘물을 실제로 길어 올릴 수 있으나 동이가 깨져 물이 새는 상이 된다고 하였다. 胡炳文(南宋)은 "우물은 위로 나오는 것을 공으로 삼는데, 九二가 호응이 없고 아래로 初六과 가까우므로 우물로 말하면 우물 곁 구멍에서 나온 물이 겨우 붕어에게나 흘러갈 수 있는 것과 같다. 우물을 긷는 것으로 말하면 깨진 동이가 물을 길어 올리기에 부족하여 도리어 아래로 새는 것과 같다." 하였다.

【傳】二雖剛陽之才而居下하며 上无應而比於初하니 不上而下之象也라 井之道는 上行者也요 澗谷之水는 則旁出而就下로되 二居井而就下하여 失井之道하니 乃井而如谷也라 井上出이면 則養人而濟物[10]이어늘 今乃下就汚泥하여 注於鮒而已라 鮒는 或以爲蝦라하고 或以爲蟆라하니 井泥中微物耳라 射은 注也니 如谷之下流하여 注於鮒也라 甕敝漏는 如甕之破漏也라 陽剛之才는 本可以養人濟物이로되 而上无應援이라 故不能上而就下하니 是以로 无濟用之功이라 如水之在甕은 本可爲用이로되 乃破敝而漏之하여 不爲用也라 井之初二无功而不言悔咎는 何也오 曰 失則有悔요 過則爲咎어니와 无應援而不能成用하니 非悔咎乎인저 居二比初가 豈非過乎아 曰 處中은 非過也라 不能上은 由无援이요 非以比初也니라

九二가 비록 陽의 강건한 재질이나 아래에 있으며 위에 호응이 없고 初六에 가까이 있으니, 올라가지 못하고 내려가는 象이다. 우물의 道는 올라가는 것이고, 골짜기의 물은 옆에서 나와 아래로 내려가는 것인데, 九二가 井卦에 있으면서도 아래로 내려가서 우물의 도리를 잃었으니, 바로 골짜기에서 나오는 우물과 같다. 우물이 위로 나오면 사람을 기르고 물건을 구제할 수 있는데, 지금은 곧 더러운 진흙으로 내려가서 鮒에게나 물을 댈 뿐이다. '鮒'는 어떤 이는 '새우'라고 하고 어떤 이는 '개구리'라고도 하니, 우물의 진흙에서 사는 미물일 뿐이다. '射'은 물을 대는 것이니, 골짜기의 물이 아래로 흘러서 '鮒'에게 물을 대는 것과 같다. '甕敝漏'는 동이가 깨져 새는 것과 같다. 陽剛한 재질은 본래 사람을 기르고 물건을 구제할 수 있으나, 위에 호응하여 끌어주는 자가 없으므로 올라가지 못하고 아래로 내려가니, 이 때문에 구제하여 쓰는 功이 없다. 이는 물이 동이에 있으면 본래 쓰일 수 있으나, 동이가 깨져서 새어 쓰이지 못하는 것과 같다.

〈어떤 이가 묻기를〉 "井卦의 初六과 九二가 功이 없는데도 후회와 허물을 말하지 않은 것은 무엇 때문입니까?" 하니, 대답하기를 "잘못하면 후회가 있고 지나치면 허물이 되지만 호응하여 도와주는 자가 없어서 씀을 이루지 못한 것이니, 후회와 허물은 아닐 것입니다." 하였다. 〈또 묻기를〉 "二爻 자리에 있으면서 初六과 친한 것이 어찌 허물이 아닙니까?" 하니, 〈대답하기를〉 "中에 있음은 허물이 아니고, 올라가지 못함은 호응하여 도와주는 자가 없기 때문이지 初六과 친해서가 아닙니다." 하였다.

【本義】九二剛中하여 有泉之象이라 然上无正應하고 下比初六하여 功不上行이라 故其象

10 上出 則養人而濟物 : 《大全》의 간주에 "어떤 판본에는 '上出而養人濟物'로 되어 있다." 하였다.

如此하니라

九二는 剛中하여 샘물의 象이 있다. 그러나 위에 正應이 없고 아래로 初六과 친하여 功이 위로 행해지지 못하므로 그 象이 이와 같다.

字義 射 : 물댈 석, 맞힐 석 鮒 : 붕어 부, 두꺼비 부 甕 : 동이 옹 敝 : 깨질 폐 漏 : 샐 루
澗 : 시내 간 注 : 물댈 주 蝦 : 하마 하 蟆 : 하마 마

象曰 井谷射鮒는 无與也일새라

〈象傳〉에 말하였다. "'우물이 골짜기의 물처럼 鮒에게 흘러감'은 함께 하는 이가 없기 때문이다."

【傳】井은 以上出爲功하나니 二는 陽剛之才로 本可濟用이로되 以在下而上无應援이라 是以로 下比而射鮒하니 若上有與之者면 則當汲引而上하여 成井之功矣리라

우물은 위로 나오는 것을 功으로 삼으니, 九二는 陽의 강건한 재질로 본래 쓰임을 이룰 수 있으나, 아래에 있고 위에 호응하여 도와주는 자가 없다. 이 때문에 아래로 가까이하여 鮒에게만 물을 대는 것이니, 만약 위에 호응하여 함께 하는 이가 있다면 마땅히 물을 길어 올려서 우물의 功을 이룰 것이다.

九三은 井渫不食하여 爲我心惻하여 可用汲이니 王明하면 竝受其福[11]하리라

【本義】爲我心惻하니 可用汲이라

---

11 井渫不食……竝受其福 : 朱熹(南宋)는《朱子語類》에서 '물을 길을 수 있다[可用汲]' 이상의 세 구절은 象이고 아래 두 구절은 占이니, '왕이 현명하지 않으면 인재를 거둘 수 없다.'는 이치를 말한 것이지 결코 우물물을 긷는 것을 말하는 것이 아니라고 하였다. 曺好益(朝鮮)은《易象說》에서 "'井渫'은 우물은 굳센 양으로 샘을 삼는데 九三은 양이 양의 자리에 있어서 맑은 상이다. 양은 맑고 음은 탁하다. '不食'은 우물은 위로 나옴이 공이 되는데, 九三은 아래에 있기 때문에 이런 상을 취했다. '我'는 九三을 가리킨다. '心惻'은 九三이 坎卦☵에 가까운데 坎卦는 마음의 병이 되는 상이다. 可用汲은 호응하는 上六이 유약해서 九三이 기를 만한 가치가 있는데도 긷지 못하는 상이다. '王明'은 九五를 가리킨다. '福'은 互卦인 兌卦☱의 상에서 나온 말이다. '竝'은 九三과 九五의 상이다." 하였다.

九三은 우물을 깨끗하게 치웠는데도 사람들이 먹어주지 않아서 내 마음이 슬퍼 물을 길을 수 있으니, 왕이 현명하면 함께 그 복을 받을 것이다.

【본의】 나를 위하여 마음에 슬퍼하니 물을 길을 수 있다.

【傳】 三以陽剛으로 居得其正하니 是有濟用之才者也요 在井下之上하니 水之清潔可食者也라 井은 以上爲用하니 居下는 未得其用也라 陽之性은 上이요 又志應上六하며 處剛而過中하여 汲汲於上進하니 乃有才用而切於施爲로되 未得其用하니 則如井之渫治清潔而不見食하여 爲心之惻怛也라 三이 居井之時하여 剛而不中이라 故切於施爲하니 異乎用之則行, 舍之則藏者也[12]라 然明王用人에 豈求備也리오 故王明則受福矣라 三之才足以濟用하니 如井之清潔하여 可用汲而食也니 若上有明王이면 則當用之而得其效리라 賢才見用이면 則己得行其道요 君得享其功이요 下得被其澤이니 上下竝受其福也라

九三은 강건한 陽으로 거처함에 바름을 얻었으니 이는 쓰임을 이룰 수 있는 재질을 가지고 있는 것이며, 井卦에서 下卦의 맨 위에 있으니 물이 청결하여 먹을 수 있는 것이다. 우물은 위로 올라가는 것으로 쓰임을 삼으니, 아래에 있는 것은 그 쓰임을 얻지 못한 것이다. 陽의 성질은 올라가고 또 뜻이 上六과 호응하며 剛한 자리에 있고 卦의 가운데를 지나서 위로 나아감에 급급하니, 바로 재주와 쓰임이 있어 시행하는데 간절하나 그 쓰임을 얻지 못한 것이니, 우물을 깨끗하게 치웠으나 사람들이 먹어주지 않아서 마음이 슬퍼지는 것과 같다. 九三이 井卦의 때에 있어 강건하나 中道를 얻지 못했기 때문에 시행함에 간절하니, 쓰이면 행하고 버리면 감추는 이와는 다르다. 그러나 현명한 왕이 사람을 등용함에 어찌 완비함을 구하겠는가. 그러므로 왕이 현명하면 복을 받는다. 九三의 재질이 충분히 쓰임을 이룰 수 있음이 우물이 청결하여 물을 길어 먹을 수 있는 것과 같으니, 만일 위에 현명한 왕이 있으면 마땅히 등용하여 효험을 얻을 것이다. 현명하고 재주 있는 사람이 등용되면 자신은 그 道를 행하게 되고, 임금은 그 功을 누리게 되며, 아래 백성들은 그 은택을 입게 되니, 이는 위아래가 모두 그 복을 받는 것이다.

【本義】 渫은 不停汚也라 井渫不食而使人心惻하니 可用汲矣라 王明則汲井以及物而

---

12 異乎用之則行 舍之則藏者也 : 《論語》〈述而〉에 "공자가 안연에게 말하기를 '쓰여지면 도를 행하고 버려지면 은둔하는 것을 오직 나와 너만이 이것을 지니고 있을 뿐이다.〔子謂顔淵曰, 用之則行, 舍之則藏, 惟我與爾有是夫.〕' 하였다.

施者受者竝受其福也라 九三이 以陽居陽하여 在下之上而未爲時用이라 故其象占如此하니라

'渫'은 물이 고여 더럽지 않은 것이다. 우물을 깨끗하게 치웠는데도 먹지 않아 사람들의 마음을 슬퍼하게 하니, 물을 길을 수 있다. 왕이 현명하면 우물을 길어 남에게 미쳐서 베푸는 자와 받는 자가 모두 그 복을 받는다. 九三이 陽으로 陽의 자리에 있고 下卦의 맨 위에 있으면서 때에 쓰이지 못하므로 象과 占이 이와 같다.

字義 渫 : 쳐낼 설 惻 : 불쌍히여길 측 怛 : 슬퍼할 달

象曰 井渫不食은 行을 惻也요 求王明[13]은 受福也라

【本義】行이 惻也요

〈象傳〉에 말하였다. "'우물을 깨끗하게 치웠는데도 먹어주지 않음'은 행하지 못함을 안타까워하는 것이고, '왕의 현명함'을 구하는 것은 복을 받기 위해서이다."

【본의】 길가는 사람이 안타까워하는 것이고,

【傳】 井渫治而不見食은 乃人有才知(智)而不見用이니 以不得行으로 爲憂惻也라 旣以不得行爲惻이면 則豈免有求也리오 故求王明而受福하니 志切於行也라

우물을 깨끗하게 치웠는데도 먹어주지 않는 것은 바로 사람이 재주와 지혜가 있는데도 쓰이지 않는 것이니, 행하지 못함을 근심하고 안타까워하는 것이다. 이미 행하지 못함을 안타까워한다면 어찌 구함이 있음을 면하겠는가. 그러므로 왕의 현명함을 구하여 복을 받는 것이니 뜻이 행하는데 간절한 것이다.

【本義】 行惻者는 行道之人이 皆以爲惻也라

'行惻'은 길가는 사람이 모두 안타깝게 여기는 것이다.

---

13 求王明 : 柳正源(朝鮮)은 《易解參攷》에서, 來知德의 설명을 빌려 "九五가 정응이 아니기 때문에 구한다〔求〕고 했다." 하였다.

六四는 井甃면 无咎[14]리라

【本義】井甃니

六四는 우물에 벽돌을 쌓으면 허물이 없을 것이다.

【본의】 우물에 벽돌을 쌓음이니,

【傳】 四雖陰柔而處正하고 上承九五之君하니 才不足以廣施利物이로되 亦可自守者也라 故能修治면 則得无咎라 甃는 砌累也니 謂修治也라 四雖才弱하여 不能廣濟物之功이나 修治其事하여 不至於廢는 可也니 若不能修治하여 廢其養人之功이면 則失井之道하여 其咎大矣라 居高位而得剛陽中正之君하니 但能處正承上하여 不廢其事하면 亦可以免咎也니라

六四가 비록 유약한 陰이나 바른 자리에 있고 위로 九五의 임금을 받드니, 재질이 널리 베풀어 남을 이롭게 함에는 부족하나 또한 스스로는 지킬 수 있는 자이므로 닦고 다스릴 수 있으면 허물이 없을 수 있다. '甃'는 벽돌을 쌓는 것이니, 닦고 다스리는 것을 말한다. 六四가 비록 재질이 약하여 물건을 구제하는 功을 넓히지는 못하나, 그 일을 닦고 다스려 폐지하는 데까지 이르지 않는 것은 가능하니, 만일 닦고 다스리지 못하여 사람을 기르는 功을 폐한다면 우물의 도리를 잃어 그 허물이 크다. 높은 지위에 있으면서 강건한 陽으로 中正한 임금을 얻었으니, 다만 바르게 처신하고 윗사람을 받들어 그 일을 폐하지 않으면 또한 허물을 면할 수 있다.

【本義】 以六居四하여 雖得其正이나 然陰柔不泉하니 則但能修治요 而无及物之功이라 故其象爲井甃而占則无咎하니 占者能自修治면 則雖无及物之功이나 而亦可以无咎矣리라

陰으로 四爻 자리에 있어서 비록 바른 자리를 얻었으나 유약한 陰으로 샘물이 나오지 못하

14 井甃 无咎 : 《大全》의 소주에서 胡炳文(南宋)은 六四의 '벽돌(甃)'에 대하여 아래 효들과의 관계로 설명하기를 "初六은 재질이 유약하여 우물에 진흙이 있는 상이 있다. 九三이 깨끗한 것은 初六의 진흙을 깨끗하게 한 것이다. 九二는 자리가 유약하여 우물 곁 구멍의 상이 있고, 六四가 벽돌을 쌓는 것은 九二의 구멍을 막는 벽돌을 쌓는 것이다. 진흙을 깨끗하게 하고 벽돌을 쌓는 것은 모두 날마다 새롭게 하는 공일 것이다. 날마다 새롭게 하여 그치지 않으면 찬 샘물이 끊임없이 나오게 된다." 하였다.

니, 다만 닦고 다스릴 뿐이고 물건에 미치는 功은 없다. 그러므로 그 象은 우물에 벽돌을 쌓음이 되고, 占은 허물이 없으니, 점치는 자가 스스로 닦고 다스리면 비록 남에게 미치는 功은 없으나 또한 허물은 없을 수 있을 것이다.

字義 甃 : 벽돌 추 砌 : 쌓을 체

象曰 井甃无咎는 修井也일새라

〈象傳〉에 말하였다. "'우물에 벽돌을 쌓으면 허물이 없음'은 우물을 수리하기 때문이다."

【傳】甃者는 修治於井也라 雖不能大其濟物之功이나 亦能修治不廢也라 故无咎하니 僅能免咎而已라 若在剛陽이면 自不至如是리니 如是則可咎矣라

'甃'는 우물을 닦고 다스리는 것이다. 비록 물건을 구제하는 功을 크게 하지는 못하나, 또한 닦고 다스려 폐하지 않을 수 있으므로 허물이 없으니, 겨우 허물을 면할 뿐이다. 만일 剛陽의 자리에 있다면 스스로 이와 같음에 이르지 않을 것이니, 이와 같으면 허물이 될 수 있다.

九五는 井洌寒泉食[15]이로다

九五는 우물이 깨끗하여 시원한 샘물을 먹는다.

【傳】五以陽剛中正으로 居尊位하여 其才其德이 盡善盡美하니 井洌寒泉食也라 洌은 謂甘潔也니 井泉은 以寒爲美라 甘潔之寒泉은 可爲人食也니 於井道에 爲至善也라 然而不言吉者는 井以上出爲成功하니 未至於上이면 未及用也라 故至上而後에 言元吉하니라

---

15 井洌寒泉食 : 石之珩(朝鮮)은 《五位龜鑑》에서 효종에게 올리는 글에 "井卦䷯의 九五는 坎卦☵의 가운데 있고 물의 성질이 바름을 얻어 우물의 도가 이루어졌고, 그 시원을 추구하여 말하면 샘물이 땅으로 나옴에 본래 깨끗합니다. 혹은 진흙에 더러워지고 혹은 동이에서 새거나 혹은 청소를 했음에도 먹지 않음은 우물의 죄가 아니라 아래에 있기 때문입니다. 六四에서 벽돌로 수리하고 고친 다음에 비로소 九五의 샘물이 차고 맑아 먹을 수 있음을 아는 것은 진실로 형세에 처함이 순하고 편하기 때문입니다. 임금께서 아래로 은택을 베풂은 이와 서로 비슷하니 자신에게서 도를 닦아 사해에 두루 미치면 백성들이 그 덕을 누리지 않음이 없으니 우물의 큰 쓰임이 이에 이르러 극진합니다. 전하께서는 중정함을 닦아서 우물이 맑은 상에 부합하소서." 하였다.

九五는 강건한 陽이 中正함으로 높은 자리에 있어서 그 재질과 德이 참으로 善하고 참으로 아름다우니, 우물이 깨끗하여 시원한 샘물을 먹을 수 있다. '洌'은 달고 깨끗함을 이르니, 우물물은 시원한 것을 아름답게 여긴다. 달고 깨끗하여 시원한 샘물은 사람이 먹을 수 있으니, 우물의 道에 지극히 善한 것이다. 그러나 吉함을 말하지 않은 것은 우물은 〈물을 길어올려〉 위로 나오는 것을 성공으로 삼기 때문이니, 아직 위에 이르지 못했다면 쓰임에 미치지 못한 것이다. 그러므로 위에 이른 뒤에야 크게 길함을 말한 것이다.

【本義】洌은 潔也라 陽剛中正하여 功及於物이라 故爲此象하니 占者有其德이면 則契其象也리라

'洌'은 깨끗함이다. 陽剛하고 中正하여 功이 물건에 미치기 때문에 이러한 象이 되니, 점치는 자가 이러한 德이 있으면 이 象과 합할 것이다.

字義 洌 : 맑을 렬(洌)

象曰 寒泉之食은 中正也일새라

〈象傳〉에 말하였다. "'시원한 샘물을 먹음'은 中正하기 때문이다."

【傳】寒泉而可食은 井道之至善者也니 九五中正之德이 爲至善之義라

시원한 샘물을 먹을 수 있는 것은 우물의 道에 지극히 善한 것이니, 九五의 中正한 德이 지극히 善한 뜻이 된다.

上六은 井收勿幕하고 有孚라 元吉[16]이니라

16 井收勿幕……元吉 : 《大全》의 소주에서 邱富國(南宋)은 "上六은 우물 입구의 상이 있다. '收'는 물을 긷는 그릇이 나온 것이다. '幕'은 우물을 덮는 도구이다. '勿'은 금지하는 것이다. 우물은 위로 나오는 것을 공으로 삼는데, 두레박을 거두는데 이르러서야 우물이 기르는 공이 이루어진다. 성인의 마음은 널리 베풀어 대중을 구제하는 것을 공으로 삼고, 우물이 봉양하는 이익을 사사로이 하지 않기 때문에 덮지 않는다. 두레박을 거두고서도 덮지 않은 다음에 천하 사람들이 그 마음의 공평함을 믿어 믿음을 갖기 때문에 크게 선한 길함을 얻는다. 두레박을 거두고서 다시 우물을 덮어버린다면 '크게 길함이 위에 있어 井卦의 도가 크게 이루어지는 것'이 아니다. 內卦는 井卦의 도가

【本義】井收勿幕이니

上六은 우물을 길어 덮지 않고 믿음이 있어서 크게 선하여 길하다.

【본의】우물을 길어 덮지 않음이니,

【傳】井은 以上出爲用하니 居井之上은 井道之成也라 收는 汲取也요 幕은 蔽覆(부)也라 取而不蔽면 其利无窮하니 井之施 廣矣大矣라 有孚는 有常而不變也니 博施而有常은 大善之吉也라 夫體井之用하여 博施而有常은 非大人이면 孰能이리오 他卦之終은 爲極爲變이로되 唯井與鼎은 終乃爲成功하니 是以吉也라

우물은 위로 나오는 것을 쓰임으로 삼으니, 井卦의 맨 위에 있는 것은 우물의 道가 이루어진 것이다. '收'는 물을 길어 취하는 것이고, '幕'은 가리고 덮는 것이다. 취하고 가리지 않으면 그 이로움이 무궁하니, 우물의 베풂이 넓고 크다. '믿음이 있음'은 항상성이 있어서 변하지 않는 것이니, 널리 베풀고 항상성이 있음은 크게 善한 길함이다. 우물의 쓰임을 체득하여 널리 베풀고 항상성이 있는 것은 大人이 아니면 누가 할 수 있겠는가? 다른 卦의 마침은 끝이 되고 변함이 되나 오직 井卦와 鼎卦는 마지막에 功을 이룸이 되니, 이 때문에 길하다.

【本義】收는 汲取也라 鼂氏[17]云 收는 鹿盧收繘者也라하니 亦通이라 幕은 蔽覆也요 有孚는 謂其出有源而不窮也라 井은 以上出爲功而坎口不揜이라 故上六이 雖非陽剛이나 而其象如此라 然占者應之에 必有孚라야 乃元吉也라

'收'는 물을 길어 취하는 것이다. 鼂氏(晁說之)가 "收는 도르래〔鹿盧〕로 두레박줄을 거두는 것이다." 하였으니, 또한 통한다. '幕'은 가리고 덮는 것이고, '믿음이 있음'은 물이 나옴이 근원이 있어 다하지 않음을 말한다. 우물은 위로 나오는 것을 功으로 삼는데, 坎卦☵의 입(上六)이 닫히지 않으므로 上六이 비록 강한 陽은 아니나 그 象이 이와 같다. 그러나 점치는 자가 호응할 적에 반드시 항상성이 있어야 크게 길하다.

字義 幕 : 덮을 멱 鹿 : 도르래 록(轆) 盧 : 도르래 로(轤) 繘 : 두레박줄 귤

작게 이루어지는 것이고, 外卦는 정괘의 도가 크게 이루어지는 것이다." 하였다.

17 鼂氏 : 鼂說之(1059~1129)를 가리킨다. 字는 以道이고, 自號는 景迂生이다. 詩와 산수화에 능하였으며, 六經에 통하였고, 특히 易學에 정통하였다. 《儒言》, 《景迂生集》 등을 저술하였는데, 《景迂生集》에 〈易元星紀譜〉와 〈易規〉가 전한다.

象曰 元吉在上이 大成也라

〈象傳〉에 말하였다. "'크게 선한 길함으로 위에 있는 것'은 크게 이룬 것이다."

【傳】以大善之吉로 在卦之上하니 井道之大成也라 井은 以上爲成功이니라

크게 善한 吉함으로 卦의 맨 위에 있으니, 우물의 道가 크게 이루어진 것이다. 우물은 위로 올라오는 것을 성공으로 삼는다.

49. 革

䷰ 離下兌上

下卦는 離卦☲이고 上卦는 兌卦☱이다.

【傳】革[1]은 序卦에 井道는 不可不革이라 故受之以革이라하니라 井之爲物이 存之則穢敗하고 易之則淸潔하니 不可不革者也라 故井之後에 受之以革也니라 爲卦 兌上離下하니 澤中有火也라 革은 變革也니 水火는 相息之物이니 水滅火하고 火涸水하여 相變革者也라 火之性은 上하고 水之性은 下하니 若相違行이면 則睽而已어늘 乃火在下하고 水在上하여 相就而相剋하여 相滅息者也니 所以爲革也라 又二女同居而其歸各異하고 其志不同하여 爲不相得也라 故爲革也라

革卦는 〈序卦傳〉에 "우물의 道는 변혁하지 않을 수 없기 때문에 革卦로 받았다." 하였다. 우물은 그대로 두면 더러워져 썩고 바꾸면 맑고 깨끗해지니, 변혁하지 않을 수 없다. 그러므로 井卦의 뒤에 革卦로 받았다. 卦의 구성이 上卦는 兌卦☱이고 下卦는 離卦☲이니 못 속에 불이 있다. '革'은 變革하는 것이다. 물과 불은 서로 없애는 것으로 물은 불을 끄고 불은 물을 말려서 서로 변혁한다. 불의 성질은 올라가고 물의 성질은 내려가니, 만일 서로 어긋나게 행하면 睽卦䷥일 뿐이다. 그러나 불이 아래에 있고 물이 위에 있어서 서로 찾아가고 서로 이겨서 서로 없애기 때문에 革卦가 된다. 또 〈中女와 少女의〉 두 여자가 한 곳에 함께 살지만 그 돌아감이 각기 다르고 뜻이 같지 않아서 서로 맞지 않으므로 革卦가 된다.

字義 穢 : 더러울 예　涸 : 마를 학　睽 : 어그러질 규　剋 : 이길 극

---

1 革 : 빌헬름 영문판 주역인 《The I Ching》에서는 革卦를 "Ko / Revolution (Molting)"이라고 하였다. 혁괘는 본래 동물들이 한 해 동안 털갈이하는 의미이다. 이것을 정치적인 관점에서 보면 혁신이나 개혁의 의미로 읽을 수 있다. 규괘와 비교해볼 때 혁괘는 못물이 위에 있고 불이 아래에 있어서 물과 불처럼 서로 강등하며 싸워 서로를 파괴하므로 혁명의 의미라고 하였다.

革은 已日이라야 乃孚하리니 元亨하고 利貞하여 悔亡하니라

革은 시일이 지나야 믿을 것이니, 크게 형통하고 바르게 함이 이로워 뉘우침이 없다.

【傳】革者는 變其故也니 變其故면 則人未能遽信이라 故必已日然後에 人心信從이라 元亨利貞悔亡은 弊壞而後革之니 革之는 所以致其通也라 故革之而可以大亨이요 革之而利於正道면 則可久而得去故之義하고 无變動之悔하니 乃悔亡也라 革而无甚益이라도 猶[2]可悔也어늘 況反害乎아 古人所以重改作也라

'革'은 옛것을 바꾸는 것이니, 옛것을 바꾸면 사람들이 선뜻 믿지 못하므로 반드시 시일이 지난 뒤에야 사람들의 마음이 믿고 따른다. '크게 형통하고 바르게 함이 이로워 뉘우침이 없음'은 낡아버린 뒤에 變革함이니, 변혁함은 형통함을 이루는 것이다. 그러므로 변혁하여 크게 형통할 수 있고, 변혁하는 데에 바른 道가 이로우니 이렇게 하면 오래갈 수 있어 낡은 옛것을 버리는 의리를 얻고 변동시킨 후회가 없으니, 이것이 바로 뉘우침이 없는 것이다. 변혁하여 많은 이익이 없어도 오히려 후회할 수 있는데, 하물며 도리어 해로움이 있다면 어떠하겠는가. 이 때문에 옛사람들이 고치는 일을 신중히 여긴 것이다.

【本義】革은 變革也라 兌澤在上하고 離火在下하니 火然則水乾이요 水決則火滅하며 中少二女가 合爲一卦而少上中下하여 志不相得이라 故其卦爲革也라 變革之初에는 人未之信이라 故必已日而後信이요 又以其內有文明之德而外有和說(열)之氣라 故其占이 爲有所更革이면 皆大亨而得其正하여 所革皆當而所革之悔亡也라 一有不正이면 則所革이 不信不通而反有悔矣리라

'革'은 變革이다. 兌卦☱의 못이 위에 있고 離卦☲의 불이 아래에 있으니, 불이 타오르면 물이 마르고, 물이 쏟아지면 불이 꺼지며, 中女와 少女의 두 여자가 합하여 한 卦가 되었으나 少女는 위에 있고 中女는 아래에 있어서 뜻이 서로 맞지 않으므로 그 卦가 革卦가 된다. 변혁하는 초기에는 사람들이 믿지 않으므로 반드시 시일이 지난 뒤에야 믿고, 또 안에는 文明한 德이 있으며 밖에는 화합하고 기뻐하는 기운이 있으므로 그 占이 고쳐서 변혁하게 되면 모두 크게 형통하고 그 바름을 얻어서 변혁하는 것이 모두 마땅하여 변혁한 것에 뉘우침이 없다. 한 가지라도 바르지 못함이 있다면 변혁한 것이 신뢰를 받지 못하고 통하지 못하여 도리어

---

2 猶 : 《大全》의 간주에 "어떤 판본에는 뒤에 '有'자가 있다." 하였다.

뉘우침이 있을 것이다.

字義 弊 : 해질 폐

彖曰 革은 水火相息[3]하며 二女同居하되 其志不相得이 曰革이라

〈彖傳〉에 말하였다. "革은 물과 불이 서로 없애는 것이며, 두 여자가 한 곳에 같이 살되 그 뜻이 서로 맞지 않음이 革이다.

【傳】澤火는 相滅息하며 又二女志不相得이라 故爲革이라 息은 爲止息이요 又爲生息이니 物止而後有生이라 故爲生義라 革之相息은 謂止息也라

못과 불은 서로 없애며 또 두 여자가 마음이 서로 맞지 않기 때문에 革이 된다. '息'은 사라짐이 되고 또 생겨남도 되니, 물건은 사라진 뒤에 생겨나므로 생겨난다는 뜻이 된다. 革卦에서의 '相息'은 사라지게 함을 말한다.

【本義】以卦象으로 釋卦名義라 大略與睽相似나 然以相違而爲睽요 相息而爲革也라 息은 滅息也요 又爲生息之義하니 滅息而後生息也라

卦象으로 卦名의 뜻을 해석하였다. 대체로 睽卦와 서로 비슷하나 서로 어긋나면 睽卦가 되고, 서로 없애면 革卦가 된다. '息'은 소멸하고 또 생겨남의 뜻이니, 없어진 뒤에 생겨나는 것이다.

字義 息 : 멸할 식

已日乃孚는 革而信之라

'시일이 지나야 믿음'은 변혁하여 믿게 하는 것이다.

【傳】事之變革에 人心豈能便信이리오 必終日而後孚라 在上者於改爲之際에 當詳告申

---

3 息 : 李炳憲(朝鮮)은 《易經今文考通論》에서 "옛날 판본의 '息'에 대하여, 虞翻은 '자라다〔長〕'로 훈고하였으나, 《정전》과 《본의》에서는 모두 '사라지다〔止息〕', '생기다〔生息〕', '소멸하다〔滅息〕'로 훈고하였으므로 이를 따랐다. 《설문해자》에서는 '꺼지다〔熄〕'로 되어 있다." 하였다.

令하여 至於已日이라야 使人信之니 人心不信이면 雖强之行이라도 不能成也라 先王政令을 人心이 始以爲疑者有矣나 然其久也必信이니 終不孚而成善治者 未之有也니라

일을 변혁할 때에 사람들의 마음이 어찌 곧바로 믿을 수 있겠는가. 반드시 시일이 지난 뒤에야 믿어준다. 위에 있는 자가 개혁할 때에 마땅히 상세히 알리고 거듭 명령하여 시일이 지남에 이르러서야 사람들로 하여금 믿게 할 수 있으니, 사람들의 마음이 믿지 않으면 비록 억지로 시행하더라도 성공하지 못한다. 先王의 政令을 사람들의 마음이 처음에는 의심하는 자가 있었으나 오래되자 반드시 믿었으니, 끝내 믿게 하지 못하면 훌륭하게 다스렸던 경우는 없었다.

文明以說(열)하여 大亨以正하니 革而當할새 其悔乃亡하니라

문명하고 기뻐하여 크게 형통하고 바르니, 변혁하여 마땅하게 하기에 후회가 없어진다.

【傳】 以卦才로 言革之道也라 離爲文明이요 兌爲說이니 文明則理无不盡이요 事无不察이며 說則人心和順이라 革而能照察事理하고 和順人心이면 可致大亨而得貞正이니 如是면 變革이 得其至當이라 故悔亡也라 天下之事 革之不得其道면 則反致弊害라 故革有悔之道하니 唯革之至當이면 則新舊之悔 皆亡也라

卦의 재질로 변혁하는 道를 말하였다. 離卦☲는 문명이 되고 兌卦☱는 기뻐함이 되니, 문명하면 이치를 지극하게 하지 않음이 없고 일을 살피지 않음이 없으며, 기뻐하면 人心이화합하고 순응한다. 변혁하여 事理에 비추어 살필 수 있고 인심에 화합하여 순응하면 크게 형통함을 이루고 바름을 얻을 수 있으니, 이와 같으면 變革함이 지극히 마땅함을 얻으므로 뉘우침이 없어진다. 천하의 일은 변혁함이 그 道에 맞지 않으면 도리어 폐해를 초래하기 때문에 변혁에는 뉘우치는 道가 있으니, 오직 변혁하기를 지극히 마땅하게 하면 새것과 옛것에 대한 뉘우침이 다 없어진다.

【本義】 以卦德으로 釋卦辭라

卦德으로 卦辭를 해석하였다.

天地革而四時成하며 湯武革命하여 順乎天而應乎人하니 革之時大矣哉[4]라

天地가 변혁하여 四時가 이루어지며, 湯王과 武王이 혁명하여 天命에 순응하고 사람들에게 부응하였으니, 革의 때가 크도다."

【傳】推革之道하여 極乎天地變易, 時運終始也라 天地陰陽이 推遷改易而成四時에 萬物이 於是生長成終이 各得其宜하니 革而後四時成也라 時運既終이면 必有革而新之者니 王者之興에 受命於天이라 故易世를 謂之革命이라 湯武之王이 上順天命하고 下應人心하니 順乎天而應乎人也라 天道變改와 世故[5]遷易은 革之至大也라 故贊之曰 革之時大矣哉라하니라

변혁의 道를 미루어 天地의 變易과 時運의 시작과 마침을 지극히 한다. 天地의 陰陽이 미루어 옮기고 고치고 바뀌어 사계절을 이룸에 萬物이 이에 낳고 자라며 이루고 마침이 각각 그 마땅함을 얻으니, 변혁한 뒤에 사계절이 이루어진다. 時運이 이미 끝나면 반드시 변혁하여 이것을 새롭게 하는 자가 있으니, 왕이 일어날 때에 하늘에서 命을 받으므로 천하를 바꿈을 '革命'이라 한다. 湯王과 武王은 위로 天命에 순응하고 아래로 人心에 부응하였으니, 하늘에 순응하고 사람들에게 부응한 것이다. 天道가 바뀌어 고쳐짐과 세상 일이 바뀌어 달라짐은 변혁 중에 지극히 큰 것이므로 찬미하기를 "革의 때가 크도다." 라고 하였다.

【本義】極言而贊其大也라

지극히 말하여 변혁의 큼을 찬미하였다.

象曰 澤中有火 革이니 君子以하여 治歷(曆)明時하나니라

〈象傳〉에 말하였다. "못 가운데 불이 있는 것이 革이니, 君子가 이것을 본받아 歷數를 계산하여 때를 밝힌다."

---

4 革之時大矣哉 : 《大全》의 소주에서 張淸子(元)는 "아직 변혁해서는 안 되는 때에 성인이 시기를 앞당길 수 없고, 변혁해야 하는 때에 성인이 시기를 늦출 수 없다. 위로 천명에 순응하고 아래로 인심에 부응하여 변혁하고 마땅하게 하면 때에 맞는다고 이를 수 있기 때문에 〈단전〉에서 '혁의 때가 크도다'라고 찬미했다." 하였다.

5 故 : 《大全》의 간주에 "어떤 판본에는 '事'자로 되어 있다." 하였다.

【傳】水火相息이 爲革이니 革은 變也라 君子觀變革之象하여 推日月星辰之遷易하여 以治歷數하여 明四時之序也라 夫變易之道에 事之至大와 理之至明과 跡之至著가 莫如四時하니 觀四時而順變革이면 則與天地合其序矣리라

물과 불이 서로 없애는 것이 革이니, 革은 변혁이다. 君子가 變革의 象을 보고서 해와 달과 별자리의 변화를 미루어 曆數를 계산하여 사계절의 순서를 밝힌다. 變易의 道 가운데 일이 지극히 큰 것과 이치가 지극히 밝은 것과 자취가 지극히 드러나는 것은 사계절만한 것이 없으니, 사계절을 관찰하여 變革에 순응하면 天地와 순서를 합할 것이다.

【本義】四時之變은 革之大者라

사계절의 변화는 변혁 가운데 큰 것이다.

初九는 鞏用黃牛之革[6]이니라

初九는 황소 가죽으로 묶는다.

【傳】變革은 事之大也니 必有其時, 有其位, 有其才[7]하여 審慮而愼動而後에 可以无悔라 九는 以時則初也니 動於事初면 則无審愼之意而有躁易之象이요 以位則下也니 无時无援而動於下면 則有僭妄之咎而无體勢之重이요 以才則離體而陽也니 離性上而剛體健하여 皆速於動也라 其才如此하니 有爲則凶咎至矣리라 蓋剛不中而體躁하여 所不足者는 中與順也니 當以中順自固而无妄動이면 則可也라 鞏은 局束也요 革은 所

---

6 鞏用黃牛之革 : 《大全》의 소주에서 張淸子(元)는 "鞏은 구속의 뜻이 있으며, 革은 질긴 가죽이다. 革卦䷰의 하괘인 離卦☲는 황소의 상이다. 초구의 굳셈이 바깥에 있으니 가죽이다. 초구는 변혁의 시작에 처하여 아래에 있으니 변혁할 수 있는 지위가 아니고, 초기에 있으니 변혁할 때도 아니다. 위로 응원이 없으니 어찌 가볍고 조급하게 할 수 있겠는가. 다만 이러한 中順의 도를 써서 황소 가죽으로 묶은 것처럼 굳게 잡고 단단히 지켜야 하니 경거망동하게 일을 해서는 안 된다." 하였다. 金相岳(朝鮮)은 《山天易說》에서 "黃은 가운데 색이고, 소는 순한 동물이다. 초구·육이·구삼은 모두 아래에서 변혁을 행하고 구사·구오·상육은 모두 위에서 변혁을 주관한다. 初九는 굳센 양이면서 지위가 없고 九四와도 호응이 없으니 큰일을 할 수는 없으나 알맞고 유순한 도를 쓰는 六二와 比의 관계에 있어서 스스로 지킴을 견고히 한다. 변혁할 만한 자리는 六二에 있지 初九에 있는 것이 아니기 때문에 길흉을 말하지 않았다." 하였다.

7 必有其時……有其才 : 여기에서 말한 時·位·才가 바로 《주역》을 보는 방법론이다.

以包束이며 黃은 中色이요 牛는 順物이니 鞏用黃牛之革은 謂以中順之道自固하여 不妄動也라 不云吉凶은 何也오 曰 妄動則有凶咎요 以中順自固則不革而已니 安得便有吉凶乎아

變革은 일 가운데 큰 것이니, 반드시 때가 있고, 자리가 있고, 재주가 있어서 살펴 생각하고 신중히 움직인 뒤에야 뉘우침이 없을 수 있다. 〈初九의〉 九는 시기로는 초기이니 일의 초기에 움직이면 살피고 삼가는 뜻이 없어 조급하고 함부로 하는 象이 있고, 자리로는 맨 아래이니 알맞은 때도 아니고 도와주는 이도 없는데 아래에서 움직이면 분에 넘치고 함부로 하는 허물이 있어 몸가짐에 진중함이 없으며, 재질로는 離卦☲의 卦體이고 陽剛이니 離卦☲의 성질은 올라가고 剛한 卦體는 굳건하여 모두 움직임에 신속하다. 재질이 이와 같으니, 일을 하면 흉함과 허물이 이를 것이다. 剛이 가운데 자리에 있지 않고 卦體가 조급하여 中道와 순함이 부족하니, 마땅히 中順함으로 스스로 견고하게 하여 함부로 움직임이 없으면 괜찮다.

'鞏'은 묶는 것이고, '革'은 싸서 묶는 것이며, '黃'은 中央의 색이고, '牛'는 순한 동물이니, '황소 가죽으로 묶음'은 中順한 道로써 스스로를 굳게 지켜서 함부로 움직이지 않음을 말한다. 〈어떤 이가 묻기를〉 "吉凶을 말하지 않음은 어째서입니까?" 하였다. 대답하기를 "함부로 움직이면 흉함과 허물이 있고, 中順함으로써 스스로 견고히 하면 변혁하지 않을 뿐이니, 어찌 곧바로 吉凶이 있겠습니까?" 하였다.

【本義】 雖當革時나 居初无應하여 未可有爲라 故爲此象이라 鞏은 固也라 黃은 中色이요 牛는 順物이며 革은 所以固物이니 亦取卦名而義不同也라 其占이 爲當堅確固守요 而不可以有爲니 聖人之於變革에 其謹如此시니라

비록 변혁의 때를 당하였으나 初爻 자리에 있고 호응함이 없어 일을 할 수 없으므로 이러한 象이 되었다. '鞏'은 단단함이다. '黃'은 中央의 색이고 '牛'는 순한 동물이며 '革'은 물건을 견고히 하는 것이니, 또한 卦名을 취했으나 뜻은 같지 않다. 그 占이 마땅히 견고하고 확실하게 지켜야 되고 큰일을 할 수 없음이니, 聖人이 변혁할 때에 삼감이 이와 같다.

字義 鞏 : 묶을 공, 단단할 공 僭 : 참람할 참 局 : 묶을 국

象曰 鞏用黃牛는 不可以有爲也일새라

〈象傳〉에 말하였다. "'황소 가죽으로 묶음'은 큰일을 할 수 없기 때문이다.

【傳】以初九時位才 皆不可以有爲라 故當以中順自固也라

初九의 때와 자리와 재질이 모두 큰일을 할 수 없기 때문에 中順함으로 스스로 견고히 하여야 한다.

六二는 已日이어야 乃革之니 征이면 吉하여 无咎[8]하리라

【本義】已日乃革之면 征吉하여

六二는 시일이 지나서야 변혁할 수 있으니, 그대로 가면 길하여 허물이 없을 것이다.
【본의】시일이 지나서야 변혁하면 감에 길하여

【傳】以六居二하여 柔順而得中正하고 又文明之主로 上有剛陽之君하여 同德相應하니 中正則无偏蔽요 文明則盡事理요 應上則得權勢요 體順則无違悖라 時可矣요 位得矣요 才足矣니 處革之至善者也라 然臣道는 不當爲革之先이요 又必待上下之信이라 故已日乃革之也라 如二之才德은 所居之地와 所(進)〔逢〕[9]之時가 足以革天下之弊하고 新天下之治하니 當進而上輔於君하여 以行其道면 則吉而无咎也요 不進則失可爲之時하여 爲有咎也라 以二體柔而處當位하니 體柔則其進緩이요 當位則其處固니 變革者는 事之大라 故有此戒하니라 二得中而應剛하여 未至失於柔也로되 聖人이 因其有可戒之疑하여 而明其義耳니 使賢才不失可爲之時也라

陰으로 二爻 자리에 있어서 柔順하면서 中正함을 얻었고, 또 밝고 빛나는 주체로서 위로 剛陽한 임금이 있어 같은 德으로 서로 호응하니, 中正하면 치우쳐 가려짐이 없고, 문명하면 일의 이치를 다하며, 위와 호응하면 권세를 얻고, 卦體가 유순하면 어그러짐이 없다. 그러므로 때가 가능하고 지위를 얻었고 재주가 충분하니, 革에 대처하기를 지극히 잘하는 자이다.

---

8 已日……无咎 : 朴齊家(朝鮮)는 《周易》에서 "괘사에서는 먼저 '변혁'을 말하였기 때문에 다시 '변혁'을 말하지 않고 다만 '믿음'만을 말했다. 변혁의 도는 시일이 지나야 믿는 것이니, 변혁한 뒤에 기뻐할 뿐만이 아니라는 말이다." 하였다. 또, 金相岳(朝鮮)은 《山天易說》에서 "六二는 변혁을 행하여야 한다. 자리가 離卦 몸체의 가운데에 있고 初九·九三과 比의 관계에 있으며 九五와 호응하니 변혁을 행할 수 있으나, 물과 불은 서로 없애니 오히려 갑자기 변해서는 안 된다. 반드시 시일이 지난 뒤에 변혁한다면 가면 길하여 허물이 없을 것이다." 하였다.

9 (進)〔逢〕: 저본에 '進'으로 되어 있으나, 《二程集》에 의거하여 '逢'으로 바로잡았다.

그러나 신하의 도리는 변혁의 선봉이 되어서는 안 되고, 또 반드시 윗사람과 아랫사람이 믿어 주기를 기다려야 한다. 그러므로 시일이 지나서야 변혁하는 것이다.

六二 같은 재질과 德은 처한 지위와 만난 때가 천하의 폐해를 변혁하고 천하의 정치를 혁신할 만하니, 마땅히 나아가 위로 임금을 보필하여 그 道를 행하면 길하여 허물이 없을 것이고, 나아가지 않으면 할 수 있는 시기를 놓쳐 허물이 있을 것이다. 六二는 卦體가 유순하고 처함이 자리에 마땅하니, 괘체가 유순하면 나아감이 느긋하고 자리에 마땅하면 처함이 견고하다. 變革은 일 중에 큰 것이기 때문에 이러한 경계가 있다. 六二는 中을 얻고 剛과 호응하여 유순함 때문에 잘못됨에 이르지는 않는다. 그러나 聖人이 경계할 만한 의구심이 있음으로 인하여 그 뜻을 밝혔을 뿐이니, 유능한 인재에게 할 수 있는 시기를 잃지 않게 한 것이다.

【本義】 六二柔順中正而爲文明之主하여 有應於上하니 於是可以革矣라 然必已日然後革之면 則征吉而无咎니 戒占者猶未可遽變也라

六二는 柔順하고 中正하면서 문명의 주체가 되어 위에 호응이 있으니, 이에 변혁할 수 있다. 그러나 반드시 시일이 지난 뒤에 변혁한다면 감에 길하여 허물이 없을 것이니, 점치는 자에게 아직 갑자기 변혁할 수 없음을 경계한 것이다.

象曰 已日革之는 行有嘉也라

〈象傳〉에 말하였다. "'시일이 지나서야 변혁함'은 감에 아름다운 경사가 있음이다."

【傳】 已日而革之니 征則吉而无咎者는 行則有嘉慶也니 謂可以革天下之弊하고 新天下之事라 處而不行이면 是无救弊濟世之心이니 失時而有咎也라

시일이 지나서야 변혁하니, 가면 길하여 허물이 없음은 가면 아름다운 경사가 있다는 것이니, 이는 천하의 폐해를 변혁하고 천하의 일을 혁신할 수 있음을 이른다. 그대로 있으면서 가지 않는다면, 폐해를 바로잡고 세상을 구제할 마음이 없는 것이니, 시기를 놓쳐 허물이 있게 된다.

字義 嘉 : 아름다울 가

九三은 征이면 凶[10]하니 貞厲할지니 革言이 三就[11]면 有孚리라

【本義】征이면 凶하고 貞이면 厲하니

九三은 가면 흉하니, 바름을 지키고 위태로운 마음을 가져야 한다. 변혁해야 한다는 말이 세 번 합하면 믿음이 있을 것이다.

【본의】가면 흉하고 貞固하면 위태로우니

【傳】九三은 以剛陽爲下之上하고 又居離之上하여 而不得中하니 躁動於革者也라 在下而躁於變革하니 以是而行이면 則有凶也라 然居下之上하니 事苟當革이면 豈可不爲也리오 在乎守貞正而懷危懼하고 順從公論이면 則可行之不疑리라 革言은 (猶)〔謂〕[12]當革之論이라 就는 成也, 合也니 審察當革之言하여 至於三而皆合이면 則可信也라 言重愼之至能如是면 則必得至當하여 乃有孚也니 己可信而衆所信也 如此면 則可以革矣라 在革之時하여 居下之上하니 事之[13]當革을 若畏懼而不爲면 則失時爲害요 唯當愼重之至하여 不自任其剛明하고 審稽公論하여 至於三就[14]而後革之면 則无過矣리라

九三은 강건한 陽으로 下卦의 위가 되었고, 또 離卦☲의 위에 있어 中을 얻지 못했으니, 변혁에 조급히 움직이는 자이다. 아래에 있으면서 변혁에 조급하니, 이런 마음으로 가면 흉함이 있다. 그러나 下卦의 위에 있으니, 진실로 마땅히 변혁해야 할 일이라면 어찌 하지 않을 수 있겠는가. 곧고 바름을 지키고 위태롭고 두려워하는 마음을 품으며, 公論을 순히 따르면 행할 수 있음을 의심할 것이 없을 것이다.

'革言'은 마땅히 변혁해야 한다는 의론을 이른다. '就'는 이룸이며 합함이니, 마땅히 변혁해

---

10 九三 征凶 : 《大全》의 소주에서 邱富國(南宋)은 革卦의 '감〔征〕'에 대하여 다음과 같이 말하였다. "六二는 가는 것이 길하고 九三은 가는 것이 흉한 까닭은 六二는 음〔六〕이 이효의 자리에 있어 재질이 순하고 자리가 가운데이니 때에 미쳐 변혁하고, 변혁하여 마땅하게 하는 자이기 때문에 가면 길하다. 九三은 양〔九〕이 삼효의 자리에 있어 재질이 굳세고 자리가 치우치니 때를 지나서 변혁하고, 변혁이 마땅하지 않은 자이기 때문에 가면 흉하다. 변혁은 비록 같지만 때와 자리가 다르다."

11 革言 三就 : 朱熹(南宋)는 《朱子語類》에서 "첫 번째로 이것을 변혁해야 되는지 그렇지 않은지 헤아려 보았을 때 한 번 말이 합하고, 또 다시 한 번 더 이와 같이 헤아려보고, 세 번에 이른 뒤에 말이 이루어진 것이니, 세 사람이 와서 말하는 것은 아니다." 하였다.

12 (猶)〔謂〕 : 저본에 猶로 되어 있으나, 《二程集》에 의거하여 謂로 바로잡았다.

13 之 : 《大全》의 간주에 "어떤 판본에는 '有'자로 되어 있다." 하였다.

14 就 : 《大全》의 간주에 "어떤 판본에는 '復'자로 되어 있다." 하였다.

야 한다는 말을 살펴보아 세 번 모두 합한다면 믿을 수 있는 것이다. 신중함의 지극함이 이와 같을 수 있다면, 반드시 지극히 타당하여 이에 믿음이 있음을 말한 것이니, 스스로 자신할 수 있고 사람들이 믿는 것이 이와 같다면 변혁할 수 있다. 변혁의 때에 있어 下卦의 위에 있으니, 만일 변혁해야 할 일을 두려워하여 하지 않는다면 때를 놓쳐 해가 될 것이다. 오직 신중함을 지극히 하여 자신의 강건하고 밝음을 믿지 말고, 公論을 살피고 상고하여 세 번 합함에 이른 뒤에 변혁하면 허물이 없을 것이다.

【本義】過剛不中하고 居離之極하니 躁動於革者也라 故其占이 有征凶貞厲之戒라 然其時則當革이라 故至於革言三就면 則亦有孚而可革也라

지나친 剛함으로 中이 아니고 離卦☲의 끝에 있으니, 변혁에 조급히 움직이는 자이다. 그러므로 그 占이 가면 흉하고 바름을 지키면 위태롭다는 경계가 있는 것이다. 그러나 그 때가 마땅히 변혁해야 할 시기이므로 변혁해야 한다는 말이 세 번 합함에 이르면 또한 믿음이 있어 변혁할 수 있는 것이다.

字義 厲 : 위태로울 려 躁 : 성급할 조 稽 : 상고할 계

象曰 革言三就어니 又何之矣[15]리오

〈象傳〉에 말하였다. "'변혁해야 한다는 말이 세 번 합함'이니, 또 어디로 가겠는가."

【傳】稽之衆論하여 至於三就면 事至當也라 又何之矣는 乃俗語更何往也라 如是而行이면 乃順理時行이요 非己之私意所欲爲也니 必得其宜矣리라

여러 사람의 의논을 살펴보아 세 번 합함에 이르렀다면 일이 지극히 마땅한 것이다. '또 어디로 가겠는가(又何之矣)'는 곧 세속의 말로 '다시 어디로 가겠느냐.'는 말이다. 이와 같이 하여 행하다면 바로 이치를 따라 제때에 행함이고, 자신의 사사로운 마음으로 하고자 함이 아니니, 반드시 그 마땅함을 얻을 것이다.

【本義】言已審이라

---

15 又何之矣 : 朴文鎬(朝鮮)는 〈經說·周易〉에서 "'또 어디로 가겠는가.'는 '이것을 하지 않고 또 무엇을 하겠는가.'라고 말하는 것과 같다." 하였다.

이미 자세히 살폈음을 말한 것이다.

九四는 悔亡하니 有孚면 改命[16]하여 吉하리라

九四는 후회가 없으니 믿음이 있으면 命을 고쳐 길할 것이다.

【傳】 九四는 革之盛也요 陽剛은 革之才也요 離下體而進上體는 革之時也요 居水火之際는 革之勢也요 得近君之位는 革之任也요 下无係應은 革之志也요 以九居四하여 剛柔相際는 革之用也라 四旣具此하니 可謂當革之時也라 事之可悔而後革之니 革之而當이면 其悔乃亡也라 革之旣當이면 唯在處之以至誠이라 故有孚則改命吉이라 改命은 改爲也니 謂革之也라 旣事當而弊革하니 行之以誠하여 上信而下順이면 其吉可知니라 四非中正而至善은 何也오 曰 唯其處柔也라 故剛而不過하고 近而不逼하여 順承中正之君하니 乃中正之人也라 易之取義无常也하여 隨時而已니라

九四는 변혁의 성대함이고, 강건한 陽은 변혁할 수 있는 재질이며, 下體를 떠나 上體로 나아감은 변혁할 시기이고, 水와 火의 사이에 있음은 변혁할 형세이며, 군주와 가까운 자리를 얻음은 변혁의 임무를 맡음이고, 아래로 매여 응함이 없음은 변혁할 의지이며, 陽으로서 四爻 자리에 있어 剛과 柔가 서로 교제함은 변혁의 쓰임이다. 九四는 이미 이런 것들을 갖추고 있으니, 변혁할 때를 당면했다고 이를 만하다. 일은 뉘우칠 만한 뒤에 변혁하니, 변혁하여 마땅하게 하면 이에 그 뉘우침이 없어진다. 변혁함이 이미 마땅하면 오직 지극한 정성으로 처신함에 달려있기 때문에 믿음이 있으면 命을 고쳐 길한 것이다. '改命'은 고쳐 만드는 것이니, 변혁함을 이른다. 이미 일이 마땅하고 폐해가 변혁되었으니 정성으로써 행하여 윗사람이 믿어주고 아랫사람이 순종하면 길함을 알 수 있다.

〈어떤 이가 묻기를〉 "九四가 中正이 아닌데도 지극히 善함은 어째서입니까?" 하니, 대답하기를 "이는 오직 柔한 자리에 처하였기 때문에 강건하나 지나치지 않고 가까우나 핍박하지

---

16 有孚 改命 : 柳正源(朝鮮)은 《易解參攷》에서, 來知德의 설명을 빌려 "'명을 고친다'는 것은 여기에 이르러 이미 변혁된 것이다. 離卦☲가 兌卦☱와 사귀어 여름의 명을 고쳐 가을에 호령한다. 이 때문에 변혁을 말하지 않고 '명을 고침'을 말하였으니, 예컨대 湯王이 夏나라의 명을 고쳐 商나라가 되게 한 것과 武王이 商나라의 명을 고쳐 周나라가 되게 한 것이 여기에 해당한다. 九四의 지위는 명을 고치는 大臣이니, 伊尹과 太公 같은 이가 이에 해당한다. '믿음이 있다'는 것은 위로 九五에게 믿음을 받고, 아래로 백성에게 믿음을 받는 것이다." 하였다.

않아 中正한 임금을 순히 받드니, 바로 中正한 사람입니다. 《周易》에서 뜻을 취함은 일정함이 없어 때에 따라 할 뿐입니다." 하였다.

【本義】 以陽居陰이라 故有悔라 然卦已過中하고 水火之際는 乃革之時而剛柔不偏하니 又革之用也니 是以悔亡이라 然又必有孚然後革이라야 乃可獲吉이니 明占者有其德而當其時하고 又必有信이라야 乃悔亡而得吉也라

陽으로서 陰의 자리에 있기 때문에 뉘우침이 있다. 그러나 卦가 이미 中을 지났고, 水와 火의 사이는 바로 변혁할 시기인데 剛柔가 편벽되지 않으니, 또 변혁의 쓰임이다. 이 때문에 뉘우침이 없지만 또 반드시 믿음이 있은 뒤에 고쳐야 길함을 얻을 수 있으니, 점치는 자가 이러한 德이 있고 때에 마땅하며 또 반드시 믿음이 있어야 뉘우침이 없어 길함을 얻음을 밝혔다.

象曰 改命之吉은 信志也일새라

〈象傳〉에 말하였다. "'命을 고치는 길함'은 뜻을 믿어주기 때문이다."

【傳】 改命而吉은 以上下信其志也니 誠旣至면 則上下信矣라 革之道는 以上下之信爲本이니 不當不孚면 則不信이라 當而不信이라도 猶不可行也어든 況不當乎아

命을 고쳐 길함은 위와 아래가 그의 뜻을 믿어주기 때문이니, 정성이 이미 지극하면 위와 아래가 믿는다. 변혁의 道는 위와 아래가 믿음을 근본으로 삼으니, 마땅하지 않고 미덥지 않으면 믿지 않는다. 마땅한데 믿어주지 않아도 오히려 행할 수 없거늘 하물며 마땅하지 않음에 있어서이겠는가.

九五는 大人이 虎變이니 未占에 有孚[17]니라

17 大人……有孚 : 《大全》의 소주에서 胡炳文(南宋)은 "'虎變'은 가죽의 털이 빠지면서 털갈이 하는 것이니, 대체로 음력 5월에 털이 빠지면서 가죽이 바뀌고, 음력 8월인 仲秋에 털이 다 빠져 다시 나면서 윤이 나고 곱다. 괘의 몸체는 離卦☲인 여름이 변하여 兌卦☱인 가을이 되기 때문에 이런 상이 있다. 여기에서 이른바 변함은 바로 맹자의 이른바 '성인이 지나는 곳은 교화되고 마음에 두고 있으면 신묘해지므로 상하가 천지와 함께 흐른다.'는 것이니, 보잘것없이 조금 보태는 정도의 일이 아니다." 하였고, '점치기 전에 믿음이 있다.'에 대하여 아래와 같이 말하였다. "여러 학자들이

九五는 大人이 호랑이의 무늬처럼 변화함이니, 점치지 않고도 믿음이 있다.

【본의】 점치기 전에

【傳】 九五以陽剛之才, 中正之德으로 居尊位하니 大人也라 以大人之道로 革天下之事면 无不當也요 无不時也니 所過變化[18]하고 事理炳著하여 如虎之文采라 故云虎變이라하니 龍虎는 大人之象也요 變者는 事物之變이라 曰 虎는 何也오 曰 大人變之니 乃大人之變也라 以大人中正之道[19]로 變革之면 炳然昭著하여 不待占決하고 知其至當하여 而天下必信也니 天下蒙大人之革이면 不待占決하고 知其至當而信之也리라

九五는 강건한 陽의 재질과 中正의 덕으로 높은 자리에 있으니, 大人이다. 大人의 道로써 천하의 일을 변혁하면 마땅하지 않음이 없고 때에 맞지 않음이 없으니, 지나가는 곳이 변화되고 事理가 밝게 드러나 호랑이의 무늬와 같다. 그러므로 '호랑이의 무늬처럼 변함'이라고 하였다. 용과 호랑이는 大人의 象이고, '變'은 사물의 변화이다.

〈어떤 이가 묻기를〉 "호랑이라고 말함은 어째서입니까?" 하니, 대답하기를 "大人이 변혁하니, 바로 '대인의 변혁'입니다. 대인의 中正한 道로써 변혁하면 밝게 드러나서 점쳐 결단할 필요도 없이 그것이 지극히 마땅함을 알아 천하가 반드시 믿습니다. 천하가 大人의 변혁을 입으면 점쳐 결단할 필요도 없이 그것이 지극히 마땅함을 알아 믿을 것입니다." 하였다.

【本義】 虎는 大人之象이라 變은 謂希革而毛毨也니 在大人則自新新民之極이요 順天應人之時也라 九五以陽剛中正으로 爲革之主라 故有此象하니 占而得此면 則有此應이라 然亦必自其未占之時로 人已信其如此라야 乃足以當之耳니라

모두 '점쳐 결단할 필요 없이 사람들이 스스로 믿는다.'고 하였고, 《본의》에서도 그렇게 말하였다. '변혁'은 중요한 일이다. 점이 마땅히 변혁하기 전에 있고, 믿음이 또 점치기 전에 있다면 그 믿음이 오래갈 것이다. 반드시 탕왕이 하나라의 천명을 변혁하기 전에 집집마다 먼저 탕왕이 와서 소생하게 되었음을 경하한 것과 같이 해야 바로 이 점과 부응하는 것이다. 그렇지 않다면 탕왕·무왕의 일이 쉽게 거론되지 못하였을 것이다. 이와 같으니 九五의 상과 점이 찬미하는 말인 듯하나 그 속에는 실로 경계의 뜻을 머금고 있다."

18 所過變化 : 《孟子》〈盡心 上〉에 "죽여도 원망하지 않으며, 이롭게 하여도 功으로 여기지 않는다. 그러므로 백성들이 날로 개과천선을 하면서도 누가 그렇게 만든 줄을 알지 못한다. 君子가 지나는 곳은 敎化가 되며, 〈군자가〉 마음에 두고 있으면 神妙하게 이뤄진다. 그러므로 上下가 天地와 더불어 함께 흐르니, 어찌 조금 보탬이 있다고 하겠는가.〔殺之而不怨, 利之而不庸, 民日遷善而不知爲之者. 夫君子所過者化, 所存者神, 上下與天地同流, 豈曰小補之哉.〕" 하였다.

19 道 : 《大全》의 간주에 "어떤 판본에는 '德'자로 되어 있다." 하였다.

'호랑이'는 大人의 象이다. '變'은 가죽에 털이 빠지면서 털갈이함을 이르니, 大人에게는 자신을 새롭게 하고 백성을 새롭게 함의 지극함이고, 하늘에 순응하고 사람에 부응하는 때이다. 九五가 陽의 강건함과 中正함으로 변혁의 주체가 되었으므로 이러한 象이 있으니, 점쳐서 이 爻를 얻으면 이러한 應驗이 있을 것이다. 그러나 또한 반드시 점치기 전부터 사람들이 이미 이와 같음을 믿어야 이에 해당할 것이다.

字義 炳 : 밝을 병　著 : 드러날 저　希 : 드물 희(稀)　毨 : 털갈이할 선

象曰 大人虎變은 其文이 炳也[20]라

〈象傳〉에 말하였다. "'대인이 호랑이의 무늬처럼 변함'은 그 무늬가 빛남이다."

【傳】事理明著하여 若虎文之炳煥明盛也하니 天下有不孚乎아

事理가 밝게 드러나서 호랑이의 무늬가 빛남같이 밝음이 성하니, 천하에 믿지 않는 자가 있겠는가.

字義 煥 : 빛날 환

上六은 君子는 豹變이요 小人은 革面이니 征이면 凶하고 居貞이면 吉하리라

上六은 君子는 표범의 무늬처럼 변하고, 小人은 얼굴만 바꾸니, 가면 흉하고 바름에 거하면 길할 것이다.

【傳】革之終은 革道之成也라 君子는 謂善人이니 良善則已從革而變하여 其著見(현)이 若豹之彬蔚也요 小人은 昏愚難遷者니 雖未能心化나 亦革其面하여 以從上之敎令也라 龍虎는 大人之象이라 故大人云虎하고 君子云豹也라 人性本善하여 皆可以變化나 然有下愚하여 雖聖人이라도 不能移者[21]라 以堯舜爲君하여 以聖繼聖을 百有餘年하니 天下被

---

20 其文 炳也 : 宋時烈(朝鮮)은 《易說》에서 "〈소상전〉의 '문채가 빛남'은 離卦☲의 문채가 빛나 六二에 호응함을 말한다.〔小象其文炳者 言離之文彩炳然 應於六二爻也〕" 하였다.

21 有下愚……不能移者 : 《論語》〈陽化〉에 "오직 上知와 下愚는 바꿀 수 없다.〔唯上知與下愚不移〕"

化 可謂深且久矣로되 而有苗, 有象이 其來格, 烝乂는 蓋亦革面而已라 小人이 旣革其外면 革道可以爲成也니 苟更從而深治之면 則爲已甚이니 已甚은 非道也라 故至革之終而又征則凶也니 當貞固以自守라 革至於極而不守以貞이면 則所革이 隨復變矣리라 天下之事는 始則患乎難革이요 已革則患乎不能守也라 故革之終은 戒以居貞則吉也니라 居貞은 非爲六戒乎아 曰 爲革終言也니 莫不在其中矣니라 人性本善이어늘 有不可革者는 何也오 曰 語其性則皆善也어니와 語其才則有下愚之不移이라 所謂下愚有二焉하니 自暴也[22]와 自棄也[23]라 人苟以善自治면 則无不可移者하니 雖昏愚之至라도 皆可漸磨而進也어니와 唯自暴者는 拒之以不信하고 自棄者는 絶之以不爲하니 雖聖人與居라도 不能化而入也니 仲尼之所謂下愚也라 然天下에 自棄自暴者 非必皆昏愚也요 往往强戾而才力有過人者하니 商辛이 是也라 聖人이 以其自絶於善이라하여 謂之下愚라 然考其歸하면 則誠愚也니라 旣曰下愚어늘 其能革面은 何也오 曰 心雖絶於善道나 其畏威而寡罪면 則與人同也라 唯其有與人同하니 所以知其非性之罪也니라

革의 마지막은 변혁의 道가 완성된 것이다. 君子는 善人을 이르니, 선량한 사람은 자신도 변혁을 따라 변하여 그 드러남이 표범의 아름답고 성대한 문채와 같고, 小人은 어리석어 고치기 어려운 자이니, 비록 마음은 敎化되지 못하나 또한 얼굴을 고쳐 윗사람의 가르침과 명령을 따른다. 용과 호랑이는 大人의 象이므로 大人을 '호랑이'라 이르고, 君子를 '표범'이라 이른다. 사람의 性은 본래 善하여 다 변화할 수 있으나 비록 聖人이라도 변화시킬 수 없는 下愚가 있다. 堯舜을 임금으로 삼아 聖人으로 聖人을 잇기를 백여 년을 하였으니, 천하가 교화를 입음이 깊고 또 오래다고 이를 만하다. 그러나 有苗와 象이 와서 조회하고 점점 다스려짐은 얼굴만 고쳤을 뿐이다. 小人이 이미 그 외모를 고쳤으면 변혁의 道가 이루어진 것이다. 만일 소인을 다시 따라서 깊이 다스리려고 하면 너무 심하게 되니, 너무 심한 것은 道가 아니다. 그러므로 革의 마지막에 이르러 또다시 가면 흉한 것이니, 마땅히 貞固함으로써 스스로 지켜야 한다. 革이 궁극에 이르렀는데 바름으로써 지키지 않으면 변혁한 것이

하였다.

22 也 : 《大全》의 간주에 "어떤 판본에는 '也'자가 없다." 하였다.

23 自暴也 自棄也 : 《孟子》〈離婁 上〉에 "스스로 해치는 자와는 함께 말할 수 없고, 스스로 버리는 자와는 함께 일할 수 없다. 말할 때에 禮義를 비방하는 것을 自暴라 하고, 내 몸은 仁을 지키고 義를 행할 수 없다고 하는 것을 自棄라고 한다.〔自暴者 不可與有言也 自棄者 不可與有爲也 言非禮義 謂之自暴也 吾身不能居仁由義 謂之自棄也〕" 하였다.

그 때문에 다시 변하게 된다. 천하의 일이 처음에는 변혁하기 어려움을 걱정하고, 변혁한 뒤에는 지키지 못할까 염려한다. 그러므로 변혁의 끝에는 바름에 거처하면 길하다고 경계한 것이다.

〈어떤 이가 묻기를〉 "바름에 거처함은 上六을 위하여 경계한 것이 아니겠습니까." 하니, 대답하기를 "이것은 변혁의 끝이기 때문에 말한 것이니 〈六에 대한 경계도〉 그 안에 들어 있지 않음이 없다." 하였다. 〈또 묻기를〉 "사람의 본성은 본래 善한데 변혁할 수 없는 자가 있음은 어째서입니까?" 하니, 대답하기를 "본성으로 말하면 모두 善하나 재질로 말하면 변할 수 없는 아주 어리석은 사람이 있기 때문입니다. 이른바 '아주 어리석은 사람'은 두 종류가 있으니, '스스로 해치는 자'와 '스스로 포기하는 자'입니다. 사람이 만일 善으로써 자신을 다스린다면 고칠 수 없는 자가 없으니, 비록 어리석음이 지극하더라도 모두 점점 연마하여 나아갈 수 있습니다. 그러나 오직 '스스로 해치는 자'는 거절하여 믿지 않고 '스스로 포기하는 자'는 체념하고 하지 아니하니, 聖人이 함께 거처하더라도 敎化시켜 善으로 들어오게 할 수 없습니다. 이가 孔子가 말한 아주 어리석은 사람입니다. 그러나 천하에 스스로 해치고 스스로 포기하는 자가 반드시 다 어리석은 것은 아닙니다. 종종 강하고 사나우며 재주와 힘이 남보다 뛰어난 자가 있으니, 商辛〔紂王〕이 여기에 해당합니다. 聖人이 스스로 善을 체념한다 하여 '아주 어리석은 사람'이라 하였는데, 그 귀결을 살펴보면 참으로 어리석습니다." 하였다. 〈또 묻기를〉 "이미 '아주 어리석은 사람'이라고 말했는데 얼굴빛을 고칠 수 있음은 어째서입니까?" 하니, 대답하기를 "마음은 비록 善한 道를 끊었으나 위엄을 두려워하여 죄를 적게 하면 보통사람과 동일해집니다. 보통사람과 동일해짐이 있으니, 이 때문에 본성의 탓이 아님을 압니다." 하였다.

【本義】 革道已成하니 君子는 如豹之變이요 小人은 亦革面以聽從矣라 不可以往而居正則吉은 變革之事는 非得已者니 不可以過요 而上六之才 亦不可以有行也라 故占者如之니라

변혁하는 道가 이미 이루어졌으니, 君子는 표범의 무늬처럼 변하고, 小人도 얼굴빛을 바꾸어 받아들이고 따른다. 나아갈 수는 없고 바름에 거처하면 길함은, 변혁의 일은 부득이해서 하는 것이니 지나치게 해서는 안 되고, 上六의 재질로는 또한 갈 수가 없기 때문에 점치는 자도 이와 같다.

字義 豹 : 표범 표　彬 : 빛날 빈　蔚 : 성할 위　苗 : 종족이름 묘　烝 : 나아갈 증　乂 : 다스릴 예
戾 : 사나울 려

象曰 君子豹變은 其文이 蔚(위)也요 小人革面은 順以從君也라

〈象傳〉에 말하였다. "'君子는 표범의 무늬처럼 변함'은 문채가 성한 것이고, '小人은 얼굴빛만 바꿈'은 순순히 임금을 따르는 것이다."

【傳】君子從化遷善하여 成文彬蔚하여 章見於外也라 中人以上은 莫不變革이요 雖不移之小人이라도 則亦不敢肆其惡하고 革易其外하여 以順從君上之教令하리니 是革面也니 至此면 革道成矣라 小人勉而假善은 君子所容也니 更往而治之면 則凶矣니라

君子는 教化에 따라 개과천선하여 문채를 이룸이 빛나고 성하여 아름다움이 겉모습으로 드러난다. 중간 정도의 자질을 가진 사람은 변혁하지 않는 이가 없을 것이고, 비록 고치지 못하는 小人이라도 감히 악을 함부로 부리지 못하고 겉모습을 바꾸어 임금의 가르침과 명령에 순종할 것이니, 이것이 '얼굴빛을 바꿈'이다. 이렇게 되면 변혁의 道가 이루어진 것이다. 小人이 억지로 힘써 선행을 꾸밈은 君子가 용납해 주는 것이니, 다시 가서 다스리면 흉하다.

|책임번역|

崔英辰

忠南 大田 出生
成均館大學校 卒業
成均館大學校 大學院 東洋哲學科 卒業(哲學博士)
公州師範大 漢文教育科, 全北大 哲學科 助教授 歷任
成均館大 韓國哲學科 教授, 儒學大學院長, 儒教文化研究所長 歷任
韓國周易學會, 韓國東洋哲學會, 韓國思想史學會, 韓國朱子學會, 韓國東西哲學會 會長 歷任
成均館大 韓國哲學科 名譽教授(現)
주자학상 受賞

論文　〈易學思想의 哲學的 探究 : 《周易》의 陰陽對待的 構造와 中正思想을 中心으로〉
　　　〈朱子 人心道心의 概念과 分岐에 관한 分析的 探求〉 등 多數
著書　《유교사상의 본질과 현재성》
　　　《조선조 유학사상사의 양상》
　　　《퇴계 이황》
　　　《한국성리학의 발전과 심학적 · 실학적 변용》
　　　《韓國儒學思想研究》(中文)
共譯　《한국주역대전》
　　　《한국 유학 3대논쟁》

|공동번역|

金炳愛

京畿 驪州 出生
弘益大學校 師範大學 國語教育科 卒業
高麗大學校 大學院 古典飜譯協同科程(文學博士)
民族文化推進會 國譯研修院 常任研究員
傳統文化研究會 校務委員 및 講師
서울市立大, 檀國大, 弘益大, 韓國古典飜譯院 講師 歷任
成均館大學校 儒教文化研究所 首席研究員 歷任
韓國傳統文化大學校 哲學研究所 專任研究員(現)
교육부장관상 受賞
국사편찬위원회장상 受賞(現)

論文　〈蘇軾散文의 文藝美 研究〉
　　　〈《律呂新書》의 번역 · 교감 · 주석 고찰〉
　　　〈折中義例에 보이는 신후담 역학요소의 개념 분석과 성호문인의 周易折中 논변〉
　　　〈화서 이항로의 斥邪衛正思想에 대한 이론적 근거와 실천〉
　　　〈河濱 愼後聃《周易象辭新編》譯註〉
譯書　《마음 속의 대나무 – 蘇軾散文評說》
共譯　《한국주역대전》
　　　《承政院日記》
　　　《銀臺條例》 등 多數

崔廷準

忠南 大田 出生
成均館大學校 卒業
成均館大學校 大學院 東洋哲學科 卒業(哲學博士)
成均館大學校 儒教文化硏究所 首席硏究員, 京畿洪易學會 會長 歷任
東方文化大學院大學校 未來豫測學科 敎授(現)
여헌학술상 受賞

論文 〈旅軒 張顯光 易學思想의 哲學的 探究〉
〈李炳憲의 卦變說과 策數論 분석〉
〈실용과 과학에 기초한 星湖 李瀷의 縫針六合理論〉
〈태극기에 관한 역학적 검토〉
〈程傳의 '八則陽生'에 관한 한국역학자들의 견해〉 등 多數
著書 《여헌 장현광의 사상과 한국역학》
《주역개설》
《고사성어 인문학》
譯書 《경씨역전》
共譯 《한국주역대전》

|현 토|

吳圭根

江原 平昌 大化 出生
南山 鄭鑽 先生, 祖父 鳳西 先生, 家親 硏靑 先生에게 受學
民族文化推進會 國譯硏修院 卒業
民族文化推進會 國譯硏修院 講師 歷任
傳統文化硏究會 古典硏修院 講師 歷任
傳統文化硏究會 理事(現)

譯書 朝鮮王朝實錄《宣祖實錄》, 《光海君日記》, 《中宗實錄》
《白湖全書》, 《順庵集》, 《承政院日記》(高宗祖) 등 多數 國譯
《韓國文集叢刊》 標點, 校勘

오서오경독본
懸吐完譯 周易傳義 利

2021년 3월 01일 초판 인쇄
2021년 3월 15일 초판 발행

책임번역 최영진
공동번역 김빙애 최정준

현　　토 오규근
윤문교정 박승주

출　　판 강운숙 백준철
관　　리 이화춘
보　　급 서원영

발 행 인 박홍식
발 행 처 (사)전통문화연구회
서울시 종로구 삼일대로 428 낙원빌딩 411호
전화 : (02)762-8401 전송 : (02)747-0083
홈페이지 : juntong.or.kr
등　　록 1989. 7. 3. 제1-936호

인 쇄 처 한국법령정보주식회사(02-462-3860)
총　　판 한국출판협동조합(070-7119-1750)

I S B N 979-11-5794-363-0 (04140)
979-11-5794-202-2 (세트)

정　　가 30,000원

전통문화연구회 도서목록

漢文讀解捷徑시리즈

漢文독해기본패턴 고전교육연구실 著 15,000원
四書독해첩경 고전교육연구실 著 20,000원

基礎漢文教材

四字小學 / 習字教本 成百曉 譯 各 8,000원/4,000원
推句·啓蒙篇 / 習字教本 成百曉 譯 各 7,000원/4,000원
明心寶鑑 成百曉 譯 11,000원
童蒙先習·擊蒙要訣 成百曉 譯 15,000원
註解千字文 成百曉 譯 13,000원

〈新編〉

四字小學·推句 고전교육연구실 編譯 11,000원
啓蒙篇·童蒙先習 고전교육연구실 編譯 11,000원
原文으로 읽는 故事成語 元周用 編譯 15,000원

東洋古典國譯叢書

大學·中庸集註 – 개정증보판 成百曉 譯註 10,000원
論語集註 – 개정증보판 成百曉 譯註 25,000원
孟子集註 – 개정증보판 成百曉 譯註 30,000원
詩經集傳 上·下 成百曉 譯註 各 33,000원
書經集傳 上·下 成百曉 譯註 各 33,000원
周易傳義 上·下 成百曉 譯註 各 40,000원
小學集註 成百曉 譯註 30,000원
古文眞寶 後集 成百曉 譯註 32,000원

〈五書五經讀本〉

大學·中庸集註 李光虎·田炳秀 譯註 15,000원
論語集註 上·下 鄭太鉉 譯註 各 25,000원
詩經集傳 上·中·下 朴小東 譯註 各 30,000원
書經集傳 上·中·下 金東柱 譯註 各 30,000원
小學集註 上·下 李忠九 外 譯註 各 25,000원
古文眞寶後集 上·下 李相夏 外 譯註 各 32,000원
周易傳義 元·亨·利·貞 崔英辰 外 譯註 各 30,000원

東洋古典譯註叢書

〈經部〉

十三經注疏
周易正義 1~4 成百曉·申相厚 譯註 各 30,000원~40,000원
尙書正義 1~7 金東柱 譯註 各 25,000원~36,000원
毛詩正義 1~3 朴小東 譯註 各 32,000원/37,000원
禮記正義 中庸·大學 李光虎·田炳秀 譯註 20,000원
論語注疏 1~3 鄭太鉉·李聖敏 譯註 各 25,000원~40,000원
孟子注疏 1 崔彩基·梁基正 譯註 30,000원
孝經注疏 鄭太鉉·姜珉廷 譯註 35,000원
周禮注疏 1 金容天·朴禮慶 譯註 30,000원
春秋左氏傳 1~8 鄭太鉉 譯註 各 18,000원~35,000원
禮記集說大全 1 辛承云 譯註 25,000원
東萊博議 1~5 鄭太鉉·金炳愛 譯註 各 25,000원~35,000원
韓詩外傳 1~2 許敬震 外 譯註 各 29,000원~30,000원

〈史部〉

思政殿訓義 資治通鑑綱目 1~15, 17~20 辛承云 外 譯註 各 18,000원~35,000원
通鑑節要 1~9 成百曉 譯註 各 18,000원~40,000원
唐陸宣公奏議 1~2 沈慶昊·金愚政 譯註 各 35,000원~45,000원
貞觀政要集論 1~4 李忠九 外 譯註 各 25,000원~32,000원
列女傳補注 1~2 崔秉準·孔勤植 譯註 各 30,000원~38,000원
歷代君鑑 1~3 洪起殷·全百燦 譯註 各 32,000원~35,000원

〈子部〉

近思錄集解 1~3 成百曉 譯註 各 25,000원/35,000원
孔子家語 1~2 許敬震 外 譯註 各 35,000원/36,000원
老子道德經注 金是天 譯註 30,000원
大學衍義 1~5 辛承云 外 譯註 各 26,000원~30,000원
墨子閒詁 1~4 李相夏 外 譯註 各 32,000~38,000원
說苑 1~2 許鎬九 譯註 各 25,000원
世說新語補 1~3 金鎭玉 外 譯註 各 36,000원~38,000원
荀子集解 1~7 宋基采 譯註 各 25,000원~38,000원
心經附註 成百曉 譯註 35,000원
顔氏家訓 1~2 鄭在書·盧暻熙 譯註 各 22,000원/25,000원
揚子法言 1 朴勝珠 譯註 24,000원
二程全書 1~3 崔錫起·姜導顯 譯註 各 36,000원~38,000원
莊子 1~4 安炳周·田好根 共譯 各 25,000원~30,000원
政經·牧民心鑑 洪起殷·全百燦 譯註 27,000원
韓非子集解 1~4 許鎬九 外 譯註 各 32,000~38,000원
武經七書直解
孫武子直解·吳子直解 成百曉·李蘭洙 譯註 35,000원
六韜直解·三略直解 成百曉·李鍾德 譯註 26,000원
尉繚子直解·李衛公問對直解 成百曉·李蘭洙 譯註 26,000원
司馬法直解 成百曉·李蘭洙 譯註 26,000원

〈集部〉

古文眞寶 前集 成百曉 譯註 30,000원
唐詩三百首 1~3 宋載卲 外 譯註 各 25,000원~36,000원
唐宋八大家文抄 韓愈 1~3 鄭太鉉 譯註 各 22,000원/28,000원
〃 歐陽脩 1~7 李相夏 譯註 各 25,000원~35,000원
〃 王安石1~2 申用浩·許鎬九 共譯 各 20,000원/25,000원
〃 蘇洵 李章佑 外 譯註 25,000원
〃 蘇軾 1~5 成百曉 譯註 各 22,000원
〃 蘇轍 1~3 金東柱 譯註 各 20,000원/22,000원
〃 曾鞏 宋基采 譯註 25,000원
〃 柳宗元 1~2 宋基采 譯註 各 22,000원
明淸八大家文鈔 1 李相夏 外 譯註 37,000원

東洋古典新譯

당시선 송재소·최경렬·김영죽 편역 22,000원
손자병법 성백효 역주 14,000원
장자 안병주·전호근·김형석 역주 13,000원
고문진보 후집 신용호 번역 28,000원
노자도덕경 김시천 역주 15,000원

동양문화총서

동양사상 해설과 원전 정규훈 外 저 22,000원
화합의 길 –《중용》읽기 금장태 저 20,000원
호설과 시장 신용호 저 20,000원

문화문고

경전으로 본 세계종교 그리스도교 이정배 편저 10,000원
〃 도교 이강수 편역 10,000원
〃 천도교 윤석산·홍성엽 편저 10,000원
〃 힌두교 길희성 편역 10,000원
〃 유교 이기동 편저 10,000원
〃 불교 김용표 편저 10,000원
〃 이슬람 김영경 편역 10,000원
논어·대학·중용 / 맹자 조수익·박승주 공역 각 10,000원
소학 박승주·조수익 공역 10,000원
십구사략 1~2 정광호 저 각 12,000원
무경칠서 손자병법·오자병법 성백효 역 10,000원
〃 육도·삼략 성백효 역 10,000원
〃 사마법·울료자·이위공문대 성백효 역 10,000원
당시선 송재소·최경렬·김영죽 편역 10,000원
한문문법 이상진 저 10,000원
한자한문전통교재 조수익·이성민 공역 10,000원
士小節 선비 집안의 작은 예절 이동희 편역 12,000원
儒學이란 무엇인가 이동희 저 10,000원
동아시아의 유교와 전통문화 이동희 저 13,000원
현대인, 동양고전에서 길을 찾다 이동희 저 10,000원
100자에 담긴 한자문화 이야기 김경수 저 12,000원
우리 설화 1~2 김동주 편역 각 10,000원
대한민국 국무총리 이재원 저 10,000원
백운거사 이규보의 문학인생 신용호 저 14,000원